21世纪普通高等院校系列规划教材

新编会计学

Xinbian Kuaijixue

（第二版）

冉光圭 冉春芳 编

西南财经大学出版社

中国·成都

图书在版编目(CIP)数据

新编会计学/冉光圭,冉春芳编. —2 版. —成都:西南财经大学出版社,
2017.12

ISBN 978 - 7 - 5504 - 3230 - 7

Ⅰ.①新…　Ⅱ.①冉…②冉　Ⅲ.①会计学　Ⅳ.①F230

中国版本图书馆 CIP 数据核字(2017)第 242749 号

新编会计学(第二版)

冉光圭　冉春芳　编

责任编辑:胡莎

助理编辑:周晓琬

封面设计:张姗姗

责任印制:封俊川

出版发行	西南财经大学出版社(四川省成都市光华村街55号)
网　　址	http://www.bookcj.com
电子邮件	bookcj@foxmail.com
邮政编码	610074
电　　话	028 - 87353785　87352368
照　　排	四川胜翔数码印务设计有限公司
印　　刷	郫县犀浦印刷厂
成品尺寸	185mm×260mm
印　　张	20.5
字　　数	465 千字
版　　次	2018 年 1 月第 2 版
印　　次	2018 年 1 月第 1 次印刷
印　　数	1—2000 册
书　　号	ISBN 978 - 7 - 5504 - 3230 - 7
定　　价	39.80 元

序

  会计在经济社会中扮演着十分重要的角色。会计工作的质量直接影响会计信息的质量，并关系到社会资源的配置和市场经济的运行。

  随着我国会计准则与国际标准逐步趋同，会计从业的标准、知识和技术含量明显提高，社会对会计人才素质和能力的要求也越来越高。1999年，美国注册会计师协会（AICPA）针对进入会计业界的新人提出了三项核心能力要求：一是专业执业素养，包括建立决策模型、评价风险、选择相关可靠的度量标准、报告和研究等方面的能力；二是人格素质，包括与人合作、沟通、领导、项目管理等方面的能力；三是宽广的商业视角，包括全球视角、战略思维、行业概念、市场/顾客导向、资源管理、法律观念等方面的能力。

  显然，在这种新的背景下，高等会计教育面临着人才培养模式转换与创新的重要任务。这就是：从传统的以教师为中心、以教科书为依据、按部就班地讲授知识的教学模式，转向以学生为中心、以需求为动因、以问题为基础的实践性、探索性的教学模式。这是高等会计教育的一场深刻变革。

  面对这场变革，作为高等学校经济学、管理学专业核心课程和学科基础之一的会计学，急需我们从社会需求出发，围绕培养学生综合素质、创新精神和实践能力的目标，遵循教育教学规律，对现行课程内容体系进行战略性重构。正是基于这样的思路，贵州大学管理学院冉光圭教授和重庆科技学院工商管理学院冉春芳教授合作编写了《新编会计学（第二版）》这本教科书，对此进行了有益的探索。

  我认为该书具有以下显著特点：第一，在积累与整合、优化与重构的基础上，将会计理论与会计实务紧密结合，力求培养学生系统会计理论基础之上的会计实务操作技能；第二，按照企业资金流转循环组织会计实务内容，不仅反映了企业资本循环的过程，有利于学生理解企业资本的来源渠道和方式、资本的运用和分配，还有利于学生深入理解资本职能形态的相互转化过程；第三，坚持"实用教育"的理念，突出实践性和应用性。本书以特定会计主体一定时期的经济业务为依据编写了大量范例，每章后备有丰富的习题、案例供学生练习，便于学生加深理解，培养学生的会计应用技能和动手能力。

该书是贵州省教育厅批准立项的本科教学工程项目建设教材，既适合各本科、专科、MBA 学生学习使用，也适用于会计人员继续教育和自学考试使用。

　　当然，任何一本教材都始终处于不断完善之中，没有穷尽。我相信，经过教学实践的检验，本书的内容将会不断得到修改、补充和完善。

　　作为长期扎根于会计学教学与科研的青年学者，该书作者勇于教学改革和创新，我喜不自胜，乐以为序。

西南财经大学党委书记、教授、博士生导师

赵海武

2017 年 10 月

前　言

　　本书在冉光圭教授编写的《会计学》（2006）教材基础上，由冉春芳教授进行内容修改、更新而成。鉴于以下原因，我们对《会计学》的内容做出了大幅度修改和更新：

　　一是满足中国企业会计准则与国际财务报告准则持续性趋同等效的要求。为了适用经济全球化和我国经济环境的变化，满足中国企业会计准则与国际会计准则接轨的要求，财政部于 2006 年 2 月同时发布《企业会计准则——基本准则》和 38 项企业会计具体准则。随着经济全球化的日益深化，中国企业会计准则与国际会计准则持续性趋同步伐不断加快。全球金融危机后，为了适应国际财务报表准则（International Financial Reporting Standards，简称 IFRS）的变化，财政部对企业会计准则进行了二次比较集中的准则修订和新准则发布。第一次是 2014 年，财政部发布 3 项新的企业会计准则、修改发布《企业会计准则——基本准则》（财政部令第 76 号）以及修订发布 5 项具体准则。其中，3 项新的企业会计准则分别是《企业会计准则第 39 号——公允价值计量》（财会〔2014〕6 号）、《企业会计准则第 40 号——合营安排》（财会〔2014〕11 号）和《企业会计准则第 41 号——在其他主体中权益的披露》（财会〔2014〕16 号）；修订发布的 5 项具体准则分别是《企业会计准则第 2 号——长期股权投资》（财会〔2014〕14 号）、《企业会计准则第 9 号——职工薪酬》（财会〔2014〕8 号）、《企业会计准则第 30 号——财务报表列报》（财会〔2014〕7 号）、《企业会计准则第 33 号——合并财务报表》（财会〔2014〕10 号）、《企业会计准则第 37 号——金融工具列报》（财会〔2014〕23 号）。另外一次是 2017 年。2017 年 4 月，财政部发布一项企业会计新准则，即《企业会计准则第 42 号——持有待售的非流动资产、处置组和终止经营》（财会〔2017〕13 号）。为了贯彻落实中央经济工作会议防控金融风险、促进经济稳中求进的重要举措，财政部在 5 月修订发布了《企业会计准则第 22 号——金融工具确认和计量》（财会〔2017〕7 号）、《企业会计准则第 23 号——金融资产转移》（财会〔2017〕8 号）、《企业会计准则第 24 号——套期会计》（财会〔2017〕9 号）和《企业会计准则第 37 号——金融工具列报》（财会〔2017〕14 号）等金融工具相关的会计准则，新金融工具相关会计准则对金融资产分类由现行"四分类"改为"三分类"，减少金融资产类别，提高分类的客观性和有关会计处理的一致性；将金融资产减值会计由"已发生损失法"改为"预期损失法"，以更加及时、足额地计提金融资产减值准备，揭示和防控金融资产信用风险；对套期会计相关规定进行修订，使套期会计更加如实地反映企业的风险管理活动；调整了企业资产负债表和利润表中金融工具相关列示项目及其披露内容。5月，财政部修订发布了《企业会计准则第16号——政府补助》（财会〔2017〕15号），将政府补助区分为与资产相关的政府补助和与收益相关的政府补助，根据政府补助与企业日常活动的相关性，采用不同的会计处理方法。与企业日常活动相关的政府补助计入其他收益或直接冲减业务成本，并在利润表中"营业利润"项目之上以"其他收益"项目单独列示；与企业日常活动无关的政府补助，计入"营业外收入"，并在利润表中"营业外收入"项目中列示。7月，财政部修订发布了《企业会计准则第14号——收入》（财会〔2017〕22号），对收入确认时点由"风险与报酬"是否转移修订为"企业方应当履行了合同中的履约义务，客户方取得相关商品（或服务）控制权"，商品（或服务）"控制权"是否转移成为收入确认的判断依据，将"风险与报酬的转移"作为"控制权"转移判断的一个指标。此外，财政部还于2017年6月印发了4项企业会计准则解释公告，即《企业会计准则解释第9号——关于权益法下投资净损失的会计处理》《企业会计准则解释第10号——关于以使用固定资产产生的收入为基础的折旧方法》《企业会计准则解释第11号——关于以使用无形资产产生的收入为基础的摊销方法》和《企业会计准则解释第12号——关于关键管理人员服务的提供方与接受方是否为关联方》。至此，我国企业会计准则体系包括1项基本准则（财政部令第76号）、42项具体准则和12项解释公告。现行企业会计准则体系反映了我国企业当前绝大部分的经济业务和行业特点，满足企业对外披露财务报告信息的要求，同时也实现了中国企业会计准则与国际财务报告准则（International Financial Reporting Standards，简称IFRS）的实质性趋同。我国企业会计准则体系的建立顺应了中国经济快速发展、经济结构转型升级的需要，强化了为投资者、政府有关部门和社会公众等提供决策相关会计信息的理念，做到了与国际财务报告准则的持续、全面、实质性趋同。这些新企业会计准则的发布和已有企业会计准则的修订发布，导致《新编会计学（第二版）》教材中的有关概念、会计确认、会计计量等内容发生较大变化，原教材的案例内容不符合当前经济环境，不能反映企业的真实经济交易或事项，出现知识陈旧与过时。为适应企业会计准则的变化和会计学教学的要求，我们对《新编会计学（第二版）》教材的内容进行重新梳理，对相关内容进行修改、补充和更新。

二是适应中国税收法律环境的变化。税收法律环境的变化影响会计主体的交易确认和利益分配，影响会计确认、会计计量与信息披露，进而导致会计学的教学内容相应地发生变化，这就需要我们及时补充、更新与国家税收法律变化相关的教学内容。如《财政部、国家税务总局关于全面推开营业税改征增值税试点的通知》（财税〔2016〕36号）要求所有行业企业原来缴纳营业税的业务改为缴纳增值税，全国范围内的"营改增"导致企业的纳税负担、纳税行为发生变化，税负的确认、计量与列报等发生了较大程度的变化。因此，根据现行企业会计准则、国家有关税收法律制度的变化，修订或调整《新编会计学（第二版）》的有关概念、会计确认、会计计量以及经济业务的会计处理等内容，已成为会计学教学中迫在眉睫的问题。

三是适应中国会计教育教学改革的要求。会计与经济的关系越来越密切，这就要求会计人才的培养要适应经济与社会的发展变化，尤其要适应建设社会主义市场经济的要求。课程教学质量是人才培养质量的保障，教材质量对人才培养的重要性是显而易见的，尤其是会计学教材建设必须紧跟时代的节奏，把握好经济与社会发展的脉搏。因此，按照会计学课程的教学特点和会计教育教学改革的要求进行会计学教材建设，是提高会计学教学质量的前提和基础。

在原教材基础上，本次修订更新内容达8万余字。本次修订体现以下特征：一是全面性，即对会计基本理论、会计核算原理和会计实务各部分内容，根据最新企业会计准则体系的相关规定进行全面梳理和修改。如：对会计基本理论中的会计信息质量特征、会计确认理论、会计计量理论、资产减值理论等内容，结合企业会计准则的变化以及理论界的最新研究成果进行了较大范围的修改；根据企业会计准则，将会计计量属性界定为历史成本、重置成本、可变现净值、公允价值和现值五种，取消了原教材中的清算价值、可实现净值等内容。二是及时性，对会计实务部分，有关资产计量中的公允价值确认、固定资产价值核算中的增值税问题、持有待售的非流动资产、所得税会计、综合收益信息等相关内容，结合"营改增"、修订的企业会计准则和新发布的企业会计准则进行内容修改、知识更新和新知识的扩充，及时反映企业会计准则体系的最新内容和国家税收法律的最新变化。如：根据《企业会计准则第30号——财务报表列报》（财会〔2014〕7号）、《企业会计准则第16号——政府补助》（财会〔2017〕15号）等相关条款，对本书第13章中利润表的层次、内容、项目等进行更新，增加了其他综合收益税后净额和综合收益总额。同时，对其他综合收益的概念、构成、所得税影响、综合收益总额以及计算公式等内容做了详细的介绍；结合《财政部、国家税务总局关于全面推开营业税改征增值税试点的通知》（财税〔2016〕36号）

和财政部办公厅颁发的《关于增值税会计处理的规定（征求意见稿）》（2016）的内容，对企业购进物资、设备等取得的增值税进项税的抵扣问题，结合国家营改增的相关规定将最新理念、出发点、会计处理思路等呈现给读者。此外，本次教材修订还对书中的案例进行了更新，体现经济环境变化对企业经济交易或事项的影响；同时，对各章的课后练习进行了补充和更新。三是完整性，为了保持《新编会计学（第二版）》课程内容的全面性和系统性，完整地反映会计工作的组织程序，本次教材修订中补充了账实核对的相关内容。会计的主要目标是对外披露会计信息，账实核对是会计信息披露的必要程序，其目的是确保财务报告披露信息的客观性，符合会计信息质量特征的要求。因此，本次教材修订中，我们增加了财产清查的相关理论以及清查结果的会计处理。四是前瞻性，根据国际会计准则理事会和财政部最新征求意见稿的精神，对可能造成《新编会计学》相关内容发生变化的部分进行前瞻性分析，并在《新编会计学（第二版）》中以脚注方式予以呈现，以提醒读者该内容未来的可能变化或发展趋势。如，根据修订后的《企业会计准则第14号——收入》（财会〔2017〕22号），对收入确认、计量与披露等相关内容以脚注方式呈现收入准则的最新变化和可能趋势；根据财政部办公厅颁发的《关于增值税会计处理的规定（征求意见稿）》（2016）的内容，对取得固定资产、不动产以及在建工程等活动中涉及的增值税进项税的抵扣政策、增值税会计的相关账务处理等最新内容予以解释和说明。

本书由冉光圭教授和西南财经大学出版社提出修改要求，由冉春芳教授修订编写，最后由冉光圭教授总撰定稿。

本书是贵州省教育厅立项批准的本科教学工程项目"财务管理专业综合改革"【批准文号：SJZZ201403】的建设成果。我们对贵州省教育厅的资助表示衷心的感谢！

本书在修订过程中参阅了兄弟院校同行专家编写的《会计学》《基础会计》等教材和部分学者的理论研究成果（见书后的参考书目），在此，对这些学长表示衷心的感谢！该书自2006年出版以来，得到了业界的充分肯定和赞许。同时，一些教师和同学也提出了许多中肯的、宝贵的建议和意见，在此表示由衷的感谢！

感谢西南财经大学出版社的有关同志，正是他们崇高的敬业精神和高效率的工作，确保了本书的再次修订出版和出版质量！

作　者
2017 年 12 月

目 录

上篇　会计基本理论

　　本篇讲授会计的基本理论，包括会计基础理论、会计要素理论、会计确认与计量理论、资产计价与减值理论等内容，目的是为后续的会计内容学习奠定扎实的理论基础并对相关概念做出界定。

第一章 会计基础理论

第一节 会计本质理论

一、会计溯源

会计是伴随人类社会生产实践和经济管理的客观需要而产生、发展并不断完善起来的，它是一门古老而年轻的学问。说它"古老"，是指会计历史源远流长，萌芽于旧石器时代的中晚期对劳动成果的附带记录。随着生产的发展，旧石器中晚期出现剩余劳动成果，人们开始关心剩余劳动成果的管理和分配，客观要求对劳动成果进行记录和计量，产生了会计思想。当人类社会进入到奴隶社会和封建社会，私有制经济逐渐繁荣。奴隶主和地主为了管理和控制自己的财产，设立账目记录进出仓库的生产资料和消费品的数量和种类，在此基础上产生了会计的雏形——单式簿记。在资本主义社会，经济环境发生根本性变化，银行信贷业务的发展促使单式簿记逐渐向复式簿记转变。1494 年意大利数学家卢卡. 帕乔利（Luca Pacioli）的著作《算术、几何、比与比例概要》是复式簿记产生的见证者。从此，簿记学得到迅速的发展。说它"年轻"，是指会计虽已积累了丰富的理论和方法，但随着市场经济的迅猛发展，会计理论，会计核算内容、程序、方法等必将随着经济环境的变迁而不断发展完善。

物质资料的生产是人类社会存在和发展的基础。人类为了生存，需要从事生产活动，在进行生产活动中，总是力图以尽可能少的劳动耗费取得尽可能多的劳动成果，这就需要对生产过程进行记录、计算，以便于了解生产情况，有效管理生产，这样就需要会计。在人类社会早期，人类对生产过程的记录、计算，是凭头脑记忆来进行的，以后出现了结绳记事、刻木记事。可见，在人类社会的早期，会计就已经存在了，它是应生产实践活动的客观需要而产生的，是生产职能的附带部分。随着生产的发展，生产规模日益扩大，组织结构日趋复杂，需要记录、计算的事项也不断增多，生产者忙于生产工作，无暇兼顾，会计才逐渐从生产职能中分离出来，成为特殊的、专门委托的当事人的独立的职能。

据考证，在远古的印度公社，已经有了专职的农业记账员，登记农业生产的收支。在我国，据史籍记载，远在公元前 1100 多年前的西周就设立了专管朝廷财物和赋税的官员，对财物收支进行"月计岁会"。不过，早期的会计是比较简单的，会计的主要内容是官府财物赋税的收入和支出，会计核算的方法只是对财物进行简单的计量登记。

随着社会生产的日益发展，在进入资本主义社会以后，经济活动日趋复杂，商品经济规模进一步扩大，会计也逐步从简单的记录、计量，比较所得与支出的行为，发展成为一门包括完整的方法体系的会计学科，会计目的也从仅仅是对财产记录，为财产的分配服务，发展到对经济活动的所得与所费进行比较，计算和反映经营活动的盈亏损益情况。进入 20 世纪以后，特别是到第二次世界大战之后，随着市场竞争的加剧，会计又从对经济活动的结果进行记录、计量和报告，发展到对企业经济活动的全过程进行控制和监督，参与企业的短期经营决策和长期投融资决策，为企业强化内部经营管理服务。

随着企业组织制度的发展变化，为适应股份公司这一资本主义企业主要组织形式的需要，会计也突破了为单个企业业主服务的界限，服务对象的范围日趋扩大。在股份公司中，会计不仅需要为股东提供信息，满足股份公司的投资者了解企业的经营情况的需要，而且也需要向企业其他利害关系者如债权人、客户和社会公众等提供信息。在 20 世纪 30 年代资本主义经济危机之后，资本主义国家开始运用宏观经济政策调控其经济运行过程，政府有关部门也对企业会计信息提出了要求，使企业会计不仅要满足企业投资者的需要，也应考虑到资本主义政府宏观管理和调控的需要。随着国际资本市场的形成和发展，会计信息突破了国界，它不仅要为本国的投资者服务，而且也要为全球范围内的投资者服务。

大约在 20 世纪 30 年代，由于现代管理科学的发展，一方面对会计提出了更新更高的要求，促进了会计学科、会计技术的发展；另一方面管理科学也渗透进入会计学科，使传统会计获得了发展的动力，为会计学科的发展开拓了新的领域。20 世纪 30 年代以后，传统的会计逐步发展成为财务会计和管理会计两大分支。

二、会计的本质

（一）现代会计的基本特征

1. 现代会计以货币作为主要计量单位

会计作为一个经济信息系统，主要是为会计信息使用者提供决策相关的会计信息。会计信息系统主要是用于接收、加工并传递每个会计主体进行生产经营活动和业务活动所产生的有关价值运动的信息。因此，现代会计必须以货币为主要计量单位。当然，不可否认，在会计核算过程中还会使用实物计量单位，如量度实物自然属性的件、千克、吨、平方米等，这是因为在商品经济条件下，使用价值是价值的载体。

2. 现代会计既是一种经济管理的活动，又是一种经济管理的工具

会计作为一个经济信息系统，通过会计确认、计量、记录和报告等生成的会计信息，是了解经济活动情况，进行经营管理决策的基础，是为经济管理服务的。从这个角度看，会计是经济管理的工具。为了使经济活动进行得更加有效，达到预期的目的，会计在反映经济活动情况的同时，还必须对经济活动进行指导和调节，包括事前预测、事中控制、事后分析考核等，这就是会计的监督职能。从这个角度看，会计又是经济管理的活动。

3. 现代会计以企业、事业、机关等单位为主要服务对象

尽管现代会计的许多核算程序、方法等适用于大到整个国家、小到家庭乃至个人，

但是作为一种经济管理的活动或者工具，现代会计主要服务于企业、事业单位、机关团体等微观经济组织。企业以营利为目的，因此企业会计被称为营利组织会计；事业单位、机关团体等不以营利为主要目的，因此行政事业单位会计常被称为非营利组织会计。

（二）会计的本质

自从会计活动产生以来，人们从未停止对会计本质的研究和探讨。特别是 20 世纪以来，关于会计本质的认识主要形成以下两种观点：

1. 会计信息系统论

会计信息系统论将会计的本质理解为一个经济信息系统，具体的是指在企业或其他组织范围内，旨在反映和控制企业或组织的各项经济活动，由若干具有内在联系的程序、方法和技术组成，由会计人员加以管理，用以处理经济数据、提供财务信息和其他有关经济信息的有机整体。

会计信息系统论的思想起源于美国会计学家利特尔顿（A. C. Littleton），他在《会计理论结构》（1953）一书中指出"会计是一种特殊门类的信息服务""会计的显著目的在于对一个企业的经济活动提供有意义的信息"。20 世纪 60 年代末，随着控制论、信息论和系统论的发展，美国的会计学界和会计职业界开始认可会计的本质是会计经济信息系统这一观点。美国会计学会 1966 年在其发表的《会计基本理论说明书》中明确指出："本质上说，会计是一个信息系统"。20 世纪 70 年代，戴维森（S. Davidson）在其主编的《现代会计手册》中将会计的本质视为"一个经济信息系统，目的是向利益攸关者传输一家企业或其他个体的富有意义的经济信息"。会计信息系统论这一观点得到西方会计学者普遍认可。

我国会计学者家余绪缨教授较早接受会计信息系统论这一观点。他在《要从发展的观点看会计学的科学属性》（1980）中首先提出，会计的本质是一个信息系统。随后，葛家澍教授和唐予华教授（1984）也提出"会计是为提高企业和各单位的经济效益，加强经济管理而建立的一个以提供财务信息为主的经济信息系统"。

2. 会计管理活动论

会计的特点主要是运用货币量度对经济过程中占用的财产物资和发生的劳动耗费进行系统地计量、记录和检查。这些活动本身都不是目的，而是会计使用的手段，凭借这些手段管好一家企业的生产和经营，或管好其他组织的业务，其目的是提高经济效益。从这一点来看，会计的本质是管理，是一种经济管理活动。这一观点传承了会计管理工具论的合理内核，同时吸收了管理科学的最新思想，成为当前会计学界中具有重大影响的观点。

将会计视为管理活动，并使用"会计管理"概念普遍存在于西方管理理论学派。如"古典管理理论"学派的代表人物法约尔将会计活动列为经营的六种管理活动之一，美国学者卢瑟·古利克将会计管理列为管理化功能。20 世纪 60 年代，"管理经济会计学派"认为，进行经济分析和建立管理会计制度就是管理。

我国最早提出会计管理活动论的会计学者是杨纪琬教授和阎达五教授。1980 年，他们在中国会计学会成立大会上做了题为《开展我国会计理论研究的几点意见——兼论会计学的科学属性》的报告，报告中指出"无论从理论还是实践上看，会计本身具有管理的职能，不仅是管理经济的工具，还是人们从事管理的一种活动"。阎达五教授进一步指出，会计作为经济管理的组成部分，它的核算和监督内容以及目的受不同社会制度的制约。此后，会计管理活动论这一观点得到较多会计学者的支持。

（三）会计的定义

研究和看待事物的视角不同，会得出不同甚至截然相反的研究结论，对会计的本质认识也不例外。尽管时至今日人们对会计的本质认识仍存在差异，但是在以下几个方面却已形成了共识：

（1）会计这项活动密切地联系着人们的经济行为。在一个企业或单位范围内，如何加工、处理、传递、利用以会计信息为主的经济信息，是会计这项活动的主要内容。

（2）会计作为人们一项加工并获得信息的活动，并不是一个单项行为就能完成的。它是由若干相互联系、相互配合的要素（部分、程序）组成的一个有机整体，是按照人们预定的目的综合作用的结果。会计的基本职能体现了这个有机整体的整体功能。

（3）会计的目的在于加强和改善管理，提高经济效益。

综上所述，会计是以货币为主要计量单位，对企业、事业、机关单位或其他经济组织的经济活动进行连续、系统、全面地反映和监督的一项经济管理活动，其目的是提高经济效益。

三、财务会计与管理会计

大约从20世纪30年代以后，基于资本市场和现代企业的需要，现代企业会计逐渐形成两个分支：财务会计和管理会计。前者主要面向市场为外部利益相关者（stakeholders）加工并传递信息；后者主要服务于企业内部的经营决策。两者同源异流，协调分工地发挥作用。

（一）财务会计

财务会计是以货币为基本计量单位，运用确认、计量、记录和报告等方法，对企业的生产经营活动进行连续、系统、全面地反映与监督，为有关各方提供企业的财务状况、经营成果和现金流量等会计信息的对外报告会计。它主要是对企业已经发生和完成的生产经营活动进行客观地反映和监督，通过定期编制财务会计报告，向外部的会计信息使用者提供企业特定时间的财务状况和一定会计期间的经营成果、现金流量等会计信息的文件，使他们能够及时、准确地了解企业的生产经营情况，以使其能够对企业的经营情况做出理性的判断，从而做出合理的决策。为了如实反映企业的财务状况、经营成果、现金流量等会计信息，财务会计必须按照国家统一的会计制度的规定对日常经济业务和会计事项进行会计处理，不得违背规定的会计处理程序和一般公认的会计原则，否则就达不到预期目标。

（二）管理会计

管理会计是适应现代企业管理的需要，突破原有会计领域而发展起来的一门相对独立的会计学科。它利用财务会计提供的会计信息资料及生产经营活动中的有关业务、统计资料等，运用数学、统计等一系列方法，通过整理、计算、对比和分析等手段，向企业内部各级管理人员提供用以进行短期和长期经营决策、制定计划、指导和控制生产经营活动的信息。管理会计着眼于企业未来的生产经营活动，如经营目标的确立、决策的制定、预算的编制等，为企业管理者对未来的生产经营活动进行事前的规划和控制提供服务。管理会计主要服务于企业内部管理当局，没有固定的程式，既不受国家统一的会计制度等法规的约束，也不受固有的会计方程式和会计惯例的制约。企业管理会计工作如何开展完全取决于企业内部管理的需要，管理会计人员"做什么"及"怎样做"，都完全服务和服从于企业内部管理的特定要求。另外，管理会计所使用的方法也很灵活，它可以使用多种计量单位；可以采用差量分析、边际分析、现金流量分析等多种分析技术和方法。

（三）财务会计与管理会计的联系

财务会计与管理会计是现代会计的两大分支，两者"同源"，是因为它们之间存在着密切的联系，主要表现在以下两个方面：

（1）它们都是会计信息系统的重要组成部分，也都是企业经营管理的基本组成部分。财务会计与管理会计具有共同的基础——原始资料相同。以此为基础，财务会计与管理会计基于不同信息使用者需求的侧重点不同，各自对原始资料进行加工、整理、扩展。同时，它们的服务对象也有交叉。尽管财务会计侧重于为企业外部利益相关者服务，但是，它也为企业内部经营管理服务。同样地，管理会计虽然侧重于为企业内部经营管理服务，它也可以为企业外部利益相关者服务。

（2）从本质上说，它们都是一种"受托责任"会计。当今社会，受托责任无处不在、无时不在。只要存在委托代理关系，就存在受托责任。现代企业主要存在两个层次的受托责任：一是外部利益相关者（如投资者、债权人等）与企业管理当局的外部受托责任；二是企业管理当局与企业内部各级次管理人员的内部受托责任。资本市场与现代企业制度的发展，使得企业外部受托责任变得模糊起来，企业内部的受托责任也变得复杂化和层次化。财务会计侧重于企业外部的受托责任，即通过财务会计系统生成和提供财务会计信息，为外部利益相关者服务；管理会计则侧重于企业内部的受托责任，即通过预算会计系统、责任会计系统等生成和提供各类管理会计信息，为企业内部各级管理部门服务。从这个意义上说，财务会计与管理会计都依赖于受托责任，都是一种责任会计。

（四）财务会计与管理会计的区别

财务会计与管理会计"分流"，是因为它们在提供会计信息的侧重点方面不同。财务会计与管理会计存在明显的差异，主要表现在以下七个方面：

（1）财务会计侧重于对企业外部利益相关者提供会计信息，管理会计侧重于为企业内部经营管理提供相关信息。

（2）财务会计强调过去和现在，管理会计着眼未来。

（3）财务会计受公认会计原则的制约，管理会计则不受公认会计原则的制约。管理会计主要考虑经营管理决策的成本效益与行为问题。

（4）财务会计注重可靠性和货币性信息，管理会计较少强调可靠性信息。管理会计强调货币性信息与非货币性信息、数量信息与质量信息并重。

（5）财务会计以会计主体为反映和监督的对象，管理会计强调多位主体。管理会计根据需要可将一个部门或一条生产线作为主体，甚至可将一个人作为主体。

（6）财务会计是一个合规性的会计信息系统，必须遵循国家统一的会计准则、会计制度等有关规定定期对外披露财务报告。管理会计则是非合规性的会计信息系统，根据决策的需要提供灵活的、相关的会计信息。

（7）管理会计是一门综合性交叉学科，与财务会计相比，它更多地涉及其他相关学科，如管理学、统计学、决策科学、行为科学等。

第二节 会计目标理论

一、会计目标的含义

目标是组织预期要求达到的目的或结果，具有预测性、可计量性和激励性等特点。会计目标就是在一定的时空条件下，会计主体作用于会计客体所期望达到的目的或要求。从会计产生和发展的社会实践可以看出，人类利用会计的目的主要是借助会计对经济活动进行反映和监督，为经营管理提供财务信息，并考核评价经营责任，从而取得最大的经济效益。

会计目标是设置会计的目的和要求，具体来说是会计所提供经济信息的内容、种类、时间、方式及质量等方面的要求。会计目标为会计实践活动指明了目的和方向，明确了会计在经济管理活动中的使命，是会计运行的导向和归宿。会计目标引导着会计系统的运行，是会计实践活动的出发点和归宿点，会计系统内部的一切机制如会计运行机制、会计协调机制、会计信息反馈机制等，都围绕着会计目标而发挥作用。

会计目标是指会计信息系统按照其所特有的运行机制和原理，通过会计确认、计量、记录和报告等一系列会计程序和方法，生成会计信息，对外部信息使用者提供决策有用的会计信息。

二、会计目标的两种观点

（一）决策有用观

决策有用观认为，会计的目标就是向信息使用者提供决策有用的信息，如：反映经济组织的现金流量、经济业绩与资源变动等信息。决策有用观适用的经济环境是所有权与经营权分离，委托方与受托方的关系不是直接建立起来的，而是通过资本市场建立的所有者与经营者之间的模糊关系。所有者需要企业对外披露的会计信息进行投资决策，优化资源的分配。

（二）受托责任观

受托责任的含义一般包括三个方面：一是资源的受托方接受委托，管理委托方所交付的资源，受托方承担有效地管理与应用受托资源，并使其保值增值的责任；二是资源的受托方承担如实地向委托方报告受托责任履行过程及其结果的义务；三是资源受托方的管理当局负有依法纳税、保持企业所处社区的良好环境、培养人力资源等方面的社会责任。受托责任产生的原因在于所有权与经营权的分离，而且存在明确的委托受托责任关系。委托方与受托方中任何一方的模糊或缺位，都将影响受托责任的履行。因此，受托责任观要求委托方与受托方直接建立明确的委托受托责任关系。

关于会计目标的这两种观点适用的经济环境不同，受托责任观要求两权分离是直接进行的，所有者与经营者都十分明确，两者形成的委托受托关系清楚，不存在模糊和缺位现象。决策有用观要求两权分离必须通过资本市场形成，两者不直接交流，委托者在资本市场上以群体的形象出现，从而导致两者的委托受托关系变得模糊，所有者容易缺位。

三、会计目标与会计目的

会计目标与会计目的既存在显著的差异，也有一定的联系。会计目的是相对于会计实践活动而主观提出的，它不属于会计信息系统的范畴，是在会计信息系统之外回答人们利用会计信息来干什么的问题；会计目标则是会计信息系统的组成部分，它的明确界定影响会计职能，会计目标的具体化通过会计职能来实现。会计目标提出后，会计提供信息的种类、方式、数量、质量等都得到规定。会计目标主要是表明会计信息使用者及其所要求的信息和信息范围，其实质是在总体上规范会计信息的需求量，旨在界定提供会计信息量的多与少。会计目标能深刻地反映会计目的，会计目的又反过来约束会计目标。没有高要求的会计目的，也就设计不出高要求的会计目标。因此，会计目的只能通过影响会计目标来促使并发展会计本身所具有的功能，并且借助会计功能的发展来促进会计目的的实现。

四、会计信息的使用者和会计信息的内容

会计目标就是用以提供满足投资者、债权人、政府部门及其他有关各方所需要的会计信息。为此，需要明确谁需要会计信息和需要什么样的会计信息，即会计信息的使用者和会计信息的内容。

（一）会计信息的使用者

会计信息的使用者，即会计信息用户，是指需要利用会计信息做出相关决策的经济组织或者个人，通常包括投资者、债权人、政府部门、企业管理当局、供应商、企业职工等广大的利益相关者。

1. 投资者（包括潜在的投资者）

企业的投资者作为企业产权的终极所有者，主要关心其投资的内在风险和投资报酬。在选择投资对象、衡量投资风险、做出投资决策时，投资者不仅需要了解企业的

盈利能力指标，如权益报酬率、总资产报酬率、销售净利率及销售毛利率等，也需要了解企业资产营运能力指标，如总资产周转率、流动资产周转率、存货周转率和应收账款周转率等，以及企业发展能力指标，如营业收入增长率、总资产增长率、销售净利增长率等。

2. 债权人

债权人也是企业资源的提供者之一，他们主要关心其贷款的安全性，即能否如期收回贷款本金和利息等。在选择贷款对象、衡量信贷风险、做出信贷决策时，债权人不仅需要了解企业短期偿债能力指标，如流动比率、速动比率等，也需要了解企业长期偿债能力指标，如资产负债率、产权比率、已获利息保障倍数等，同时还需要了解企业所处行业的基本情况及其在该行业中所处的地位。

3. 政府部门

企业是国民经济的细胞，是宏观经济的微观个体。企业生产经营情况的好坏，经济效益的高低，直接影响着国民经济的运行情况。在社会主义市场经济条件下，虽然市场这只"看不见的手"在资源配置中发挥着基础性作用，但政府通过一定的宏观调控和管理措施对国民经济运行情况进行调节，对资源的合理配置仍然是非常必要的。对政府部门而言，他们在制定经济政策、进行宏观调控、配置社会资源时，需要从总体上掌握企业的资产负债结构、经营成果和现金流量情况等，进而为宏观经济决策提供依据。如对证券市场监管部门而言，他们在证券监管过程中，需要企业提供有关资产、负债和所有者权益方面的信息，进而为市场监管提供依据；对税收征管部门而言，他们在税收征管过程中，需要企业提供有关其经营成果方面的信息，为税收征管提供依据。

4. 企业管理当局

企业内部经营管理的好坏，直接影响到企业的经济效益，影响到企业在市场上的竞争能力，甚至关系到企业的前途和命运。会计是企业内部重要的经济信息系统，会计提供准确可靠的信息，有助于决策者做出正确合理的决策，有助于强化企业内部管理。因此，企业管理当局在经营管理过程中需要会计提供有关企业财务状况、经营成果和现金流量等方面的信息。管理会计正是会计为内部经营管理提供信息和发挥会计参与企业经营管理决策的新会计领域。

5. 其他会计信息使用者

对企业的供应商而言，他们主要关注企业资信状况的好坏、偿债能力的强弱；对企业职工而言，他们主要关注企业为其提供的报酬、福利和就业机会及其稳定性等；对广大的社会公众而言，他们主要关注企业的兴衰、对社会的贡献及其发展情况等。

(二) 会计信息的内容

企业的投资者、债权人、政府部门、企业管理当局以及其他社会公众基于不同需要，可能需要不同的会计信息。从总体上讲，会计通过提供以下方面的信息，基本上可以满足不同会计信息使用者的需要。

1. 有关财务状况的信息

这方面的会计信息主要是通过资产负债表、所有者权益变动表提供的。通过资产负债表和所有者权益变动表，可以反映企业某一特定日期所拥有或控制的资产总规模及其结构、所承担的负债总规模及其结构、投资者对本企业所拥有的所有者权益及其变动情况等。

2. 有关经营成果的信息

这方面的会计信息主要是通过利润表提供。通过利润表，可以反映企业经营业绩的主要来源和构成，有助于信息使用者判断净利润的质量和风险，预测净利润的持续性，从而做出正确的决策。利润表能够反映企业一定会计期间的收入实现情况、费用耗费情况、净利润的实现情况等信息。

3. 有关现金流量方面的信息

这方面的会计信息主要是通过现金流量表提供的。通过现金流量表，可以反映企业某一特定会计期间现金流入量、现金流出量、现金净流量情况，以及汇率变动对本期现金流量的影响额、现金及现金等价物的净增加（或减少）情况等。

第三节　会计职能理论

一、会计职能的含义

职能是人和事物以及机构所能发挥的作用与功能，具有客观性、相对稳定性和普遍适用性等特点。作为经济管理重要组成部分的会计，它所具有的独特功能就是会计的职能。会计职能是会计在经济管理中内在的、固有的功能，是会计本质的外在表现形式，即体现在会计职能中的会计这一事物的本质或特征。

会计职能是指会计在经济管理中所具有的功能，具体来说，就是在经济管理中人们利用会计来做什么的问题。对于会计职能，马克思在其《资本论》中有过精辟的论述。他指出："过程越是按社会的规模进行……作为对过程进行控制和观念总结的簿记就越是必要……"可见，马克思把会计的基本职能归纳为反映（观念总结）和监督（控制）。现代会计将会计的基本职能归纳为反映和监督，为了达到反映和监督的目的，在会计的发展过程中逐渐形成两大工作体系，即会计信息系统和会计控制系统。

二、会计的基本职能

会计基本职能是会计本质的内在规定性，即在会计活动形成时就已具备，其既不能创造，亦不能发展。马克思将会计的基本职能归纳为"过程的控制和观念总结"。"过程"是指生产经营过程，也就是经济活动过程；"控制"是监督指导的意思；"观念总结"是指以货币形式进行综合核算。会计对"过程的控制和观念总结"，实际上就是对经济活动过程的反映和监督。

1. 会计的反映职能与会计信息系统

会计的反映职能又称核算职能，是指按照会计准则的要求，采用一定的程序和方法，连续、全面、系统地将一个会计主体所发生的会计交易或事项表现出来，以达到揭示会计交易或事项的本质、为经营管理提供经济信息的目的。

会计的反映职能在客观上体现为通过会计的信息系统对会计信息进行优化。这一过程体现为记账、算账和报账三个阶段。记账就是把一个会计主体所发生的全部经济业务运用一定的程序和方法在账簿上予以记载；算账就是在记账的基础上，运用一定的程序和方法计算该会计主体在生产经营过程中的资产、负债、所有者权益、收入、成本、费用以及损益情况；报账就是在记账、算账的基础上，通过编制会计报表等方式将该会计主体的财务状况、经营成果和现金流量等信息向会计信息使用者披露。通过会计信息系统对会计信息的优化，使之系统化、条理化，便于会计信息使用者进行决策。

会计的反映职能具有下列显著特征：

（1）会计以货币作为主要计量单位。货币是衡量各种商品的价值尺度，企业所有者的初始投资、追加投资均用货币度量。会计反映主要是从价值量方面反映各单位的经济活动情况。如企业对固定资产进行反映时，只记录其数量、成本、折旧等数量变化，而不反映其技术性能、运行状况等。会计在反映各单位经济活动时主要使用货币量度，实物量度、其他指标以及文字说明等都处于附属地位，可以作为货币量度的辅助信息进行补充。

（2）会计是反映过去已经发生的经济活动。会计反映经济活动就是反映其事实，探索并说明真相，因此，只有在每项经济业务发生或完成之后，才能取得该项经济业务完成的书面凭证。根据可验证性的书面凭证记录账簿，才能保证会计所提供的信息真实可靠，导致企业对外披露的财务报告信息主要反映的是企业过去的经济活动信息。

（3）会计反映具有连续性、系统性和全面性。会计反映的连续性是指对经济业务的记录是连续的，逐笔、逐日、逐月、逐年进行，不得间断。会计反映的系统性是指对会计对象要按科学的方法进行分类，进行系统地加工、整理和汇总，以便提供管理所需要的各类信息。会计反映的全面性是指对会计主体所发生的全部经济业务都应该进行记录和反映，不得有任何遗漏和缺失。

2. 会计的监督职能与会计控制系统

会计的监督职能或控制职能，就是监督经济活动按照有关的法规和计划进行，指会计按照一定的目的和要求，利用会计信息系统所提供的信息，对会计主体的经济活动进行控制，使之达到预期目标。会计的监督职能包含合规性监督和控制性监督，合规性监督指在办理会计业务的过程中，对日常发生的经济业务进行监督，审核其合理性、合法性，以及监督、检查会计核算是否遵循公认会计原则；控制性监督是指利用会计反映所提供的财务信息，进行反馈控制，对企业生产经营活动进行事前预决策、事中控制和事后分析考核等。

会计监督既在会计行为实施之前发挥作用，同时又是会计工作的落脚点。通过会计信息系统与会计控制系统的有机结合，能够在会计主体的经营管理中发挥能动性作用，体现出会计既是信息系统，又是一项经济管理活动的思想。

会计的监督职能具有下列显著特征：

（1）会计监督具有强制性和严肃性。会计依据国家的财经法规和财经纪律进行监督，《会计法》不仅赋予会计机构和会计人员实行监督的权利，还规定了监督者的法律责任。会计监督是以国家的财经法规和财经纪律为准绳，具有强制性和严肃性。

（2）会计监督具有连续性。社会再生产的过程是不间断的，会计对生产过程的反映也是不间断的，在会计反映的整个过程中始终离不开会计监督。会计主体每发生一笔经济业务都要通过会计进行反映；在反映的同时，就要审查每一笔经济业务是否符合法律、制度、规定和计划。因此，会计反映具有连续性，会计监督同样具有连续性。

（3）会计监督具有完整性。会计监督不仅体现在已经发生或已经完成的业务方面，还体现在业务发生过程中以及尚未发生业务之前，包括事前监督、事中监督和事后监督。事前监督是指会计部门或人员在参与制定各项决策以及相关的各项计划或费用预算时，依据有关政策、法规、准则等的规定对各项经济活动的可信性、合理性、合法性和有效性等进行审查，对未来经济活动进行指导和调节。事中监督是指在日常会计活动中，随时审查所发生的经济活动，及时反映发现的问题，及时提出建议或改进意见，促使有关部门或人员采取措施纠正问题。事后监督是指以事先制定的目标、标准和要求为依据，利用会计反映取得的资源，对已经完成的经济活动进行考核、分析和评价。事后监督可以为下期计划、预算的制定提供资料，还可以对经济活动的发展趋势进行预测。

会计的反映职能和监督职能是密不可分、相辅相成的关系。反映职能是监督职能的基础，只有正确的反映才能为监督提供可靠、完整的会计资料；同时，会计反映的过程也是监督的过程，监督职能是反映职能的保证，没有监督职能进行控制和保证，就不可能提供真实可靠的会计信息，也就不能发挥会计管理的能动作用，会计反映也就失去了存在的意义。

3. 会计基本职能的外延

随着社会经济的发展，经济关系的日益复杂化，会计的基本职能得到不断地完善，并出现一些新的会计职能。会计职能不但有反映和监督两职能学说，还有三职能、六职能、甚至九职能学说。其中，"六职能"学说得到普遍认可，这一学说将会计职能归纳为六项，即反映经济情况、监督经济活动、控制经济过程、分析经济效果、预测经济前景和参与经济决策，并认为这六项职能具有密不可分、相辅相成的关系，前两项基本职能是后四项新职能的基础，四项新职能是两项基本职能的延伸和提高。

三、会计职能与会计目标辨析

会计职能和会计目标是现代会计的基本概念和主要范畴，是构筑现代会计这座大厦的基石，两者既有联系又有区别。

（1）会计职能是会计本身固有的、内在的功能，是会计本质的具体化，反映了会计这一客观事物的内在要求，与会计本质是直接同一的，它随着社会生产力的发展和人类认识能力的提高而不断深化发展；而会计目标是人们期望会计所能履行的任务，所可能达到的境界，体现着会计信息使用者的"主观性需要"，与会计本质不是直接同一的，它随着社会经济环境的变化，人类对会计的需要的不断拓展而变化发展。

（2）会计职能是一种先于人们认识的客观存在，人们只能认识到会计具备这方面或那方面的职能，而不能创造或要求会计必须具有某种它在本质上不具备的职能，它是比较抽象的，一般不能通过实证分析而只能通过演绎推理得出；会计目标则是一种主观需求，比较具体、直接、易于把握，一般可通过（对特定时期人们对会计的需要）实证分析和归纳得出。

（3）会计职能与会计目标具有承接性和一致性，也就是说，尽管会计职能是客观存在的，而会计目标是主观要求，但人们对目标认识的深化，又往往会推动职能认识的进步。比如，一门"炮"，是一种客观事物或客观存在。炮的职能是什么，应该取决于它的本质。炮的本质又是什么呢？"炮是一种能以较快速度发射炮弹的器械。"然而，有了这一定义，我们仍然很难界定炮的职能究竟是什么。但是，炮的目标却是很直接的。不同的人，可以为炮赋予各异的目标，如战场上的士兵与和平建设时期的建设者就会对炮有不同的要求，而发展到当代，炮可以用来发射礼花；经改装的炮，还可用来人工降雨等。显然，在人们赋予炮以多种用途后，对炮的职能的认识，也会有所进步。

（4）会计职能是会计本质外在的客观表现形式，会计目标是会计主体对会计职能在主观要求上的一种折射和反映，因而三者的关系是：会计本质决定会计职能，会计职能决定会计目标。

（5）会计作为一个信息系统，确定会计目标是至关重要的。会计信息系统是由两个或更多的要素，按一定的结构所组成的整体，它具有独特的功能和既定的目标，目标决定了系统运行的方向，系统的整体功能和综合行为又是为了实现系统目标而设计的。因此，我们应在深入认识会计职能的同时，不断加强会计目标的实证研究，以期提出正确、适当的会计目标，用以指导会计实务和会计理论不断向前发展。

四、会计的任务

会计目标与会计任务不同。会计目标是会计信息系统的组成部分，它有客观依据，它主要是就会计提供什么数量、质量的信息提出的明确的要求，不是对会计工作提出要求。会计任务是人们对会计工作的要求，希望会计工作达到什么目标。会计的任务是指为了满足会计的职能，需要完成怎样的会计工作，会计任务是会计职能的具体化。

在我国的会计实践中，会计的根本任务是按照国家财经法规、会计准则和会计制度的要求进行会计反映，提供以财务数据为主的经济信息，并利用经济信息对会计主体的经济业务进行监督、控制，以提高经济效益，服务于会计主体的内外部利益相关者。

会计的具体任务主要包括三个方面：①反映和监督各会计主体对国家财经法规、会计准则和会计制度的执行情况，维护国家财经法纪的严肃性和强制性。会计在反映经济活动、提供会计信息的过程中，首先要以国家的法律法规、会计准则和会计制度为依据，对经济活动的合法性和合规性进行监督，及时制止和揭示违反财经法规、准则和制度的行为。②反映和监督各会计主体的经济活动和财务收支，提供会计信息、加强经营管理。会计主体为了管理好自身的经济活动，提高经济效益，必须了解和掌握各项经济活动的真实情况。会计的基本任务就是运用专门的程序和方法，对各项经济活动进行连续、全面、系统地反映，为经营管理者提供反映经济活动的真实信息，揭示经济管理中存在的问题以及产生的原因，有助于促进管理者改善经营管理，提高经济效益。③利用会计信息和其他有关资料，预测经济前景、参与经营管理。随着生产的发展，经济关系的复杂化和管理理论的提高，会计基本职能的内涵和外延得到提升，新型会计职能不断出现，作为会计职能具体化的会计任务也必须进行改革，会计的事后要变为全程监督，会计不仅要具备事后反映和监督职能，还需要利用会计资料以及其他相关资料预测经济前景，参与企业的经营管理和经济决策。

五、会计的作用

会计的作用是指会计的各项职能在特定的历史时期、特定的社会经济制度下实现和利用之后产生的效果。根据《企业会计准则——基本准则》的规定，企业应当定期编制财务报告。财务报告是指企业对外提供的反映企业某一特定日期的财务状况、经营成果、现金流量等会计信息的文件。通过财务报告，能够反映企业管理层受托责任的履行情况，有助于财务报告的信息使用者做出正确的决策。会计作用的发挥取决于两个重要因素：一是会计所处的外部环境因素，即会计工作所处的社会历史时期以及社会政治、经济和法律制度；二是与会计自身相关的内在本质因素，即会计的职能被人们所认识和利用的程度。

从我国目前的会计实践看，会计的作用主要有四个方面：①为国家进行宏观调控、制定经济政策提供信息；②加强经济核算，为企业经营管理提供数据；③保证企业投入资产的安全和完整；④为投资者、债权人提供财务报告，以便其进行正确的投资、信贷决策。随着会计所处的外部环境变化和外部环境对会计本质提出更高的要求，会计的预测、决策、控制和分析等职能将得到充分地发挥。

六、会计的方法

会计的方法是用来反映和监督会计对象，完成会计任务的手段。它从会计实践中总结而来，随着社会实践发展、科技进步以及管理要求的提高而不断发展和完善。会计反映和监督的对象是资金运动，资金运动是一个动态的过程，由各个具体的经济活动来体现，而经济活动纷繁复杂、形式多样，决定了预测、反映、监督、检查和分析会计对象的手段不是单一的，而是由会计核算方法、会计分析方法和会计检查方法构成的、相互联系、相互依存、相辅相成的完整方法体系。

会计核算方法是对各单位已经发生的经济活动进行连续、系统、全面的反映和监督所采用的方法。由于会计核算的对象是资金运动，资金运动形式具有多样性和复杂性，这就决定了会计核算方法由设置账户、复式记账、填制和审核凭证、登记账簿、财产清查和编制财务报告等具体方法构成。这些方法构成一个完整的、科学的会计核算方法体系。

会计分析方法主要是利用会计核算资料，考核单位的经济活动效果，在对过去分析的基础上，对未来经济活动提出计划、预算和备选方案，并对报告结果进行分析和评价。

会计检查方法，亦称审计，主要是根据会计核算资料，检查各单位经济活动是否合理、合法，会计核算资料是否真实、正确，根据会计核算资料编制的未来经济计划、预算是否可行、有效等。

会计的完整方法体系中，会计核算方法是基础，会计分析方法是核算方法的延伸和发展，会计检查方法是会计核算方法和会计分析方法的保证。本书主要阐述会计核算方法，简单介绍会计分析方法。

练 习 题

一、名词解释

1. 会计目标　　　　2. 会计职能　　　　3. 会计

4. 会计反映　　　　5. 会计监督　　　　6. 会计方法

7. 会计任务　　　　8. 会计本质　　　　9. 会计信息系统

10. 会计管理活动

二、判断题

1. 会计目标是会计信息系统的范畴。　　　　　　　　　　　　　（　　）

2. 会计职能是会计本质的具体化。　　　　　　　　　　　　　　（　　）

3. 会计本质反映会计这一客观事物的内在要求。　　　　　　　　（　　）

4. 会计目标就是为信息使用者提高所需要的会计信息。　　　　　（　　）

5. 会计以货币作为唯一计量单位。　　　　　　　　　　　　　　（　　）

6. 会计职能是会计本质的外在表现形式。　　　　　　　　　　　（　　）

7. 会计既是一种管理活动又是一种管理工具。　　　　　　　　　（　　）

8. 会计信息系统论将会计的本质理解为一个经济信息系统。　　　（　　）

9. 会计只具有反映职能。　　　　　　　　　　　　　　　　　　（　　）

10. 会计反映职能是监督职能的基础，监督职能是反映职能的保证。（　　）

三、选择题

1. 近代会计史中的一个里程碑是（　　）。

　A. 会计从生产职能中分离出来，成为独立的职能

　B. 卢卡·巴其阿勒复式簿记著作的出版

　C. 传统会计逐步发展成为财务会计和管理会计

　D. 现代电子技术在会计领域的运用

2. 会计管理活动论认为（　　）。

　A. 会计是一个信息系统　　　　　　B. 会计是一种经济管理活动

　C. 会计是一种管理经济的工具　　　D. 会计是一种计量技术

3. 会计采用（　　）作为统一计量方式。

　A. 货币量度　　　　　　　　　　　B. 实物量度

　C. 劳动量度　　　　　　　　　　　D. 价值指标

4. 会计的基本职能包括（　　）。

　　A. 会计反映　　　　　　　　　B. 会计监督

　　C. 会计预测　　　　　　　　　D. 会计决策

5. 下列有关会计基本职能关系，正确的说法有（　　）。

　　A. 会计反映是会计监督的基础

　　B. 只有会计反映提供可靠的信息，会计监督才有客观依据

　　C. 只有进行适当的会计监督，才能提供真实可靠的会计信息

　　D. 两大基本职能是紧密结合，辩证统一的

6. 会计信息应满足有关各方了解企业财务状况和经营成果的需要。会计信息用户包括（　　）。

　　A. 企业所有者　　　　　　　　B. 政府部门

　　C. 企业债权人　　　　　　　　D. 职工与工会

7. 下列关于会计目标说法正确的是（　　）。

　　A. 会计目标是指在一定的历史条件下，人们通过会计实践活动所期望达到的结果

　　B. 会计目标受客观条件的影响与制约，在不同的时空范围内，会计目的也往往不一样

　　C. 经济环境影响会计信息的需求、会计程序与方法以及企业提供会计信息的意愿

　　D. 按照企业会计准则的规定，会计的目标是向财务会计报告使用者提供与企业财务状况、经营成果和现金流量等有关的会计信息，反映企业管理层受托责任履行情况，有助于财务会计报告使用者做出经济决策

8. 会计的基本方法是（　　）。

　　A. 会计核算方法　　　　　　　B. 会计分析方法

　　C. 会计预测方法　　　　　　　D. 会计决策方法

四、简述题

1. 如何认识会计的本质？

2. 试述财务会计与管理会计的区别与联系。

3. 试述会计目标与会计职能的异同。

4. 如何认识我国社会主义市场经济条件下的会计目标选择？

第二章　会计要素理论

第一节　会计对象

会计对象是指会计反映和监督的内容，即会计反映和监督的客体。在市场经济条件下，会计对象是社会再生产过程中以货币表现的经济活动，即社会再生产过程中的价值运动。

在市场经济条件下，社会再生产过程既可以表现为使用价值的运动——各种物资的生产和交换，也可以表现为价值的运动——价值的形成、实现和分配。这样，也就会有以使用价值为中心的经济管理和以价值为中心的经济管理。在市场经济条件下，对社会再生产过程的管理主要以价值为中心，因此，各级管理者应广泛利用各种价值指标，对社会再生产过程中的经济活动进行管理。会计是主要利用货币计量，对再生产过程的经济活动进行反映和监督的一种管理工作，因此，社会再生产过程中发生的、能够用货币表现的经济活动，就构成了会计的一般对象。社会再生产过程以货币表现的总体经济活动，是在宏观经济领域中体现的，是社会会计的对象；社会再生产过程中以货币表现的单个经济活动，是在各个企业、行政事业单位进行的，构成了企业、行政事业单位会计的对象。

由此可见，会计对象不是社会再生产过程中的全部经济活动，而是其中能够用货币表现的方面，即社会再生产过程中的资金运动。

企业的资金运动表现为资金的筹集、资金在企业内部各环节的循环和周转、资金退出企业三种形式。

企业进行生产经营活动的前提是必须先拥有资金。企业资金的来源包括所有者投入的资金和债权人借入的资金。企业的所有者可以用货币资金、实物资产、无形资产等向企业投资，构成企业所有者权益。企业也可以通过向债权人举借债务等方式获得资金，构成企业债权人的权益，即企业的负债。

企业所拥有的资金不是闲置不动的，伴随着企业生产经营中供应过程、生产过程和销售过程三个阶段的发展变化，资金的形态也在发生变化，并周而复始地循环周转。在供应阶段，企业根据生产经营需要购买各种物料，货币资金转化为储备资金；在生产阶段，内部生产单位（如分厂、车间、工段和班组）生产产品（或劳务）领用材料物资，储备资金又转化为生产资金，产品生产完工验收入库时，生产资金又转化为成品资金；在销售阶段，将产成品出售收回货币资金时，成品资金又转化为货币资金。我们把企业资金从货币资金形态开始，依次经过储备资金、生产资金、成品资金，又回到货币资金的这一运动过程称为资金循环，周而复始的资金循环称作资金周转。

资金的退出是企业因向所有者分配利润、偿还各项债务以及按法定程序返还投资者投资等活动，使得一部分资金退出企业的资金运动。

行政、事业单位的资金运动体现为预算资金的收支。行政、事业单位为完成其使命，同样需要一定量的资金，其资金来源主要依靠国家财政拨款。一般行政、事业单位没有或只有少量的收入，其经济活动是一方面按预算取得国家财政拨入资金，另一方面又按预算以货币资金支付各项费用。

综上所述，不论是企业，还是行政、事业单位，会计反映和监督的对象都是资金及其运动过程，因此，我们可以把会计的对象概括为社会再生产过程中的资金运动。

第二节　会计要素

一、会计要素的含义

会计要素就是对会计对象结合管理需要所作出的最基本分类。前面提到，会计对象是社会再生产过程中的资金运动或价值运动。但是这一概念涉及的面很广，包括社会再生产过程中可以用货币表现的所有方面。会计上为了分类核算，提供各种分门别类的会计信息资料，就必须对会计对象的具体内容进行适当的分类，于是，会计要素这一概念应运而生。分类不仅有利于依据各个会计要素的性质和特点分别制定对之进行确认、计量、记录、报告的标准和方法，而且，也可以为合理建立会计科目体系和设计财务会计报告提供根据和基本框架。

会计要素是对会计对象的基本分类，是会计对象的具体化，是反映会计主体的财务状况和经营成果的基本单位。我国《企业会计准则——基本准则》将企业会计要素划分为六大会计要素，包括资产、负债、所有者权益、收入、费用和利润。这六大会计要素又划分为两大类，一类是反映财务状况的要素（又称资产负债表要素），包括资产、负债和所有者权益；另一类是反映经营成果的会计要素（又称利润表要素），包括收入、费用和利润。

二、会计要素的内容

（一）资产

1. 资产的定义

资产是会计中最常见的名词。根据美国会计学会对资产所下的定义，认为资产是具有未来服务潜力（service potential）的经济资源。根据美国会计原则委员会第 4 号公报（1970 年），亦视资产为企业所拥有的经济资源。根据国际会计准则理事会（IASB）发布的《财务报告概念框架（征求意见稿）》（2015）将资产定义为"资产是指因过去事项而由个体所控制的现时经济资源"①。

我国《企业会计准则——基本准则》第二十条将资产定义为："资产是指企业过去的交易或事项形成的、由企业拥有或者控制的、预期会给企业带来经济利益的资源。"该资源在未来一定会给企业带来某种直接或间接的现金和现金等价物的流入。

2. 资产的特征

（1）资产是由过去交易或事项形成的现时权利。

资产的定义中强调"过去发生"这一原则，也是传统会计的一个显著特点。尽管衍生金融工具的出现，对"过去发生"原则提出挑战，但在会计实务中这一原则得到普遍接受。如果经济利益只能产生于未来而不能在现时存在或处于企业的控制之下，或促使企业能获得或控制这项未来利益的事项或情况尚未发生，就不能列作资产。比如预计建造的房屋、拟购置的机器设备等固定资产，以及将要采购的原材料等，由于相应的交易或事项尚未发生，所以即使企业管理当局已经形成正式的决议或者预算，都不能作为企业的资产。但是，采用赊购方式购置、建造的固定资产、材料、商品等，虽然尚未支付款项，但导致资产增加的交易或事项事实上已经发生，即使尚未达到预定可使用状态，或者仍在运输途中，仍应作为企业资产入账。

（2）资产必须为某一特定主体所拥有或者控制。

会计并不计量所有的资源，仅计量在某一会计主体控制之下的资源。资产对特定企业具有提供未来经济利益和服务的潜力，这种能力是排他性的。如果各个企业都能分享这种权利，利用这种服务，它就不是特定主体的资产，而属于"公共品"。作为企业资产确认的财产，要么为企业所拥有，即具有法定所有权，如企业外购的商品、材料、机器设备、专利权、商标权、版权、通过支付土地出让金方式取得的土地使用权，以及自行建设的房屋、建筑物、生产流水线等；要么能够实际控制，比如企业采用融资租赁方式租入的固定资产，虽然在租赁期内其法定所有权仍然属于出租方，但是与该资产相关的主要风险和报酬已经转移给承租企业，按照实质重于形式的原则，也应作为企业的资产。

（3）资产能为企业带来未来经济利益的流入。

资产的实质就是未来经济利益，即单独或与其他资产组合具有直接或间接地为未来的现金流入做出贡献的能力。资产可以同对企业具有价值的其他事物相交换，可用以生产对企业具有价值的产品，或可以用来清偿债务，因为资产具有为企业服务的潜能或某些特定的权利。在确认资产时，首先要考虑两点：一是是否真正含有未来经济利益；二是未来经济利益的全部或任何部分是否继续保持。如果不含有未来经济利益或这种利益已经不能保持，就不能列作资产。或者说，未来经济利益等于为企业提供特定权利或服务的能力，而且这种能力必须是正值，已经耗尽的权利和服务不应列作

① 根据 IASB 最新公布的《财务报告概念框架（征求意见稿）》，资产的定义删除了原定义中的"预期会给个体带来经济利益的流入"，强调主体控制的经济资源。经济资源是指有潜力产生经济利益的权利，控制是指有现时能力支配经济资源的使用且有现时能力收取因该使用所产生的经济利益。对"控制"的强调，在我国企业会计准则中也得到充分体现，如：最近修订发布的收入准则（2017）对收入的确认时点强调商品"控制权"是否转移。

资产。例如，预期不能收回的应收款项，就不能再作为资产，而应当作为坏账损失予以核销，计入当期费用。

存货、固定资产可以作为企业的资产，因它们具有实物形态；预付费用、递延项目也可以作为资产，但关键在于它们是否对企业存在着未来经济利益。商标、商誉、专利权、非专利技术等没有有形的实体，但它们同样对企业具有或有助于产生未来经济利益，也应作为资产。所以，不论是有形的还是无形的，只要是能给企业带来预期经济利益的，都应列为资产。相反，如果仅有实物形态，而不能带来未来经济利益，比如，企业库存的残次冷背品、因生产线改组而无法使用的专用设备，以及由于投资环境或市场、技术等条件变化而使其价值永久性损耗的投资项目，都不应再作为资产，而应作为费用与损失。

此外，资产作为一项经济资源，与其有关的经济利益很可能流入企业，而且该资源的成本或价值能够可靠地计量。

3. 资产的分类

资产可以按照不同的标准进行分类，比较常见的分类方法有：

（1）按资产的流动性分类。

流动性是指企业资产变现的能力和支付能力。资产按其流动性划分，可分为流动资产和非流动资产。

流动资产是指可以在一年或超过一年的一个营业周期内变现或耗用的资产，主要包括现金、银行存款、交易性金融资产、应收及预付款项、存货等。

非流动资产是指不能在一年或超过一年的一个营业周期内变现或耗用的资产，主要包括持有至到期投资、长期股权投资、固定资产、无形资产等。

资产按流动性分类，首先可以向投资人提供有关企业清算变现能力的信息。为了使投资人了解企业变现能力的信息，以便进行有关决策分析，资产不仅要按流动性划分，而且还要按变现能力的顺序分出现金、应收账款等速动资产和其他类别的项目。其次，揭示企业的生产经营活动，提供企业经营成果的信息，是财务会计的主要职能。为了使这一职能充分发挥，必须将资产按流动性分类。流动资产主要和企业当期经营活动有关，非流动资产主要和企业未来的经营活动有关，将资产按流动性分类排列可以确切反映企业由不同期间经营活动及其成果所决定的财务状况。最后，按资产的流动性分类可以说明各种资产变现的时间分布，从而有效地预测现金流动。

（2）资产按计价方式分类。

资产按其计价方式划分，可分为货币性资产和非货币性资产。

货币性资产是指企业拥有的货币资金以及价值量为固定金额的资产，如库存现金、银行存款、应收账款、应收票据等。这类资产除涉及有关外币业务外，基本上不存在计价问题，一般以本项目的货币金额来表示。

非货币性资产是以实物和其他非货币形式体现的资产，如存货、固定资产、无形资产等。这类资产存在计价问题，它既可能采用历史成本计价，也可能采用可变现净值、重置成本、公允价值、未来现金流量的现值计价。

（3）资产按实物形态分类。

资产按实物形态，可分为有形资产和无形资产。

资产的分类如图 2.1 所示：

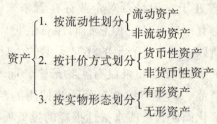

图 2.1　资产分类

（二）负债

1. 负债的定义

负债就是企业举借的债务。在现代市场经济条件下，不论是初创的企业，还是存续的企业，几乎都有负债。根据国际会计准则理事会（IASB）发布的《财务报告概念框架（征求意见稿）》（2015）将负债定义为"负债是指个体因过去事项所产生的转移经济资源的现时义务"①。

我国《企业会计准则——基本准则》第二十三条将负债定义为："负债是指由过去的交易或事项形成的、预期会导致经济利益流出企业的现时义务，履行该义务会导致经济利益流出企业。"未来发生的交易或事项形成的义务不属于现时义务，不应当确认为负债。

2. 负债的特征

（1）负债是由过去的交易或事项形成的现时义务。

负债的定义强调"过去发生"这一原则，这是传统会计的又一显著特点。负债必须是由过去的交易或事项引起的现时义务，计划或拟定中举借的债务，不能构成企业的负债。

（2）负债在将来必须以债权人能够接受的经济资源加以清偿。

负债的实质是将来以牺牲资产为代价的一种受法律保护的责任。也许企业可以通过承诺新的负债或者将负债转为所有者权益等方式来清偿一项现有负债，这并不违背负债的实质。通过承诺新的负债清偿旧的负债，仅仅只是推迟了负债的清偿时间，企业最终需要以债权人能够接受的经济资源来清偿债务。将负债转化为所有者权益，相当于企业用增加所有者权益所获得的资产来清偿现有负债。

（3）负债的清偿会导致经济利益流出企业。

负债具有偿还性，也就是说，负债具有偿还性，也就是说，负债须按约定的时间、金额、还款条件予以清偿。清偿负债，通常情况下是用货币资金偿还，也可以用实物

---

①　概念框架删除了原负债定义中的"清偿该义务将导致经济利益流出个体"，草案中负债定义强调转移经济资源的义务和义务已经存在。

资产进行偿还。总之，清偿负债必然会导致经济利益流出企业。

3. 负债的分类

负债通常按其流动性或偿还期的长短，可分为流动负债和非流动负债。

流动负债是指将在一年或者超过一年的一个营业周期内偿还的债务，包括短期借款、应付及预收款项、应付职工薪酬、应付股利、其他暂收应付款项和一年内到期的长期借款等。

非流动负债是指偿还期在一年或者超过一年的一个营业周期以上的负债，包括长期借款、应付债券、长期应付款等。

负债的分类见图 2.2 所示：

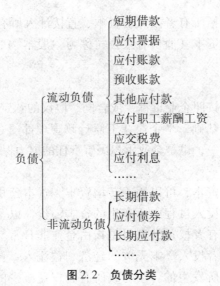

图 2.2 负债分类

按偿还期的长短对负债进行分类，主要是从负债在企业经营及其在会计报表中的地位来考虑的。企业负债金额的大小及其结构影响着企业的偿债能力。当然，在对企业偿债能力的判断方面，不同的债权人对企业的偿债能力有不同的关注。短期债权人最为关心的是企业在一年内拥有的可用于偿还流动负债的流动资产是多少，即对流动比率（流动比率＝流动资产÷流动负债，它表示企业短期偿债能力）的关注。而企业的长期债权人所关注的，则是企业从长远来看的获利能力和经济效益。因为，企业即使当前拥有雄厚的财力，并不等于说，若干年后长期负债到期时，企业仍有可靠的偿还保证。长期债权人要从企业长期负债的多少与企业拥有的全部资产和未来的获利能力来做出对长期负债偿还能力的判断。作为企业的管理部门，则关心企业财务分析的一切方面，既要保证企业有足够的偿还短期负债的能力，还要保证企业从长远来看有较强的获利能力，以便有能力偿还长期负债。因此，企业经营者要想合理调度资金，顺利偿还各种债务，就必须明确把握偿还期不同的各种负债在企业负债中的比重大小。对企业负债按偿还期长短进行分类，企业经营者可以根据企业整体发展战略，合理调整企业负债的期限结构，以利于企业的经营。

（三）所有者权益

1. 所有者权益的定义及特征

我国《企业会计准则——基本准则》第二十六条将所有者权益定义为："所有者权益是指企业资产扣除负债后由所有者享有的剩余权益。公司的所有者权益又称为股东权益。"所有者权益具有以下特征：

第一，除非发生减资、清算，企业不需要偿还所有者权益。

第二，企业清算时，只有在清偿所有的负债后，所有者权益才返还给投资者。

第三，所有者凭借所有者权益能够参与企业利润的分配。

2. 所有者权益的构成

所有者权益的来源包括所有者投入的资本、直接计入所有者权益的利得和损失①、留存收益等，通常由实收资本（股份有限公司称为"股本"）、资本公积、盈余公积和未分配利润构成。

（1）实收资本。

实收资本是指投资者按照企业章程，或合同、协议的约定，实际投入企业的资本。这部分资本是企业设立的基础，是企业在工商行政管理部门登记注册的资本。它是企业注册成立的基本条件之一，也是企业承担民事责任的财力保证。

（2）资本公积。

资本公积是企业的准资本，可以用于转增资本。资本公积是归企业所有者共有的资本，主要来源于资本在投入过程中所产生的资本溢价，以及直接计入所有者权益的利得和损失。直接计入所有者权益的利得是指由企业非日常活动所形成的、会导致所有者权益增加的、与所有者投入资本无关的经济利益流入。直接计入所有者权益的损失是指由企业非日常活动所发生的、会导致所有者权益减少的、与向所有者分配利润无关的经济利益流出。利得和损失包括直接计入所有者权益的利得和损失以及直接计入当期利润的利得和损失。资本公积由资本溢价和其他资本公积构成。

（3）盈余公积。

盈余公积是指企业按照法律、法规的规定从净利润中提取的留存收益，它包括法定盈余公积和任意盈余公积。法定盈余公积是指按照企业根据《中华人民共和国公司法》（以下简称《公司法》）规定的比例从净利润中提取的盈余公积金。任意盈余公积是指企业经股东大会或类似机构批准后，按照规定的比例从净利润中提取的盈余公积金。企业的盈余公积可以用于弥补亏损、转增资本或股本，符合规定条件的企业可以用盈余公积分派现金股利。

（4）未分配利润。

未分配利润是指企业实现的净利润扣除提取的盈余公积金、分配给投资者的利润后的余额，是留于以后年度分配的利润或待分配的利润。

盈余公积和未分配利润统称为留存收益或者留存利润。

---

① 直接计入所有者权益的利得和损失，是指不应计入当期损益、会导致所有者权益发生增减变动的、与所有者投入资本或者向所有者分配利润无关的利得或者损失。

这种分类的意义在于：第一，能清晰地反映企业内部的资金来源结构。实收资本反映了企业的不同所有者通过股权投资而投入企业的外部资金来源，这部分资本是企业经营的原动力，正是这部分资本的投入，才有了企业的存在；资本公积是在投入资本本身的运动中产生的增值；盈余公积和未分配利润，则属于企业经营过程中的资本增值。在所有者权益中，投入资本来源的多少反映了企业的所有者对企业利益要求权的大小；资本增值的多少则从根本上反映出企业长期的经营状况。资本增值同投入资金来源相比，能够说明企业在经营期间内的经济效益好坏。第二，能反映利润分配政策上的限制因素。尽量多地获取利润是企业所有者投资的主要目的之一。企业要持续经营下去，最起码的条件是，不能靠减少所有者投入的资本而去用于支付利润（资本保全原则要求）。因此，企业利润分配政策的制定，对企业、所有者来讲都是十分关心的问题。企业为了正常经营，既要考虑当期利润的分配，更要为企业长期持续经营的未来着想，考虑企业的扩大再生产。近期利益与长远利益兼顾，也就形成了对企业利润分配政策的限制，那就是既不能分光吃光导致企业无力扩大再生产，又不能过分地压缩利润的分配，导致投资者对企业失去信心。企业要想妥善地处理好利润分配上的这种复杂关系，其有效途径之一，就是对所有者权益按来源的不同，分层次确定利润分配涉及的范围。也就是说，什么该分什么不该分，该分的分到什么程度，这自然要同所有者权益的各类别联系起来考虑。

3. 所有者权益与负债的区别

所有者权益与负债都是企业的权益，都体现企业的资金来源，但两者存在本质的区别，具体表现为：

（1）负债是企业对债权人承担的经济责任，企业负有偿还的义务；所有者权益是企业对投资者承担的经济责任，一般情况下企业不需要归还给投资者。

（2）债权人只享有按期收回债务本金和利息的权利，无权参与企业的利润分配和经营管理；投资者则既可以参与企业的利润分配，也可以参与企业的经营管理。

（3）在企业清算时，债权人拥有优先求偿权；所有者权益只能在清偿了所有的负债后，才将剩余返还给投资者。

（四）收入

1. 收入的定义

我国《企业会计准则——基本准则》第三十条将收入定义为："收入是指企业在日常活动中形成的、会导致所有者权益增加的、与所有者投入资本无关的经济利益的总流入。"收入的实质是企业经济活动的产出过程，即企业生产经营活动的结果。收入只有在经济利益很可能流入从而导致企业资产增加或者负债减少，而且经济利益的流入额能够可靠计量时才能予以确认。[①]

---

① 根据财政部 2017 年 7 月修订后发布的《企业会计准则第 14 号——收入准则》，企业应当在履行了合同中的履约义务，即客户取得相关商品（或服务）控制权时确认收入。取得相关商品（或服务）控制权，是指能够主导该商品（或服务）的使用并从中获得几乎全部的经济利益。新修订的收入准则对收入确认条件强调提供商品（或服务）方履行合同义务，接受商品或服务方取得相关商品（或服务）的控制权。

　　获取收入是企业经营的主要目的，是企业实现利润的基础和前提，是企业内部资金来源的源泉。企业要维持简单再生产和扩大再生产，都必须要实现收入，并且以收抵支，实现净收益。

　　2. 收入的特征

　　（1）收入是从企业的日常经营活动中产生的，而不是从偶发的交易或事项中产生的。

　　所谓日常活动，是指企业为完成其经营目标而从事的所有活动以及与之相关的其他活动。例如，工业企业制造和销售产品、商业企业从事商品销售活动、金融企业从事借贷及结算业务等。企业所进行的有些活动并不是经常发生的，比如工业企业出售作为原材料的存货，此时，虽然不是经常发生的，但因与日常活动有关，也属于收入。但是，有些交易或事项虽然也能为企业带来经济利益，但由于不属于企业的日常经营活动，所以，其流入的经济利益不属于收入而是利得，如工业企业出售固定资产的净收益等。

　　（2）收入可能表现为企业资产的增加，或负债的减少，或两者兼而有之。

　　收入为企业带来经济利益的形式多种多样，既可能表现为资产的增加，如增加银行存款、形成应收账款；也可能表现为负债的减少，如减少预收账款；还可能表现为两者的组合，如销售实现时，部分冲减预收的货款，部分增加银行存款。

　　（3）收入能引起所有者权益的增加。

　　收入可能表现为企业资产的增加，或负债的减少，或两者兼而有之。根据会计等式"资产＝负债＋所有者权益"（参见本章第三节）得出，所有者权益＝资产－负债。可见，收入不论表现为资产的增加，或负债的减少，还是两者兼而有之，最终都会导致所有者权益的增加。

　　（4）收入只包括本企业经济利益的流入，而不包括为第三方或客户代收的款项。

　　企业为第三方或客户代收的款项（如工商企业销售产品收取的增值税、旅游企业代收的车船机票、旅游景点门票费等），一方面增加企业的资产，另一方面增加企业的负债，因此，不增加企业的所有者权益，也不属于企业的经济利益，不能作为本企业的收入。

　　3. 收入的分类[①]

　　（1）收入按业务活动的性质分类。

　　按照企业所从事的日常活动的性质，收入有三种来源：一是销售商品实现的商品销售收入；二是提供劳务实现的劳务费收入，包括提供工业性劳务（如加工、修理修配劳务等）的销售收入和提供非工业性劳务（如运输劳务）的服务费收入；三是让渡资产使用权实现的收入，主要表现为对外贷款及对外投资的投资收益、出租固定资产

---

　　① 截至本教材的出版之时，财政部仅仅发布了修订后的《企业会计准则第 14 号——收入准则》，与该准则相关的应用指南尚未发布。在原收入准则基础上，修订后的收入准则内容变化较大，可能会影响收入的分类以及利润表的相关列报项目。对收入分类的最新变化，请读者关注后续发布的《企业会计准则第 14 号——收入准则》的解释公告。

或包装物的租金收入等。

（2）收入按业务活动的地位分类。

按照日常活动在企业所处的地位，收入可分为主营业务收入和其他业务收入。

主营业务收入是企业在主营业务活动中实现的收入。主营业务是指企业日常经营活动的主要活动，可以根据企业营业执照上注明的主要业务范围来定。例如，工业企业的主营业务收入主要包括销售产品、自制半成品、代制品、代修品、提供工业性作业等所取得的收入；商品流通企业的主营业务收入主要包括销售商品所取得的收入；旅游企业的主营业务收入主要包括客房收入、餐饮收入等。

其他业务收入是企业在除主营业务以外的其他日常活动中实现的收入。例如，工业企业的材料销售、出租固定资产和包装物、提供非工业性劳务等。

应该强调的是，上面所述的收入是狭义的收入，它们都属于营业性收入。广义的收入除了上述营业性收入之外，还包括直接计入当期利润的利得，即营业外收入。营业外收入是指企业发生的与其生产经营活动无直接关系的各项收入，包括处置固定资产净收益、取得的罚款收入等。

（五）费用

1. 费用的定义

我国《企业会计准则——基本准则》第三十三条将费用定义为："费用是指企业在日常活动中发生的、会导致所有者权益减少的、与向所有者分配利润无关的经济利益的总流出。"

有所得必有所费，费用是企业为实现收入所发生的各种支出。企业发生或者支付费用的目的是为了获取收入，取得收入以发生相关费用为代价。

2. 费用的特征

（1）费用是在日常活动中发生的经济利益的流出，而不是从偶发的交易或事项中发生的经济利益的流出。

工业企业在产品生产过程中耗用的材料费用、支付的人工工资及其他费用，在产品销售过程中发生的产品展览展销、广告费等，在筹资过程中发生的证券发行费用、银行借款的手续费等，都属于费用。但是，有些交易或事项虽然也能使企业发生经济利益的流出，但由于不属于企业的日常活动，所以，其经济利益的流出不属于费用而是损失，如工业企业出售固定资产净损失、罚款罚没支出等。

（2）费用可能表现为资产的减少，或负债的增加，或两者兼而有之。

费用的发生形式多种多样，既可能表现为资产的减少，如购买原材料支付现金、制造产品耗用存货；也可能表现为负债的增加，如负担长期借款利息；还可能是两者的组合，如购买原材料支付部分现金，同时承担债务。

（3）费用将导致所有者权益减少，但与向所有者分配利润无关。

费用可能表现为资产的减少，或负债的增加，或两者兼而有之。根据会计等式"资产＝负债＋所有者权益"得出，所有者权益＝资产－负债。可见，费用不论表现为资产的减少，或负债的增加，还是两者兼而有之，最终都会导致所有者权益的减少。

3. 费用的分类

按照费用与收入的关系，费用可以分为成本和费用。

（1）成本。

成本又称营业成本，是指所销售商品或提供劳务而发生的各种耗费，包括为生产产品、提供劳务而发生的直接材料费、直接人工费和各种间接费用。营业成本按照其所销售商品或提供劳务在企业日常活动中所处地位的不同可分为主营业务成本和其他业务成本。其中，主营业务成本是企业已销商品产品的成本。其他业务成本是企业在主营业务活动以外的营业活动中发生的成本、费用支出，如工业企业销售材料的成本、经营租赁租出固定资产的折旧费及修理费等。

（2）费用。

费用一般是指企业在日常活动中发生的营业税费、期间费用和资产减值损失。

营业税费又称销售税费，是指企业营业活动中应当负担并根据销售收入确定的各种税费，如消费税、城建税和教育费附加等。

期间费用，是指企业在经营活动、筹资活动中发生的不能对象化为特定产品或劳务的成本，而应直接计入当期损益的费用，包括销售费用、管理费用和财务费用。

销售费用是企业在销售商品、提供劳务等日常活动中发生的除营业成本以外的各项费用以及专设销售机构的各项经费，如销售产品发生的包装、装卸、运输费用、广告费、产品展览费，以及专设销售机构的人员工资、福利费、办公费、房屋租金等。

管理费用是企业行政管理部门为组织和管理生产经营活动而发生的各种费用，包括行政管理部门人员的工资及福利费、管理用固定资产的折旧费、业务招待费、房产税、土地使用税、车船使用税、印花税、工会经费、职工教育费、研究开发费、劳动保险费和计提的坏账损失等。

财务费用是企业在筹集资金活动中发生的费用，如银行借款的手续费、发行债券的发行费用、利息费用（减利息收入）、汇兑损益（减汇兑收益）等。

资产减值损失是指企业计提的坏账准备、存货跌价准备和固定资产减值准备等所形成的损失。

成本和费用既有区别又有联系。费用是和期间相联系的，而成本是和产品相联系的；成本有实物承担者，而费用一般没有实物承担者。二者都反映资金的耗费，都意味着企业经济利益的减少，都是由过去已经发生的经济活动引起或形成的。

上面论述的费用是狭义费用，广义费用还包括直接计入当期利润的损失和所得税费用。直接计入当期利润的损失，即营业外支出，是指企业发生的与其生产经营活动无直接关系的各项支出，包括固定资产盘亏、处置固定资产净损失、处置无形资产净损失、罚款支出、捐赠支出和非常损失等。所得税费用是指企业按企业所得税法的规定向国家缴纳的所得税。

需要强调的是，费用只有在经济利益很可能流出企业，而且流出企业的金额能够可靠计量时才能确认为费用。

（六）利润

1. 利润的定义

我国《企业会计准则——基本准则》第三十七条将利润定义为："利润是指企业在一定会计期间的经营成果。利润包括收入减去费用后的净额、直接计入当期利润的利得和损失等。"利润的实现，会相应地表现为资产的增加或负债的减少，其结果是所有者权益的增值。

这里，利得是指由企业非日常活动所形成的、会导致所有者权益增加的、与所有者投入资本无关的经济利益的流入，如处置固定资产净收益、非货币交易收益等。损失是指由企业非日常活动所发生的、会导致所有者权益减少的、与向所有者分配利润无关的经济利益的流出，如处置固定资产净损失、非货币交易损失、罚款罚没支出等。

2. 利润的构成

（1）营业利润。

营业利润是企业在销售商品、提供劳务等日常活动中所实现的利润。它等于营业收入减去营业成本、税金及附加、期间费用、资产减值损失，再加减公允价值变动净损益和投资净损益后的金额。它是狭义收入与狭义费用配比后的结果。

用数学式子表达为：

营业利润＝营业收入－营业成本－税金及附加－销售费用－管理费用－财务费用－资产减值损失±公允价值变动净损益±投资净损益

（2）利润总额。

利润总额是指企业在日常活动和其他偶发性活动中实现的净收益，包括营业利润、营业外收支净额。用数学式子表达为：

利润总额＝营业利润＋营业外收入－营业外支出

其中，营业外收入是指企业发生的与其生产经营活动无直接关系的各项收入，如固定资产盘盈收益、处置固定资产净收益、罚款净收入等；营业外支出是指企业发生的与其生产经营活动无直接关系的各项支出，如固定资产盘亏损失、处置固定资产净损失、出售无形资产损失、债务重组损失、罚款支出、捐赠赞助支出、非常损失等。

（3）净利润。

净利润是指企业利润总额减去所得税费用后的金额，又称为税后利润。用数学式子表达为：

净利润＝利润总额－所得税费用

三、划分会计要素的意义

在会计核算中，将会计对象划分为会计要素具有重要的意义，具体体现为：

（1）会计要素是对会计对象的科学分类。会计对象的内容纷繁复杂、多种多样，为了连续、系统、全面地对会计对象进行反映和监督，必须对会计对象进行分类，然后按类设置账户并记录账簿。划分会计要素正是对会计对象的科学分类，没有这种分类，就无法登记账簿，无法实现会计的反映职能。

（2）会计要素是设置会计科目和会计账户的基本依据。对会计对象进行分类，必须确定分类的标志，这些标志就是账户的名称即会计科目。不将会计对象划分为会计要素，就无法设置会计账户，也就无法进行会计核算。

（3）会计要素是构成会计报表的基本框架。会计报表是提供会计信息的基本手段，会计报表应该提供一系列指标，这些指标主要由会计要素构成，会计要素是会计报表框架的基本构成内容，会计要素为设计会计报表奠定了基础。

第三节　会计等式

一、会计等式的含义

会计等式又称会计平衡公式、会计方程式，是表明各会计要素之间基本关系的恒等式。

会计反映和监督的对象是资金运动，根据资金运动的表现形式将会计对象划分为六大会计要素，每一笔经济业务都是资金运动的一个具体过程，每一个资金运动过程都会涉及相应的会计要素，从而使全部资金运动所涉及的会计要素之间存在一定的相互联系，会计要素之间的这种内在关系可以通过数学表达式予以描述，这种表达会计要素之间基本关系的数学表达式就是会计等式。

（一）静态会计等式

企业要开展生产经营活动，就必须取得一定量的资产，而企业为取得和持有资产所需的资金来源，不外乎投资者投入和向债权人借入。这些资产在会计核算上以货币形式确认为企业资产。企业生产经营所需要的资产，若来源于债权人，则形成企业的负债，或称债权人权益；若来源于投资者的资本投资，则形成所有者权益。由此可见，资产与负债和所有者权益，实际上是同一价值运动的两个方面，一个是"来龙"即资金来源，一个是"去脉"即资金占用；从数量关系上看，实际上是同一价值运动的两个方面，资金来源必然等于资金占用。一定数额的资产必然对应着相同数额的负债和所有者权益，而一定数额的负债和所有者权益必然对应着相同数额的资产。这一恒等关系用公式表示出来就是：

资产＝权益＝债权人权益＋所有者权益

即：资产＝负债＋所有者权益　　　　　　　　　　　　　　　　　　　①

这一会计等式是最基本的会计等式，也称静态会计等式、存量会计等式，既表明了某一会计主体在某一特定时点所拥有的各种资产，同时也表明了这些资产的归属关系，债权人和投资者对企业资产要求权的基本状况。静态会计等式是设置账户、复式记账以及编制资产负债表的理论依据。在静态会计等式的基础上设置账户，运用复式记账法，记录某一会计主体资金运动的来龙去脉，反映会计主体的资产、负债和所有者权益增减变动情况，通过编制资产负债表提供企业财务状况的会计信息。

(二) 经济业务对会计等式的影响

1. 经济业务的类型

企业的生产经营活动就是不断地取得、使用、生产和销售不同资产的过程。企业在生产经营过程中，不断地发生各种各样的经济业务，这些经济业务的发生对有关会计要素产生影响，但是，却不会破坏上述等式的恒等关系。尽管一个企业的经济业务花样繁多，但归纳起来不外乎以下九种类型：

(1) 经济业务的发生，导致资产项目增加，而负债项目同时等额增加，故等式保持平衡；

(2) 经济业务的发生，导致资产项目增加，而所有者权益项目同时等额增加，故等式保持平衡；

(3) 经济业务的发生，导致资产项目减少，而负债项目同时等额减少，故等式保持平衡；

(4) 经济业务的发生，导致资产项目减少，而所有者权益项目同时等额减少，故等式保持平衡；

(5) 经济业务的发生，导致资产项目此增彼减，但增减金额相等，故等式保持平衡；

(6) 经济业务的发生，导致负债项目此增彼减，但增减金额相等，故等式保持平衡；

(7) 经济业务的发生，导致所有者权益项目此增彼减，但增减金额相等，故等式保持平衡；

(8) 经济业务的发生，导致负债项目增加，所有者权益项目减少，但增减金额相等，故等式保持平衡；

(9) 经济业务的发生，导致负债项目减少，所有者权益项目增加，但增减金额相等，故等式保持平衡。

2. 经济业务对会计等式的影响

从静态来看，企业开始生产经营活动后，在某一时点上总是表现为占用一定的资产，这些资产要么来源于债权人的债务，要么来源于投资者的投资。企业资产的价值总量等于企业的负债额和投资者对企业投资额的总和。在所有者权益一定的情况下，从债权人手中借入多少数额的资金，必然会使企业资产按同一数量增加；在负债数额一定的情况下，投资者向企业投入多少数额的资金，也必然会使企业资产按同一数量增加。企业经济活动的发生，在价值上表现为影响企业资产与负债或所有者权益的同时增减变化，不会破坏资产、负债与所有者权益之间这一基本平衡关系。

企业发生的所有经济业务对基本会计等式的影响，归纳起来有如下结论：

(1) 一项经济业务的发生，可能仅涉及资产与负债和所有者权益中的一方，也可能涉及双方，但无论如何，结果一定是基本会计等式的恒等关系保持不变。

(2) 一项经济业务的发生，如果仅涉及资产与负债和所有者权益中的一方，则既不会影响到双方的恒等关系，也不会使双方的总额发生变动。

(3) 一项经济业务的发生，如果涉及资产与负债和所有者权益中的双方，则虽然不会影响到双方的恒等关系，但会使双方的总额发生同增或同减变动。

（三）动态会计等式

企业的目标是从生产经营活动中获取收入，实现盈利。企业取得收入的同时，必然要发生相应的费用，可谓有所得必有所失。将一定期间的收入与费用相比较，收入大于费用的差额为利润；反之，收入小于费用的差额则为亏损。因此，收入、费用和利润三个要素之间的关系用公式表示为：

收入 - 费用 = 利润（或亏损）   ②

这一等式被称为第二会计等式、增量会计等式，反映了企业某一时期收入、费用和利润之间的恒等关系，表明了企业在某一会计期间所取得的经营成果，是编制利润表的理论依据。

（四）扩展会计等式

所有者最终享有企业的经营成果，企业的生产经营成果必然影响所有者权益，即企业获得利润将使所有者增加，企业的资产也随之增加；企业发生亏损将使所有者权益减少，企业的资产也会随之减少。因此，企业生产经营活动产生的收入、费用、利润后，会计基本等式会演变为：

资产 = 负债 + 所有者权益 + 利润
   = 负债 + 所有者权益 +（收入 - 费用）

或者：资产 + 费用 = 负债 + 所有者权益 + 收入   ③

将"资产 + 费用 = 负债 + 所有者权益 + 收入"这一等式称为扩展的会计等式。企业发生的经济业务对扩展会计等式的影响为：

（1）企业收入的取得，表现为资产要素和收入要素同时、同等金额的增加，或者表现为收入要素的增加与负债要素同等金额的减少，结果是会计等式仍然保持平衡。

（2）企业费用的发生，表现为负债要素和费用要素同时、同等金额的增加，或者表现为费用要素的增加与资产要素同等金额的减少，结果是会计等式仍然保持平衡。

（3）在会计期末，将收入与费用相减后得到企业的利润。利润按照规定程序进行分配以后，留存企业的部分（包括盈余公积和未分配利润）转化为所有者权益的增加（或减少）；同时，要么是资产要素相应增加（或减少），要么是负债要素相应减少（或增加），结果是会计等式仍然平衡。

由于收入、费用和利润这三个要素的变化实质都可以表现为所有者权益的变化，因此，上述三种情况都可以归纳到前面总结的九种业务类型中去。因此，企业发生的全部经济业务都不会破坏会计等式的平衡关系。

"资产 + 费用 = 负债 + 所有者权益 + 收入"这一等式表明会计主体的财务状况与经营成果之间的相互关系。财务状况表现企业一定日期资产的来源与占用情况，反映一定日期的存量。经营成果则表现企业一定时期所有者权益的增加或减少情况，反映一定期间资产的流量（增量或减量）。企业的经营成果最终要影响到企业的财务状况。企业实现利润，将使企业资产增加，或负债减少；企业发生亏损，将使企业资产减少，或负债增加。

需要说明的是，不能根据"资产＝负债＋所有者权益"和"资产＋费用＝负债＋所有者权益＋收入"两个等式推出：收入≡费用，即企业经营始终是以收抵支，净利润为零。事实上，等式①和等式③存在的条件是有区别的。前者适用于每一会计期末，而后者适用于每一会计期末结账前。因为，按照现行会计核算程序，企业应于每一会计期末，把收入和费用的本期发生额结转至"本年利润"账户，结转后，这些账户没有期末余额。

二、会计对象具体内容之间的相互关系

会计对象的具体内容由资产、负债、所有者权益、收入、费用和利润六大要素构成，它们是资金运动的具体体现。同其他运动一样，资金运动有两种形式，即相对静止状态和显著变化过程。

相对静止状态，即静态，是指资金运动在某一瞬间处于相对静止的状态，表现出资金运动在某一时点上停留的状态，它是企业经营成果在资金方面的表现，反映企业的财务状况。这种财务状况体现出资金的双重存在，一方面表现为特定的物质存在，即价值自然属性的体现；另一方面，它又表现为相应的要求权，即为谁所有，是价值社会属性的体现。资产是用来描述价值的物质存在形式的，它是资金的实物存在形态；负债和所有者权益是描述资金所有权关系的，即企业单位的资产一部分归债权人所有，其余归投资人所有。也就是说，负债和所有者权益是反映资产价值的来源渠道。

资金运动的显著变化过程表现为资金的投入、退出和资金在循环周转过程中引起资金的耗费和收回，收回的资金与耗费的资金相比后，表现为企业经营活动的成果。收入、费用和利润是企业一定时期经营活动结果的体现，它们反映出企业资金运动显著变化的情况，即动态——资金运动在某一时期显著变化的过程。

资金运动的静态是表明资金运动增减变动的结果，而资金运动的动态则是表明资金运动增减变动的原因。会计既从资金运动的静态——资金运动的横截面进行反映，也从资金运动的动态——资金运动的纵剖面来反映，这样就可以反映资金运动的整个过程，也就清楚地反映出资金运动的来龙去脉。

练 习 题

一、名词解释

1. 会计对象　　2. 会计要素　　3. 资产　　4. 负债　　5. 所有者权益

6. 收入　　　　7. 费用　　　　8. 利润　　9. 会计等式

二、判断题

1. 当负债总额不变时，企业净资产的变化是由利润或亏损导致的。　　（　　）

2. 对于某一会计主体来说，收入必然表现为一定时间内的现金流入，费用必然表现为一定时间内的现金流出。　　（　　）

3. 企业在一定期间发生亏损必然导致所有者权益的减少。　　　　　　　（　　）

4. 利润是收入与费用之间的差额，所以利润的确认与计量，也就是收入与费用的确认与计量。　　　　　　　　　　　　　　　　　　　　　　　　　　　（　　）

5. 会计分期不同，对利润总额不会产生影响。　　　　　　　　　　　　（　　）

6. 权益包括债权人权益（负债）和所有者权益。　　　　　　　　　　　（　　）

7. 资产只有与权益项目一一对应，才能保持数量上的平衡。　　　　　　（　　）

8. 会计恒等式在任何一个时点上都是平衡的。　　　　　　　　　　　　（　　）

三、选择题

1. 企业会计要素包括（　　　）。

   A. 资产　　　　　　　　　　　　　B. 负债、所有者权益

   C. 净资产　　　　　　　　　　　　D. 收入、费用

   E. 利润

2. 下列属于企业资产的有（　　　）。

   A. 厂房　　　　　　　　　　　　　B. 机器设备

   C. 员工（或劳动者）　　　　　　　D. 企业垄断占有的天然矿泉水源

   E. 不能收回的应收账款

3. 下列各项中属于流动资产的有（　　　）。

   A. 库存现金　　　　　　　　　　　B. 运输设备

   C. 专利权　　　　　　　　　　　　D. 开办费

   E. 原材料

4. 下列有关负债的说法正确的是（　　　）。

   A. 负债是现时存在的、由过去的经济业务所产生的经济责任

   B. 负债是能够用货币确切计量或合理估计的经济责任

   C. 负债有确切的收款人和偿付日期，或者收款人和偿付日期可以合理地估计确认

   D. 负债需要在将来通过转移资产或提供劳务予以清偿

   E. 负债是企业将来要清偿的义务

5. 收入的取得会影响下列各项要素中的（　　　）。

   A. 资产　　　　　　　　　　　　　B. 负债

   C. 费用　　　　　　　　　　　　　D. 所有者权益

   E. 利润

6. 下列各项中属于所有者权益的项目有（　　　）。

   A. 实现的利润　　　　　　　　　　B. 发生的亏损

   C. 对利润的分配　　　　　　　　　D. 投资者投入资本

   E. 从银行取得贷款

7. 下列经济业务中，引起会计恒等式左右两方同时增减变化的有（　　　）。

   A. 投资者投入资本　　　　　　　　B. 以存款归还银行借款

   C. 收到应收账款存入银行　　　　　D. 从银行提取现金

E. 将取得的现金收入存入银行

8. 下列属于会计等式的是（　　）。

    A. 资产＝负债＋所有者权益

    B. 收入－费用＝利润（或亏损）

    C. 期初数＋本期增加数－本期减少数＝期末数

    D. 资产＋费用＝负债＋所有者权益＋收入

    E. 资产＝负债＋所有者权益＋利润

9. 利润表中利润总额的构成要素包括（　　）。

    A. 营业利润   B. 其他业务利润

    C. 投资净收益   D. 营业外收支净额

    E. 补贴收入

四、简述题

1. 什么是资产？资产具有哪些特征？

2. 什么是负债？负债具有哪些特征？

3. 什么是收入？收入具有哪些特征？

4. 由"资产＝负债＋所有者权益"及"资产＋费用＝负债＋所有者权益＋收入"两个会计等式，可推导得出"收入＝费用"。因而企业经营中收入必然等于费用，即企业经营既不会实现利润，也不会发生亏损吗？

第三章　会计确认与计量理论

会计确认与计量是会计反映和监督职能实现的必要环节，除了了解会计确认理论和会计计量理论之外，还需要了解会计确认与计量的基本假设，会计确认与计量生成的会计信息需要满足的质量特征，以及会计确认与计量的其他要求等相关理论。

第一节　会计基本假设

会计核算的对象是资金运动，由于经济环境的复杂性决定资金运动也是一个复杂的过程。面对不确定性的经济环境，会计人员首先需要确定会计核算的范围，会计为谁核算；会计核算的资金运动能否持续不断地进行下去；会计应该在什么时候记账、算账、报账；以及在会计核算过程中应该采用何种计量手段等。这些都是会计核算工作的基本前提。

会计基本假设即会计核算的基本前提，是指为了保证会计工作的正常进行和会计信息的质量，对会计核算的范围、内容、基本程序和方法所做的合理设定。会计核算工作中应该遵循的会计基本假设包括会计主体假设、持续经营假设、会计分期假设和货币计量假设。

一、会计主体假设

会计主体，亦称会计个体或会计实体，是指会计工作为其服务的特定单位或者组织，即会计为谁核算，核算谁的经济业务。它规定了会计工作的空间范围。

《企业会计准则——基本准则》第 5 条规定："企业应当对其本身发生的交易或者事项进行会计确认、计量和报告。"会计主体假设为会计人员在日常的会计核算中对各项交易或事项做出正确判断、对会计处理方法和会计处理程序做出正确选择提供了依据。

首先，明确会计主体，才能划定会计所要处理的各项交易或事项的范围。在会计核算工作中，只有那些影响企业本身经济利益的各项交易或事项才能加以确认和计量，那些不影响企业本身经济利益的各项交易或事项则不能加以确认和计量。会计核算工作中通常讲资产、负债的确认，收入的取得，费用的发生，都是针对特定会计主体而言的。

其次，明确会计主体，才能把握会计处理的立场。企业作为一个会计主体，对外销售商品时，一方面形成一笔收入，另一方面增加一笔资产或减少一笔负债，而不是相反；采购材料时，导致现金减少，同时存货增加，或者债务增加、存货增加，而不是相反。

最后，明确会计主体，才能将会计主体的经济活动与会计主体所有者的经济活动区分开来。为了真实反映会计主体的财务状况、经营成果和现金流量，必须将会计主体的经济活动与会计主体所有者的经济活动区分开来。这主要是因为，无论是会计主体的经济活动，还是会计主体所有者的经济活动，都最终影响所有者的经济利益，但是，会计核算工作只涉及会计主体范围内的经济活动。

会计主体不同于法律主体。一般来说，法律主体必定是会计主体。例如，一个独立企业是一个法律主体，同时也是一个会计主体，应当建立会计核算体系，独立地反映其财务状况、经营成果和现金流量状况。但是，会计主体不一定是法律主体。例如，在企业集团的情况下，一个母公司拥有若干个子公司，企业集团在母公司的统一领导下开展生产经营活动，母子公司具有独立的法人资格，既是法律主体又是会计主体。而企业集团不具有法人资格，只是一个虚拟的法律主体。但是，为了全面反映企业集团的财务状况、经营成果和现金流量状况，就有必要将这个企业集团作为一个会计主体，编制合并会计报表。

二、持续经营假设

持续经营，是指会计主体的生产经营活动，按既定目标将无期限地延续下去，在可预见的将来，不会进行清算。

《企业会计准则——基本准则》第6条规定："企业会计确认、计量和报告应当以持续经营为前提。"企业是否持续经营，在会计原则、会计方法的选择上有很大差别。一般情况下，应当假定企业将会按照一定的规模和状态继续经营下去，不会停业，也不会大规模削减业务。明确这个基本假设，就意味着会计主体将按照既定用途使用资产，按照既定的合约条件清偿债务。例如，一般情况下，企业的固定资产可以在一个较长的时期内发挥作用，如果可以判断企业会持续经营，就可以假定企业的固定资产会在持续经营的生产经营过程中长期发挥作用，并服务于生产经营过程，固定资产就可以根据历史成本进行记录，并采用适当的折旧方法，将历史成本分摊到各个会计期间或相关产品的成本中。如果判断企业不会持续经营，固定资产就不会采用历史成本进行记录并按期计提折旧。

持续经营是根据企业发展的一般情况所做的设定，而任何企业都存在破产、清算的风险，也就是说，企业不能持续经营的可能性总是存在的。为此，需要企业定期对其持续经营假设做出分析和判断。如果可以判断企业不会持续经营，就应当改变会计核算的原则和方法，并在企业财务会计报告中作相应披露。

三、会计分期假设

会计分期又称会计期间，是指将一个企业持续不断的生产经营活动人为地划分为连续的、长短相同的会计期间。会计分期的目的是将会计主体持续不断的生产经营活动划分成若干连续、相等的期间，据以结算盈亏，按期编制财务会计报告，从而及时向会计信息使用者提供有关企业财务状况、经营成果和现金流量的信息。

《企业会计准则——基本准则》第 7 条规定："企业应当划分会计期间，分期结算账目和编制财务会计报告。会计期间分为年度和中期。中期是指短于一个完整的会计年度的报告期间。"会计分期是对会计工作时间范围的具体划分，主要是确定会计年度。我国以公历的 1 月 1 日至 12 月 31 日作为一个会计年度。会计年度确定后，一般按日历确定会计半年度、会计季度和会计月度。其中，凡是短于一个完整的会计年度的报告期间均称为中期。

根据持续经营假设，一个企业将按一定的规模和状态持续不断地经营下去。要最终能确定企业的生产经营成果，只能等到一个企业在若干年歇业后核算一次盈亏。但是，企业的生产经营活动和投资决策要求及时的信息，不能等到歇业时一次性地核算盈亏。因此，就需要将企业持续不断的生产经营活动人为地划分一个个相等的会计期间。明确会计分期假设对会计核算有着重要影响。由于会计分期，才产生了本期与非本期的差别，才出现权责发生制和收付实现制的区别，才需要将支出划分为收益性支出与资本性支出，收入与费用进行配比等要求，只有正确地划分会计期间，才能准确地提供财务状况和经营成果的资料，才能进行会计信息的对比。

四、货币计量假设

货币计量，是指会计主体在会计核算过程中采用货币为统一计量单位，计量、记录和报告会计主体的生产经营活动。

《企业会计准则——基本准则》等 8 条规定："企业会计应当以货币计量。"企业可以使用的计量单位较多，为了全面、综合地反映企业的生产经营活动，会计核算客观上需要一种统一的计量单位作为计量尺度。货币是商品的一般等价物，是衡量一般商品价值的共同尺度，具有价值尺度、流通手段、贮藏手段和支付手段等特点。其他的计量单位，如，重量（如千克）、长度（如千米）、容积（如升）、台、件等，只能从一个侧面反映企业的生产经营情况，不能在量上进行汇总和比较，不便于管理和会计计量。影响财务状况和经营成果的因素，并不是都能用货币来计量的，比如，企业经营战略、在消费者当中的信誉度、企业的地理位置、企业的研发能力，等等。为了弥补货币计量的局限性，要求采用一些非货币指标作为会计报表的补充。

在我国，要求企业对所有经济业务采用同一种货币作为统一尺度来进行计量。如果企业的经济业务涉及两种以上的货币进行计量，则应该选择一种货币作为计量基准，被选择作为计量基准的货币称为记账本位币。记账本位币之外的其他货币称为外币。我国有关会计法规规定，企业会计核算应该以人民币作为记账本位币。若业务收支以人民币以外的其他货币为主的企业，也可以选定该种货币作为记账本位币，但编制的会计报表应当折算为人民币反映。

货币本身也有价值，货币的价值通过货币的购买力或物价水平来表现。货币计量假设的前提条件是货币的币值保持稳定，物价不会出现大幅度的波动，或者前后波动能够相互抵消。如果货币的价值发生较大的波动，如出现恶性通货膨胀，则对货币计量假设提出了挑战，此时就需要采用特殊的会计原则如物价变动会计原则来处理有关的经济业务。

出于对会计核算工作的客观需要，人为地设置了四项会计基本假设，这四项会计基本假设共同作用为会计核算工作的顺利开展奠定了基础。

第二节　会计信息质量特征

会计信息质量要求，又称为公认会计原则，是指对会计工作具有普遍指导意义的原则性规范和最一般要求，是会计信息所应当达到或满足的基本质量要求。它是会计系统为达到会计目标而对会计信息的约束。

一、可靠性

《企业会计准则——基本准则》第 12 条规定："企业应当以实际发生的交易或者事项为依据进行会计确认、计量和报告，如实反映符合确认和计量要求的各项会计要素及其他相关信息，保证会计信息真实可靠、内容完整。"

可靠性又称客观性、真实性，是指会计核算必须以实际发生的经济业务及证明经济业务发生的合法凭证为依据，如实反映企业的财务状况、经营成果和现金流量，做到内容真实、数字准确、资料可靠。可靠性是对会计信息质量的一项基本要求。会计作为一个信息系统，其提供的信息是国家宏观经济管理部门、企业经营管理者及其他利益相关者进行决策的依据。如果会计数据不真实、不公允，将不利于信息使用者的理性决策，甚至可能误导其决策。可靠性质量特征体现在会计信息反映的各个阶段，包括会计确认、计量、记录和报告，必须真实客观，必须以实际发生的经济活动以及表明经济业务发生的合法凭证为依据。

可靠性包括下面三层含义：一是会计核算应当真实反映企业的财务状况、经营成果和现金流量；二是会计核算应当客观反映企业的财务状况、经营成果和现金流量；三是会计核算应当具有可验证性。所谓可验证性，是指对于同一会计核算业务，分别由两个或两个以上的会计人员同时进行会计处理，得出相同的会计核算结果，并且可以相互验证。

二、相关性

《企业会计准则——基本准则》第 13 条规定："企业提供的会计信息应当与财务会计报告使用者的经济决策需要相关，有助于财务会计报告使用者对企业过去、现在或者未来的情况作出评价或者预测。"

相关性也称有用性，它也是会计信息质量的一项基本要求。相关性是指会计信息必须满足有关各方了解企业的财务状况、经营成果和现金流量等方面的需要，满足企业加强内部经营管理的需要。

会计的目标是为有关方面提供会计信息，最终必须为会计信息使用者所使用。要充分发挥会计信息的作用，提高会计信息的使用价值，必须使会计核算提供的会计信息与财务会计报告的使用者对会计信息的要求相关联。如果会计核算的信息不符合财务会计报告使用者的要求，即使客观真实地反映了企业经营情况的会计信息，也毫无价值。

相关性要求企业在收集、加工、处理、传递会计信息的过程中，要考虑财务会计报告的使用者对会计信息的需要的不同特点，确保企业内、外有关方面对会计信息的相关需要。相关性并不是要求企业提供的财务会计报告完全满足所有财务会计报告使用者的要求。由于不同的财务会计报告使用者有着不同的需要，事实上，即使再全面的财务会计报告也不可能满足所有方面的需要。因此，会计核算的资料，特别是企业对外报送的财务会计报告只能提供通用的会计信息，财务会计报告的使用者通过对通用会计信息进行加工整理，能够得到其所需要的会计信息。

三、可理解性

《企业会计准则——基本准则》第 14 条规定："企业提供的会计信息应当清晰明了，便于财务会计报告使用者理解和使用。"

可理解性又称明晰性，是对会计信息质量的一项重要要求。可理解性是指会计记录和会计信息必须清晰、简明，便于理解和运用。明晰性要求会计核算所提供的会计信息简明、易懂，简单明了地反映企业的财务状况、经营成果和现金流量。在会计核算中坚持明晰性原则，有利于会计信息的使用者准确、完整地把握会计信息所要说明的内容，从而更好地加以利用。随着我国经济体制改革的不断深入，会计信息的使用者会越来越广泛，不仅包括企业内部管理部门、上级主管部门、国家财税部门等，而且还包括全社会广大的会计信息使用者。这客观上对会计信息的简明和通俗易懂提出了越来越高的要求。

四、可比性

《企业会计准则——基本准则》第 15 条规定："企业提供的会计信息应当具有可比性。"可比性包括两层含义：一是不同企业同一时期的横向可比，要求企业会计核算按照会计准则规定的会计处理方法进行，各企业的会计核算应建立在相互可比的基础上，使其提供的会计核算资料和数据便于比较、分析、汇总，以满足国民经济宏观管理和调控的需要。二是同一企业不同时期的纵向可比，要求企业在会计核算时对同一交易或事项选用的会计核算程序和会计处理方法前后各期必须一致，一般情况下不得随意变更，确需变更的，应当将变更的内容和理由、变更的累积影响数，以及累积影响数不能合理确定的理由等，在会计报表附注中予以说明。

坚持可比性可以制约和防止企业通过会计程序和会计处理方法的变更，在会计核算中弄虚作假，粉饰财务会计报告，有利于提高会计信息的使用价值。

可比性并不否认企业在必要时，对所采用的会计程序和会计处理方法作适当的变更。当企业的经营情况、经营范围和经营方针，或者国家有关的政策规定发生重大变化时，企业可以根据实际情况，选择更能客观真实地反映企业经营情况的会计程序和会计处理方法。

五、实质重于形式

《企业会计准则——基本准则》第 16 条规定："企业应当按照交易或者事项的经济实质进行会计确认、计量和报告，不应仅以交易或者事项的法律形式为依据。"

实质重于形式是指企业在进行会计核算时，应当根据经济业务或会计事项的实质来选择会计处理方法和程序，而不拘泥于其法律形式。经济业务的实质与其法律形式往往存在一定程度的脱节。比如，企业以融资租赁的方式租入一项固定资产，在整个租赁期间，该租入资产的所有权属于出租方企业，承租方企业只有使用权。从法律形式上看，这是一项租赁交易，但从其交易的实质方面分析，承租方企业在整个租赁期间（通常占租赁资产整个使用年限的 75% 以上）实质上占有和控制着该资产，获得收益并承担其资产减值的风险。也就是说，与该租赁资产所有权相关的主要风险和报酬已经转移给了承租方企业，实质上相当于分期付款购买该项固定资产，因此，现行制度规定应作为自有固定资产入账。另外，该要求在收入确认等交易事项中将得到广泛的运用。

六、重要性

《企业会计准则——基本准则》第 17 条规定："企业提供的会计信息应当反映与企业财务状况、经营成果和现金流量等有关的所有重要交易或者事项。"

重要性是指在会计核算过程中对经济业务或会计事项应区别其重要程度，采用不同的会计处理方法和程序。在会计核算中坚持重要性原则，能够使会计核算在全面反映企业财务状况、经营成果和现金流量的基础上，保证重点，有助于加强对经济活动和经营决策有重大影响和有重要意义的关键性问题的核算，达到事半功倍的效果，并有助于简化核算，节约人力物力，提高会计工作效率。

重要性的运用关键是重要性的判断问题。对于不同会计主体和不同会计事项来说，重要性是相对的。对经济活动或会计事项重要性的判断，在很大程度上取决于会计人员的职业判断。一般而言，重要性可以从质和量两个方面进行判断：从性质方面讲，只要该会计事项发生对决策可能有重大影响时，则属于重要性的事项；从数量方面讲，当某一会计事项发生达到一定数量比例（如 5%）就可能对决策产生影响时，则认为其具有重要性，应当将其作为具有重要性的会计事项处理。

七、谨慎性

《企业会计准则——基本准则》第 18 条规定："企业对交易或者事项进行会计确认、计量和报告应当保持应有的谨慎，不应高估资产或者收益、低估负债或者费用。"

谨慎性又称稳健性，是针对经济活动中的不确定性因素，要求企业在会计核算中持谨慎态度，充分估计可能发生的风险和损失，尽量少计或不计预期将实现的收益，从而降低经营风险，增强企业持续发展的能力。谨慎性要求会计人员对某些经济业务或会计事项存在不同的会计处理方法和程序可供选择时，在不影响合理选择的前提下，尽可能选用不虚增利润和夸大所有者权益的会计处理方法和程序，合理估计并计列可能发生的损失和费用。

谨慎性体现于会计核算的全过程，包括会计确认、计量、报告等程序。从会计确认来说，要求确认标准建立在稳妥合理的基础上；从会计计量来说，要求会计计量不得高估资产、所有者权益和利润的数额；从财务会计报告来说，要求财务会计报告向会计信息的使用者提供尽可能全面的会计信息，特别是应报告有关可能发生的风险损失等。比如，在会计实务中，要求企业应当充分估计各项资产的潜在损失并按照预期的损失比率计提相应的资产减值准备（如坏账准备、存货跌价准备、短期投资跌价准备、委托贷款跌价准备、长期投资减值准备、固定资产、无形资产、在建工程减值准备等八项减值准备），就是谨慎性原则的具体体现。但是，这并不意味着企业可以设置秘密准备，相反，计提秘密准备是国家统一的会计制度规定的禁止性行为。

八、及时性

《企业会计准则——基本准则》第 19 条规定："企业对于已经发生的交易或者事项，应当及时进行会计确认、计量和报告，不得提前或者延后。"

及时性是指会计核算工作要讲求时效，要求会计处理及时进行，以便会计信息的及时利用。在社会主义市场经济条件下，市场瞬息万变，企业竞争日趋激烈，各方面对会计信息的及时性要求越来越高。在会计核算中，及时性要求企业：一是在经济业务发生时应当及时取得或者填制原始凭证，并按规定进行审核；二是对已取得并经审核无误的原始凭证，按照国家统一的会计制度的规定办理会计手续，进行会计核算，包括填制记账凭证、登记账簿、编制财务会计报告等；三是应当按规定及时地报送财务会计报告。

第三节　会计确认理论

会计信息的载体是财务报告，财务报告由会计要素组成，对会计要素进行报告之前必须进行会计要素的确认与计量。

一、会计确认的含义

会计确认作为一个概念，最早出现在美国会计学会 1966 年发表的《基本会计理论公告》中。在 20 世纪 70 年代，美国财务会计准则委员会开展的财务会计概念框架研究中，会计确认作为会计理论研究的重要组成部分的地位被正式确定起来。1984 年美国财务会计准则委员会发布的第 5 号财务会计概念公告《企业财务报表的确认与计量》中对会计确认定义为："确认指的是把一个项目作为资产、负债、收入和费用等正式加以记录及列入企业财务报表的过程。确认包括以文字和数字描述一个项目，其数额包括于财务报表的合计数之中。就资产或负债而言，确认包括记录该项目的取得或发生，也包括确认其随后变动。"由于财务会计报告是实现会计目标的最重要手段。因此，在财务会计上，确认对实现会计目标以及具体会计处理程序、规则的选择都有着重要的制约作用。

　　会计作为一个信息系统，信息的生成要经过输入、转换和输出三个环节。首先，在会计信息输入阶段，会计面临对经济活动产生的大量数据，有一个识别和选择的过程，这个识别与选择既有对经济活动内容是否符合会计标准、能否进入会计系统、进入会计系统的属于哪个会计要素的问题，又有何时进入会计系统的时间选择问题。其次，在会计数据的加工转换阶段，被输入的各种经济数据还要依据会计的特定方法继续加工，这时既要根据会计对象的具体要素对有关经济数据进行分门别类的处理，逐步使之条理化、系统化，又要对伴随企业生产经营活动而不断变化的经济业务引起各要素的变动加以识别与确定。最后，在会计信息的输出阶段，如何把已生成的会计信息传输给会计信息使用者，仍有一个选择、分类的问题。因为会计报表是根据财务报告目标，对会计信息进行选择后以指标体系的形式输出的。

　　会计确认是指决定将交易或事项中的某一项目作为一项会计要素加以记录并列入财务报告的过程，是财务会计的一项重要程序。会计确认主要解决"是否确认""如何确认"和"何时确认"三个问题。会计确认的环节分两次进行，第一次解决会计的记录问题，称为初始确认；第二次是解决财务报表的披露问题，称为最终确认。

二、会计确认的环节

(一) 会计要素的初始确认

　　会计要素的初始确认，是指经济交易或事项发生后，判断该经济交易或事项是否符合确认条件，对符合确认条件的经济交易或事项选择恰当的会计要素予以计量、记录的过程就是初始确认。初始确认的条件包括：

　　(1) 符合要素的定义。有关经济交易或事项要以某种会计要素加以确认，首先必须符合该要素的定义。

　　(2) 有关的经济利益很可能流入或流出企业。这里的"很可能"表示经济利益流入或流出的可能性在 50% 以上。

　　(3) 有关价值以及流入或流出企业的经济利益能够可靠地计量。货币计量假设实际上将会计对象限定在经济活动中能以货币表现的方面，能够可靠计量成为会计确认的一个基本条件，即只能用货币表现的经济业务，才能作为会计要素予以确认，否则不予确认。

　　如资产的确认条件，我国《企业会计准则——基本准则》第 21 条规定：除了符合本准则第 20 条规定的资产定义之外，还需要符合"与该资源有关的经济利益很可能流入企业"和"该资源的成本或者价值能够可靠地计量"这两个条件。

(二) 会计要素的最终确认

　　经过会计确认、计量之后，会计要素应该在财务报表中列示。资产、负债、所有者权益在资产负债表中列示，收入、费用和利润在利润表中列示。根据会计准则的规定，符合要素定义和要素确认条件的项目，才能列示在财务报表中，仅仅符合要素定义而不符合要素确认条件的项目，不能在财务报表中列示。

会计要素的确认过程见图 3.1：

图 3.1　会计要素确认过程

第四节　会计计量理论

会计通常被认为是一个对会计要素进行确认、计量和报告的过程，其中，会计计量在会计确认和会计报告之间起着十分重要的作用。会计计量在会计核算理论和方法中占有重要的地位。因为财务会计信息是一种定量化信息，资产、负债、所有者权益、收入、费用和利润等会计要素，都要经过计量才能在财务会计中得到反映。因此，自 20 世纪 30 年代以来，会计学界逐渐流行这样一种观点："会计就是一个计量过程。"事实上，会计的许多理论和方法都要涉及计量问题。

一、会计计量的含义

会计计量是指将符合确认条件的会计要素确定其金额登记入账，并反映在财务报表的过程，即用货币计量单位计算各项经济业务事项和结果的过程。它主要解决经济业务事项在会计上"反映多少"的问题。会计计量主要是价值计量，用价值再现被计量的对象。会计计量之所以能用货币数额来表现经济资源的量的变动，是因为在商品经济条件下，经济活动都同商品价值分不开，企业的交易事项本身就是包含着一定价值量的数量关系在变动。会计正是以货币形式来反映与确定数与量的关系。但是，在采用货币计量时，还要考虑是以成本还是以价格为基础的特定计量规则。

二、会计计量属性

会计计量属性是指会计计量对象应予计量的特征或外在表现形式，即可以用货币计量的方面。由于经济交易或事项可以从多方面予以货币计量，从而有不同的计量属性。

对计量属性的系统研究，是会计计量理论与方法的一个重要发展。20 世纪 70 年代以来的 40 多年间，会计理论工作者对计量属性进行了系统的研究和总结。根据《企业会计准则——基本准则》第 42 条的规定，会计计量属性主要包括下列五种：

（一）历史成本（historical cost）

历史成本，亦称原始成本，是指取得某项资源的原始交易价格。在历史成本计量下，资产按照购置时支付的现金或者现金等价物的金额，或者按照购置资产时所付出的对价的公允价值计量。负债按照因承担现时义务而实际收到的款项或者资产的金额，或者承担现时义务的合同金额，或者按照日常活动中为偿还负债预期需要支付的现金或者现金等价物的金额计量。

按历史成本计量资产是会计计量的最基本计量属性。历史成本计量具有以下特点：

（1）历史成本是取得资产发生的实际交易成本，有可靠的原始依据（如购货发票、付款收据等），具有客观性和可证实性。

（2）人们长期使用历史成本作为计量属性，已经成为一种惯例。除非有更可靠的、相关的计量属性，人们一般不会轻易放弃业已习惯的计量属性。

（3）虽然在经济环境和物价水平变动的情况下，历史成本属性的相关性较差，但用表外注释的方法可以弥补其不足。例如，对资产的期末计价，若资产发生减值迹象，企业可提取相应的资产减值准备。

但是，历史成本计量属性存在一定的局限性，尤其是在物价水平剧烈变动的经济环境下，这些局限性就会凸显出来，表现在以下几个方面：

（1）当物价水平剧烈波动时，同一资产不同时点的交易价格呈现出较大差异，因而缺乏可比性。

（2）采用历史成本计量属性，费用采用历史成本计量，即按取得资产时的历史成本作为本期耗费资产的计量，而收入则用公允价值计量，即按实现收入当期的现时市场价格计量，这使得收入与费用失去了配比的共同基础。

（3）在物价上涨时，费用按历史成本计量，会低估费用，高估利润，从而难以区分企业的经营业绩和资产持有的增值收益。

（4）当物价上涨时，用历史成本为基础编制的资产负债表，除货币性资产外，非货币性资产会被低估，不能反映资产负债表日企业资产的真实价值，不能公允地反映企业的财务状况，降低了会计信息的有用性。

（二）重置成本（replacement cost）

在重置成本计量下，资产按照现在购买相同或者相似资产所需支付的现金或者现金等价物的金额计量。负债按照现在偿付该项债务所需支付的现金或者现金等价物的金额计量。

重置成本有多种形式：一是重新购置同类新资产的市场价格；二是重新购置同类新资产的市场价格，减去持有资产已损耗或折耗的价值；三是重新购置具有相同生产能力的资产的市场价格；四是重新制造同类资产的成本；五是重新制造同类资产的成本，减去持有资产已损耗或折耗的价值。

企业资产的历史成本和重置成本反映了同类或具有相同生产能力的资产在不同时点的取得成本。在会计实务中，企业可根据资产的性质、功效以及成新率，选择适合的现行成本形式。

采用重置成本计量属性，具有以下优点：

（1）重置成本能够反映资产的真实价值，合理反映企业在持续经营状态下资产的预期获利能力；

（2）以重置成本为基础编制的资产负债表，可以反映企业现时的财务状况；

（3）以重置成本与现行收入相配比，计量企业的经营业绩，不仅有逻辑上的统一性，也便于区分企业的经营业绩与资产持有的增值收益，正确反映企业的经营成果，可以保证会计信息的公允性和有用性。

采用重置成本计量属性，也有其局限性，主要表现在以下两个方面：

（1）重置成本的确定比较困难，尤其是当缺乏同类或类似资产的活跃市场时更是如此，计算上也缺乏足够的依据，影响会计信息的可靠性；

（2）没有剔除货币购买力变动的影响，会计报表项目之间仍缺乏可比性。

正是由于重置成本计量属性存在上述局限性，企业只有在资产盘盈等无法取得其历史成本的情况下才使用。

（三）可变现净值（net realizable value）

在可变现净值计量下，资产按照其正常对外销售所能收到现金或者现金等价物的金额扣减该资产至完工时估计将要发生的成本、估计的销售费用以及相关税费后的金额计量。

采用可变现净值计量属性，具有以下优点：

（1）可变现净值表示资产正常销售可获得的经济利益流入净额，是企业经营决策的一种机会成本，与企业现时决策更具有相关性；

（2）可以提供评估企业财务适应性和变现价值的相关信息，有利于评价企业在非续营状态下的偿债能力；

（3）可变现净值反映了资产正常出售或持续使用所获得经济利益的价值比较，为企业经营管理当局的经营决策提供了依据；

（4）运用可变现净值计量属性，将资产一次性脱手变现，可消除费用摊配的主观随意性。

采用可变现净值计量属性，也存在下列缺点：

（1）可变现净值的确定缺乏可靠性，某些资产的正常销售价格较难确定，尤其是当缺乏同类或类似资产的活跃市场时更是如此，如专用设备等；

（2）放弃收入实现原则，不等到销售发生就确认收入以及假定企业资产随时处于出售状态，违背了持续经营的基本假设；

（3）仍然无法消除货币购买力变动的影响，会计信息缺乏一致性。

（四）现值（present value）

现值，又称未来现金流量的现值（discounting value），是指资产未来预期现金净流量按设定的贴现率进行贴现，所得到的现值总和，又称为资本化价值。在现值计量下，资产按照预计从其持续使用和最终处置中所产生的未来净现金流入量的折现金额计量。负债按照预计期限内需要偿还的未来净现金流出量的折现金额计量。未来现金流量的现值，取决于以下三个因素：一是资产的预计使用年限；二是资产在其预计使用期限内每年的预期现金净流量；三是贴现率。其计算公式如下：

$$V = \sum \frac{CFAT_t}{(1+i)^t}$$

式中，V表示某项资产未来现金流量的现值；t表示资产的预计使用年限；$CFAT_t$

（cash flow after tax）表示资产第 t 年的预期税后现金流量；i 表示贴现率，是特定条件下资产的收益率，表示资产的预期收益水平，反映对货币时间价值的当前市场评价和资产的风险预期。

由上述公式可知，资产的价值取决于其预期现金净流量的大小，与预期现金净流量成正比，这反映了资产在持续使用状态下的未来获利能力。资产获利能力越大，其价值就越高；反之，价值就越小。同时，资产未来经济利益的大小，还同预期现金净流量的时间分布有关。如果全部现金净流量的时间期限越短，获利能力就越大；反之就越小。

采用这种计量属性，反映了资产的本质，即为其持有者带来预期获利能力。

但是，这种计量属性也有内在的局限性，表现在：

（1）资产预期现金净流量及其时间分布的估算很困难，常常无法较为准确的测算；

（2）贴现率的选择非常困难，往往存在较大的主观随意性；

（3）只适用于持续使用状态下的长期资产价值的计量。

（五）公允价值（fair value）

在公允价值计量属性下，资产和负债按照市场参与者在计量日发生的有序交易中，出售资产所能收到或者转移负债所需支付的价格计量。

市场参与者，是指在相关资产或负债的主要市场或最有利市场中，同时具备下列特征的买方和卖方：市场参与者应当相互独立，不存在《企业会计准则第 36 号——关联方披露》所述的关联方关系；市场参与者应当熟悉情况，能够根据可取得的信息对相关资产或负债以及交易具备合理认知；市场参与者应当有能力并自愿进行相关资产或负债的交易。

有序交易，是指在计量日前一段时期内相关资产或负债具有惯常市场活动的交易。

以公允价值计量相关资产或负债，应当考虑该资产或负债的特征。相关资产或负债的特征，是指市场参与者在计量日对该资产或负债进行定价时考虑的特征，如资产状况、资产所在位置、对资产出售或者使用的限制等。

主要市场，是指相关资产或负债交易量最大和交易活跃程度最高的市场。最有利市场，是指在考虑交易费用和运输费用后，能够以最高金额出售相关资产或者以最低金额转移相关负债的市场。其中交易费用是指在相关资产或负债的主要市场或最有利市场中，发生的可直接归属于资产出售或者负债转移的费用。交易费用是直接由交易引起的、交易所必需的，而且不出售资产或不转移负债就不会发生的费用。

我国企业会计准则引入公允价值是适度、谨慎和有条件的，并且企业应当将公允价值计量所使用的输入值划分为三个层次，即：第一层次输入值是在计量日能够取得的相同资产或负债在活跃市场上未经调整的报价；第二层次输入值是除第一层次输入值外相关资产或负债直接或间接可观察的输入值；第三层次输入值是相关资产或负债的不可观察输入值。首先使用第一层次输入值，其次使用第二层次输入值，最后使用第三层次输入值。

使用公允价值计量属性具有重要的理论与现实意义：

（1）推行公允价值计量是经济业务发展的需要。随着经济社会发展，市场创新、金融创新层出不穷。特别是金融创新，目前已产生了数量众多，特征各异的衍生金融工具，如"期货"（futures）、"期权"（options）、"远期合约"（forwards contracts）、"互换"（swaps）等。这些衍生金融工具只产生合约的权利或义务，而交易和事项尚未发生。由于缺乏历史成本，传统会计对此无能为力。采用公允价值计量属性能很好地解决这个问题。按公允价值对衍生金融工具产生的权利、义务进行计量和反映，能合理地揭示这些金融资产的价值及其变动。并且，将衍生金融工具的到期累计风险分散到其合约的存续期间，也符合稳健性原则的要求。

（2）推行公允价值计量能合理地反映企业的财务状况，提高会计信息的相关性。公允价值与历史成本相比，能较准确地披露企业获得的现金流量，从而更确切地反映企业的经营能力、偿债能力及所承担的财务风险。也就是说，按公允价值计量得出的信息能为企业管理当局、投资者、债权人的决策提供更有力的支持。

（3）推行公允价值计量能更真实地反映企业的收益。企业收益计算是通过收入与相应的成本费用配比计算出来。众所周知，企业营业收入是按现行市价计量的，而相关的成本费用则是按历史成本计量的。由于收入、成本费用的计量属性不同，企业的会计利润并未真正反映企业的经营业绩。推行公允价值计量属性，对企业的成本费用仍按公允价值计量，将企业一定会计期间的营业收入和营业成本相配比，能更客观真实地揭示企业的经营业绩。

（4）推行公允价值计量有利于企业的实物资本得到保全。采用公允价值计量属性，符合实物资本保全理论。根据该理论，资本是企业的实物生产能力或经营能力或取得这些能力所需的资金或资源。企业在生产过程中会耗费这些能力，同时，为了持续经营又必须购回这些能力。采用公允价值计量企业耗费的生产能力，即使在物价上涨的环境下，也可在现时情况下购回原有规模的生产能力，企业的实物资本得到保全，企业仍可在正常的状态从事生产经营活动。

以资产为例，各种计量属性可以理解为：在某一个时点上对资产进行计量时，历史成本是这项资产取得时的公允价值；重置成本是当前时点取得这项资产的公允价值；可变现净值是当前时点出售这项资产的公允价值；现值是在当前时点上，不出售也不重新购买而是继续持有该资产会带来的经济利益的公允价值；公允价值是在任何时候只要发生有序交易时，出售资产所收到或转移负债所付出的价格。对五种计量属性的比较见表3.1。

表3.1　　　　　　　　　　　不同计量属性的比较

计量属性	对资产计量	对负债计量
历史成本	按购置时的金额	按承担现时义务时的金额
重置成本	按现在购买时的金额	按现在偿还时的金额
可变现净值	按现在销售时的金额	—

表3.1(续)

计量属性	对资产计量	对负债计量
现值	按预计使用和处置产生的未来现金流入量的折现金额	按照预计期限内需要偿还的净现金流出量的折现金额
公允价值	按照有序交易中出售资产所能收到的价格	按照有序交易中转移负债所需支付的价格

根据《企业会计准则——基本准则》第43条的规定，企业在对会计要素进行计量时，一般应当选择历史成本，采用重置成本、可变现净值、现值和公允价值计量的，应当保证所确定的会计要素金额能够取得并可靠计量。

第五节　会计确认与计量的要求

对会计要素进行确认与计量不仅要符合一定的条件，而且还要在确认与计量过程中需要遵循以下要求：划分收益性支出与资本性支出、历史成本计量、权责发生制以及收入与费用配比性要求。

一、划分收益性支出与资本性支出

会计核算应当合理划分收益性支出与资本性支出的界限。受益期仅限于一个会计年度或者一个营业周期的支出，应当作为收益性支出；受益期在一个会计年度或者一个营业周期以上的支出，应当作为资本性支出。

正确划分收益性支出和资本性支出的目的在于正确计算企业的本期和非本期的损益。收益性支出表现为本期成本费用的增加，资本性支出表现为本期固定资产、无形资产和其他长期资产的增加。收益性支出是为取得本期收益而发生的支出，应当作为本期费用，计入当期损益，列于利润表。如：已销售商品的成本、期间费用、所得税费用等。资本性支出是为了形成企业的生产经营能力，为以后各期取得收益而发生的各种支出，应当作为长期资产反映，列于资产负债表。如：购置固定资产、无形资产等长期资产购置发生的支出。

二、历史成本计量

历史成本又称实际成本，是指按照资产购置时支付的现金或现金等价物的金额，或按照购置资产时所付出的对价的公允价值计量；负债按照承担现时义务的合同金额，或者按照偿还债务被要求支付的现金或现金等价物的金额计量。当某些资产的市价发生变动时，除国家另有规定之外，企业一律不得调整其账面价值。如：某企业2014年12月购入B设备一台，发生支出120 000元，B设备确认时按照实际成本120 000元记录在"固定资产"账户中。2015年12月，该设备的价格增加到125 000元。按照规定，不能因为B设备价格变动对该设备的账面价值进行升值调整。

历史成本是买卖双方通过市场交易达成的价格确定，有原始凭证可供核验，提供的会计信息在物价稳定的环境下具有可靠性和可验证性，有利于保证会计信息符合一致性、可靠性和可比性要求。但是，在物价变动幅度较大时，仅仅以历史成本作为计量属性，会导致提供的会计信息的可比性、相关性下降，难以反映企业的真实财务状况。

三、权责发生制与收付实现制

权责发生制与收付实现制是确定收入与费用的两种截然不同的会计处理基础。企业的生产经营活动是一个持续不断的过程，不断地取得收入，不断地发生各种成本、费用，将收入和相关的费用相配比，就可以计算和确定企业生产经营活动中所产生的利润或亏损。由于企业生产经营活动是连续的，而会计期间是人为划分的，所以难免有一部分收入和费用出现收支期间和应归属期间不一致的情况。在处理这类经济业务时，应当合理选择会计处理基础，可供选择的会计处理基础包括权责发生制和收付实现制。

根据《企业会计准则——基本准则》第9条的规定，企业在会计确认、计量和报告中应当以权责发生制为基础，并注意与收付实现制进行区别。

权责发生制，又称应收应付制，是指收入和费用的确认应当以收入和费用的实际发生和影响作为确认、计量的标准，凡是当期已经实现的收入和已经发生或应当负担的费用，不论款项是否收付，都应作为当期的收入和费用处理；凡是不属于当期的收入和费用，即使款项已在当期收付，都不应作为当期的收入和费用。权责发生制主要是从时间上规定会计确认的基础，其核心是根据权责关系的实际发生和影响期间来确认收入和费用。根据权责发生制进行收入与成本费用的核算，能够更加准确地反映特定会计期间真实的财务状况和经营成果。

收付实现制，也称现收现付制，是以款项是否实际收到或付出作为确定本期收入和费用的标准。采用收付实现制会计处理基础，凡是本期实际收到的款项，不论其是否属于本期实现的收入，都作为本期的收入处理；凡是本期付出的款项，不论其是否属于本期负担的费用，都作为本期的费用处理。反之，凡本期没有实际收到款项和付出款项，即使应归属于本期，也不作为本期收入和费用处理。这种会计处理基础，由于款项的收付实际上以现金收付为准，所以一般称为现金制。

当企业交易或事项的发生时间与相关货币收支时间完全一致时，权责发生制与收付实现制对收入和费用的确认归属期间相同。在实务中，企业交易或事项发生的时间与相关货币收支时间并不一致，权责发生制与收付实现制对收入和费用的确认归属期间也会不一致。如预收某单位货款，企业并没有发出商品，按权责发生制的要求，不能将此项收入计入本月的销售收入，而应待发出商品时确认收入；按收付实现制的要求，将此项收入计入本月的销售收入，与是否发出商品无关。权责发生制与收付实现制的比较见表3.2。

表 3.2   权责发生制与收付实现制的比较

主要差异	权责发生制	收付实现制
确认标准	应收应付	实收实付
配比性要求	强调收入与费用的配比	忽略收入与费用的配比
收益结果	各会计期间比较均衡	各会计期间差异较大
会计期末处理	必须进行调整	无须进行调整
账户设置	需设置专门的调整账户	不需要设置调整账户
优缺点	科学合理，但较为烦琐	核算简单，但不合理
适用范围	各企业类会计主体	行政事业类会计主体

与收付实现制不同的是，在权责发生制下必须考虑预收、预付款项和应收、应付款项。企业日常的账簿记录不能完全反映本期的收入和费用，需要在会计期末对账簿记录进行调整，使未收到款项的应计收入和未付出款项的应付费用，以及收到款项而不完全属于本期的收入和付出款项而不完全属于本期的费用，归属于相应的会计期间，以便正确计算本期的经营成果。

四、收入与费用的配比

收入与费用配比是指企业应将某个会计期间取得的收入与为取得该收入所发生的成本、费用相配比，从而正确地计算该期间的净损益。

收入与费用的配比包括因果配比和期间配比两种。因果配比是指收入与费用存在一定的因果关系，即取得一定的收入时发生了一定的支出，而发生这些支出的目的就是为了取得这些收入；期间配比是指收入与费用在时间意义上的配比，即一定会计期间的收入与费用的配比。

练 习 题

一、名词解释

1. 会计确认   2. 权责发生制   3. 会计计量   4. 历史成本

5. 重置成本   6. 相关性   7. 可变现净值   8. 公允价值

9. 未来现金流量的现值   10. 货币计量   11. 可比性

12. 实质重于形式 13. 谨慎性   14. 及时性   15. 会计主体

16. 会计分期   17. 持续经营

二、判断题

1. 可比性原则是对企业会计信息质量提出的要求，它分别从同一企业不同期间和不同企业会计信息两个角度提出要求。 （   ）

2. 谨慎性原则要求是指在有不确定因素的情况下做出判断时，保持必要的谨慎，既不高估资产或收益，也不低估负债或费用。 （   ）

3. 企业固定资产计提折旧是以持续经营为前提条件的。　　　　（　　）

4. 重要性原则要求企业在尽可能全面完整地反映企业财务状况与经营成果的前提下，要根据某一项会计核算内容是否会对会计信息使用者的决策产生重大影响，来决定对其进行核算的精确程度，以及是否需要在会计报表上予以单独反映。（　　）

5. 持续经营假设是会计计量理论的基本依据。　　　　　　　　（　　）

6. 会计信息质量要求必须符合会计核算基本前提的要求。　　　（　　）

7. 会计分期不同，对利润总额不会产生影响。　　　　　　　　（　　）

8. 货币计量前提还包括币值稳定这个前提。　　　　　　　　　（　　）

三、选择题

1. 会计确认的基本确认标准包括（　　）。

　　A. 可用货币计量　　　　　　　　B. 符合会计要素的定义和特征

　　C. 以权责发生制为确认的时间基础　D. 以历史成本原则作为资产的确认基础

2. 会计确认的环节包括（　　）。

　　A. 真实性　　　　　　　　　　　B. 初始确认

　　C. 合法性　　　　　　　　　　　D. 再次确认

3. 下列可作为会计核算主体的（　　）。

　　A. 某一企业　　　　　　　　　　B. 某村级组织

　　C. 某企业内部实行独立核算的分厂　D. 由若干独立企业组成的企业集团

4. 下列有关会计主体与法律主体之间关系的说法正确的是（　　）。

　　A. 会计主体不一定是法律主体，而法律主体必然是会计主体

　　B. 法律主体不一定是会计主体，而会计主体必然是法律主体

　　C. 法律主体不一定是会计主体，会计主体也不一定是法律主体

　　D. 会计主体一定是法律主体，法律主体一定是会计主体

5. 为会计核算工作确定了空间范围的基本前提是（　　）。

　　A. 会计主体　　　　　　　　　　B. 持续经营

　　C. 会计期间　　　　　　　　　　D. 货币计量

6. 会计计量属性通常包括（　　）。

　　A. 历史成本　　　　　　　　　　B. 重置成本

　　C. 公允价值　　　　　　　　　　D. 可变现净值

　　E. 未来现金流量现值

7. 权责发生制作为（　　）的时间基础。

　　A. 会计分期　　　　　　　　　　B. 会计确认

　　C. 会计计量　　　　　　　　　　D. 谨慎性

8. 重置成本有多种含义。下列关于重置成本理解正确的有（　　）。

　　A. 重新购买同类新资产的市场价格

　　B. 重新购置同类新资产的市场价格扣减持有资产已使用年限的累计折旧

　　C. 重新购置具有相同生产能力的资产的市价

D. 重新购置或制造同类资产的成本

E. 重新生产或制造同类资产的成本扣减持有资产的累计折旧

9. 采用"未来现金流量现值"作为会计计量属性，取决于下列因素中的（　　）。

A. 资产的预期现金流量　　　　　　B. 预期未来现金流量的时间分布

C. 适当的贴现率　　　　　　　　　D. 资产的使用状况

10. 为会计核算工作确定了时间范围的基本前提是（　　）。

A. 会计主体　　　　　　　　　　　B. 持续经营

C. 会计期间　　　　　　　　　　　D. 货币计量

11. 上市公司的下列行为中，违背会计核算可比性原则的有（　　）。

A. 由于增加投资，长期股权投资核算由成本法改为权益法

B. 鉴于本期经营状况不佳，将固定资产折旧方法由年数总和法改为直线法

C. 根据企业会计准则的要求，从本期开始对无形资产提取减值准备

D. 上期提取光明公司股票减值准备 5000 元，鉴于股市行情下跌，本期提取 8 000 元

12. 下列关于会计信息质量要求说法不正确的是（　　）。

A. 谨慎性原则是指在有不确定因素的情况下进行预计时应保持一定程度的谨慎，以便不高估资产和收入，但是可以高估负债和费用

B. 及时性原则包括及时记录和及时报告两方面，及时记录是及时报告的前提，而及时报告也是会计信息时效性的重要保证

C. 可比性原则要求企业采用的会计政策在前后各期保持一致，不得随意改变

D. 实质重于形式原则要求企业在进行会计核算时，应当根据经济业务或会计事项的实质来选择会计处理方法和程序，而不拘泥于其法律形式

13. 下列各项目中，不属于会计信息质量要求的是（　　）。

A. 权责发生制　　　　　　　　　　B. 可靠性

C. 历史成本　　　　　　　　　　　D. 谨慎性

14. （　　）要求，会计核算方法一经确定，不得随意变更。依法变更后，应在会计报表附注中披露变更的理由及其对财务状况和经营成果所造成的影响。

A. 一致性　　　　　　　　　　　　B. 可比性

C. 可理解性　　　　　　　　　　　D. 可靠性

15. 持续经营为（　　）提供了理论依据。

A. 会计确认　　　　　　　　　　　B. 会计计量

C. 会计要素的划分　　　　　　　　D. 复式记账

16. 会计分期是从（　　）引申出来的。

A. 会计主体　　　　　　　　　　　B. 持续经营

C. 货币计量　　　　　　　　　　　D. 权责发生制

17. 会计期末，企业应对每项资产的市价（或可变现净值）进行检查，如果市价（或可变现净值）低于其账面价值，应提资产减值准备，这一要求体现了会计信息质量的（　　）要求。

A. 可理解性   B. 可比性

C. 配比性   D. 谨慎性

四、简述题

1. 试述"未来现金流量现值"会计计量属性的特点及其应用前景。

2. 试述会计计量的模式选择。

3. 试述推行公允价值计量的意义。

第四章　资产计价与减值理论

第一节　资产计价的目标

一、资产计价的概念

资产计价（assets valuation），是指以货币计量单位反映资产的价值及其变化。资产计价属于会计计量问题，就是采用一定的计量单位、计量属性确定资产的价值金额。

资产业务发生时，一方面要确认应计入什么资产项目，另一方面要计算引起资产项目多大金额的变化。这种计算资产发生增减变动的金额，就是资产的计价。

二、资产计价的目标

现代会计着重于用货币单位来表示经济活动和经济关系的数量，以货币形式对资产进行计量实际上就是一个计价过程，货币计量也就表现为资产的计价。资产计价的主要目标表现在以下几个方面：

（一）为计算收益和资本增值提供依据

收益决定是财务会计的一个重点。传统的收益计量过程是通过期间收入和费用的配比来完成。这里，收入是由商品或服务的售价决定的，而费用则来自企业为实现收入而投入的资源。就特定期间而言，一方面投入的资源可能在期间内全部消费，它转作费用的量就是对投入资源的初始计价结果；另一方面投入的资源可能部分已消耗，而部分尚未消耗。这时，初始投入资源应一分为二，已耗部分转作费用，未耗部分转作资产供下期使用。很明显，无论在哪一种情况下，费用都表现为资产价值的分配和分摊，或者说，都是从资产价值转化而来，从而都要以资产计价为依据才能确定。

资本增值的计量也需要通过资产计价。资产增值就是期初和期末资产计价结果的净增加额。如果把报告期内由于资本交易而引起的净资产增减变化（如股东投资、分配现金股利）除外，那么，净资产的增加额一般应等于本期的净收益，或者说本期净收益就是报告期内来自资源从投入到产出所增加的价值。但资产的增加还可以包括现金收入价值与资源的可变现价值的贴现值的增值。例如，原先按成本入账的存货，在产品完工或销售后获得经营收入时，其可变现价值的贴现值就有所增加，那么，当应收账款可以收回或转化为现金时，所增加的可变现价值的贴现值也反映为现金收入价值的增加。其他类型的资产则通过应计利息、应收租金和其他收取现金的权利而增加其价值。

（二）为投资者揭示企业财务状况和经营责任的履行结果

定期向股东和其他利益相关者提供关于企业的资产、负债和所有者权益的总括信息，即通过资产负债表反映在特定日期的财务状况，是财务会计的传统目标之一。财务状况可以看作资产计价的直接表现及其结果。例如，在20世纪20年代末，美国会计学家约翰·坎宁就说："毫无疑问，会计人员将把'财务状况'解释为企业经营上提供的直接正值计量（directive positive measure）所表明的资金状况。"① 而且，财务状况还可以向投资者反映企业经营责任的履行情况及其结果。这种经营责任主要表现为投资人（股东或业主）投入企业的资源是否得到如数或完整的保持，这必须通过期初期末的资产计价结果及其比较才能确定。经营责任还包括企业对委托资产在使用过程中获得的经济效果，及受托资产是否实现价值增值。

（三）为债权人提供企业偿债能力的信息

在19世纪末和20世纪初，资产负债表主要是为债权人提供财务信息的。为了保证贷款的安全性，债权人十分关心企业的偿债能力。当时，由于缺乏可靠的信息，债权人不得不着重依靠各种形式的贷款担保品，因此要关心担保品变现价值的计价。这时，不仅要按资产的取得成本计价，而且应考虑资产的现行价值或可实现价值。正确运用资产计价，可以向债权人如实提供反映企业偿债能力的财务信息。

（四）为企业管理当局提供经营决策信息

就管理的目的而言，资产计价过程可以提供与经营决策相关的信息。但管理当局所需要的信息不一定与投资人和债权人所需要的信息相同。投资人和债权人特别关心对企业过去经营活动和财务状况的评估，以便对企业的未来活动做出合理的预测。但管理当局必须通过过去经营活动的评估和其他信息，不断地进行决策以决定企业的未来行动。所以，管理当局更需要对经营过程加以不同的计量。例如，管理当局必须经常对比资产的使用效益和它的清理变现价值。而且，机会成本、边际成本和差别成本以及预期现金流量的现值，对许多经营决策都是相关的，也都要运用资产计价的概念和方法。虽然，这方面的有些计价信息可以不列入主要服务于投资人和债权人的资产负债表，但应通过一些辅助报表和补充报告等形式提供给管理当局。

第二节　资产计价的基础

企业经营面临两种市场，从而有两种类型的交换价值，即投入价值和产出价值。投入价值即买价，它反映企业为了取得业务经营所需要的资产而牺牲的现金或现金等价物；产出价值即售价，它反映由于销售产品而获得的现金或现金等价物。相应地，资

---

① JOHN B CANNING. The Economics of Accounting [M]. New York：Ronald Press，1929：191. 转引自：葛家澍，林志军. 现代西方会计理论 [M]. 厦门：厦门大学出版社，2001：137.

产计价的基础包括投入价值基础和产出价值基础两种类型。

一、投入价值基础（input value base）

资产的投入价值，是指为了取得资产支付的价格。这种支付价格可包括过去的购置价格和现行重置价格。根据我国现行企业会计准则，投入价值基础通常可以用历史成本和重置成本表示。

（一）历史成本

历史成本是财务会计的资产计价所使用的传统属性。资产在初始取得时一般都是根据其取得经济业务的原始交换价格入账。历史成本代表资产在获取或生产过程中的投入价值，或者说，成本是获得某一资产的交换价格，可能包括不同形态、时间的交换价格。如用非货币性资产交换物品或服务时，取得资产的历史成本又对应于放弃资产的不同计量属性，也可能是放弃资产的重置成本、可实现净值等。

历史成本的主要优点在于它具有可验证性。历史成本是市场上形成的，它代表买方和卖方所同意的交换价格，具有合法的依据，并且有发票或其他交易凭证作为佐证。历史成本还与收益计算上的实现和配比等原则密切联系着。每个期间的净收益一般是实际产出价值超过实际投入价值的差额，后者往往是以所耗资产的取得成本计价的。

但是历史成本作为资产计价的属性也有缺陷。事实上，历史成本的客观可信性也是相对的。虽然在交易日，资产的历史成本是有凭证为据和可信的，但是资产因位移、耗用而对其初始交易成本的调整、分配和账面余额的计算未必是完全客观的。例如，在多次购买存货时，对发出存货成本的计价可以选用先进先出法、后进先出法、加权平均法或个别辨认法。每一方法的结果往往不一样，亦难以说明何者是客观可信的。又如，固定资产的获取成本可能是客观的或可以凭证验证的。然而固定资产的耗用价值（折旧）、剩余价值（账面净值）的确定，涉及对该资产预计使用寿命、净残值的估计，以及不同折旧方法（如直线法或加速折旧法）的选择，同样带有很大的主观性和不可验证性。另外，资产的价值可能经常变动，经过一段时间之后，其历史成本就同企业的决策和报表使用者对企业资产的评估价值脱节。如果市场价格经常变动，相同的资产在不同的时期取得的成本将会有很大的差异，从而使资产负债表上的汇总加计失去可比的基础，资产的各项合计数就变得难以解释。此外，按历史成本计价还可能使利得和损失项目在其发生期间不可能正式加以确认。

（二）重置成本

按重置成本计价是基于这样的假定：资产的历史成本和重置成本只有在取得那天是相同的。此后，同一资产或其等价物可能就要用更多（或更少）的交换价格才能获得。因此，只有现行成本才能表示在现时取得同一资产或其等价物所需要的交换价格。如果存在可以买进或卖出类似资产的有效市场，这种重置交换价格就能反映出资产的现行成本。但这里的一个重要前提是：这种市场应当是物品和劳务的投入市场而不是其产出（出售）市场。

重置成本计价与历史成本计价相比，具有下列几个优点：

（1）重置成本表示企业在现在获得特定资产或服务所必须支付的数额，所以它表示投入价值的最佳计量，即能使现时的投入价值和现时的收入相匹配，以便衡量现时的经营成果。

（2）这种现行成本和现行收入的配比将使得资产持有损益和经营损益的确认区分开来，可以较好地反映经营管理的努力和环境条件对企业的实际影响。

（3）如果要持续取得这些资产以及企业未给这些资产增添过价值，则现行成本就表示资产在期末对企业的价值。

（4）以各项资产的重置成本相加的总数，将较之以不同时期发生的历史成本对于经营管理需要更富有意义。

重置成本用于资产计价的一个主要缺点是缺乏足够的可靠性。除非在市场上可获取的资产在各个方面（包括性能、使用程度等）都和持有资产相一致，否则，对持有资产的重置成本的确定难免带有一些主观性。此外，如果企业必须按重置成本支付，但另行取得的其他资产可能在经济上更为有利，则资产所可以提供的效益的现值也许不等于该资产的现行重置成本。这在生产过程已经发生了技术上的变革或在商品的需求已经发生了重大变化时尤为如此。例如，如果市场上对某种产品的需求已经大大下降，则其生产上所需要的专用设备对企业的服务价值就会降低，或者因技术或材料进步，相同设备具有更高效的作业功能，因此取得类似设备的重置成本就不能代表该设备对企业的价值的良好计量。

二、产出价值基础（output value base）

产出价值是以资产或劳务通过交换或转换而最终脱离企业时所可获得的现金数额或其等价物为基础的。根据我国现行企业会计准则，以产出价值为基础的资产计价主要有下列三种属性：

(一) 现值

资产具有未来服务潜力，即能够带来预期的现金净流量。如果预期的现金净流量需要等待一段时期才能收到，根据货币时间价值原理，其现值要比现在就能收取的实际金额少。并且，等待的时间越长，其现值越少。一般来说，现值要通过贴现程序来确定。倘若未来的现金净流量将在不同时期收到，则每一笔收取的数额都要按各特定期间的适当贴现率来贴现。贴现不仅包括实际利息（资金的机会成本）的估计，而且包括预期所取得收入或现金净流量数额的可能性。等待的时间越长，可能收到数额的不确定性将越大，其贴现值将相对越小。

未来现金流量的现值不是一种独立的计量属性。因为不同时期的现值代表不同的现金流量估计数与不同贴现率的结合。未来现金流量的现值要在符合公允价值的定义（即自愿的交易双方在现行交易中，而不是在被迫或清算销售中，购入、获得、销售资产或清偿所达成的金额）的情况下，贴近公允价值，才是一项计量属性。公允价值在计量金融资产和金融负债时特别有用。正如 FASB133 所说，在计量金融工具时，公允价值是最相关的属性。而在计量衍生金融工具时，公允价值是唯一的计量属性。

（二）可变现净值

如果企业的产品在有组织的市场上销售，其可实现净值应是不久的将来实际售价（扣除必要的销售费用）的合理估计数，这样，现行市场价格就可以作为商品存货以及接近完工阶段的产品或副产品的预期现金净流量贴现值的近似代替价格。但是，如果该产品预期不在短期内出售，其现时的价格（作为预期售价或代用价格）就要予以适当的贴现。当存在着预期的追加生产成本或销售费用时，这些成本还应从现时的售价中扣除，才能确定可变现净值。

以这一属性来对资产进行计价要有一定的条件：第一，它主要适用于那些为销售而持有的资产，如商品、应收账款、特定的制造品、投资以及企业经营上不再使用的厂房、设备或土地。第二，由于现时的售价表示潜在买主所需支付的数额，它只是未来售价的替代或近似价格，不一定表示未来买主将要支付的数额。第三，必须考虑或扣除在正常经营过程中所需的合理销售或变现费用。第四，由于企业的所有资产不能都根据现时的售价来计价，这就要应用不同的计价属性作为替代价格，这样加总得出的资产总额的意义有可能是有疑问的。

（三）公允价值

公允价值是市场参与者在计量日发生的有序交易中，出售一项资产所能收到或转移一项负债所需支付的价格。公允价值的本质是一种基于市场信息的评价。存在市场交易价格的情况下，交换价格即为公允价值。市价是所有市场参与者充分考虑了某项资产或负债未来现金流量及其不确定性风险之后所形成的共识，若没有相反的证据表明所进行的交易是不公正的或出于非自愿的，市场交易价格即为资产或负债的公允价值。

我国 2006 年颁布的会计准则体系体系广泛地采用了公允价值计价。推行公允价值计价是我国经济发展，特别是衍生金融产品市场发展的要求。当今金融创新品数量众多、品种越来越丰富，如期货、期权、远期合约、互换等。这些衍生金融工具只产生合约的权利或义务，而交易和事项尚未发生。采用公允价值对衍生金融工具产生的权利、义务进行计价和反映，能合理地揭示这些金融资产的价值及其变动。并且，将衍生金融工具的到期累计风险分散到其合约的存续期间，也符合稳健性原则的要求。公允价值计价能合理地反映企业的财务状况，提高会计信息的相关性。公允价值与历史成本相比，能较准确地披露企业获得的现金流量，从而更确切地反映企业的经营能力、偿债能力及所承担的财务风险。也就是说，按公允价值计价得出的信息能为企业管理当局、投资者、债权人的决策提供更有力的支持。公允价值计价能更真实地反映企业的收益。企业的营业收入是按现行市价计量，相关的成本费用按历史成本计量的，导致企业的会计利润并未真正反映企业的经营业绩。若运用公允价值计价，对企业的成本费用也按公允价值计量，将企业一定会计期间的营业收入和营业成本相配比，能更客观真实地揭示企业的经营业绩。采用公允价值计价有利于企业的资本保全。公允价值计价符合实物资本保全理论。资本是企业的实物生产能力或经营能力或取得这些能力所需的资金或资源。企业在生产过程中会耗费这些能力，同时为了进行再生产，又必须购回这些能力。若企业耗费的生产能力采用历史成本计量，在物价上涨的经济环境中，将购不回原来相应规模的生产能力，企业的生产只能在萎缩的状态下进行。反过来，企业耗费的生产能力若采用公允价值计价，即使是在物价上涨的环境下，也可在现时情况下购回原来相应规模的生产能力，企业的实物资本得到维护。

但是，公允价值计价受到诸多条件的限制，如对市场交易的参与者、有序交易、主要市场等方面，严格限制条件。比如，要求资产和负债在计量日存在有序交易，有序交易在计量日前一段时间具有惯常的市场交易活动，有序交易要是主要市场，如何判断主要市场等。因此，公允价值计价在我国现行企业会计准则中主要用于金融工具的计量。

资产的投入价值基础和产出价值基础及其不同计量属性的使用条件如表4.1所示：

表4.1 资产计价的基础

计价属性		应用条件
产出价值基础	现值	可以得到产出价值的可靠证据以表明未来或现在现金流入或流出	预期现金流量或其等价物为已知或可以较确切地估计且等待时间期限相对较长
	可变现净值		在正常经营条件下有秩序的清算
	公允价值		计量日发生的有序交易中资产的脱手价格和负债的清偿价格
投入价值基础	历史成本	不能得到产出价值或产出价值不能表明未来现金需求	最新取得资产具有实际投入交易价格
	重置成本		可以获得现行重置成本的可验证数据

第三节 资产减值理论

一、资产减值的含义

资产减值，又称资产减损，是指因外部因素、内部使用方式或使用范围发生变化而对资产造成不利影响，导致资产使用价值降低，致使资产未来可流入企业的全部经济利益低于其现有的账面价值。它的本质是资产的现时经济利益预期低于原记账时对未来经济利益的确认值，在会计上则表现为资产的可收回金额低于其账面价值。当资产发生减值时，应当确认资产减值损失，将资产的账面价值减记至可收回金额。为了增强会计信息的可靠性和相关性，体现会计核算的谨慎性原则，各国都要求企业对预期发生的资产减值损失计提减值准备，如我国《企业会计准则第8号——资产减值》对资产减值作了单独的规定。需要强调的是，企业所有资产在发生减值时，原则上都应加以确认和计量，由于有关资产特性不同，其减值会计处理也有所差别，所适用的会计准则不完全相同。我国《企业会计准则第8号——资产减值》中规定的资产主要是非流动资产：固定资产、无形资产、长期股权投资、采用成本模式进行后续计量的投资性房地产、生产性生物资产、商誉、探明石油天然气矿区权益和井及相关设施。流动资产（如贷款及应收款项）的减值和非流动资产中的持有至到期投资的减值问题，适用《企业会计准则第 22 号——金融工具确认与计量》中的相关条款；流动资产中的存货减值问题，适用《企业会计准则第 1 号——存货》中的相关条款。本节以制造业企业为例，仅介绍常规资产减值以及资产减值的相关理论，涉及资产的范围仅限于应收款项、存货、持有至到期投资、长期股权投资、固定资产、在建工程、无形资产和商誉。

　　资产减值准备，是指针对资产减值而提取的准备。从资产的定义出发，同时也为符合谨慎原则，遇到资产发生减值的情况，企业应计提减值准备；从另一个角度理解，计提资产减值准备，实际上是为了"挤干"资产的"水分"，反映资产实际占用资金或者成本。

二、资产减值的会计确认

　　会计确认，是将经济业务事项是否作为资产、负债等会计要素加以记录和列入报表的过程。广义的会计确认包括"确认什么""何时确认""如何确认"以及"确认多少"。狭义的会计确认仅指前三项。

（一）资产减值确认的时点选择

　　我国《企业会计准则第 8 号——资产减值》第 4 条以及其他资产减值涉及的相关准则的规定："企业应当在资产负债表日判断资产是否存在可能发生减值的迹象。"《国际会计准则》第 36 号规定："在每一个资产负债表日，企业应估计是否存在资产可能已经减值的迹象。如果存在这样的迹象，企业应估计资产的可收回金额。"由此可见，资产减值的确认时点应为资产负债表日。但是，到底在哪一个资产负债表日确认呢？企业没有必要也不可能在每一个资产负债表日都确认资产减值，这不符合会计确认的成本效益原则。通常，企业在需要对外报送财务会计报告时，应于相应的资产负债表日确认资产减值。

（二）资产减值确认的标准选择

　　资产减值损失的确认标准有三种：①永久性标准，即只有永久性（可预见的未来期间不可能恢复）的资产减值损失才能予以确认；②可能性标准，对可能的资产减值损失予以确认，即在资产的账面价值有可能不能足额收回时确认减值损失；③经济性标准，即只要发生资产减值就应予以确认。对于永久性标准和可能性标准，专业人员很难判断，容易被认为操纵，因此，我国现行的资产减值准则采用的是经济性标准。资产负债表日，根据外部信息和内部信息判断是否存在资产减值的迹象，判断中根据资产是否能够产生独立的现金流入，将资产分为单项资产、资产组、总部资产和商誉四个部分。其中，单项资产是某类资产中的个别资产；资产组是某类资产中具有相同性质、相同经济内容的各项资产的组合，如短期投资中的股票投资、债券投资等；总部资产包括企业集团或其事业部的办公楼、电子数据处理设备、研发中心等资产，总部资产的显著特征是难以脱离其他资产或者资产组产生独立的现金流入，而且账面价值难以完全归属于某一资产组合；由于商誉难以产生独立的现金流量，因此，商誉的减值应该结合与其相关的资产组或者资产组组合进行减值测试。资产减值的确认应坚持四项原则：一是可计量性原则，即不论采用哪一种确认标准，都应当能够合理确定资产减值的金额。二是可辨认性原则。对于可确指的资产，理论上上述四种标准都可选用；但对于不可确指的资产（如商誉），由于其不能产生独立的现金流入，就不能采用现金产出单元予以确认。三是重要性原则，即企业在确认资产减值时，应当考虑该项资产的重要性及其与会计信息使用者的决策的相关程度。四是成本效益原则，即考虑确认该资产减值所花费的成本是否低于其信息所带来的效益。我国《企业会计准则第8号——资产减值》第18条规定："有迹象表明一项资产可能发生减值的，企业应当以单项资产为基础估计其可收回金额。企业难以对单项资产的可收回金额进行估计的，应当以该资产所属的资产组为基础确定资产组的可收回金额。"常见资产减值准备的确认方式如表4.2所示：

表4.2　　　　　　　　　　　八项资产减值准备确认标准对照表

确认标准	应收款项	存货	持有至到期投资	长期股权投资	固定资产	在建工程	无形资产	商誉
单项资产	√	√	√	√	√	√	√	
资产组	√	√						√

（三）资产减值确认的要素选择

资产减值的要素确认，是指企业提取的资产减值准备，应计入什么会计要素，列入什么会计科目。资产减值是资产预期发生减值而给其拥有者带来的价值损失。按照"所有者权益＝资产－负债"这一会计等式，资产减值必然会导致所有者权益的减少。由此，资产减值确认的要素选择有四种可能组合，如表4.3所示：

表4.3　　　　　　　　　　　资产减值的要素选择组合

摘要	计入当期损益	冲减所有者权益
设置备抵账户	损益科目/资产减值准备科目	所有者权益/资产减值准备科目
冲减资产	损益科目/资产	所有者权益/资产

从纯粹理论推演的角度，上述四种组合模式都可选用。国际会计惯例要求，将预期资产减值损失计入当期损益，并设置相应的资产减值准备账户，而不直接冲减资产。我国《企业会计准则第8号——资产减值》第15条规定："可收回金额的计量结果表明，资产的可收回金额低于其账面价值的，应当将资产的账面价值减记至可收回金额，减记的金额确认为资产减值损失，计入当期损益，同时计提相应的资产减值准备。"常见资产减值的确认要素如表4.4所示：

表 4.4　　　　　　　　　　　　八项资产减值及其确认的要素对照表

摘要	应收款项	存货	持有至到期投资	长期股权投资	固定资产	在建工程	无形资产	商誉
借项	资产减值损失							
贷项	坏账准备	存货跌价准备	持有至到期投资减值准备	长期股权投资减值准备	固定资产减值准备	在建工程减值准备	无形资产减值准备	商誉减值准备

三、资产减值的会计计量

会计计量，是用货币等计量单位计算各项经济业务事项和结果的过程。它主要解决经济业务事项在会计上"反映多少"的问题。包括计量属性的选择和计量金额的确定。

（一）计量属性的选择

根据我国现行《企业会计准则——基本准则》，会计计量属性包括历史成本、可变现净值、重置成本、公允价值和现值五种。毋庸置疑，资产取得时应采用历史成本计量属性。而资产减值应选择什么计量属性呢？资产减值计量属性的选择取决于资产的本质。资产是"一个特定会计个体从事经营所需的经济资源，是可用于或有益于未来经营的服务潜力总量"（AAA，1957）或是"一种可能的未来经济利益"（AICPA，1962）。亦就是说，资产的本质是为其拥有者提供预期经济利益的能力，其价值取决于资产被出售或者处置时可以收回的净现金收入和资产继续使用可以给企业带来的未来现金流量的现值。资产减值的判断，就是比较资产的可收回金额与资产的账面价值，选择两者中孰低计价。当资产的可收回金额高于账面价值，表明资产没有减值，不需要计提减值准备；当资产的可收回金额低于账面价值时，就需要计提减值准备，将资产的账面价值降低至可收回金额。

根据现行的相关资产减值准则，资产的可收回金额是指资产的公允价值减去处置费用后的净额与资产预计未来现金流量的现值两者之间的较高者。资产可收回金额的确定，需要估计资产公允价值减去处置费用后的净额和计算资产未来现金流量的现值。

1. 资产的公允价值减去处置费用后的净额的估计

资产的公允价值减去处置费用后的净额，通常反映为资产被出售或者处置时可以收回的净现金收入。处置费用是指可以直接归属于资产处置的增量成本，包括资产处置有关的法律费用、相关税费、搬运费以及为使资产达到可销售状态所发生的直接费用等。估计资产公允价值的确定通常按照以下顺利进行：①以销售协议价作为公允价值，适用于有协议的持有待售资产；②以买方出价作为公允价值，适用于无销售协议但存在活跃市场的持有资产；③以最佳信息的估计数作为公允价值，适用于既无协议也无活跃市场的持有资产。

2. 资产预计未来现金流量的现值的估计

预计未来现金流量的现值，应当按照资产在持续使用过程中和最终处置时所产生的预计未来现金流量，选择恰当的折现率对其进行折现后的金额加以确定。因此，预计未来现金流量的现值需要综合考虑三个因素：①资产的预计未来现金流量；②资产的使用寿命；③折现率。资产预计未来现金流量的现值用公式表示为：

$$V = \sum \frac{CFAT_t}{(1+i)^t}$$

式中，V 表示资产的价值；$CFAT_t$（cash flow after tax）表示资产第 t 年的预期税后现金流量；i 表示贴现率。

这里的"贴现率"，是特定条件下资产的收益率，表示资产的预期收益水平，反映对货币时间价值的当前市场评价和资产的风险预期。它与利率不同，利率是资金的报酬，而贴现率是管理的报酬；利率只表示资金的获利能力，与使用条件和使用用途无关，贴现率则应根据资产的使用条件、用途等不同，并根据对风险的预期确定。实务中可选取企业的资金成本率、企业最低必要报酬率、某项资产持有的机会成本率等。

（二）资产减值准备计量金额的确定

资产减值准备金额可按下列方法确定：

①当期某资产（组合）的可收回金额低于其历史成本的金额；

②该项资产减值准备的期初余额；

③当期应计提的资产减值准备金额 = ① - ②，若① > ②，则按其差额计提；若① < ②，则按其差额冲减。

同时，我国《企业会计准则第 8 号——资产减值》第 17 条规定："资产减值损失一经确认，在以后会计期间不得转回。"这里的资产减值损失一经确认不得转回，限于《企业会计准则第 8 号——资产减值》中规范的资产，企业的持有至到期投资、贷款及应收款项、存货等资产减值损失确认，分别适用于《企业会计准则第 22 号——金融工具确认与计量》和《企业会计准则第 1 号——存货》，存货计提的跌价准备、应收款项计提的坏账准备以及持有至到期投资减值准备等，当减值迹象消除时，可以在原计提减值损失的范围内予以转回。

四、资产减值的披露

披露，是指将经济业务事项在财务会计报告中予以揭示和反映的会计程序。国际会计准则规定，资产减值信息的披露包括一般披露和特定披露。一般披露包括：按每一资产类别披露当期在利润表中确认的资产减值损失金额、减值损失转回金额及单列项目；当期在权益中直接确认的减值损失金额。对于需披露分部信息的企业，还应在分部报告中披露当期在利润表中确认的或直接在权益中确认的资产减值损失及转回金额。特定披露是指对企业报表整体影响重大的单个资产或资产组合确认或转回的减值损失的披露，包括导致确认或转回的减值损失的事件；已确认或转回的减值损失金额；单个资产的性质及所属报告分部；资产组合的基本情况；按资产类别或报告分部确认或转回减值损失金额；所选用的贴现率等。

我国《企业会计准则第 8 号——资产减值》第 26 条规定："企业应当在附注中披

露与资产减值有关的下列信息：（一）当期确认的各项资产减值损失金额；（二）计提的各项资产减值准备累计金额；（三）提供分部报告信息的，应当披露每个报告分部当期确认的减值损失金额。"《企业会计准则第 8 号——资产减值》第 27 条规定："发生重大资产减值损失的，应当在附注中披露导致每项重大资产减值损失的原因和当期确认的重大资产减值损失的金额。"

练 习 题

一、名词解释

1. 资产计价　　　2. 投入价值基础　　　3. 产出价值基础　　　4. 现值
5. 未来预期成本　　6. 资产减值准备　　　7. 资产减值

二、判断题

1. 资产计价属于会计计量问题，就是采用一定的计量单位、计量属性确定资产的价值金额。　　　　　　　　　　　　　　　　　　　　　　　（　　）
2. 资产计价是正确反映企业财务状况和经营成果的基础。　　　（　　）
3. 重置成本属于资产计价的产出价值基础。　　　　　　　　　（　　）
4. 资产减值必然会导致所有者权益减少。　　　　　　　　　　（　　）
5. 提取资产减值准备是为了贯彻谨慎性原则的要求。　　　　　（　　）
6. 可变现净值计价属性只有在企业处于非持续经营状态下处置变现资产时方能采用。　　　　　　　　　　　　　　　　　　　　　　　　　　（　　）

三、选择题

1. 资产计价的基础通常包括（　　　）。
    A. 历史成本　　　　　　　　　　B. 重置成本
    C. 公允价值　　　　　　　　　　D. 未来现金流量的现值
2. 从经济学意义上，资产的本质是（　　　）。
    A. 资产的账面价值
    B. 资产的完全重置成本
    C. 资产的可变现净值
    D. 资产预期现金流量按设定的贴现率计算的现值
3. 现行会计准则规定，企业应在会计期末对各项资产进行仔细检查，合理地预计各项资产可能发生的损失，对可能发生的各项资产损失计提资产减值准备。这体现了会计核算的（　　　）要求。
    A. 谨慎性原则　　　　　　　　　B. 配比性原则
    C. 权责发生制原则　　　　　　　D. 可比性原则
4. 下列属于资产计价投入价值基础的是（　　　）。
    A. 历史成本　　　　　　　　　　B. 公允价值
    C. 重置成本　　　　　　　　　　D. 标准成本

5. 下列属于资产计价产出价值基础的是（　　）。

    A. 重置成本　　　　　　　　　　　B. 公允价值

    C. 现值　　　　　　　　　　　　　D. 可变现净值

6. 资产减值损失的确认标准通常包括（　　）。

    A. 永久性标准　　　　　　　　　　B. 可辨认性标准

    C. 可能性标准　　　　　　　　　　D. 经济性标准

四、简述题

1. 什么是资产计价？资产计价的目标有哪些？

2. 什么是资产减值？计提资产减值准备的意义何在？

中篇　会计核算基本原理

　　本篇主要讲授会计科目与账户、复式记账原理和会计核算形式等内容，目的是使学生掌握借贷记账法的记账规则、账户结构及其登记方法、会计凭证组织、会计账簿组织及会计核算形式。

第五章 会计科目与账户

第一节 会计科目

为了连续地、全面地、系统地反映和监督各项会计要素的增减变动情况，分门别类地为经济管理提供会计核算资料，就需要设置会计科目。设置会计科目并在此基础上设置会计账户是会计核算的一种专门方法。

一、会计科目的含义

会计科目是按照经济业务的内容和经济管理的要求，对会计要素的具体内容进行分类核算的项目。会计科目按其提供信息的详细程度及其统驭关系不同，可分为总分类科目和明细分类科目。总分类科目是对会计要素具体内容进行总括分类，提供总括信息的会计科目，如"原材料""应付账款"等科目，明细分类科目是对总分类科目作进一步分类、提供更详细更具体会计信息的科目，如"应付账款"科目按照债权人名称设置明细科目，反映会计主体"应付账款"的具体对象。

各单位在经济活动中，会经常不断地发生各种各样的经济业务，为了系统、连续地记录和反映各项经济业务发生引起的各会计要素的增减变化及结果，提供管理所需要的各类指标，首先必须对各项经济业务结合管理需要进行分类，然后进行具体记录、报告。这种分类归纳的项目或名称就是会计科目。

合理地设置会计科目，是正确组织会计核算的一个首要条件。而会计名称的规范，会计科目的多少，会计科目的分类，会计科目的解释口径等又决定着会计核算的粗细程度，决定着企业编制对外财务会计报告的需求和内容。因此，科学规范地确定会计科目名称，结合管理需求对会计科目进行分类，按照会计准则对会计科目的使用进行解释说明，是每一位会计工作者应特别注意的问题。

二、会计科目设置

在实际工作中，会计科目是通过会计制度预先规定的，它是设置会计账户、处理账务所必须遵循的规则和依据，是正确进行会计核算的一个重要条件。会计科目作为向投资者、债权人、企业经营管理者等提供会计信息的重要手段，在其设置过程中应该遵循一定的原则：

（一）必须结合会计要素的特点，全面反映会计要素的内容

会计科目作为会计对象的具体内容即会计要素进行分类核算的项目，其设置应能

保证全面、系统地反映会计要素的全面内容，不能有任何遗漏。同时，会计科目的设置还必须反映会计要素的特点。各会计主体除了需要设置各行各业的共性会计科目外，还应该根据本单位经营活动的特点，设置相应的会计科目。例如：制造业企业的主要经营活动是制造产品，因而需要设置反映生产耗费的会计科目。"生产成本""制造费用"等科目，就是为了适应这一特点而设置的。

（二）既要符合对外报告的要求，又要满足内部经营管理的要求

会计的本质既是一个经济信息系统，又是一种经济管理活动，要求会计科目的设置既要符合对外报告的要求，又要满足内部经营管理的要求。设置会计科目是会计核算工作的起点，要求会计核算资料应该能满足各会计信息需求主体的需求。即：一是满足国家宏观经济管理的要求，根据宏观经济管理的要求来划分经济业务的类别，设置分类标志；二是要符合企业自身经济管理的要求，为企业的经营预测、决策及管理提供会计信息设置分类项目；三是要符合和满足包括投资人在内的会计信息使用者对会计信息的要求。企业在设置会计科目时，应该根据这几方面的要求，结合本企业、本单位的具体情况，兼顾对外报告和对内经营管理的要求，并根据需要数据的详细程度，分设总分类科目和明细分类科目，使会计科目的设置能够充分地、及时地提供这些信息，达到满足经济管理的要求。

（三）既要适应经济业务发展的需要，又要保持相对稳定

会计科目的设置，要适应社会经济环境的变化和本单位业务发展的需要。例如，随着商业信用的发展，为了核算和监督商品交易中的提前付款或延期交货而形成的债权债务关系，核算中应单独设置"预付账款"和"预收账款"科目，即将预收、预付货款的核算从"应收账款"和"应付账款"科目中分离出来。但是，会计科目的设置也应该保持相对稳定，以便在一定范围内综合汇总以及在不同时期对比分析其所提供的核算指标。

（四）统一性与灵活性相结合的原则

由于企业的经济业务千差万别，在分类核算会计要素的增减变动时，需要将统一性与灵活性相结合。其中，统一性是指设置会计科目时，要根据国家有关会计制度中对账户的名称，即会计科目的设置及其核算内容所做的统一规定，以保证会计核算指标在一个部门乃至全国范围内综合汇总，分析利用。灵活性是指在能够提供统一核算指标的前提下，各会计主体可以根据本单位的具体情况和经营管理要求，对统一规定的会计科目作必要的增补、分拆或合并。贯彻统一性与灵活性相结合的原则设置会计科目，实际上就是要保证会计信息的有用性。实际工作中应该防止两种倾向：一是会计科目设置过于简单化，不能满足经济管理的要求；二是会计科目设置过于烦琐，加大会计核算的工作量。例如，财政部颁布的《企业会计准则——应用指南 2006》附录中列示的会计科目，未设置"待摊费用"和"预提费用"科目，但企业如果沿用实务中的惯例，仍可以保留这两个科目。

（五）简明适用，称谓规范

所谓简明，是指会计科目的名称必须简单明了，易于理解和使用，所记录的内容必须明确。所谓适用，是指会计科目的设置必须与本单位的经济业务的性质、特点相适应，能够准确地体现各项经济业务的内容。所以，在设置会计科目时，对每一会计科目的特定核算内容必须严格、明确地予以界定。总分类科目的名称应与国家有关会计制度的规定相一致，明细分类科目的名称也要含义明确、通俗易懂。

为了便于会计科目的分类排列，便于记账、查账和使用计算机核算，每一个会计科目还应有固定的编号。会计科目的编号，一般都采用数字编号法，以阿拉伯数字确定会计科目的类别及其所属会计科目的位置。根据 2006 年财政部颁布的《企业会计准则——应用指南》，企业常用会计科目表如表 5.1 所示。

表 5.1 企业常用会计科目表①

序号	科目编号	会计科目名称	序号	科目编号	会计科目名称
		一、资产类	18	1406	发出商品
1	1001	库存现金	19	1407	商品进销差价
2	1002	银行存款	20	1408	委托加工物资
3	1012	其他货币资金	21	1471	存货跌价准备
4	1101	交易性金融资产	22	1501	持有至到期投资
5	1121	应收票据	23	1502	持有至到期投资减值准备
6	1122	应收账款	24	1503	可供出售金融资产
7	1123	预付账款	25	1511	长期股权投资
8	1131	应收股利	26	1512	长期股权投资减值准备
9	1132	应收利息	27	1521	投资性房地产
10	1221	其他应收款	28	1531	长期应收款
11	1231	坏账准备	29	1532	未实现融资收益
12	1321	代理业务资产	30	1601	固定资产
13	1401	材料采购	31	1602	累计折旧
14	1402	在途物资	32	1603	固定资产减值准备
15	1403	原材料	33	1604	在建工程
16	1404	材料成本差异	34	1605	工程物资
17	1405	库存商品	35	1606	固定资产清理

① 根据财政部 2017 年 5 月修订后发布的《企业会计准则第 22 号——金融工具确认和计量》《企业会计准则第 23 号——金融资产转移》和《企业会计准则第 37 号——金融工具列报》等金融工具相关准则的要求，对金融资产分类由现行"四分类"改为"三分类"，减少金融资产类别。截至本书定稿，金融资产"三分类"涉及的具体科目名称还没有最终确定。因此，本表中"交易性金融资产""持有至到期投资""持有至到期投资减值准备""可供出售金融资产"等金融资产科目名称如何变更，请读者关注财政部后续发布的相关解释公告。

表 5 - 1（续）

序号	科目编号	会计科目名称	序号	科目编号	会计科目名称
36	1701	无形资产	64	3202	被套期项目
37	1702	累计摊销			四、所有者权益类
38	1703	无形资产减值准备	65	4001	实收资本（或股本）
39	1711	商誉	66	4002	资本公积
40	1801	长期待摊费用	67	4101	盈余公积
41	1811	递延所得税资产	68	4103	本年利润
42	1901	待处理财产损溢	69	4104	利润分配
		二、负债类	70	4201	库存股
43	2001	短期借款			五、成本类
44	2101	交易性金融负债	71	5001	生产成本
45	2201	应付票据	72	5101	制造费用
46	2202	应付账款	73	5201	劳务成本
47	2203	预收账款	74	5301	研发支出
48	2211	应付职工薪酬			六、损益类
49	2221	应交税费	75	6001	主营业务收入
50	2231	应付利息	76	6051	其他业务收入
51	2232	应付股利	77	6101	公允价值变动损益
52	2241	其他应付款	78	6111	投资收益
53	2314	代理业务负债	79	6301	营业外收入
54	2401	递延收益	80	6401	主营业务成本
55	2501	长期借款	81	6402	其他业务成本
56	2502	应付债券	82	6403	税金及附加
57	2701	长期应付款	83	6601	销售费用
58	2702	未确认融资费用	84	6602	管理费用
59	2711	专项应付款	85	6603	财务费用
60	2801	预计负债	86	6701	资产减值损失
61	2901	递延所得税负债	87	6711	营业外支出
		三、共同类	88	6801	所得税费用
62	3101	衍生工具	89	6901	以前年度损益调整
63	3201	套期工具			

三、会计科目的分类

为了便于掌握运用不同的会计科目，有必要对会计科目进行分类。会计科目常用的分类方法有按会计科目反映的经济内容分类和按会计科目所提供核算指标的详细程度分类两种。

（一）按会计科目反映的经济内容分类

根据 2006 年财政部颁布的《企业会计准则——应用指南》，按照建立资本金制度的原则和"资产＝负债＋所有者权益"会计等式的要求，将会计科目划分为下列六类：

第一类，资产类会计科目。资产类会计科目是指反映企业各种形式的财产物资增减变化和结存情况的会计科目。根据资产的一般分类和资产的流动性，资产类会计科目可分为流动资产类和非流动资产类会计科目。其中，流动资产类会计科目主要有：现金、银行存款、其他货币资金、交易性金融资产、应收票据、应收账款、预付账款、其他应收款、原材料、物资采购、库存商品等。非流动资产类会计科目主要有：持有至到期投资、长期股权投资、固定资产、无形资产、商誉等。

第二类，负债类会计科目。负债类会计科目是用来反映企业在一定时间内所承担的债务增减变化和结存情况的会计科目。根据负债的期限长短和负债的构成，负债类会计科目可分为流动负债和长期负债两大类。流动负债类会计科目主要有：短期借款、应付票据、应付账款、预收账款、其他应付款、应付职工薪酬、应交税费等；长期负债类会计科目主要有：长期借款、应付债券、长期应付款等。

第三类，共同类会计科目。共同类会计科目是指既具有资产类科目特征，又具有负债类科目特征的会计科目，包括：衍生工具、套期工具、被套期项目等会计科目。

第四类，所有者权益类会计科目。所有者权益类会计科目主要是用来反映企业投资者对企业净资产所有权增减变化和结存情况的会计科目，包括资本类、公积类和未分配利润类三部分。资本类会计科目包括实收资本或股本科目；公积类会计科目包括资本公积、盈余公积科目；未分配利润类会计科目包括本年利润、利润分配科目。

第五类，成本类会计科目。成本类会计科目是用来核算产品或劳务成本的会计科目。这类会计科目具有较强的行业特点，工业企业成本类会计科目，具体包括生产成本、制造费用、劳务成本等。而商品流通企业则没有这一类会计科目。

第六类，损益类会计科目。损益类会计科目是用来核算企业各种收入和费用的会计科目。这类会计科目是根据经营损益形成的内容来划分的，包括收入收益类和营业成本类。收入收益类会计科目主要有：主营业务收入、其他业务收入、投资收益、营业外收入、公允价值变动损益等。营业成本类会计科目主要有：主营业务成本、税金及附加、其他业务成本、销售费用、管理费用、财务费用、营业外支出、所得税费用等。

（二）按会计科目所提供核算指标的详细程度分类

会计科目按其提供核算指标的详细程度，可分为总分类会计科目和明细分类会计科目。总分类会计科目，又称总账科目、一级科目，是对会计核算内容总括分类的会计科目。明细分类会计科目，又称明细科目、细目，是对总分类科目进一步分类的科目。明细科目的确定，除会计准则规定外，可以根据经济管理的实际需要，由各企业自行确定。在实际工作中，除少数总账科目不必设置明细科目外，大多都要设置明细科目，如在"生产成本"总账科目下，按生产的产品或提供的劳务种类设置的科目，就是明细科目。

如果某一总账科目所统驭的明细科目较多，可以增设二级科目或子目。二级科目是介于总账科目和明细科目之间的科目。例如，在"生产成本"总账科目下，按照基本生产车间和辅助生产车间设置的科目，就属于二级科目。

现以"生产成本"科目为例，用表5.2表示总账科目与明细科目之间的关系。

表5.2   "生产成本"科目分类体系

总分类科目	明 细 分 类 科 目	
（一级科目）	二级科目（子目）	明细科目（细目）
生产成本	基本生产成本	A产品
		B产品
		C产品
	辅助生产成本	机修车间
		运输车间
		动力车间

第二节　账　户

一、账户的概念与意义

（一）账户的概念

账户以会计科目为名称，具有一定的格式，用以连续、系统、全面地记录经济业务或事项，反映会计要素的增减变动及其结果的一种专门方法。账户是会计信息的"储存器"，用来记录经济业务引起的资产、负债、所有者权益等会计要素的增减变化的信息载体。

为了记录经济业务、提供会计信息，会计在核算上需要将会计对象按照一定的标准划分为若干个项目，这些项目就是会计要素。会计要素是对会计对象的第一次分类，也是最基本的分类。通过会计要素，可以了解一个企业拥有或控制多少经济资源，承担多少债务，投资人拥有多少权益，以及一定时期内企业取得多少收入，发生多少耗费，实现多少利润等信息；通过会计要素提供的资料可以满足有关信息使用者的需要。然而，会计信息使用者在决策过程中，除了需要上述概括性资料之外，往往还需要详细的资料。例如，在掌握了企业的资产、负债和所有者权益之后，还需要知道资产都有哪些，债务如何构成的，所有者权益的组成等。至此，按照会计要素分类核算提供的资料，就满足不了信息使用者的需要，需要在会计要素的基础上进行再分类，以便分门别类地核算，提供信息使用者所需要的、详细的会计信息。

账户就是在会计对象划分为会计要素的基础上，对会计要素的具体内容所做的进一步分类。利用账户，可以分类、连续地记录经济业务增减变动情况，再通过整理和汇总等方法，反映会计要素的增减变动及其结果，从而提供各种有用的数据和信息。如，为了核算和监督各项资产的增减变动，需要设置"库存现金""银行存款""原材料""库存商品""股东资产"等账户；为了核算和监督负债及所有者权益的增减变动，需要设置"短期借款""应付账款""长期借款"和"实收资本或股本""资本公积""盈余公积"等账户；为了核算和监督收入、费用和利润的增减变动，需要设置"主营业务收入""主营业务成本""管理费用""本年利润""利润分配"等账户。

（二）账户与科目的关系

账户和会计科目是两个不同的概念，两者既有联系，又有区别。会计科目是账户的名称，同时也是各单位设置账户的一个重要依据。会计科目与账户的共同点都是分门别类地反映经济内容，两者反映的经济内容是相同的。账户是根据会计科目开设的，账户的名称就是会计科目。理论上，会计科目和账户是两个不同的概念，它们之间既有区别又有联系；在实际工作中，会计科目和账户的称谓和核算的内容完全一致，两者常常被作为同义语来理解，互相通用，不加区别。

会计科目与账户的主要区别是：会计科目通常由国家统一规定，是各单位设置账户、处理账务所必须遵循的依据，而账户则由各会计主体自行设置，是会计核算方法的组成部分；会计科目只表明某项经济内容，而账户不仅表明相同的经济内容，还具有一定的结构格式，并通过账户的结构反映该项经济内容的增减变动及其结果，对经济业务进行连续、系统、全面记录的手段；会计科目的作用是为了对经济业务进行归类、开设账户和填制记账凭证所运用，账户的作用是为设置账簿和编制会计报表所运用。

（三）设置账户的意义

设置账户是会计核算的重要方法之一，其意义主要体现为：

（1）设置账户，可以将会计系统所确认的原始数据转化为会计信息。会计科目只是对经济业务（会计对象的具体内容）进行科学分类，为开展会计核算奠定基础，想对经济业务导致会计要素的增减变动进行连续、系统、全面地反映（记录和计算）和监督，还需要开设账户。会计科目只能对经济业务定性而不能定量，不能提供反映金额的增减变动以及余额情况的信息，而提供这些信息是会计最基本的职能。因此，会计核算中必须依据会计科目开设账户。

（2）利用账户，可以将各种经济业务的发生情况以及由此而引起的资产、负债、所有者权益、收入、费用和利润各要素的变化，系统地、分门别类地进行反映和监督，进而向信息使用者提供各种会计信息。

二、账户的基本结构

账户的基本结构，是指利用账户来记录经济业务，根据经济业务对账户的影响只有增加和减少两种情况，将账户分为左方和右方，一方登记增加额，另一方登记减少额，至于哪一方登记增加，哪一方登记减少，取决于所采用的记账方法和所记录的经济内容的性质。如果采用借贷记账法，账户的左方和右方就用借方和贷方表示，那么账户的基本结构可简化表示为如图5.1：

借方	账户名称	贷方
发生金额		发生金额

图5.1　"T"型账户结构图

需要明确的是，账户的基本职能是记录发生的经济业务，包括时间、依据的会计凭证、业务内容、增加额、减少额和余额等。一个完整的账户除了反映增加额和减少额之外，还应包括其他栏目，反映各相关内容。完整的账户结构应该包括：①账户名称（即会计科目）；②经济业务发生的时间（用以说明账户记录的时间）；③摘要（对经济业务的简要说明）；④凭证号数（用以说明账户所记录内容的来源）；⑤金额（即增加额、减少额和余额）。完整的账户结构见表5.3所示：

表5.3　　　　　　　　　　　　　　　　账户基本结构表

年		凭证		摘　要	借　方	贷　方	借/贷	余　额
月	日	种类	号数					

一定时期企业会计事项引起的资产和权益的增减变化发生频繁。会计上把一定时期增加数合计称为本期增加发生额；一定时期减少数合计称为本期减少发生额；增减变化的最后结果称为期末余额。从时间的连续性上看，本期的期末余额就是下期的期初余额。我们把期初余额、本期增加发生额、本期减少发生额和期末余额称为账户结构的金额要素。账户结构金额要素之间的关系如下：

期初余额 + 本期增加发生额 - 本期减少发生额 = 期末余额

三、账户的登记方法

（一）资产类账户的登记方法

资产类账户的借方登记本期增加数，贷方登记本期减少数，期初期末余额通常在借方。而且有：

期初借方余额 + 本期借方发生额 - 本期贷方发生额 = 期末借方余额

资产类账户的登记方法，如图5.2所示：

借方	资产类账户名称	贷方
期初余额		
本期增加数	本期减少数	
本期增加发生额	本期减少发生额	
期末余额		

图 5.2　资产类账户结构

（二）负债及所有者权益类账户的登记方法

负债及所有者权益类账户贷方登记本期增加数，借方登记减少数，期初期末余额通常在贷方。而且有：

期初贷方余额 + 本期贷方发生额 − 本期借方发生额 = 期末贷方余额

负债类账户与所有者权益类账户的登记方法，如图 5.3 所示：

借方	负债及所有者权益类账户名称	贷方
	期初余额	
本期减少数	本期增加数	
本期减少发生额	本期增加发生额	
期末余额		

图 5.3　负债及所有者权益类账户结构

（三）成本类账户的登记方法

成本类账户借方登记本期增加数，贷方登记本期减少数，期初期末余额通常在借方。而且有：

期初借方余额 + 本期借方发生额 − 本期贷方发生额 = 期末借方余额

成本类账户的登记方法，如图 5.4 所示：

借方	成本类账户名称	贷方
期初余额		
本期增加数	本期减少数	
本期增加发生额	本期减少发生额	
期末余额		

图 5.4　成本类账户结构

（四）收入收益类账户的登记方法

收入收益类账户，又称期间收入汇转账户，包括主营业务收入、其他业务收入、投资收益、营业外收入等。收入收益类账户贷方登记本期增加数（本期实现的收入），借方登记本期减少数（发生的销售退回及期末转出数）。期末，这类账户的本期发生额应全额结转入"本年利润"账户，结转后，无期末余额。

收入收益类账户的登记方法，如图 5.5 所示：

借方	收入收益类账户名称	贷方
本期减少数	本期增加数	
本期减少发生额	本期增加发生额	

图 5.5 收入收益类账户结构

（五）营业成本类账户的登记方法

营业成本类账户，又称期间支出汇转账户，包括主营业务成本、税金及附加、销售费用、管理费用、财务费用、其他业务成本、营业外支出、所得税费用等。营业成本类账户借方登记本期增加数（本期发生的各项营业成本），贷方登记本期减少数（期末转出数）。期末，这类账户的本期发生额应全额结转入"本年利润"账户，结转后，无期末余额。

营业成本类账户的登记方法，如图 5.6 所示：

借方	营业成本类账户名称	贷方
本期增加数	本期减少数	
本期增加发生额	本期减少额	

图 5.6 营业成本类账户结构

（六）账户登记方法小结

表 5.4　　　　　　　　　　　　账户结构一览表

账户类别	借方	贷方	余额	备　注
资产类	本期增加数	本期减少数	借方	"累计折旧"及"坏账准备""存货跌价准备"等资产备抵账户，其账户性质属于资产类，但其账户结构与资产类账户相反，即借方登记本期减少数，贷方登记本期增加数，余额在贷方。
负债及所有者权益类	本期减少数	本期增加数	贷方	1. "本年利润"账户年末余额（净利润或净亏损）应全额结转入"利润分配"账户，结转后，该账户无年末余额。 2. "利润分配"账户的余额可以在借方，也可以在贷方。若为贷方余额，表示未分配利润；若为借方余额，则表示尚未弥补的亏损。

账户类别	借方	贷方	余额	备　注
成本类	本　期增加数	本　期减少数	借方	"制造费用"账户归集的间接生产费用，月末应分配转入"生产成本"账户，分配后一般应无余额。但是，在制造费用采用年度计划分配法分配时，可以有期末余额。
收入收益类	本　期减少数	本　期增加数	无	1. 收入收益类账户和营业成本类账户统称"期间汇转账户"或"临时所有者权益账户"。 2. 这两类账户的共同特点是：期末应将其本期发生额全额结转入"本年利润"账户，结转后无期末余额。
营业成本类	本　期增加数	本　期减少数	无	

第三节　账户的分类

为了连续、系统、全面地记录经济业务，会计上需要设置一系列账户。这些账户既独立存在，相互间又有密切的联系。为了准确掌握每个账户的具体核算内容、账户的特性、用途和结构，以及账户之间的相互联系，以便科学地规范账户的设置和运用，应该进一步学习和掌握账户的分类。

账户的分类方法有很多，最常见的两种分类方法是按经济内容和结构用途分类。

一、账户按经济内容的分类

账户的经济内容，就是账户所核算和监督的会计对象的具体内容，即会计要素。账户按经济内容的分类，就是按会计要素的分类。

账户按经济内容的不同，可分为资产类、负债类、所有者权益类、收入收益类、成本费用类和利润类六大类。

（一）资产类账户

资产类账户，是指用来反映企业各类资产的增减变动及其结存情况的账户。按照资产流动性的大小和变现能力的强弱，资产类账户可分为反映流动资产的账户、反映长期投资的账户、反映固定资产的账户、反映无形资产的账户、反映其他资产的账户。

　1. 反映流动资产的账户

反映流动资产的账户，是用来记录和反映流动资产增减变动及其结存情况的账户，它又可进一步分为：

（1）反映货币资金的账户，如"库存现金"账户、"银行存款"账户、"其他货币资金"账户等。

（2）反映短期持有、以交易为目的的投资账户，如"交易性金融资产"账户。

（3）反映短期应收债权的账户，包括"应收票据"账户、"应收账款"账户、"预付账款"账户、"其他应收款"账户、"坏账准备"账户、"应收股利"账户、"应收利息"账户等。

（4）反映存货的账户，包括"原材料"账户、"在途物资"账户、"材料采购"账户、"周转材料"账户、"材料成本差异"账户、"库存商品"账户、"发出商品"账户、"存货跌价准备"账户等。

2. 反映长期投资的账户

反映长期投资的账户，是用来记录和反映长期投资的取得、转让或收回，以及结存情况的账户，包括"长期股权投资"账户、"长期股权投资减值准备"账户、"持有至到期投资"账户、"持有至到期投资减值准备"账户、"可供出售金融资产"账户等。

3. 反映固定资产的账户

反映固定资产的账户，是用来记录和反映固定资产增减变动和结存情况的账户，包括"固定资产"账户、"累计折旧"账户、"在建工程"账户、"固定资产清理"账户、"固定资产减值准备"账户等。

4. 反映无形资产的账户

反映无形资产的账户，是用来记录和反映无形资产的增加变化及其实有数额的账户，包括"无形资产"账户、"累计摊销"账户、"无形资产减值准备"账户等。

5. 反映其他资产的账户

反映其他资产的账户，如"长期待摊费用"账户、"待处理财产损溢"账户、"递延所得税资产"账户等。

（二）负债类账户

负债类账户，是用来反映企业负债增减变化及其实有数额的账户。按照负债流动性的大小或者偿还期的长短，负债类账户可分为反映流动负债的账户和反映长期负债的账户。

1. 反映流动负债的账户

反映流动负债的账户，是用来记录和反映流动负债增减变化及其实有数额的账户，它又可进一步分为：

（1）反映银行借款的账户，如"短期借款"账户。

（2）反映短期应付债务的账户，包括"应付票据"账户、"应付账款"账户、"预收账款"账户、"其他应付款"账户等。

（3）反映应计费用的账户，如"应付职工薪酬"账户、"应付股利"账户、"应交税费"账户、"应付利息"账户、"其他应付款"账户等。

2. 反映长期负债的账户

反映长期负债的账户，是用来记录和反映长期负债增减变化及其实有数额的账户，包括"长期借款"账户、"应付债券"账户、"长期应付款"账户、"专项应付款"账户、"递延所得税负债"账户等。

（三）所有者权益类账户

所有者权益类账户，是用来反映企业投资者或出资人投入资本及其增值情况的账户。按其反映的具体内容，所有者权益类账户可分为反映投入资本的账户，如"实收资本"账户、"股本"账户等；反映资本公积的账户，如"资本公积"账户；反映盈余公积的账户，如"盈余公积"账户等。

（四）收入收益类账户

收入类账户，是用来反映企业在一定会计期间获得的各类收入、收益的账户。按照收入来源的渠道和性质，收入类账户可分为：

1. 反映营业收入的账户

反映营业收入的账户，是用来记录和反映企业在营业活动中营业收入的实现及其结转的账户，包括"主营业务收入"账户、"其他业务收入"账户。

2. 反映投资收益的账户

反映投资收益的账户，是用来记录和反映企业在对外投资活动中实现的投资收益或发生的投资损失的账户，如"投资收益"账户。

3. 反映利得的账户

反映利得的账户，是用来记录和反映企业在营业活动和投资活动以外的偶发性或者边缘性活动中获得的收入的账户，如"营业外收入"账户。

（五）成本费用类账户

成本费用类账户，是用来反映企业在一定会计期间发生的成本、费用及有关支出的账户。按照是否可对象化为特定产品或劳务的成本，成本费用类账户可分为反映生产成本的账户和反映营业成本的账户。

1. 反映生产成本的账户

反映生产成本的账户，是用来记录和反映与特定产品或劳务生产有关、应计入有关产品或劳务成本的账户，包括"生产成本"账户、"劳务成本"账户等。

2. 反映营业成本的账户

反映营业成本的账户，是用来记录和反映与特定产品生产或劳务提供没有直接关系，而与一定会计期间相联系，应与收入配比确认的成本费用的账户，包括"主营业务成本"账户、"税金及附加"账户、"销售费用"账户、"管理费用"账户、"财务费用"账户、"其他业务成本"账户、"营业外支出"账户、"所得税费用"账户等。

（六）利润类账户

利润类账户，是用来反映企业财务成果及其分配情况的账户。利润类账户主要包括"本年利润"账户和"利润分配"账户。

二、账户按用途和结构的分类

账户的用途，是指通过账户记录能够提供什么核算资料，也就是开设和运用账户的目的。账户的结构，是指在账户中怎样记录经济业务，才能取得必要的核算指标，也就是账户的借方和贷方登记的内容、余额的方向及其表示的内容。账户按用途和结构分类，便于了解设置每一个账户的目的，了解账户的借方、贷方和余额各反映什么内容。

账户按用途和结构可分为盘存类账户、结算类账户、资本类账户、跨期摊提类账户、期间汇转类账户、集合分配类账户、成本计算类账户、财务成果类账户、调整类账户、待处理类账户 10 大类。

（一）盘存类账户

盘存类账户，是用来记录和反映各项财产物资和货币资金增减变动及其结存情况的账户。这类账户的特点是能够通过实地盘点法进行财产清查，保证账实相符。这类账户的借方记录财产物资或者货币资金的增加数，贷方记录其减少数，余额通常在借方，表示各项财产物资或者货币资金的期初期末实存数额。

"库存现金""银行存款""原材料""库存商品""周转材料""固定资产"等账户属于盘存类账户。

（二）结算类账户

结算类账户，是用来记录和反映企业与其他单位或个人债权债务结算关系的账户。按其结算的性质，结算类账户又可分为债权结算账户和债务结算账户。

1. 债权结算账户

债权结算账户，是用来记录和反映企业各项应收债权的账户。这类账户借方记录债权的增加数，贷方记录债权的减少数，余额在借方，表示应收而尚未收取的款项。

通常，"应收票据""应收账款""预付账款""其他应收款""应收股利""应收利息"等账户属于债权结算账户。

2. 债务结算账户

债务结算账户，是用来记录和反映企业各项应付债务的账户。这类账户借方记录债务的减少数，贷方记录债务的增加数，余额在贷方，表示应付而尚未支付的款项。

通常，"短期借款""应付票据""应付账款""预收账款""其他应付款""应付职工薪酬""应交税费""应付股利""应付利息""长期借款""应付债券""长期应付款"等账户属于债务结算账户。

需要注意的是，判断一个账户的性质是属于债权结算账户还是债务结算账户，不能只看账户的名称，而应看其余额的方向究竟在借方还是贷方。比如，《企业会计准则——应用指南》在"附录——会计科目和主要账务处理——2203 预收账款"中规定，"预收款项情况不多的企业，也可以将预收的款项直接记入'应收账款'科目的贷方，不设本科目。"这样，"应收账款"账户同时记录和反映应收账款和预收账款的增减变动情况，期末若为借方余额则表示债权结算账户；若为贷方余额则表示债务结算账户，其实质为预收账款性质。"应付账款"账户与"应收账款"账户类似。这类结算账户的突出特点是，账户余额的方向不固定，可以在借方，也可以在贷方；在填列会计报表时，不应根据总账账户的余额填列，而应根据总账账户所属有关明细分类账户的余额分析填列（详见第十三章第二节）。

（三）资本类账户

资本类账户，是用来记录和反映企业股权性质的资本和内部资本积累增减变动及其实有数额的账户。这类账户的借方记录股权性资本和内部资本积累的减少数，贷方记录其增加数，余额通常在贷方，表示股权性资本和内部资本积累期初期末的实有数额。

"实收资本""股本""资本公积""盈余公积"等账户属于资本类账户。

（四）跨期摊提类账户

跨期摊提类账户，是用来记录和反映企业已经支付，但应由几个会计期间共同负担费用的账户。这类账户的特点是企业已经支付费用，但这些费用惠及几个会计期间，按照权责发生制原则，应在各受益期平均分期摊销。这类账户的借方记录发生或实际支付的费用，贷方记录分期摊销的费用金额，余额一般在借方，表示尚未摊销的金额。"长期待摊费用"账户是典型的跨期摊提类账户。

（五）期间汇转类账户

期间汇转类账户，是用来汇集企业在生产经营活动及其他活动中某一会计期间所实现的收入和发生的有关营业成本的账户，包括期间收入收益汇转账户和期间营业成本汇转账户。这类账户平时用来汇集本期实现的收入和发生的营业成本，期末，应将这些账户的本期发生额全额结转入"本年利润"账户，结账后无期末余额。这是期间汇转类账户的共同特点。

1. 期间收入收益汇转账户

期间收入收益汇转账户是用来汇集一定会计期间所取得的收入、收益的账户，包括"主营业务收入"账户、"其他业务收入"账户、"投资收益"账户、"公允价值变动损益"账户、"营业外收入"账户等。

这类账户的贷方记录本期实现的收入，借方记录发生的销售退回以及期末结转入"本年利润"账户的数额。这类账户的本期发生额应于每一会计期末全额结转入"本年利润"账户的贷方，结账后无期末余额。

2. 期间营业成本汇转账户

期间营业成本汇转账户是用来汇集一定会计期间所发生的营业成本的账户，包括"主营业务成本"账户、"税金及附加"账户、"销售费用"账户、"管理费用"账户、"财务费用"账户、"其他业务成本"账户、"资产减值损失"账户、"营业外支出"账户等。

这类账户的借方记录本期发生的各项营业成本，贷方记录期末结转入"本年利润"账户的数额。这类账户的本期发生额应于每一会计期末全额结转入"本年利润"账户的借方，结账后无期末余额。

（六）集合分配类账户

集合分配类账户，是用来汇集和分配企业为生产产品或提供劳务而发生的各项共同性间接费用的账户。"制造费用"账户是典型的集合分配账户。该账户的借方记录费用的发生额，贷方记录费用的分配额，期末一般无余额。

（七）成本计算类账户

成本计算类账户，是用来记录并计算有关产品或劳务等的成本的账户。这类账户的借方记录生产经营过程中发生的应计入有关产品或劳务成本的各项费用，贷方记录已完工转出的产品或劳务的成本，期末如有余额，应在借方，表示尚未完工产品或劳务的成本。

"生产成本""劳务成本""在建工程""研发支出"等账户属于成本计算类账户。

（八）财务成果类账户

财务成果类账户，是用来计算并确定企业在一定会计期间内财务成果的账户。"本年利润"账户是典型的财务成果类账户。

该账户的借方记录期末从各项期间营业成本汇转账户转入的有关营业成本的本期发生额，贷方记录期末从各项收入收益汇转账户转入的有关收入收益的本期发生额。期末，将借方发生额和贷方发生额进行比较，就可以得出本会计期间的最终财务成果，如为贷方余额，表示实现的净利润；如为借方余额，表示发生的亏损。年末，应将"本年利润"账户的余额全额结转入"利润分配"账户，若为贷方余额，结转入"利润分配"账户的贷方，并按规定进行利润分配；若为借方余额，则结转入"利润分配"账户的借方。年末结转后，"本年利润"账户应无余额。

（九）调整类账户

调整类账户，是用来调整有关账户的账面余额而设置的账户。在会计核算上，由于管理的需要或其他原因，对于某些资产账户，有的需要用两种不同的数字，开设两个账户来进行记录和反映。其中一个账户用来记录和反映资产的原始数字，另一个账户用来记录和反映对原始数字的调整数字。记录反映原始数字的账户称为被调整账户；记录反映调整账户的数字称为调整账户。它们的数量关系可表示为：

被调整账户账面净值＝被调整账户余额±调整账户余额

调整账户按其调整方式的不同，可分为备抵账户、附加账户和备抵附加账户三种。

1. 备抵账户

备抵账户是用来抵减被调整账户的余额以求得被调整账户实际余额的账户。"累计折旧"账户、"累计摊销"账户和"坏账准备"账户是常见的备抵账户。比如，"固定资产"账户的期末（借方）余额，表示固定资产的原始价值，"累计折旧"账户的期末（贷方）余额，表示固定资产的累计折旧额，两者相减，即为固定资产的净值或者折余价值。此外，"存货跌价准备""长期股权投资减值准备""固定资产减值准备""无形资产减值准备"等账户也属于备抵账户。

备抵账户的特点是，虽然性质上属于资产类账户，但其账户登记方法却与资产类账户相反，即贷方记录增加数，借方记录减少数，期初期末余额在贷方。

2. 附加账户

附加账户是用来增加被调整账户的余额以求得被调整账户实际余额的账户。这类账户同备抵账户的调整方式正好相反，是将调整账户的期末余额与被调整账户的期末余额相加，从而得出被调整账户的实有数额。附加账户的特点是调整账户的性质和期末余额的方向与被调整账户一致。比如，企业溢价发行债券，发行时按债券的票面金额贷记"应付债券——债券面值"账户，按溢价金额贷记"应付债券——利息调整"账户。此时，"利息调整"二级账户就是"债券面值"二级账户的附加账户，两者期末贷方余额之和表示该项债券的实际余额。

3. 备抵附加账户

备抵附加账户是同时具有备抵和附加两种调整职能的账户。"材料成本差异"账户是最典型的备抵附加账户。在原材料日常核算采用计划成本法时，"原材料"账户记录入库材料的计划成本，"物资采购"账户记录购入材料的实际成本，实际成本与计划成本的差额记入"材料成本差异"账户。若实际成本大于计划成本，即存在超支差异时，记入"材料成本差异"账户的借方，"材料成本差异"账户用以附加"原材料"账户的数额，以求得原材料的实际成本；若实际成本小于计划成本，即存在节约差异时，记入"材料成本差异"账户的贷方，"材料成本差异"账户用以抵减"原材料"账户的数额，以求得原材料的实际成本。其数量关系可表示为：

原材料实际成本＝"原材料"账户期末余额（计划成本）＋"材料成本差异"账户期末借方余额（超支差）

或

原材料实际成本＝"原材料"账户期末余额（计划成本）－"材料成本差异"账户期末贷方余额（节约差）

（十）待处理类账户

待处理类账户，是用来记录和反映企业在财产清查、处置等业务中尚待查明原因而等待处理或核销的财产盈亏的账户。"待处理财产损溢""固定资产清理"和"以前年度损益调整"等账户属于待处理类账户。

练 习 题

一、名词解释
1. 会计科目　　2. 账户　　　3. 盘存账户　　4. 结算账户
5. 调整账户　　6. 集合分配账户　7. 成本计算账户　8. 调整账户

二、判断题
1. 会计科目是对会计要素的进一步分类后所确定的名称，每一会计科目都代表特定的核算内容。（　　）
2. 为了体现每一会计主体的经营管理特点，企业可根据其需要自行设计会计科目体系。（　　）
3. 账户是根据会计科目在账簿中设置的户头，账户的名称就是会计科目的名称。因此，账户就是会计科目。（　　）

4. 账户的记账方向是指会计事项或者经济业务发生所引起的会计科目变动的"增加"或者"减少"两个方面。　　　　　　　　　　　　　　　　（　　）

5. 收入收益类账户的结构与所有者权益类账户的结构完全相同。　　（　　）

6. 费用类账户的结构与资产类账户的结构完全相同。　　　　　　　（　　）

7. "累计折旧"账户属于资产类账户，所以其账户结构与资产类账户结构相同，即借方登记增加数，贷方登记减少数，期初期末余额在借方。　　　　（　　）

8. "应收账款"账户一定是债权结算账户。　　　　　　　　　　　（　　）

三、选择题

1. 有余额的账户的期末余额通常在该账户的（　　　）。

   A. 借方　　　　　　　　　　　　　　B. 贷方

   C. 增加方　　　　　　　　　　　　　D. 减少方

2. 下列关于账户说法正确的有（　　　）。

   A. 账户是根据会计科目在账簿中开设的户头

   B. 账户是用来连续、系统、全面地核算和监督会计对象的一种专门方法

   C. 账户具有一定的结构

   D. 账户就是会计科目

3. 账户的基本结构通常包括（　　　）。

   A. 账户的类别　　　　　　　　　　　B. 账户的名称

   C. 增减变化的方向　　　　　　　　　D. 增减变化的金额

4. 下列账户通常有期末余额的是（　　　）。

   A. 应收账款　　　　　　　　　　　　B. 固定资产

   C. 所得税费用　　　　　　　　　　　D. 财务费用

5. 会计科目是（　　　）。

   A. 会计要素的名称　　　　　　　　　B. 报表的项目

   C. 账簿的名称　　　　　　　　　　　D. 账户的名称

6. 企业的会计科目必须反映（　　　）的特点。

   A. 会计对象　　　　　　　　　　　　B. 会计职能

   C. 会计本质　　　　　　　　　　　　D. 会计定义

7. 账户是根据（　　　）开设。

   A. 会计准则　　　　　　　　　　　　B. 会计制度设定

   C. 会计报表　　　　　　　　　　　　D. 会计科目

8. 下列属于盘存账户的有（　　　）。

   A. "库存现金"账户　　　　　　　　　B. "原材料"账户

   C. "固定资产"账户　　　　　　　　　D. "应付账款"账户

9. 下列属于结算账户的有（　　　）。

   A. "短期借款"账户　　　　　　　　　B. "应收账款"账户

   C. "应付账款"账户　　　　　　　　　D. "其他应收款"账户

10. 下列属于备抵账户的有（　　）。

A. "累计折旧"账户　　　　　　　　B. "材料成本差异"账户

C. "坏账准备"账户　　　　　　　　D. "长期股权投资减值准备"账户

四、简述题

试述账户与会计科目的区别与联系。

第六章　复式记账原理

第一节　复式记账法

在会计工作中，为了有效地反映和监督资金运动（即会计对象），各会计主体除了按照规定的会计科目设置账户之外，还应采用一定的记账方法对经济业务或事项进行记录。记账方法是指按照一定的规则，使用一定的符号，在账户中登记各项经济业务的技术方法。会计上的记账方法，最初是单式记账法，随着社会经济的发展和人们对实践的总结，单式记账法逐步得到改进，从而演变为今天被广泛运用的复式记账法。

一、复式记账法的含义

复式记账法，是指对任何一项经济业务，都必须按相等的金额在两个或两个以上的有关账户相互关联地进行登记，借以反映会计对象具体内容增减变化的一种记账方法。

我们知道，企业任何一项经济活动发生后，都必然引起两个或两个以上方面发生增减变化。比如，企业用银行存款购买原材料 1 000 元（不考虑增值税），材料已验收入库。这项业务，一方面使企业库存的"原材料"增加 1 000 元，另一方面使企业银行存款户的"银行存款"减少 1 000 元。又如，企业从开户银行提取现金 5 000 元备用。这项业务，一方面引起企业的"库存现金"增加 5 000 元；同时使企业的"银行存款"减少 5 000 元。再如，某投资者按投资协议的约定缴付出资额，投入货币资金 500 000 元，企业已收存开户银行，另投入新设备一台，该设备价值 100 000 元，不需安装即可投入使用，企业已收到该设备并已按规定办理资产转让手续。这项业务引起三个方面的变化：一是企业"银行存款"会增加 500 000 元；二是企业"固定资产"会增加 100 000 元；三是构成投资者对投入企业的资本额 600 000 元拥有要求权，即企业所有者权益中的"实收资本"增加 600 000 元。可见，任何经济业务的发生总会引起两个或两个以上方面的增减变化，而且任何经济业务的发生并不破坏会计恒等式的平衡关系，这是一种客观存在。

二、复式记账法的理论依据和基本原则

（一）复式记账法的理论依据

会计的对象是资金运动，企业经营过程中发生的每一项经济业务都是资金运动的

具体过程。只有把经济主体发生的全部经济业务无一遗漏地进行核算，才能完整地反映资金运动的全貌，为信息使用者提供全面的、完整的核算资料。

资金运动的内在规律性是复式记账的理论依据。经济主体发生的所有经济业务无非涉及资金增加和减少两个方面，并且某项资金在量上的增加或减少，总是与另一项资金在量上的增加或减少相伴而生。也就是说，在资金运动中，一部分资金的减少或增加，总是有另一部分资金的增减变动作为变化的原因。这就要求在会计记账的时候，必须把每项经济业务所涉及的资金增减变化的原因和结果都记录下来，从而完整、全面地反映经济业务所引起的资金运动的来龙去脉。复式记账法恰恰适应了资金运动的这一规律性的客观要求，把每一项经济业务所涉及的资金在量上的增减变化，通过两个或两个以上账户的记录予以全面反映。

(二) 复式记账的基本原则

复式记账法必须遵循以下原则：

（1）必须以反映资金运动内在规律的会计等式作为记账基础。会计等式将会计对象（即资金运动）的具体内容，即会计要素之间的相互关系，运用数学方程式的原理进行描述而形成的。它是客观存在的必然经济现象，同时也是资金运动规律的具体化。为了揭示资金运动的内在规律性，复式记账必须以会计等式作为记账基础。

（2）对每项经济业务都必须在相互关联的两个或两个以上账户中进行等额记录。经济业务的发生，必然引起资金的增减变动，这种变动势必导致会计等式中至少有两个要素或同一要素中至少两个项目发生等量变动。为反映这种等量变动关系，会计上就必须在两个或两个以上相互关联的账户中进行等额双重记录。

（3）必须按照经济业务对会计等式的影响类型进行记录。企业发生的经济业务复杂多样，但对会计等式的影响无外乎两种类型：一类是影响会计等式等号两边会计要素同时发生变化的经济业务，这类业务能够变更企业资金总额，使会计等号两边等额同增或等额同减；另一类是影响会计等式等号某一边会计要素发生变化的经济业务，这类业务不变更企业资金总额，只会使会计等式等号某一边等额地有增有减；对第二类经济业务，应在等式某一边的账户中等额记有增有减。

（4）定期汇总的全部账户记录的发生额、余额必须各自平衡。复式记账对每笔经济业务采用双重等额记录，定期汇总的全部账户的数据必然会保持会计等式的平衡关系。

复式记账试算平衡的方法有发生额平衡法和余额平衡法两种。

发生额平衡法，是将一定时期会计等式等号两边账户的发生额增、减交叉相加之和进行核对相等，其计算公式为：

资产账户增加额合计＋权益账户减少发生额合计＝权益账户增加额合计＋资产账户减少额合计

余额平衡法，是将某一时点会计等式等号两边账户的余额分别加计总数进行核对相等，其计算公式为：

资产账户期末余额合计＝权益账户期末余额合计

通过上述方法，如果试算平衡，说明账户金额记录基本正确。

（三）复式记账法的意义

复式记账法自诞生以来，一直受到普遍推崇和广泛运用。复式记账法之所以源远流长，是因为它具有下列优点：

（1）可以反映每一项经济业务的来龙去脉。采用复式记账法，对发生的每一笔经济业务，都全面地反映在两个或两个以上相互关联的账户中去，账户记录反映了经济业务的全貌。通过查阅账户记录即能了解经济业务的来龙去脉，便于稽核和查账。

（2）复式记账能够把所有的经济业务相互联系地、全面地记入有关账户，能够全面地、系统地反映和监督经济活动的过程和结果，能够提供经营管理所需要的数据和信息。

（3）复式记账要求以相等的金额在两个或两个以上的账户同时记账，根据结果必然相等的平衡关系，通过全部账户记录结果的试算平衡，可以检查账户记录的正确性。

三、复式记账法与单式记账法

在复式记账法（复式簿记）产生以前，人们在较长时期内采用的是单式记账法。所谓单式记账法，就是指由经济业务引起的一切变化，只对主要方面设置账户记录，而对次要方面不设置账户记录或只作备忘登记的一种记账方法。受早期重商主义的影响，人们非常关注甚至只关心现金流量的变化，而较少关注非货币资源的流转。因此，在会计核算中，对经济业务发生引起的现金流量变化设置账户进行详细记录和核算，而对与现金流转相对应的变化则只做备忘登记。显然，单式记账法存在不可克服的缺陷：账户设置不完整，各账户之间互不联系，无法反映经济业务的全貌，不能了解经济业务的来龙去脉，不便于查账和稽核等。

与单式记账法比较，复式记账法具有特征有：复式记账法需要设置完整的账户体系，除了设置记录货币资金的账户外，还要设置实物性资产以及收入、费用和各种权益类账户；不仅要记录货币资金的收付和债权债务的发生，还要对所有的财产和全部权益的增减变化，以及经营过程中发生的费用和获得的收入做全面、系统地反映；对每项经济业务，都要在两个或两个以上的账户进行等额双重记录，反映资金运动的来龙去脉；根据会计等式的平衡关系，可以对一定时期反映全部经济业务的会计记录进行综合试算，检查账户记录是否正确。

复式记账法具有单式记账法无可比拟的优势，它也是世界各国公认的一种科学的记账方法。复式记账法从其发展的历史看，曾经有"借贷记账法""增减记账法""收付记账法"等。我国现行制度规定，企事业单位一律采用借贷记账法。

第二节　借贷记账法

借贷记账法起源于 13 世纪处于资本主义萌芽期的意大利。当时运用"借"和

"贷"，是为了适应借贷资本家记录其货币的存入和放出的需要，借贷资本家把从债权人那里收到的存款记在"贷主"的名下，表示自身的债务；同时，借贷资本家将支付给债务人的放款记在"借主"的名下，表示自身的债权。"借"和"贷"两字仅仅表示借贷资本家债权和债务的增减变动，且"借＝贷"。随着社会经济的发展、经济活动的日益复杂以及产业资本、商业资本对借贷记账法的利用，借、贷两字不再局限于说明银钱借贷业务的增减变动情况，而逐渐扩展到说明财产物资和经营损益等经济业务的增减变动情况。这时，借、贷两字就逐渐失去原来的含义，转化为纯粹的记账符号，并成为记账方法的专门术语，用以标明账户记录经济业务数量增减变动的方向，即账户的借方和贷方。目前，借贷记账法在理论和技术上已经不断发展和完善，在国际上被广泛应用，借和贷两个字已成为国际通用的商业用语。

一、借贷记账法的含义

借贷记账法就是以"借""贷"两字为记账符号的复式记账方法。具体说，借贷记账法，是按照复式记账的原理，以资产与权益的平衡关系为基础，以"借""贷"为记账符号，按照"有借必有贷、借贷必相等"的规则，在两个或两个以上账户中全面地、互相联系地记录每笔经济业务的一种复式记账法。

二、借贷记账法的特点

（一）借贷记账法的理论依据

借贷记账法以会计等式"资产＝负债＋所有者权益"为理论基础。在借贷记账法下，要按照经济内容和管理需要设置账户，以工业企业为例，需要设置资产类、负债类、所有者权益类、成本费用类和损益类账户，并按照"资产＝负债＋所有者权益"这一会计等式确定账户的登记方法。

（二）借贷记账法的记账符号

记账符号是在某一种记账方法下表示"增加"或"减少"意思的符号，借贷记账法以"借"和"贷"为记账符号。在借贷记账法下，以借、贷两字作为记账符号，它表示的是记账方向。会计上习惯把账户的左方称为借方，右方称为贷方（见图5.1"T"型账户结构图）。要说明的是，这里的"借"不表示"借入"，"贷"不表示贷出，借、贷仅仅只是记账符号而已。

在借贷记账法下，任何账户都分为借方和贷方。记账时，账户的借贷两方必须做相反方向的记录，即对于任何一个账户，如果借方登记增加额，则贷方就用来登记减少额；如果借方用来登记减少额，则贷方就用来登记增加额。在同一个会计期间，借方登记的合计数称为借方发生额；贷方登记的合计数称为贷方发生额，两者的合计金额相等。对于特定账户来说，究竟哪一方登记增加，哪一方登记减少，取决于账户所反映的经济内容，即账户的性质。各类账户借方和贷方登记增加或减少情况见表6.1。

表 6.1 各类账户借方和贷方登记增减金额信息表

记账符号	会计账户类型					
	资产类	费用类	负债类	所有者权益类	收入类	利润类
借	增加	增加	减少	减少	减少	减少
贷	减少	减少	增加	增加	增加	增加

（三）借贷记账法的记账规则

借贷记账法以"有借必有贷、借贷必相等"为记账规则，它包含两层含义：一是记账时，记入借方账户，必然同时记入贷方账户。如果经济业务只涉及两个账户，必然是一个借方账户与一个贷方账户相对应，即一借一贷；如果涉及三个及以上账户，则必然是一个借方账户与多个贷方账户相对应，即一借多贷，或是一个贷方账户与多个借方账户相对应，即多借一贷，甚至是多个借方账户与多个贷方账户相对应，即多借多贷。二是记账时记入借方账户与记入贷方账户的金额必须相等。如果是一借一贷；则记入借方账户与记入贷方账户的金额必须相等；如果是一借多贷，则记入借方账户的金额与记入多个贷方账户的合计金额必须相等；如果是多借一贷，则记入贷方账户的金额与记入多个借方账户的合计金额必须相等；如果是多借多贷，则记入多个借方账户的合计金额与记入多个贷方账户的合计金额必须相等。

（四）试算平衡

按照会计等式"资产 = 负债 + 所有者权益"，依据记账规则记入到有关账户的记录是否正确，可用"有借必有贷，借贷必相等"直接进行验算、检查，以保证账户记录基本正确，从而进行试算平衡。试算平衡的内容包括：

1. 发生额平衡

由于每笔经济业务都是按照"有借必有贷、借贷必相等"的记账规则在有关借贷方账户中记录的，所以有以下关系式：

∑本期借方账户发生额 = ∑本期贷方账户发生额

2. 余额平衡

由于按借贷记账法的要求所确定的账户模式记账，期末各类账户结记的余额必然是：资产类账户为借方余额，表示资产；负债及所有者权益账户余额为贷方余额，表示负债、所有者权益数；收入、费用类账户发生额期末转至"本年利润"账户后，应无余额；利润类账户余额在贷方，属于所有者权益的一个组成部分。因此，根据"资产 = 负债 + 所有者权益"，必有如下关系式：

∑账户借方余额 = ∑账户贷方余额

具体包括下列两个式子：

∑账户期初借方余额 = ∑账户期初贷方余额

∑账户期末借方余额 = ∑账户期末贷方余额

会计实践中，可通过编制试算平衡表来检查账户记录的正确性。试算平衡表的结构如表 6.2 所示：

表6.2   试算平衡表   单位：元

账户名称	期初余额		本期发生额		期末余额	
	借方	贷方	借方	贷方	借方	贷方
合计						

值得说明的是：试算平衡表中各账户的期初余额、本期发生额和期末余额的借贷双方都平衡相等，只能说明记账基本正确，并不说明记账平衡了，记账就没有错误，比如某项或几项经济业务在记账时漏记或重记，通过试算平衡是不能发现的。但是试算平衡表作为一种检查账户记录的方法，还是有其重要作用的。

三、会计分录

为了保证记账的正确和便于查考，在登记账户之前，应先编制会计分录，然后方可记入各个账户。所谓会计分录，就是用来确定经济业务所涉及的账户名称、记账方向和记账金额的一种记录形式。实践中，编制会计分录的过程就是填制记账凭证的过程。编制会计分录，就意味着对经济业务进行会计确认，为经济业务数据记入账户提供依据。

一个完整的会计分录包括账户名称、记账方向和记账金额。编制会计分录首先需要分析经济业务涉及的会计要素、确定经济业务应予登记的账户名称、分析会计要素的增减变动趋势、确定增减变动在账户中的登记方向、确定应予登记金额等几个基本步骤。书写时，贷方记录应写在借方记录的下面，并且向后留空1~2格，不能写得与借方记录等齐平行，更不能向借方记录的左边突出伸展，借贷方的金额通常也要叉开，如图6.1所示：

借：…………   ××

贷：…………   ××

图6.1 会计分录格式图

编写会计分录是会计核算工作的第一步，要认真做好，编写完毕后应检查账户对应关系是否正确、合理、借贷方金额是否相等。

会计分录可分为简单会计分录和复合会计分录。简单会计分录是只有一个借方账户和一个贷方账户，即一借一贷的会计分录，如本章第三节例6.1、例6.3、例6.5~例6.8、例6.10、例6.13、例6.16、例6.18、例6.19。一借多贷、一贷多借或多借多贷的会计分录称为复合会计分录，如本章第三节例6.2、例6.9、例6.11、例6.12、例6.17等。复合会计分录实际上是由若干简单会计分录组成的，也就是说，复合会计分录可以分解为几个简单会计分录。一项经济业务发生后，会计人员应根据情况编制相应的会计分录，不论是简单会计分录，还是复合会计分录，都应清晰、确切地反映出账户的对应关系。

四、账户的对应关系与对应账户

按照借贷记账法的记账规则记账后，在有关的账户间就形成了应借应贷的对应关系，账户间的这种对应关系称为账户的对应关系。存在对应关系的账户称为对应账户。

需要说明的是，在一借多贷、多借一贷或者多借多贷的复合会计分录中，只有借方账户与其对应的贷方账户之间才能称为对应账户，而同为借方账户或贷方账户的两个账户相互之间则不能称为对应账户。例如，会计分录：

借：生产成本	50 000
制造费用	20 000
管理费用	10 000
贷：原材料	80 000

在这笔三借一贷的复合会计分录中，借方的"生产成本""制造费用""管理费用"账户分别与贷方的"原材料"账户之间都称为对应账户。因为它们之间有着密切的经济联系，或称因果关系，原材料减少 80 000 元的原因是基本生产车间生产产品耗用了 50 000 元（记入"生产成本"科目）、车间一般管理耗用了 20 000 元（记入"制造费用"科目）和行政管理部门一般管理耗用了 10 000 元（记入"管理费用"科目）。而借方的三个账户相互之间则不能称为对应账户，因为它们之间不存在因果关联。

第三节　借贷记账法的应用

华夏公司 2016 年 11 月 30 日有关账户的余额如表 6.3 所示。

表 6.3　　　　　　　　　华夏公司 2016 年 11 月 30 日科目余额表　　　　　　　单位：元

账户名称		借方余额	账户名称	贷方余额
库存现金		28 000	应付票据	560 000
银行存款		3 200 000	应付账款——C 公司	1 420 000
应收账款		1 120 000	应交税费	760 000
原材料		4 000 000	应付职工薪酬	334 000
生产成本	#1 产品	620 000	应付利息	86 000
	#2 产品	240 000		
库存商品		1 500 000	累计折旧	8 200 000
其他应收款		320 000	实收资本	20 000 000
长期股权投资		2 600 000	资本公积	180 000
固定资产		18 800 000	盈余公积	2 000 000
无形资产		1 000 000	利润分配	88 000
长期待摊费用		200 000		
合　计		33 628 000	合　计	33 628 000

注：月初库存商品中#1 产品 5 000 件，单位结存成本 240 元/件，金额为 1 200 000 元；#2 产品 5 000 件，单位结存成本 60 元/件，金额为 300 000 元

该公司为增值税一般纳税人，原材料日常核算采用实际成本法。2016 年 12 月发生如下经济业务：

【例6.1】12 月 1 日，接受 A 公司用货币资金进行的投资 5 000 000 元，收到 A 公司开来的转账支票（254 号）并已送存开户银行。

这项业务涉及资产和所有者权益同时增加。银行存款增加，应记入"银行存款"账户的借方，投入资本增加应记入"实收资本"账户的贷方，且金额与借方相等。

借：银行存款　　　　　　　　　　　　　　　　　　　　5 000 000
　　贷：实收资本——A 公司　　　　　　　　　　　　　　5 000 000

【例6.2】12 月 5 日，向 B 公司购入甲材料 4 000 千克，每千克单价 39 元，取得的增值税专用发票上列明的价款为 156 000 元，增值税额为 26 520 元，B 公司代垫运费 4 000 元（不考虑运费增值税）。公司开出一张金额为 186 520 元的转账支票（101 号）支付上述款项，材料尚未验收入库。

这项业务涉及资产和负债两类账户三个方面的增减变化：已付款的在途材料增加，应记入"在途物资"账户的借方；外购材料时支付的除价款以外的增值税，可从当期应交增值税中予以扣除，也就构成本期应交税金的减少，应记入"应交税费"账户的借方；银行存款减少，应记入"银行存款"账户的贷方。记入借方账户的合计金额与记入贷方账户的金额相等。

借：在途物资——B 公司　　　　　　　　　　　　　　　160 000
　　应交税费——应交增值税（进项税额）　　　　　　　　26 520
　　贷：银行存款　　　　　　　　　　　　　　　　　　186 520

【例6.3】12 月 6 日，开出一张金额为 1 420 000 元的转账支票（102 号）偿还前欠 C 公司购货款。

这项业务涉及资产和负债同时减少。应付购货款的减少，应计入"应付账款"账户的借方；银行存款减少，应记入"银行存款"账户的贷方，且记入借贷方账户的金额相等。

借：应付账款——C 公司　　　　　　　　　　　　　　1 420 000
　　贷：银行存款　　　　　　　　　　　　　　　　　1 420 000

【例6.4】12 月 8 日，基本生产车间生产产品领用甲材料 6 000 千克，其中#1 产品耗用 4 000 千克，#2 产品耗用 2 000 千克，单位成本 40 元/千克，共计 240 000 元。

这项业务涉及资产和成本类两类账户。库存的原材料减少，应记入"原材料"账户的贷方；产品生产成本增加，应记入"生产成本"账户的借方，且记入借贷方账户的金额相等。

借：生产成本——#1 产品　　　　　　　　　　　　　　160 000
　　　　　　——#2 产品　　　　　　　　　　　　　　　80 000
　　贷：原材料——甲材料　　　　　　　　　　　　　　240 000

【例6.5】12 月 10 日，开出现金支票（151 号）从开户银行提取现金 360 000 元，准备发放职工工资。

这是一项涉及资产类账户一增一减的业务。库存的现金增加，应记入"库存现金"

账户的借方；银行存款减少，应记入"银行存款"账户的贷方，且记入借贷方账户的金额相等。

借：库存现金   360 000

  贷：银行存款   360 000

【例6.6】12月10日，用现金发放本月职工工资360 000元。

这是一项涉及资产类和负债类账户同时减少的业务。应付未付的职工工资减少，应记入"应付职工薪酬"账户的借方；库存的现金限额减少，应记入"库存现金"账户的贷方，且记入借贷方账户的金额相等。

借：应付职工薪酬   360 000

  贷：库存现金   360 000

【例6.7】12月12日，向B公司购入的甲材料运到企业，实收数量4 000千克，经验收合格入库。

这是一项涉及资产类账户一增一减的业务。库存的原材料增加，应记入"原材料"账户的借方；已付款的在途材料减少，应记入"在途物资"账户的贷方，且记入借贷方账户的金额相等。

借：原材料——甲材料   160 000

  贷：在途物资——B公司   160 000

【例6.8】12月15日，用现金购买行政管理部门使用的、随买随用的零星办公用品，金额合计2 400元。

这项业务涉及资产类和费用类两类账户。行政管理部门的办公费用增加，应记入"管理费用"账户的借方；库存的现金减少，应记入"库存现金"账户的贷方，且记入借贷方账户的金额相等。

借：管理费用——办公用品   2 400

  贷：库存现金   2 400

【例6.9】12月18日，销售一批产成品给D公司，其中#1产品3 000件，单位售价300元，#2产品5 000件，单位售价90元/件。向D公司开具的增值税专用发票列明的价款为1 350 000，增值税额为229 500元。收到D公司开来一张金额为1 579 500元的转账支票（372号）偿付货款及增值税，该支票已送存开户银行。

这项业务涉及资产类、负债类和收入收益类三类账户三个方面的增减变化。银行存款增加，应记入"银行存款"账户的借方；实现的产品销售收入，构成销售收入的增加，应记入"主营业务收入"的贷方；收取的除价款之外的增值税，实质上是代国家收取的增值税，构成企业应交税金的增加，应记入"应交税费"账户的贷方，记入借方账户的金额与记入贷方账户的合计金额相等。

借：银行存款   1 579 500

  贷：主营业务收入   1 350 000

    应交税费——应交增值税（销项税额）   229 500

【例6.10】12月20日，开出一张金额为600 000元的转账支票（103号）上缴税金。

　　这项业务涉及资产类和负债类两类账户。应交未交的国家税金减少，应记入"应交税费"账户的借方；银行存款减少，应记入"银行存款"账户的贷方，且记入借贷方账户的金额相等。

　　借：应交税费　　　　　　　　　　　　　　　　　　　　　　　600 000

　　　　贷：银行存款　　　　　　　　　　　　　　　　　　　　　600 000

　　【例6.11】12月30日，计提本月固定资产折旧76 000元。其中，生产用固定资产应提折旧50 000元，行政管理用固定资产应提折旧26 000元。

　　这项业务涉及资产备抵账户、成本类账户和费用类账户三类账户。生产用固定资产应提取的折旧金额，属于企业产品生产的共同性间接费用，即制造费用增加，应记入"制造费用"账户的借方；管理用固定资产应提取的折旧金额，构成管理费用的增加，应记入"管理费用"账户的借方；提取的累计折旧，应记入"累计折旧"账户的贷方，记入借方账户的合计金额与记入贷方账户的金额相等。

　　借：制造费用——折旧费　　　　　　　　　　　　　　　　　　50 000

　　　　管理费用——折旧费　　　　　　　　　　　　　　　　　　26 000

　　　　贷：累计折旧　　　　　　　　　　　　　　　　　　　　　76 000

　　【例6.12】12月31日，分配本月职工工资360 000元。其中，生产#1产品工人工资180 000元，生产#2产品工人工资40 000元，车间管理及技术人员工资40 000元，行政管理人员工资100 000元。

　　这项业务涉及成本类、费用类和负债类三类、四个账户的增减变化。基本生产车间工人工资，构成产品成本的增加，应记入"生产成本"账户的借方；车间管理及技术人员工资，属于生产产品的共同性间接费用，即制造费用的增加，应记入"制造费用"账户的借方；行政管理部门人员的工资，不应记入产品成本，属于管理费用的增加，应记入"管理费用"账户的借方；已分配计入有关成本费用但尚未支付的职工工资，使企业的负债增加，应记入"应付职工薪酬"账户的贷方，记入借方账户的合计金额与记入贷方账户的金额相等。

　　借：生产成本——#1产品　　　　　　　　　　　　　　　　　180 000

　　　　　　　　——#2产品　　　　　　　　　　　　　　　　　 40 000

　　　　制造费用——工资费用　　　　　　　　　　　　　　　　　40 000

　　　　管理费用——工资费用　　　　　　　　　　　　　　　　 100 000

　　　　贷：应付职工薪酬　　　　　　　　　　　　　　　　　　 360 000

　　【例6.13】12月31日，将本月发生的制造费用90 000元按生产工人工资比例分配结转入#1产品和#2产品成本，其中#1产品负担73 636.36元，#2产品负担16 363.64元。

　　这是一项涉及成本类账户一增一减的业务。月末，将"制造费用"账户归集的产品生产的共同性间接费用分配结转入产品成本时，构成制造费用的减少，应记入"制造费用"账户的贷方；分配转入的制造费用，构成产品成本的增加，应记入"生产成本"账户的借方，记入借方账户的金额与记入贷方账户的金额相等。

　　借：生产成本——#1产品　　　　　　　　　　　　　　　　 73 636.36

      ——#2 产品   16 363.64

    贷：制造费用   90 000

【例 6.14】12 月 31 日，结转本月完工入库的产品成本，其中#1 产品 260 件，单位生产成本 240 元/件，#2 产品 360 件，单位生产成本 60 元，合计金额 840 000 元。

这是一项涉及资产增加、成本减少的业务。产品生产完工验收入库，库存的产成品增加，应记入"库存商品"账户的借方；同时，应将完工入库的产品成本转出，产品成本就减少，应记入"生产成本"账户的贷方，记入借方账户的金额与记入贷方账户的金额相等。

    借：库存商品——#1 产品   624 000

            ——#2 产品   216 000

    贷：生产成本——#1 产品   624 000

            ——#2 产品   216 000

【例 6.15】12 月 31 日，结转本月已销售产品的成本，其中#1 产品 720 000 元，#2 产品 300 000 元，合计金额 1 020 000 元。

这项业务涉及营业成本类账户增加和资产类账户减少。产成品对外销售出库时，库存的产成品减少，应记入"库存商品"账户的贷方；同时，已销商品的成本，是为取得营业收入发生的代价，属于营业成本的增加，应记入"主营业务成本"账户的借方，记入借方账户的金额与记入贷方账户的金额相等。

    借：主营业务成本   1 020 000

    贷：库存商品——#1 产品   720 000

            ——#2 产品   300 000

【例 6.16】12 月 31 日，将"主营业务收入"账户的本月发生额 1 350 000 元结转入"本年利润"账户。

这项业务涉及收入收益类账户减少和所有者权益类账户增加。按照现行会计制度规定，在每一会计期末，为了正确计算企业的盈余，应将有关损益类账户的本期发生额全额结转入"本年利润"账户：将收入收益类账户的本期发生额结转入"本年利润"账户的贷方；将营业成本类账户的本期发生额结转入"本年利润"账户的借方。这项业务中，将主营业务收入的本期发生额转出，主营业务收入减少，应记入"主营业务收入"账户的借方；同时记入"本年利润"账户的贷方，记入借方账户的金额与记入贷方账户的金额相等。

    借：主营业务收入   1 350 000

    贷：本年利润   1 350 000

【例 6.17】12 月 31 日，将"主营业务成本"账户的本月发生额 1 020 000 元、"管理费用"账户的本月发生额 128 400 元结转入"本年利润"账户。

这项业务涉及营业成本和所有者权益两类、三个账户的增减变化。将主营业务成本和管理费用的本期发生额转出，主营业务成本和管理费用减少，应分别记入"主营业务成本"账户和"管理费用"账户的贷方；同时记入"本年利润"账户的借方，记入借方账户的合计金额与记入贷方账户的金额相等。

借：本年利润			1 148 400
贷：主营业务成本			1 020 000
管理费用			128 400

【例6.18】12月31日，将本年实现的净利润201 600元结转入"利润分配"账户。

这项业务涉及所有者权益类账户一增一减。按照现行会计制度规定，每一会计年度终了，应将本期实现的净利润或者净亏损全额结转入"利润分配"账户。这项业务中，将本期实现的净利润转出，本年利润减少，应计入"本年利润"账户的借方；同时，结转入的本年利润，构成可供分配利润的增加，应计入"利润分配"账户的贷方，记入借方账户的金额与记入贷方账户的金额相等。

借：本年利润　　　　　　　　　　　　　　　　　　　　　201 600
　　贷：利润分配——未分配利润　　　　　　　　　　　　　201 600

【例6.19】12月31日，按净利润的10%计提盈余公积金20 160元。

这项业务是属于所有者权益类账户一增一减的业务。按净利润的一定比例计提盈余公积时，盈余公积金增加，应记入"盈余公积"账户的贷方；提取盈余公积后，可供分配的利润减少，应记入"利润分配"账户的借方，记入借方账户的金额与记入贷方账户的金额相等。

借：利润分配——提取盈余公积　　　　　　　　　　　　　20 160
　　贷：盈余公积——法定盈余公积　　　　　　　　　　　　20 160

根据发生业务编制的会计分录登记账簿（T型账）。

库存现金

期初余额：	28 000		
⑤	360 000	⑥	360 000
		⑧	2 400
发生额：	360 000	发生额：	362 400
期末余额：	25 600		

银行存款

期初余额：3 200 000			
①	5 000 000	②	186 520
⑨	1 579 500	③	1 420 000
		⑤	360 000
		⑩	600 000
发生额：	6 579 500	发生额：	2 566 520
期末余额：7 212 980			

原材料

期初余额：4 000 000			
⑦	160 000	④	240 000
发生额：	160 000	发生额：	240 000
期末余额：3 920 000			

在途物资

期初余额：0			
②	160 000	⑦	160 000
发生额：	160 000	发生额：	160 000
期末余额：0			

库存商品			
期初余额: 1 500 000			
⑭	840 000	⑮	1 020 000
发生额:	840 000	发生额:	1 020 000
期末余额: 1 320 000			

应收账款			
期初余额: 1 120 000			
	0		0
发生额:	0	发生额:	0
期末余额: 1 120 000			

其他应收款			
期初余额: 320 000			
发生额:	0	发生额:	0
期末余额: 320 000			

长期股权投资			
期初余额: 2 600 000			
发生额:0		发生额:	0
期末余额: 2 600 000			

固定资产			
期初余额: 18 800 000			
发生额:	0	发生额:	0
期末余额: 18 800 000			

无形资产			
期初余额: 1 000 000			
发生额:	0	发生额:	0
期末余额: 1 000 000			

长期待摊费用			
期初余额: 200 000			
	0		0
发生额:	0	发生额:	0
期末余额: 200 000			

累计折旧			
		期初余额: 8 200 000	
	0	⑪	76 000
发生额:	0	发生额:	76 000
		期末余额: 8 276 000	

生产成本			
期初余额: 860 000			
④	240 000	⑭	840 000
⑫	220 000		
⑬	90 000		
发生额:	550 000	发生额:	840 000
期末余额:	570 000		

制造费用			
⑪	50 000	⑬	90 000
⑫	40 000		
发生额:	90 000	发生额:	90 000

应交税费			
		期初余额:	760 000
②	26 520	⑨	229 500
⑩	600 000		
发生额:	626 520	发生额:	229 500
		期末余额:	362 980

应付票据			
		期初余额:	560 000
	0		0
发生额:	0	发生额:	0
		期末余额:	560 000

应付职工薪酬			
		期初余额：	334 000
⑥	360 000	⑫	360 000
发生额：	360 000	发生额：	360 000
		期末余额：	334 000

应付利息			
		期初余额：	86 000
	0		0
发生额：	0	发生额：	0
		期末余额：	86 00

应付账款			
		期初余额：	1 420 000
③	1 420 000		0
发生额：	1 420 000	发生额：	0
		期末余额：	0

实收资本			
		期初余额：	20 000 000
		①	5 000 000
发生额：	0	发生额：	5 000 000
		期末余额：	25 000 000

资本公积			
		期初余额：	180 000
	0		0
发生额：	0	发生额：	0
		期末余额：	180 000

盈余公积			
		期初余额：	2 000 000
		⑲	20 160
发生额：		发生额：	20 160
		期末余额：	2 020 160

利润分配			
		期初余额：	88 000
⑲	20 160	⑱	201 600
发生额：	20 160	发生额：	201 600
		期末余额：	269 440

本年利润			
⑰	1 148 400	⑯	1 350 000
⑱	201 600		
发生额：	1 350 000	发生额：	1 350 000

管理费用			
⑧	2 400	⑰	128 400
⑪	26 000		
⑫	100 000		
发生额：	128 400	发生额：	128 400

主营业务收入			
⑯	1 350 000	⑨	1 350 000
发生额：	1 350 000	发生额：	1 350 000

主营业务成本			
⑮	1 020 000	⑰	1 020 000
发生额：	1 020 000	发生额：	1 020 000

根据登记的账簿（T型账）进行试算平衡，见表6.3所示：

表6.3   试算平衡表   单位：元

账户名称	期初余额		本期发生额		期末余额	
	借方	贷方	借方	贷方	借方	贷方
库存现金	28 000		360 000	362 400	25 600	
银行存款	3 200 000		6 579 500	2 566 520	7 212 980	
应收账款	1 120 000				1 120 000	
库存商品	1 500 000		840 000	1 020 000	1 320 000	
生产成本	860 000		550 000	840 000	570 000	
原材料	4 000 000		160 000	240 000	3 920 000	
其他应收款	320 000				320 000	
长期股权投资	2 600 000				2 600 000	
固定资产	18 800 000				18 800 000	
无形资产	1 000 000				1 000 000	
长期待摊费用	200 000				200 000	
应付票据	0	560 000				560 000
应交税费	0	760 000	626 520	229 500		362 980
累计折旧	0	8 200 000		76 000		8 276 000
应付职工薪酬	0	334 000	360 000	360 000		334 000
应付利息	0	86 000				86 000
应付账款	0	1 420 000	1 420 000			
实收资本	0	20 000 000		5 000 000		25 000 000
资本公积	0	180 000				180 000
盈余公积	0	2 000 000		20 160		2 020 160
利润分配	0	88 000	20 160	201 600		269 440
本年利润	0		1 350 000	1 350 000		
管理费用	0		128 400	128 400		
制造费用	0		90 000	90 000		
在途物资	0		160 000	160 000		
主营业务收入	0		1 350 000	1 350 000		
主营业务成本	0		1 020 000	1 020 000		
合　计	33 628 000	33 628 000	15 014 580	15 014 580	37 088 580	37 088 580

练 习 题

一、名词解释

1. 复式记账法　　2. 借贷记账法　　　3. 对应账户

4. 试算平衡　　　　5. 会计分录

二、判断题

1. 复式记账法是在单式记账法的基础上产生并取代其作为现代会计的记账方法。

（　　）

2. 复式记账法下，账户记录的结果可以反映一项经济业务的来龙去脉。（　　）

3. 一个账户的借方如果用来记录增加额，其贷方一定用来记录减少额。（　　）

4. 借贷记账法的"借"表示"借入"，"贷"表示"贷出"。（　　）

5. 借贷记账法要求：如果在一个账户中记借方，在另一个或几个账户中也一定记借方。（　　）

6. 通过试算平衡检查账簿记录后，若左右平衡就可以肯定记账没有错误。（　　）

7. 在借贷记账法下，一笔会计分录的各个账户相互之间都存在账户的借贷关系，因此都是对应账户。（　　）

8. 复合会计分录通常可分解成几个简单会计分录，几个简单会计分录也可复合成一个复合会计分录。（　　）

三、选择题

1. 通过复式记账可以了解每一项经济业务的（　　）。

　A. 合理性　　　　　　　　　　B. 合法性

　C. 来龙去脉　　　　　　　　　D. 经济业务类型

2. 每一项经济业务的发生，都会影响（　　）项目发生增减变化。

　A. 一个　　　　　　　　　　　B. 两个

　C. 两个或两个以上　　　　　　D. 全部

3. 复式记账法的优点包括（　　）。

　A. 进行试算平衡　　　　　　　B. 了解经济业务的来龙去脉

　C. 简化账簿登记工作　　　　　D. 检查账户记录的正确性

4. 借贷记账法的理论依据是（　　）。

　A. 资产＝负债＋所有者权益

　B. 收入－费用＝利润或亏损

　C. 资产＋费用＝负债＋所有者权益＋收入

　D. 期初数＋本期增加数－本期减少数＝期末数

5. 借贷记账法的记账规则是（　　）。

　A. 有借必有贷，借贷必相等

　B. 有增必有减，增减必相等

C. ∑本期借方发生额 = ∑本期贷方发生额

D. 资产 = 负债 + 所有者权益

6. 账户发生额试算平衡是根据（ ）确定的。

   A. 借贷记账法的记账规则

   B. 经济业务的内容

   C. "资产 = 负债 + 所有者权益"的恒等式

   D. 经济业务的类型

7. 下列错误中能够通过试算平衡查找的有（ ）。

   A. 重记经济业务　　　　　　　　B. 漏记经济业务

   C. 借贷方向相反　　　　　　　　D. 借贷金额不等

8. 借贷记账法下的试算平衡公式有（ ）。

   A. ∑账户本期借方发生额 = ∑账户本期贷方发生额

   B. ∑账户借方余额 = ∑账户贷方余额

   C. ∑账户期初借方余额 = ∑账户期初贷方余额

   D. ∑账户期末借方余额 = ∑账户期末贷方余额

9. 通过账户对应关系可以（ ）。

   A. 检查经济业务处理的合理合法　　B. 了解经济业务的内容

   C. 进行试算平衡　　　　　　　　　D. 登记账簿

10. 每一笔会计分录都包括（ ）。

   A. 会计科目　　　B. 记账方向　　　C. 金额　　　D. 对应关系

四、简述题

1. 简述借贷记账法的特点。

2. 简述借贷记账法的试算平衡。

五、分析题

某企业 2017 年 7 月份发生下列经济业务。

要求：分析下列各项经济业务，说明经济业务发生后引起了哪些项目的变动，涉及哪些会计科目，并编制会计分录（不考虑增值税）。

1. 投资方 A 企业追加投资 6 000 000 元，存入开户银行。

2. 开出一张金额为 300 000 元的转账支票偿还一年期银行借款。

3. 购进不需要安装的机器设备一台，价值为 200 000 元，已转账付款。

4. 向银行借款 800 000 元，偿还前欠购货款。

5. 收回前欠的货款 234 000 元，存入开户银行。

6. 从开户银行提取现金 400 000 元，备发工资。

7. 职工张某预借差旅费 4 800 元，以现金付讫。

8. 销售产品 400 000 元，货款存入开户银行。

9. 开出一张金额为 82 000 元的转账支票支付车间水电费。

10. 开出一张金额为 200 000 元的转账支票购买甲材料，材料已验收入库。

第七章 会计核算形式

　　会计核算形式，也称账务处理程序、会计核算组织程序，它是指在会计循环中，会计主体采用的会计凭证、会计账簿、会计报表的种类和格式与记账程序有关结合的方法和步骤。会计循环是会计信息系统周而复始地对会计信息进行加工处理的过程。会计凭证组织是指会计凭证的种类、格式和各类凭证之间的相互关系；会计账簿组织是指会计账簿的种类、格式和各种账簿之间的相互关系；记账程序是指凭证的填制、账簿的登记以及经过对账（包括账实核对方法，即财产清查）、结账后的账簿信息编制财务报表的过程。

第一节 会计凭证

一、会计凭证的意义和种类

（一）会计凭证的意义

　　会计凭证，简称凭证，是会计核算中用以记录经济业务，明确经济责任，并作为记账依据的书面证明。填制和审核会计凭证，是会计工作的开始，也是对经济业务进行日常监督的重要环节。

　　任何单位每发生一项经济业务，如货币资金的收付、财产物资的购进售出、往来款项的结算等，经办人员都必须按规定的程序和要求，认真填制会计凭证，记录经济业务发生或完成的日期、内容，并在会计凭证上签章，以对会计凭证的真实性和正确性负责。一切会计凭证都必须经过有关人员的严格审核，只有经过审核无误的会计凭证才能作为记账的依据。会计凭证的填制和审核，对于完成会计工作，发挥会计在经济管理中的作用，具有十分重要的意义，概括起来，主要有以下几个方面：

　　1. 会计凭证是提供原始资料、传导经济信息的工具

　　会计信息是经济信息的重要组成部分。它一般通过数据，以凭证、账簿、报表等形式反映出来。各单位日常发生的经济业务，如资金的取得和运用、生产经营过程中活劳动和物化劳动的耗费、销售收入的实现、财务成果的形成和分配等，既有货币资金的收付，又有实物资产的购进售出。通过会计凭证的填制，可以将日常发生的大量的经济业务加以全面地记录。同时，会计凭证也是记录各项经济业务的重要会计档案，为企业日后进行经济活动分析和会计核查提供重要的依据。

　　2. 会计凭证是实行会计监督的条件

　　通过会计凭证的审核，可以监督各项经济业务的合法性，检查经济业务是否符合

国家有关法律、法规的规定，是否符合企业财务目标和财务计划；可以审查经济业务是否真实，是否存在伪造、变造等违反会计法规规定的行为；可以检查记账凭证所填列的数量、单价和金额计算是否正确；还可以监督检查是否全面完整地反映了经济业务的全貌等。

3. 会计凭证是加强经济责任的手段

各单位发生的经济业务，特别是货币资金的收付，财产物资的购进售出等经济活动，往往都是由有关部门和人员协同完成的，通过填制和审核会计凭证，不仅将经办人员联系在一起，相互监督，相互配合，也有利于划清经办单位或人员的责任。

4. 会计凭证是登记账簿的依据

任何单位，每发生一项经济业务，如现金的收付、商品的进出以及往来款项的结算等，都必须通过填制会计凭证如实记录经济业务的内容、数量和金额，然后经过审核无误，才能登记入账。如果没有合法的凭证作为依据，任何经济业务都不能登记到账簿中去。因此，做好会计凭证的填制和审核工作，是保证会计账簿资料真实性、正确性的重要条件。

（二）会计凭证的种类

会计凭证是多种多样的，按其用途和填制程序，可分为原始凭证和记账凭证两类。

1. 原始凭证

原始凭证，亦称原始单据，是在经济业务发生时，由业务经办人员直接取得或填制，用以表明某项经济业务已经发生或完成，并明确经济责任的一种凭证。原始凭证是填制记账凭证或登记会计账簿的原始依据，是重要的会计核算资料。

各单位在经济业务发生时，不但必须取得或填制原始凭证，还应将原始凭证及时送交本单位的会计机构或专职会计人员，以保证会计核算工作的顺利进行。

2. 记账凭证

记账凭证，俗称传票，是对经济业务按其性质加以归类，确定会计分录，并据以登记会计账簿的凭证。

各单位日常经营管理中发生的经济业务纷繁复杂，反映这些经济业务的原始凭证也千差万别、式样众多。由于原始凭证所记录的内容，并不直接体现会计要素的增减变动，不能完全满足会计核算的需要，因而难以直接登记账簿。为此，必须在审核无误的基础上，对原始凭证进行归类、整理，然后填制记账凭证。在记账凭证中，要为原始凭证所记载的经济业务确定会计分录，亦即确定记载该项经济业务的账户名称、记账方向和记账金额。另外，原始凭证是记账凭证的重要附件和依据，由于两种凭证之间存在着依存和制约的关系，填制记账凭证有利于防止和减少差错的发生，保证账簿记录的正确性。

二、原始凭证

（一）原始凭证的内容和类别

1. 原始凭证必须具备的内容

原始凭证种类繁多，来源广泛，形式各异。为了客观地反映经济业务的发生或完成情况，表明经济业务的性质，明确有关单位和人员的经济责任，原始凭证必须具备以下基本要素：

（1）原始凭证的名称；

（2）填制凭证的日期及编号；

（3）填制凭证单位的名称或者填制人的姓名；

（4）经办人员的签名或签章；

（5）接受凭证单位的名称；

（6）经济业务的内容摘要；

（7）经济业务的数量、单价和金额。

此外，原始凭证一般还需载明凭证的附件（如购销合同应作为销货发票的附件等）和凭证的编号。

2. 原始凭证的类别

（1）原始凭证按其来源可分为外来原始凭证和自制原始凭证。

外来原始凭证是经济业务发生或完成时从外部单位或人员处取得的原始凭证，如购进商品从供货方取得的增值税专用发票、企业付款后收款单位开具的收款收据、开户银行转来的进账单等。

自制原始凭证，是经济业务发生或完成时，由本企业业务经办人员填制的原始凭证，如销售货物后开具的增值税专用发票、收取款项后开出的收款收据、材料入库单、领料单、工资结算单、成本计算单、固定资产折旧计算表等。

（2）原始凭证按其填制方法可分为一次性原始凭证、累计原始凭证和汇总原始凭证。

一次性原始凭证，是对所发生或完成的经济业务每次或每笔只填制一份的凭证。外来原始凭证多为一次性原始凭证。

累计原始凭证，是对在一定时期内连续发生的相同经济业务，逐次逐笔累计，集中填制一份的原始凭证，如工业企业的限额领料单、费用限额卡等。

汇总原始凭证，又称原始凭证汇总表，是为了简化会计核算手续，将一定时期内若干张同类经济业务的原始凭证汇总成一份的原始凭证，如工资汇总表、发料凭证汇总表、固定资产折旧计算表等。

此外，按经济业务的内容划分，原始凭证还可分为：款项收付业务的原始凭证、出入库业务的原始凭证、成本费用原始凭证、购销业务的原始凭证、固定资产业务的原始凭证和转账业务原始凭证等。

（二）原始凭证的填制

1. 原始凭证填制的基本要求

（1）记录真实。即如实填列经济业务的内容，不弄虚作假，不涂改、刮擦和挖补。

（2）内容完整。原始凭证应该填写的项目应逐项填写齐全，不可缺漏。

（3）填制及时。每发生或完成一项经济业务，都应立即取得和填制原始凭证，做到不积压、不误时、不事后补制。

（4）书写规范。原始凭证上填写的文字字迹应当端正、易于辨认；文字工整，不草、不乱、不"造"；数字书写符合会计上的技术要求；复写的凭证不串格、不跳行、不模糊。原始凭证记载的各项内容不得涂改。原始凭证有错误的应当由出具单位重开或者更正，更正处应加盖出具单位印章。对于支票等重要的原始凭证若填写错误，一律不得在凭证上更正，应按规定的手续注销留存，另行重新填写。

（5）手续完备。原始凭证的填制手续，必须符合内部控制的要求。

2. 原始凭证填制的附加要求

（1）外来原始凭证，必须盖有填制单位的公章或个人的签名或盖章。对外开出的原始凭证，必须加盖本单位的公章。所谓"公章"，应是具有法律效力和规定用途，能够证明单位身份和性质的印鉴，如业务公章、财务专用章、发票专用章、收款专用章或结算专用章等。

（2）凡填有大写和小写金额的原始凭证，大写和小写的金额必须相符。

（3）购买材料物资等实物的原始凭证，必须附有验收证明。实物购入以后，要按照规定办理验收手续，这有利于明确经济责任，保证账实相符，防止盲目采购，避免物资短缺和流失。实物验收工作应由有关人员负责办理，会计人员通过有关的原始凭证进行监督检查。需要入库的实物，必须填写入库验收单，由仓库保管人员按照采购计划或供货合同验证后，在入库验收单上如实填写实收数额，并签名或盖章。不需要入库的实物，由经办人员在凭证上签名或盖章后，必须交由实物保管人员或使用人员进行验收，并由实物保管人员或使用人员在凭证上签名或盖章。经过购买人以外的第三者查证核实以后，会计人员才能据以报销所付款项并作进一步的会计处理。

（4）一式几联的原始凭证，必须注明各联的用途，并且只能以一联用作报销凭证。一式几联的发票和收据，必须用双面复写纸套写，或本身具备复写功能，并连续编号，作废时应加盖"作废"戳记，连同存根一起保存。

（5）发生销货退回及退还货款时，必须填制退货发票，附有退货验收证明和对方单位的收款收据，不得以退货发票代替收据。如有特殊情况，可先用银行的有关凭证，如汇款回单等，作为临时收据，待收到收款单位的收款证明后，再将其附在原付款凭证之后，作为正式原始凭证。在实际工作中，有的单位发生销货退回时，对收到的退货没有验收证明，造成退货流失，办理退款时，仅以所开出的红字发票的副本作为本单位退款的原始凭证，既不经过对方单位盖章收讫，也不附对方单位的收款收据。这种做法漏洞很大，容易发生舞弊行为，应予以纠正。

（6）职工公出借款的借据，必须附在记账凭证之后。职工因公出差借款时，应由本人按照规定填制借款单，由所在单位领导或指定的人员审核，并签名或盖章，然后办理借款。借款单是此项借款业务的原始凭证，是办理有关会计手续、进行相应会计核算的依据。在收回借款时，应当另开收据或者退还借款单的副本，不得退还原借款借据。因为借款和收款虽有联系，但也有区别，在会计核算上需要分别进行处理，如果将原借款借据退还给了借款人，就会损害会计资料的完整性，使其中一项业务的会计处理失去依据。

（7）经上级有关部门批准的经济业务，应当将批准文件作为原始凭证附件。如果批准文件需要单独归档的，应当在凭证上注明批准机关名称、日期和文件字号。

（8）发现原始凭证有错误的，应当由开出单位重开或者更正。原始凭证金额有错误的，不得更正，只能由原始凭证开具单位重新开具，并加盖单位公章；原始凭证除金额以外的错误，如商品品名、规格等错误的，应当由原始凭证开具单位更正，并在更正处加盖开出单位的公章。

3. 几种常用原始凭证的填制

（1）增值税专用发票的填制。增值税专用发票是一般纳税人于销售货物时开具的销货发票，一式四联。第一联"存根联"，是销货单位业务部门销货后留底保存的依据；第二联"记账联"，由销货方开具并交由购货方，是购货方付款记账的依据；第三联"税款抵扣联"，由销货方开具并交由购货方，作为其办理增值税抵扣业务的依据；第四联"发票联"，是销货方确认销售收入、收款记账的依据。购货单位向一般纳税人购货，应取得增值税专用发票。以第六章第三节华夏公司2016年12月份第9笔经济业务为例，增值税专用发票的格式及填制方法如表7.1所示。

表7.1　　　　　　　　×××增值税专用发票

发票联　　　　　　　　　　　　　NO：02245788

开票日期：2016年12月18日

购买方	名　称：D公司 纳税人识别号：××××010011008886 地址、电话：××市新华路154号　×××× 开户行及账号：××市支行524-155　××××						密码区	
货物或应税劳务、服务名称	规格型号	单位	数量	单价	金额	税率	税额	
#产品 #产品	300mm 200mm	件 件	3000 5000	300.00 90.00	900000.00 450000.00	17% 17%	153000.00 76500.00	
合　计					￥1350000.00		229500.00	
价税合计（大写）	⊗ 壹佰伍拾柒万玖仟伍佰元整				（小写）　￥1579500.00			
销售方	名　称：华夏公司 纳税人识别号：××××01001102118 地址、电话：××市万寿路10号 01068534221 开户行及账号：中国工商银行××市支行××××××××××557864					备注		

收款人：×××　　　复核：×××　　　开票人：×××　　　销售方：（章）

（2）普通发票的填制。普通发票是小规模纳税人销售货物开具的销货发票。填制普通发票首先要写清购货单位的全称，不能过于简略。然后按凭证格式和内容逐项填列齐全。发货票要如实填写，不能按购货人的要求填写。经办人的签章和单位的公章要齐全。以第六章第三节华夏公司2016年12月份第8笔经济业务为例，普通发票的格式及填制方法见表7.2所示。

表7.2

×××增值税普通发票

发票联　　　　　　　　　　　　　　　　　NO：××××

开票日期：2016 年 12 月 15 日

购买方	名　　　　称：华夏公司 纳税人识别号：×××× 01001102118 地址、电话：××市万寿路 10 号 01068534221 开户行及账号：中国工商银行××市支行 ××××××××557864						密码区	
货物或应税劳务、服务名称	规格型号	单位	数量	单价	金额	税率	税额	
#办公用品	30cm	批	××	××	××××		××××	
合　　计					￥××××		××××	
价税合计（大写）	⊗ 贰仟肆佰元整				（小写）￥2400.00			
销售方	名　　　　称：××××××××××× 纳税人识别号：××××××××××× 地址、电话：××××××××××× 开户行及账号：×××××××××××××××××						备注	

收款人：×××　　　　复核：×××　　　　开票人：×××　　　　销售方：　　（章）

第二联：发票联　购货方记账凭证

（3）材料入库单的填制。材料入库单是企业外购的材料物资验收入库时填制的原始凭证，一般一式三联，一联由验收人员留底，一联交由仓库保管人员据以登记明细账，一联连同发货票交财会部门办理结算。以第六章第三节华夏公司 2015 年 12 月份第 7 笔经济业务为例，材料入库单的格式及填制方法见表 7.3 所示。

表7.3

材料入库单

运票号　__自提__

发　票__56__ 册__72__ 号　　　　　　2016 年 12 月 12 日　　　　　　__4__ 号仓库收料第__2__ 号

付款单号	12-1	供货单位	B 公司	材料来源：	合同订货	市场采购	调剂	其他
材料类别	材料编号	材料名称	规格	计量单位	数量		单价	金额
					发票	实收		
原材	11	甲材料		千克	4 000	4 000	39	156 000
实际成本	原价 156 000		运杂费 4 000	附注				
	合　计		160 000					

核算［印］　　主管［印］　　保管［印］　　检验［印］　　交库［印］

（4）领料单的填制。领料单是企业各车间、部门领用原材料时填制的自制原始凭证。为了便于分类汇总，领料单一般采用"一料一单"，即一种原材料填制一张单据。领用原材料需经领料车间负责人批准后，方可填制领料单；车间负责人、收料人、仓库管理员和发料人均需在领料单上签章，无签章或签章不全的均属无效，不能作为记账的依据。以第六章第三节华夏公司 2016 年 12 月份第 4 笔经济业务为例，领料单的格式及填制方法见表 7.4 所示。

表7.4 领料单

领料单位：1 车间　　　　　　　2016 年 12 月 8 日　　　　　　　4 号仓库发料第5 号

用 途	基本生产车间用			产品批量			订单号	
材料类别	材料编号	材料名称	规格	计量单位	数量		单 价	金 额
					请领	实发		
原料	11	甲材料		千克	6 000	6 000	40	240 000
备注：#1 产品领用 4 000 千克，#2 产品领用 2 000 千克								

核算［印］　　　主管［印］　　　发料［印］　　　主管［印］　　　领料［印］

（5）发料凭证汇总表的填制。工业企业在生产过程中领发材料比较频繁，业务量大，同类凭证也较多。为了简化核算手续，需要编制发料凭证汇总表。编制时间根据业务量的大小确定，可每 5 天、10 天、15 天或 1 个月汇总编制一次。汇总时，要根据实际成本计价（或计划成本计价）的领发料凭证、领料部门以及材料用途分类进行。发料凭证汇总表的格式及填制方法参见第九章第三节表9.4 所示。

三、记账凭证

记账凭证是根据审核无误的原始凭证填制的，是登记会计账簿的依据。

（一）记账凭证的内容和类别

1. 记账凭证必须具备的内容

为了概括反映经济业务的基本情况，满足登记账簿的需要，记账凭证必须具备下列内容：

（1）填制凭证的日期；
（2）凭证的名称和编号；
（3）经济业务的内容摘要；
（4）应记会计科目（包括总账科目和明细科目）的名称、记账符号和记账金额；
（5）所附原始凭证的张数；
（6）填制人员、稽核人员、记账人员和会计主管人员的签名或印章。收款凭证和付款凭证还需有出纳人员的签名或盖章。

2. 记账凭证的类别

（1）记账凭证按其用途可分为专用记账凭证和通用记账凭证。

专用记账凭证是按经济业务的某种特定属性定向使用的记账凭证，通常包括收款凭证、付款凭证和转账凭证三种。

①收款凭证，是专门用于登记现金和银行存款收入业务的记账凭证，包括现金收款凭证和银行存款收款凭证。收款凭证根据有关现金和银行存款收入业务的原始凭证填制，是登记现金日记账和银行存款日记账以及有关明细账和总账等会计账簿的依据，也是出纳人员收讫款项的依据。

②付款凭证，是专门用于登记现金和银行存款支出业务的记账凭证，包括现金付款凭证和银行存款付款凭证。付款凭证根据有关现金和银行存款支出业务的原始凭证填制，是登记现金日记账和银行存款日记账以及有关明细账和总账等会计账簿的依据，

也是出纳人员支付款项的依据。

③转账凭证，是用来登记现金和银行存款收付业务以外的转账业务的记账凭证。转账凭证根据有关转账业务的原始凭证填制，是登记有关明细账和总账等会计账簿的依据。

通用记账凭证是集收款、付款和转账业务于一体的，为各类经济业务共同使用的记账凭证，亦称标准凭证。

（2）记账凭证按其填制方法可分为复式记账凭证、单式记账凭证和汇总记账凭证。

复式记账凭证，是将一项经济业务所涉及的有关会计科目都集中在一起填制的记账凭证。复式记账凭证能够集中反映账户之间的对应关系，便于了解有关经济业务的全貌，还可以减少凭证的数量，但不便于汇总每一会计科目的发生额和进行分工记账。

单式记账凭证，是按一项经济业务所涉及的各个会计科目分别填制的记账凭证，即一张记账凭证只填列一个会计科目。单式记账凭证便于汇总每个会计科目的发生额和进行分工记账，但填制工作量大，在一张凭证上不能反映经济业务的全貌，不便于查账和稽核。

汇总记账凭证，是将同类记账凭证定期（3天、5天、10天或15天）加以汇总后填制的记账凭证。如将收款凭证、付款凭证或转账凭证按一定的时间间隔分别汇总，分别编制汇总收款凭证、汇总付款凭证或汇总转账凭证；又如，将一定时期的各种记账凭证汇总编制的科目汇总表等。

（二）记账凭证的填制

1. 记账凭证填制的基本要求

（1）审核无误。记账凭证必须根据审核无误的原始凭证填制。这是会计内部控制制度的一个重要环节。

（2）内容完整。记账凭证的内容必须逐项填写齐全，不得缺漏。即使以自制原始凭证或者原始凭证汇总表代替记账凭证使用的，也必须具备记账凭证所应有的内容。记账凭证的日期，一般为填制凭证当天的时间。按权责发生制原则计算收益、分配费用、结转成本利润等的调整分录和结账分录的记账凭证，虽然需要到下月才能编制，仍应填写当月月末的时间，以便在当月的账内进行登记。

（3）分类正确。即根据经济业务的内容，正确区别不同类型的原始凭证，正确使用会计科目。记账凭证可以根据每一张原始凭证填制，也可以根据原始凭证汇总表填制，但不得将不同内容和类别的原始凭证汇总填制在一张记账凭证上。

（4）连续编号。记账凭证应当连续编号。这有利于分清会计事项处理的先后顺序，便于记账凭证与会计账簿之间的核对，保证账证相符。

2. 记账凭证填制的具体要求

（1）除结账和更正错误外，记账凭证必须附有原始凭证并注明所附原始凭证的张数。所附原始凭证张数的计算，一般按原始凭证的自然张数为准。与记账凭证所列经济业务内容有关的每一张证据，都应当作为原始凭证的附件。如果记账凭证还附有原始凭证汇总表，应把所附的原始凭证和原始凭证汇总表的张数一起计入附件的张数中。但报销差旅费等的零散票券，可以粘贴在一张报销单上，作为一张原始凭证。一张原始凭证如涉及几张记账凭证，可以将该原始凭证附在一张主要的记账凭证之后，在其他记账凭证上注明该主要记账凭证的编号或者附上该原始凭证的复印件。

（2）一张原始凭证所列的支出需要由两个以上的单位共同负担时，应当由保管该原始凭证的单位开给其他应负担单位原始凭证分割单。原始凭证分割单必须具备原始凭证的基本内容。

（3）记账凭证必须连续编号。记账凭证的编号方法有多种，可以按收款、付款和转账业务三类分别编号，也可以按现金收入、现金支出、银行存款收入、银行存款支出和转账业务五类进行编号。各单位应当根据本单位业务繁简程度、人员多寡和分工情况选择便于记账、查账、内部稽核、简单严密的编号方法。无论采用哪种编号方法，都应当按月从 1 号顺序连续编号至月末。如果一笔经济业务需要填制两张及两张以上的记账凭证，应当采用分数编号法。例如，某月第 5 笔转账业务需要编制 3 张记账凭证，其正确的编号方法为转字第 5 $\frac{1}{3}$ 号、转字第 5 $\frac{2}{3}$ 号、转字第 5 $\frac{3}{3}$ 号，而不能编列为转字 5－3－1 号、转字 5－3－2 号、转字 5－3－3 号。

（4）实行会计电算化的单位，其机制记账凭证应当符合记账凭证的一般要求，并认真审核，做到会计科目使用正确，数字准确无误。打印出来的机制记账凭证，要加盖制单人员、审核人员、记账人员和会计主管人员的印章或者签字，以明确责任。

（5）记账凭证填制完经济业务事项后，如有空行，应当在金额栏的最后一笔金额数字下的空行处至合计数上的空行处划线注销。

（6）正确编制会计分录应保证借贷平衡。填制记账凭证时，必须根据国家统一会计制度的规定，正确使用会计科目和编制会计分录，做到借贷方金额相等，合计数计算正确。

（7）只涉及现金和银行存款之间相互划转的经济业务，只填制付款凭证，不再填制收款凭证，以免重复记账。例如，从开户银行提取现金的业务，只填制银行存款付款凭证（不填制现金收款凭证）；将现金存入开户银行的业务，只填制现金付款凭证（不填制银行存款收款凭证）。

3. 常用记账凭证填制举例

（1）收款凭证的填制。收款凭证根据现金和银行存款收款业务填制。收到现金的业务，填制现金收款凭证；收到银行存款的业务，填制银行存款收款凭证。收款凭证的左上方为"借方科目"栏，填写"现金"或"银行存款"；右上方填写凭证的编号。若为现金收款凭证，则编号为"现收字××号"；若为银行存款收款凭证，其编号为"银收字××号"。收付款业务不多的单位，可不分"现收"和"银收"，而按收款业务发生的时间先后顺序，编号为"收字××号"。"摘要"栏填写经济业务的内容梗概；"贷方科目"栏填写与"现金"或"银行存款"相对应的总账及明细科目；"金额"栏填写实际收到的现金或银行存款数额；"记账符号"栏供记账人员根据收款凭证登记会计账簿后做记号用，表示该项金额已经过入有关账户，以免重记或漏记；"原始凭证张数"栏填写所附原始凭证的实际张数。收款凭证的格式及填制方法见本章第三节表 7.25 所示。

（2）付款凭证的填制。付款凭证根据现金和银行存款付款业务填制。付出现金的业务，填制现金付款凭证；付出银行存款的业务，填制银行存款付款凭证。付款凭证的左上方为"贷方科目"栏，填写"现金"或"银行存款"；右上方填写凭证的编号。若为现金付款凭证，则编号为"现付字××号"；若为银行存款付款凭证，其编号为"银付字××号"。收付款业务不多的单位，可不分"现付"和"银付"，而按付款业务发生的时间先后顺序，编号为"付字××号"。"摘要"栏填写经济业务的内容梗概；"借方科目"栏填写与"现金"或"银行存款"相对应的总账及明细科目；"金额"栏填写实际付出的现金或银行存款数额；"记账符号"栏供记账人员根据付款凭证登记会计账簿后做记号用，表示该项金额已经过入有关账户，以免重记或漏记；"原始凭证张数"栏填写所附原始凭证的实际张数。付款凭证的格式及填制方法见本章第三节表7.26所示。

（3）转账凭证的填制。转账凭证根据不涉及现金和银行存款收付的转账业务填制。转账业务没有固定的科目对应关系，因此在转账凭证中，要按"借方科目"和"贷方科目"分别填列有关总账和明细账科目。在单金额转账凭证中，借方科目和贷方科目金额都在同一行的"金额"栏内填列；在双金额栏转账凭证中，借方科目金额和贷方科目金额分别填写在对应金额栏内。转账凭证的格式和填制方法见本章第三节表7.28所示。

（4）通用记账凭证的填制。通用记账凭证的名称为"记账凭证"或记账凭单，它集收款、付款和转账于一体，通用于收款、付款和转账等各种业务。通用记账凭证的格式及填制方法与转账凭证完全相同，不再赘述。

（5）汇总记账凭证的填制：①汇总收款凭证的填制。汇总收款凭证根据现金或银行存款的收款凭证，按现金或银行存款的借方科目分别设置，并按与其对应的贷方科目加以归类汇总，定期（5天、10天或15天）填列一次，每月编制一张。月份终了，计算出汇总收款凭证的合计数后，分别登记现金或银行存款总账的借方，以及各个对应账户的贷方。汇总收款凭证的格式及编制方法见表7.5、表7.6所示。

表7.5　　　　　　　　　　汇总收款凭证
借方科目：库存现金　　　　　2016年12月31日　　　　　汇收第1号

贷方科目	金额				总账页数		记账凭证起讫号
	1~10日	11~20日	21~30日	合计	借方	贷方	
银行存款	360 000			360 000			银付3号
合计	360 000			360 000			

会计主管：　　记账：　　复核：　　出纳：　　制证：

表7.6　　　　　　　　　　汇总收款凭证
借方科目：银行存款　　　　　2016年12月31日　　　　　汇收第2号

贷方科目	金额				总账页数		记账凭证起讫号
	1~10日	11~20日	21~30日	合计	借方	贷方	
实收资本				5 000 000			银收1号
主营业务收入	5 000 000	1 350 000		1 350 000			银收2号
应交税费		229 500		229 500			银收2号
合计	5 000 000	1 579 500		6 579 500			

会计主管：　　记账：　　复核：　　出纳：　　制证：

②汇总付款凭证的填制。汇总付款凭证根据现金或银行存款的付款凭证，按现金或银行存款的贷方科目分别设置，并按与其对应的借方科目加以归类汇总，定期（5天、10天或15天）填列一次，每月编制一张。月份终了，计算出汇总付款凭证的合计数后，分别登记现金或银行存款总账的贷方，以及各个对应账户的借方。汇总付款凭证的格式及编制方法见表7.7、表7.8所示。

表7.7　　　　　　　　　　　　　汇总付款凭证

贷方科目：库存现金　　　　　　　2016 年 12 月 31 日　　　　　　　汇付第 1 号

借方科目	金　额				总账页数		记账凭证起讫号
	1~10 日	11~20 日	21~30 日	合计	借方	贷方	
应付工资	360 000			360 000			现付 1 号
管理费用		2 400		2 400			现付 2 号
合　计	360 000	2 400		362 400			

会计主管：　　　记账：　　　复核：　　　出纳：　　　制证：

表7.8　　　　　　　　　　　　　汇总付款凭证

贷方科目：银行存款　　　　　　　2016 年 12 月 31 日　　　　　　　汇付第 2 号

借方科目	金　额				总账页数		记账凭证起讫号
	1~10 日	11~20 日	21~30 日	合计	借方	贷方	
在途物资	160 000			160 000			银付 1 号
应交税费	26 520			26 520			银付 1 号
应付账款	1 420 000			1 420 000			银付 2 号
现金	360 000			360 000			银付 3 号
应交税费		600 000		600 000			银付 4 号
合　计	1 966 520	600 000		2 566 520			

会计主管：　　　记账：　　　复核：　　　出纳：　　　制证：

③汇总转账凭证的填制。汇总转账凭证根据转账凭证，按每个科目的贷方分别设置，并按与其对应的借方科目归类汇总，定期（5天、10天或15天）填列一次，每月编制一张。月份终了，计算出汇总转账凭证的合计数后，分别登记各有关总账的贷方或借方。汇总转账凭证的格式及编制方法见表7.9、表7.10所示。

表7.9　　　　　　　　　　　　　汇总转账凭证

贷方科目：累计折旧　　　　　　　2016 年 12 月 31 日　　　　　　　汇转第 1 号

借方科目	金　额				总账页数		记账凭证起讫号
	1~10 日	11~20 日	21~30 日	合计	借方	贷方	
制造费用			50 000	50 000			转字 3 号
管理费用			26 000	26 000			转字 3 号
合　计			76 000	76 000			

会计主管：　　　借方记账：　　　贷方记账：　　　复核：　　　制证：

表7.10　　　　　　　　　　　　　　汇总转账凭证

贷方科目：应付职工薪酬　　　　　　　2016年12月31日　　　　　　　　　汇转第2号

借方科目	金额 1~10日	11~20日	21~30日	合计	总账页数 借方	贷方	记账凭证起讫号
生产成本			220 000	220 000			转字4号
制造费用			40 000	40 000			转字4号
管理费用			100 000	100 000			转字4号
合　计			360 000	360 000			

会计主管：　　　借方记账：　　　贷方记账：　　　复核：　　　制证：

（6）科目汇总表的填制。科目汇总表又称为记账凭证汇总表，其编制方法如下：

①填写科目汇总表的日期、编号和会计科目名称。科目汇总表的编号一般按年顺序编列，会计科目名称的排列应与总账科目的序号保持一致。

②将需要汇总的记账凭证，按照相同的会计科目名称进行归类。

③将相同会计科目的本期借方发生额和贷方发生额分别加总，求出合计金额。

④将每一会计科目的合计金额填入科目汇总表的相关栏目。

⑤结计科目汇总表的本期借方发生额和本期贷方发生额合计，双方合计数应相等。科目汇总表的格式及编制方法见表7.11所示。

表7.11　　　　　　　　　　　　　　科目汇总表

2016年12月31日　　　　　　　　　　　科汇第12号

千	百	十	万	千	百	十	元	角	分	会计科目	千	百	十	万	千	百	十	元	角	分
	¥	3	6	0	0	0	0	0	0	库存现金		¥	3	6	2	4	0	0	0	0
¥	6	5	7	9	5	0	0	0	0	银行存款		¥	2	5	6	6	5	2	0	0
		¥	1	6	0	0	0	0	0	原材料			¥	2	4	0	0	0	0	0
		¥	1	6	0	0	0	0	0	在途物资			¥	1	6	0	0	0	0	0
			¥	8	0	0	0	0	0	库存商品			¥	1	0	2	0	0	0	0
			¥	5	0	0	0	0	0	生产成本			¥	8	4	0	0	0	0	0
										累计折旧			¥	7	6	0	0	0	0	0
¥	1	4	2	0	0	0	0	0	0	应付账款										
	¥	6	2	6	5	2	0	0	0	应交税费		¥	2	2	9	5	0	0	0	0
	¥	3	6	0	0	0	0	0	0	应付职工薪酬		¥	3	6	0	0	0	0	0	0
										实收资本	¥	5	0	0	0	0	0	0	0	0
										盈余公积		¥	2	0	1	6	0	0	0	0
¥	1	3	5	0	0	0	0	0	0	本年利润	¥	1	3	5	0	0	0	0	0	0
	¥	2	0	1	6	0	0	0	0	利润分配		¥	2	0	1	6	0	0	0	0
¥	1	3	5	0	0	0	0	0	0	主营业务收入	¥	1	3	5	0	0	0	0	0	0
			¥	9	0	0	0	0	0	制造费用				¥	9	0	0	0	0	0
	¥	1	2	8	4	0	0	0	0	管理费用		¥	1	2	8	4	0	0	0	0
		¥	1	0	2	0	0	0	0	主营业务成本			¥	1	0	2	0	0	0	0
1	5	0	1	4	5	8	0	0	0	合　计	1	5	0	1	4	5	8	0	0	0

会计主管：　　　记账：　　　制表：

四、会计凭证的书写和保管

会计凭证是重要的会计核算资料。会计凭证的书写和保管情况，对会计核算的质量和会计核算工作的连续性和可溯性有着直接的影响。

（一）会计凭证的书写

会计凭证在书写时必须符合会计技术规范，字迹必须清晰、工整。

1. 阿拉伯数字的书写要求

填制会计凭证时，阿拉伯数字应当一个一个地写，不得连笔写。在连着写几个"0"时，一定要单个地写，不能将几个"0"连在一起写。数字的排列要整齐，数字之间的空隙应均匀，不宜过大。另外，在书写阿拉伯数字时应有一定斜度。倾斜的角度大小应以笔顺书写方便、好看易记为准，不宜过大也不宜过小，一般可掌握在60度左右，即数字的中心斜线与底平线为60度的夹角。同时，阿拉伯数字的书写还应有高度标准，一般要求数字的高度占记账凭证横格高度的1/2为宜。书写时还要注意紧靠横格底线，使上方能留出一定空位，以便需要进行更正时可以再次书写。

2. 货币符号的书写要求

填制会计凭证时，阿拉伯金额数字前面应当书写货币币种符号或货币名称简称和币种符号。币种符号与阿拉伯金额数字之间不得留有空白。凡阿拉伯数字前写有币种符号的，数字后面不再写货币单位。所有以"元"为单位的阿拉伯数字，除表示单价等情况外，一律写到角分；无角分的，角位和分位可以写"00"，或者符号"－"；有角无分的，分位应当写"0"，不得用符号"－"代替。

3. 汉字大写数字及货币名称的书写要求

填制记账凭证时，汉字大写数字金额如零、壹、贰、叁、肆、伍、陆、柒、捌、玖、拾、佰、仟、万、亿等，一律用正楷或者行书体书写，不得用〇、一、二、三、四、五、六、七、八、九、十等简化字代替，不得任意自造简化字。

在填写会计凭证时，大写金额数字到"元"或"角"为止的，在"元"或"角"字之后应当写"整"字或"正"字；大写金额数字有"分"的，"分"字后面不写"整"或"正"字。阿拉伯数字中间有"0"时，汉字大写金额要写"零"字；阿拉伯数字金额中间连续有几个"0"时，汉字大写金额数字可以只写一个"零"字；阿拉伯金额数字"元"位是"0"，或者数字中间连续有几个"0""元"位也是"0"，但"角"位不是"0"时，汉字大写金额可以只写一个"零"字，也可以不写"零"字。

另外，填制会计凭证时，如果大写金额数字前未印有货币名称的，应当加填货币名称，货币名称与金额数字之间不得留有空白。在发货票等需要填写大写金额数字的原始凭证上，如果有关货币名称事先未能印好，在填写大写数字金额时，应加填有关的货币名称，然后在其后紧接着填写大写数字金额，如人民币274 651元，应当写成"人民币贰拾柒万肆仟陆佰伍拾壹元整"，不能分开写成"人民币　贰拾柒万肆仟陆佰伍拾壹元整"。

例如，人民币25 420元，大写金额数字应写为"人民币贰万伍仟肆佰贰拾元整（正）"；又如，人民币124.50元，大写金额数字应写为"人民币壹佰贰拾肆元伍角整

（正）"；再如，人民币 789 006.10 元，大写数字金额应写为"人民币柒拾捌万玖仟零陆元壹角整（正）"。

（二）会计凭证的传递和保管

1. 会计凭证的传递

会计凭证的传递是会计核算得以正常、有效进行的前提，科学合理的传递程序应能保证会计凭证在传递过程中安全、及时、准确和完整。在确定会计传递程序时，应当结合本单位的具体情况，如单位内部会计机构的设置、人员的分工、核算工作量的大小等。

会计凭证应当及时传递，不得积压。及时是会计凭证传递中的要旨之一。及时传递不仅对及时进行会计核算是必要的，而且对会计凭证获得必要的保管也是十分关键的。传递不及时，会计凭证发生散乱丢失的可能性就会加大。

2. 会计凭证的保管

会计凭证登记完毕后，应当按照分类和编号顺序保管，不得散乱丢失。分类和编号是保管会计凭证的重要方法和手段，也是方便检索的有效措施。

记账凭证应当连同所附的原始凭证或原始凭证汇总表，按照编号顺序折叠整齐，按期装订成册并加具封面，并注明单位名称、年度、月份和起讫日期、凭证种类、起讫号码，由装订人员在装订线封签处签章。对于数量过多的原始凭证，可以单独装订保管，并在封面上注明记账凭证的日期、编号、种类，同时在记账凭证上注明"附件另订"和原始凭证的名称及编号。各种经济合同、存出保证金收据以及涉外文件等重要原始凭证，应当另编目录，单独登记保管，并在有关的记账凭证和原始凭证上相互注明日期和编号。

会计凭证保管中，尤其值得注意的是，原始凭证一律不得外借。其他单位如因特殊原因（如涉嫌经济违法或犯罪、厂长经理离任审计等）需要使用原始凭证时，经本单位会计机构负责人（或会计主管人员）批准，可以复制。向外单位提供的原始凭证复印件，应当在专设的登记簿上登记，并由提供人员和收取人员共同签章。

第二节　会计账簿

在会计核算工作中，对每一项经济业务或事项，都必须取得和填制会计凭证。由于会计凭证数量多，又很分散，只能零散地反映个别经济业务的内容，不能连续、系统、全面、完整地反映和监督一个经济单位在一定时期内全部经济业务的增减变动情况。为了给经济管理提供系统的核算资料，就需要运用登记会计账簿的方法，把分散在会计凭证上的大量的核算资料，加以集中和归类整理，登记到账簿中去。

一、会计账簿的意义和种类

会计账簿由具有一定格式的账页组成，是以会计凭证为依据，全面、系统、连续地记录一个单位的经济业务，对大量分散的数据或资料进行分类归集整理，逐步加工成有用会计信息的工具。

设置和登记会计账簿，是对经济信息进行加工整理的一种专门方法。在形式上，会计账簿只是若干账页的组合，在实质上，会计账簿是会计信息形成的重要环节，是编制财务会计报告的重要依据。

(一) 会计账簿按用途的分类

会计账簿按其用途可分为序时账簿、分类账簿和备查账簿三类。

1. 序时账簿

序时账簿，亦称日记账，是按照经济业务发生的时间先后顺序，逐日逐笔登记经济业务的会计账簿。为了反映企业现金、银行存款的增减变化情况，加强货币资金的管理和监督，企业必须设置现金日记账和银行存款日记账两种特种日记账。此外，企业还可根据需要设置普通日记账，如进货日记账、销货日记账等。

2. 分类账簿

分类账簿是指对全部经济业务按照总分类账户和明细分类账户进行分类登记的会计账簿。分类账簿包括总分类账簿和明细分类账簿两种。总分类账簿是根据总分类会计科目分类登记的会计账簿，它是用来核算经济业务的总括内容的。明细分类账簿是根据总分类会计科目所属的明细分类会计科目分类登记的会计账簿，它用来提供更加详细具体的会计核算资料。

3. 备查账簿

备查账簿，亦称辅助账簿，是对某些序时账簿和分类账簿中未能记载或记载不全的经济业务进行补充登记的会计账簿。这种账簿可以对某些经济业务的内容提供必要的参考资料，如经营租赁固定资产登记簿、代管物资登记簿等。

(二) 会计账簿按外表形式的分类

会计账簿按其外表形式可分为订本式账簿、活页式账簿和卡片式账簿。

1. 订本式账簿

订本式账簿是指把许多账页装订成册的会计账簿。这种会计账簿，账页固定，可防止账页的散乱丢失和被蓄意抽换，保持会计资料的完整性。但是由于账页固定，使用起来不够灵活，在同一时间内只能由一个人登记会计账簿，不便于分工记账。

企业的现金日记账和银行存款日记账必须采用订本式账簿，不能用其他任何形式予以代替。为了保证总账资料的安全和完整，总分类账簿通常宜采用订本式账簿。对于经济业务较少、规模较小的单位，若用科目汇总表代替总账使用，可以是活页式，但年度终了时必须装订成册。

2. 活页式账簿

活页式账簿，是指账页不固定，以活页形式存在的会计账簿。这种会计账簿，账页数可以根据需要确定，使用灵活方便；可由几个人同时登记账簿，便于分工记账。会计账簿的空白账页，在使用时需连续编号，并装置在账夹中，并由有关人员签章，以防散失。使用完毕，不再登记时，将其装订成册，以便保管。通常，明细分类账簿采用活页式账簿，如材料活页，就是材料明细账。

3. 卡片式账簿

卡片式账簿，是指印有记账格式的卡片，用以登记经济业务的会计账簿。卡片不固定在一起，数量可根据经济业务多少而增减变化。这种会计账簿的优缺点与活页式账簿基本相同。这种账簿使用完毕，不再登记时，应将卡片穿孔固定保管。通常，明细分类账簿可采用卡片式账簿，如固定资产卡片，就是固定资产明细账。

二、日记账的设置与登记

日记账是一种特殊的明细账。为了加强现金和银行存款的管理和核算，各单位通常都应当设置现金日记账和银行存款日记账，以便逐日核算和监督现金与银行存款的收入、付出和结存情况。

（一）现金日记账的设置和登记

现金日记账，是由出纳人员根据现金收、付款凭证及银行存款付款凭证（记录从开户银行提取现金的业务），按照经济业务发生的时间先后顺序，逐日逐笔进行登记的会计账簿。现金日记账的账页一般采用收、支、余三栏式。以第六章第三节华夏公司2016 年12 月份的经济业务为例，现金日记账的格式及其登记方法见表7.12 所示：

表 7.12　　　　　　　　　　现 金 日 记 账 （三栏式）

第　　页

2016 年		凭 证 号 数	摘　要	对方账户	收入	支出	结余
月	日						
12	01		期初余额				28 000
12	10	银付3 号	提取现金，备发工资	银行存款	360 000		388 000
12	10	现付1 号	发放职工工资	应付职工薪酬		360 000	28 000
12	10		本日合计		360 000	360 000	28 000
12	15	现付2 号	购买行政用办公用品	管理费用		2 400	25 600
…	…	…	…	…	…	…	…
12	31		本月合计		360 000	362 400	25 600

现金日记账的登记方法如下：

（1）"日期栏"填列记账凭证的日期，应与现金实际收付日期一致；

（2）"凭证号数栏"填列登记入账的收、付款凭证的种类和编号；

（3）"摘要栏"填列入账的经济业务的内容，文字要简练，但要能说明问题；

（4）"对方科目栏"填列现金收入的来源科目或支出的用途科目，其作用在于了解经济业务的来龙去脉；

（5）"收入栏""支出栏"填列现金实际收付的金额。

每日终了,应分别计算现金收入和支出的合计数,结出余额,同时将余额与库存现金核对,即通常所说的"日清";月终同样要计算现金收、付和结存的合计数,通常称为"月结"。

如果收、付款业务数量不多，为了简化记账手续，同时也为了通过现金日记账汇总登记总账，也可以采用多栏式（见表7.13所示），即在收入和付出两栏中分别按照对方科目设置若干专栏，也就是在收入栏按贷方科目设专栏，在付出栏按借方科目设专栏。采用多栏式现金日记账后，如果会计科目较多，造成篇幅过大，还可以分设现金收入日记账和现金支出日记账。

表7.13　　　　　　　　　　　　现 金 日 记 账（多栏式）

第　页

2016年		凭证号数	摘 要	借方科目				贷方科目			余额
月	日			应付职工薪酬	管理费用	…	支出合计	银行存款	…	收入合计	
12	01		期初余额								28 000
12	10	银付3号	提取现金备发工资					360 000		360 000	388 000
12	10	现付1号	发放职工工资	360 000							28 000
12	15	现付2号	购买行政办公用品		2 400		362 400				25 600
…	…	…	…	…	…	…	…	…	…	…	…
12	31		本月合计	360 000	2 400		362 400	360 000		360 000	25 600

（二）银行存款日记账的设置和登记

银行存款日记账，是由出纳人员根据银行存款收、付款凭证及现金付款凭证（记录将现金存入开户银行的业务），按照经济业务发生的时间先后顺序，逐日逐笔进行登记的会计账簿。银行存款日记账的账页一般采用收、支、余三栏式。以第六章第三节华夏公司2016年12月份的经济业务为例，银行存款日记账的格式及其登记方法见表7.14所示：

表7.14　　　　　　　　　　　　银行存款日记账（三栏式）

第　页

2016年		凭证号数	摘 要	结算凭证		对方账户	收入	支出	结余
月	日			种类	号				
12	01		期初余额						3 200 000
12	01	银收1	接受投资	转账支票	254	实收资本	5 000 000		8 200 000
12	05	银付1	购买甲材料	转账支票	101	在途物资		160 000	8 040 000
				转账支票	101	应交税费		26 520	8 013 480
12	06	银付2	偿还前欠款	转账支票	102	应付账款		1 420 000	6 593 480
12	10	银付3	提现备用	现金支票	151	库存现金		360 000	6 233 480
12	18	银收2	销货收款	转账支票	372	主营业务收入	1 350 000		7 583 480
				转账支票	372	应交税费	229 500		7 812 980
12	20	银付4	上缴税金	转账支票	103	应交税费		600 000	7 212 980
12	31		本月合计				6 579 500	2 566 520	7 212 980

　　银行存款日记账的登记方法与现金日记账基本相同，其中多一栏"结算凭证"，此栏填列用于结算的现金支票或转账支票的种类及号数。

　　如果收、付款业务数量不多，为了简化记账手续，同时也为了通过银行存款日记账汇总登记总账，也可以采用多栏式，即在收入和付出两栏中分别按照对方科目设置若干专栏，也就是在收入栏按贷方科目设专栏，在付出栏按借方科目设专栏。采用多栏式银行存款日记账后，如果会计科目较多，造成篇幅过大，还可以分设银行存款收入日记账（见表7.15所示）和银行存款支出日记账（见表7.16所示）。

表7.15　　　　　　　　　　　银行存款收入日记账（多栏式）

第　　页

2016年		凭证号数	摘要	结算凭证		贷方科目						支出合计	余额
月	日			种类	号数	库存现金	实收资本	主营业务收入	应交税费	…	收入合计		
12	01		期初余额										3 200 000
12	01	银收1号	接受投资	转账支票	254		5 000 000				5 000 000		
12	18	银收2号	销货收款	转账支票	372			1 350 000			6 350 000		
12	18	银收2号	销项税额	转账支票	372				229 500		6 579 500		
…	…	…	…	…	…	…	…	…	…	…	…	…	…
12	31		本月合计				5 000 000	1 350 000	229 500		6 579 500	2 566 520	7 212 980

注：表中"支出合计"栏根据银行存款支出日记账的"支出合计"栏的数字填列

表7.16　　　　　　　　　　　银行存款支出日记账（多栏式）

第　　页

2016年		凭证号数	摘要	结算凭证		借方科目						收入合计	余额
月	日			种类	号数	应付账款	原材料	在途物资	应交税费	库存现金	支出合计		
12	31		期初余额										5 000 000
12	05	银付1号	购买材料	转账支票	101			160 000			160 000		
12	05	银付1号	进项税额	转账支票	102				26 520		186 520		
12	06	银付2号	偿还欠款	转账支票	102	1 420 000					1 606 520		
12	10	现付2号	提现备用	现金支票	151					360 000	1 966 520		
12	20	银付4号	上缴税金	转账支票	103				600 000		2 566 520		
…	…	…	…	…	…	…	…	…	…	…	…	…	…
12	31		本月合计			1 420 000	160 000	626 520	360 000	2 566 520	6 579 500	7 212 980

注：表中"收入合计"栏根据银行存款收入日记账的"收入合计"栏的数字填列

三、分类账的设置和登记

（一）总账的设置和登记

　　总账是按照总分类会计科目分类登记全部经济业务的会计账簿。在总账中，应按照会计科目的编码顺序分别开设账户。由于总账一般采用订本式账簿，所以事先应为每个账户预留若干账页。由于总账能够全面、总括地反映经济活动情况，并为编制财务会计报告提供资料，因而任何单位都要设置总账。

总账的格式因采用的记账方法和会计核算形式不同而异，一般有三栏式和多栏式等不同格式。

1. 三栏式总账的设置

三栏式总账设置借方、贷方、余额三个栏次。总分类账通常采用三栏式。

其格式及填列方法详见表本章第三节表 7.44 所示。

2. 多栏式总账的设置

多栏式总账，是一种把序时账簿和总分类账簿结合在一起的联合账簿，通常又称为日记总账。它具有序时账簿和总分类账簿的双重作用。采用这种账簿可以减少记账的工作量，提高工作效率，并能全面地反映资金运动的情况，便于分析经济活动情况。它一般适用于经济业务较少的经济单位。其格式和内容见表 7.17 所示。

表 7.17　　　　　　　　**总 分 类 账（多栏式）**

第　　页

年		凭证号数	摘要	库存现金		银行存款		应收账款		原材料		……科目	
月	日			借	贷	借	贷	借	贷	借	贷	借	贷
…	…	…	…	…	…	…	…	…	…	…	…	…	…

在有的多栏式日记总账中，每一会计科目没有分设"借方""贷方"两栏。在这种格式的多栏式日记总账中，增加数用蓝字登记，减少数用红字登记。

3. 总账的登记

总账可以直接根据各种记账凭证逐笔登记，也可以将一定时期的记账凭证先汇总编制汇总记账凭证或者科目汇总表，然后再根据汇总记账凭证或者科目汇总表登记总账。总账的登记方法，取决于企业选用的会计核算形式（详见本章第三节"会计核算形式"）。

企业每月应将当月已发生并完成的经济业务或事项全部登记入账，并于月份终了结出总账中各个账户的本期发生额和期末余额，与明细账核对相符后，作为编制财务会计报告的主要依据。

（二）明细账的设置和登记

明细账是用来分类登记经济业务的会计账簿，用以提供更加详细的会计核算资料，是对总账的进一步补充。各个经济单位在设置总账的基础上，还应按照总分类会计科目设置所属的若干必要的明细账。这样企业既能根据总账了解某一总账科目的总括情况，又能根据明细账进一步了解该科目的具体和详细情况。根据经济管理的需要，除了累计折旧、坏账准备等资产备抵及减值科目，以及没有外币现金和外币银行存款企业的库存现金和银行存款等账户外，应为各种材料物资、应收应付款、成本费用、收入、利润等总账账户设置明细账，进行明细分类核算。

　　根据经济管理的需要和各种明细分类账记录的内容不同，明细账分别采用三栏式、数量金额式和多栏式等三种格式。

1. 三栏式明细账的设置和登记

　　三栏式明细账格式及内容与三栏式总账相同，账页中设借方、贷方和余额三个栏次，不设数量栏。这种格式适用于只需进行金额核算，而不要求进行数量核算的往来账项的明细分类核算，如应收账款，应付账款，长、短期借款，实收资本等。三栏式明细账是由会计人员根据审核无误的记账凭证或原始凭证，按照经济业务发生的时间先后顺序逐日逐笔进行登记。以第六章第三节华夏公司 2016 年 12 月份的经济业务为例，三栏式明细分类账的账页格式及其登记方法见表 7.18 所示：

表 7.18　　　　　　　　　　　　　明细分类账（三栏式）

应付账款明细账

户名：C 公司　　　　　　　　　　　　　　　　　　　　　　　　　　　　第　　页

2016 年		凭证号数	摘　要	借方	贷方	借/贷	余额
月	日						
12	01		期初余额			贷	1 420 000
12	06	银付 2 号	偿还前欠货款	1 420 000		平	0
…	…	…	…	…	…	…	…

2. 数量金额式明细账的设置和登记

　　数量金额式明细账账页设有收入（借方）、支出（贷方）和结存（余额）三个栏次，并在这三栏下面分别设置数量栏、单价栏和金额栏。这种格式适用于既需进行金额核算，又需进行数量核算的各种财产物资的明细分类核算，如原材料、库存商品等。数量金额式明细账是由会计人员根据审核无误的记账凭证或原始凭证，按照经济业务发生的时间先后顺序逐日逐笔进行登记。以第六章第三节华夏公司 2016 年 12 月份的经济业务为例，数量金额式明细账的账页格式及其登记方法见表 7.19 所示：

表 7.19　　　　　　　　　　　　明细分类账（数量金额式）

库存商品明细账

类别	产成品
品名	#1 产品
编号	101

计量单位	件
存放地点	1 号库
储备定额	5 000

第　　页

2016 年		凭证号数	摘要	收入			发出			结存		
月	日			数量	单价	金额	数量	单价	金额	数量	单价	金额
12	01		期初余额							5 000	240	1 200 000
12	31	转字 6 号	结转完工入库产品	260	240	62 400				5 260	240	1 262 400
12	31	转字 7 号	结转已销产品成本				3 000	240	720 000	2 260	240	542 400

3. 多栏式明细账的设置和登记

多栏式明细账是根据经济业务的特点和经济管理的需要，在一张账页内按有关明细科目或者明细项目分设若干专栏，用以在同一张账页上集中反映各有关明细科目或明细项目的核算资料。按明细账登记的经济业务不同，多栏式明细账又分为借方多栏式、贷方多栏式和借贷多栏式三种格式。

（1）借方多栏式明细账的设置和登记。借方多栏式明细账的账页格式适用于借方需要设多个明细科目或明细项目的成本费用类科目的明细分类核算，如"材料采购""生产成本""制造费用""销售费用""管理费用""财务费用""营业外支出"等。借方多栏式明细账的格式及其登记方法参见表7.23。

（2）贷方多栏式明细账的设置和登记。贷方多栏式明细账的账页格式适用于贷方需要设多个明细科目或明细项目的收入收益类科目的明细分类核算，如"主营业务收入""营业外收入""其他业务收入"等。以第六章第三节华夏公司2016年12月份的经济业务为例，贷方多栏式明细账的账页格式及其登记方法见表7.20所示：

表7.20 　　　　　　　　　　 明细分类账（贷方多栏式）

主营业务收入明细账

第　　页

2016年		凭证号数	摘　要	借　方	贷　方				余　额
月	日				产品销售收入	工业性劳务收入	…	合　计	
12	18	银收2号	实现产品销售收入		1 350 000			1 350 000	1 350 000
…	…	…	…	…	…	…		…	…
12	31	转字8号	结转入"本年利润"	1 350 000					0
12	31		本月合计	1 350 000	1 350 000				0
12	31		本年累计						

（3）借贷多栏式明细账的设置和登记。借贷多栏式明细账的账页格式适用于借贷双方都需要设多个明细科目或明细项目的明细分类核算，最典型的是"本年利润"账户。以第六章第三节华夏公司2016年12月份的经济业务为例，借贷多栏式明细账的账页格式及其登记方法见表7.21所示：

表 7.21   明细分类账（借贷多栏式）

本年利润明细账   第　页

| 2016 年 | | 凭证号数 | 摘　要 | 借　方　项　目 | | | | | 贷　方　项　目 | | | 借/贷 | 余　额 |
月	日			主营业务成本	管理费用	财务费用	利润分配	合计	主营业务收入	其他业务收入	合计		
12	31	转字8号	结转主营业务收入						1 350 000		1 350 000	贷	1 350 000
12	31	转字9号	结转主营业务成本	1 020 000				1 020 000					
12	31	转字9号	结转管理费用		128 400			1 148 400					
12	31	转字10号	结转入"利润分配"				201 600	1 350 000					
…	…	…	…	…	…	…	…	…	…	…	…	…	…
12	31		本期合计	1 020 000	128 400		201 600	1 350 000	1 350 000		1 350 000	平	0

（三）总账和明细账的平行登记

1. 总分类账户与明细分类账户的关系

账户按照对经济业务反映的详细程度，可以划分为总分类账户和明细分类账户。

总分类账户，简称总账，它是按总分类会计科目设置的，用以提供总括分类的会计核算资料的账户。总账只需进行价值核算，也就是说，只需提供有关总账科目的金额指标。明细分类账户，简称明细账，是根据总分类会计科目所属有关明细科目设置的，用以提供更加详细具体的会计核算资料的账户。明细账除了要进行金额核算外，有些账户还应进行数量核算。总账反映所属明细账的总括资料，它对明细账起着统驭作用，而明细账对总账起着补充说明的作用。

2. 总账和明细账平行登记的要点

为了保证核算资料的完整性和正确性，便于对账户记录进行核对，总账与明细账必须采用平行登记的方法。所谓平行登记，就是对同一项经济业务或事项，既要在总账中进行登记，同时也要在其所属的明细账中进行登记。

总账和明细账平行登记的要点和方法包括：

（1）登记的依据相同。对于每一项经济业务或事项，既要记入有关的总账，又要同时记入所属的一个或几个明细账，即总账和明细账登记的依据都是有关的记账凭证及其所附的原始凭证或原始凭证汇总表。

（2）登记的期间相同。对于每一项经济业务或事项，应当记入有关总账和所属一个或几个明细账的同一会计期间。

（3）登记的方向一致。即记入总账的方向应与记入所属明细账的方向一致。如果记入总账的借方（或贷方），应同时记入所属明细账的借方（或贷方）。

（4）登记的金额相等。即记入总账的金额必须与记入所属明细账的金额相等或合计金额相等。

【例7.1】以第六章第三节华夏公司2016年12月份的经济业务为例，登记"生产成本"总账（见表7.22）和所属的#1产品和#2产品明细账（见表7.23、表7.24）。

表7.22 　　　　　　　　　　　总 分 类 账

账户名称：生产成本　　　　　　　　　　　　　　　　　　　　　　　　第　页

2016年		凭证号数	摘要	借方	贷方	借/贷	余额
月	日						
12	01		期初余额			借	860 000
12	08	转字1号	生产领用甲材料	240 000		借	1 100 000
12	31	转字4号	分配工资费用	220 000		借	1 320 000
12	31	转字5号	分配结转制造费用	90 000		借	1 410 000
12	31	转字6号	完工产品入库		840 000	借	570 000
…	…	…	…	…	…	…	…
12	31		本月合计			借	570 000
12	31		本年累计	（　）	（　）	借	570 000

表7.23 　　　　　　　　明细分类账（借方多栏式）

生产成本明细账

品名：#1产品　　　　　　　　　　　　　　　　　　　　　　　　　　第　页

2016年		凭证号数	摘要	借方			贷方	借/贷	余额
月	日			直接材料	直接人工	制造费用			
12	01		期初余额					借	620 000
12	08	转字1号	生产领用甲材料	160 000				借	780 000
12	31	转字4号	分配工资费用		180 000			借	960 000
12	31	转字5号	分配结转制造费用			73 636.36		借	1 033 636.36
12	31	转字6号	完工产品入库				624 000	借	409 636.36
…	…	…	…	…	…	…	…	…	…
12	31		本月合计	160 000	180 000	73 636.36	624 000	借	409 636.36
12	31		本年累计						

表 7.24

明细分类账（借方多栏式）
生产成本明细账

品名：#2 产品   第   页

2016 年		凭证号数	摘　要	借　方			贷方	借/贷	余　额
月	日			直接材料	直接人工	制造费用			
12	01		期初余额					借	240 000
12	08	转字 1 号	生产领用甲材料	80 000				借	320 000
12	31	转字 4 号	分配工资费用		40 000			借	360 000
12	31	转字 5 号	分配结转制造费用			16 363.64		借	376 363.64
12	31	转字 6 号	完工产品入库				216 000	借	160 363.64
…	…	…	…	…	…	…	…	…	…
12	31		本月合计	80 000	40 000	16 363.64	216 000	借	160 363.64
12	31		本年累计						

四、对账和结账

（一）对账

对账是指在会计核算过程中，为了保证会计账簿记录质量而对其进行的核对工作。对账的内容通常包括账证核对、账账核对、账实核对和账表核对四项内容。

1. 账证核对

账证核对是指会计账簿记录与会计凭证有关内容应核对相符，即核对会计账簿记录与原始凭证、记账凭证的时间、凭证字号、内容摘要、金额等是否相符，记账方向是否一致。这种核对是在编制记账凭证和记账的日常工作中进行的。账证核对相符是保证账账、账实、账表相符的基础。

2. 账账核对

账账核对是指各种会计账簿相互之间的有关数字核对相符。具体内容包括：

（1）总分类账户的本期借方发生额合计数与贷方发生额合计数、期末借方余额合计数与贷方余额合计数应分别核对相等。

（2）总分类账户的本期发生额合计数和期末余额与所属明细分类账户相应数字核对相符。

（3）现金日记账、银行存款日记账的本期发生额和期末余额与现金、银行存款总账的相应数字核对相符。

（4）会计部门的各种财产物资明细账的期末余额应与财产物资保管和使用部门明细账的期末结存数核对相符。

3. 账实核对

账实核对就是会计账簿记录与实物、款项和有价证券等财产物资的实有数应核对相符。具体内容包括：

（1）现金日记账的余额应与库存现金数额核对相符。

（2）银行存款日记账的收、付款记录及余额应与开户银行定期送来的银行对账单的记录及余额核对相符。

（3）各种应收、应付款项明细账的余额应与有关债权、债务单位或个人核对相符。

（4）财产物资明细账的结存数量应定期与库存实物资产核对相符。

4. 账表核对

账表核对是指会计账簿记录应与会计报表有关内容核对相符。这是因为会计报表是根据账簿资料编制的，只有两者核对相符，才能保证会计报表的正确性。

账实核对的目的是为了确保财产物资的账面余额与其实际结存数相符，如果账实不符，则需要查明原因，及时做出调整。账实核对常用的方法是财产清查，财产清查的内容详见本章第4节。

（二）结账

结账是在把一定时期内发生的全部经济业务登记入账的基础上，计算并记录本期发生额和期末余额的会计程序。结账程序及方法如下：

（1）结账前，必须将本期内所发生的各项经济业务全部登记入账，包括按权责发生制进行的账项调整。账项调整事项主要包括：

①摊销已收到的款项，确认应归属本会计期间的收入；

②反映本会计期间已经实现，但尚未收到款项的收入；

③摊销已支付的款项，确认应归属本会计期间的费用；

④反映本会计期间已经发生，但尚未支付的费用。

（2）结账时，应当结出每个账户的期末余额。需要结出当月发生额的，应当在摘要栏内注明"本月合计"字样，并在下面划通栏单红线。需要结出本年累计发生额的，应当在摘要栏内注明"本年累计"字样，并在下面划通栏单红线；12月末的"本年累计"就是全年累计发生额。全年累计发生额下应当划通栏双红线。年度终了结账时，所有账户都应当结出全年发生额和年末余额。

①对不需要按月结计本期发生额的账户，如各项应收账款明细账和各项财产物资明细账等，每次记账以后，都要随时结出余额，每月最后一笔余额即为月末余额。也就是说，月末余额就是本月最后一笔经济业务记录的同一行内的余额。月末结账时，只需要在最后一笔经济业务记录之下划一条通栏单红线即可，不需要再结计一次余额。参见第七章第二节表7.18、表7.19。

②现金、银行存款日记账和需要按月结计发生额的收入、费用明细账，每月结账时，要在最后一笔经济业务记录下面划一通栏单红线，结出本月发生额和余额，在摘要栏内注明"本月合计"字样，再在下面划一通栏单红线。参见第七章第二节表7.12～表7.16、表7.20、表7.23、表7.24。

③需要结计本年累计发生额的某些明细账户，如主营业务收入、成本费用明细账等，每月结账时，应在"本月合计"行下结计从年初至本月末止的累计发生额，登记在月份发生额下面，在摘要栏内注明"本年累计"字样，并再在下面划一通栏单红线。

12 月末的"本年累计"就是全年累计发生额，全年累计发生额下面划通栏双红线。参见第七章第二节表 7.20、表 7.23、表 7.24。

④总账账户平时结账只需结计月末余额。年终结账时，为了反映全年各项资产、负债及所有者权益增减变动的全貌，便于核对账目，要将所有总账账户结计全年累计发生额和年末余额，在摘要栏内注明"本年累计"字样，并在合计数下面划通栏双红线。参见第七章第三节表 7.44～表 7.61。

⑤需要结计本月发生额的某些账户，如果本月只发生一笔经济业务，由于这笔记录的金额就是本月发生额，结账时，只要在此行下面划一通栏单红线，表示与下月的发生额分开就可以了，不需另结出"本月合计"数。

（3）年度终了，要把各账户的余额结转到下一会计年度，并在摘要栏内注明"结转下年"字样；在下一会计年度新建有关账簿的第一余额栏内填写上年结转的余额，并在摘要栏内注明"上年结转"字样。

五、错账的更正方法

在日常的会计核算过程中，差错时有发生。如果出现差错，应及时查明产生差错的原因，并根据差错性质，发现差错的时间先后，采用正确的更正方法予以更正。通常，错账的更正方法有划线更正法、红字更正法和补充登记法三种。

（一）划线更正法

在填制记账凭证、登记账簿的过程中，如发现文字或数字记录错误，可采用划线更正法。

如果记账凭证无误，只是登记入账时发生误记，这种非因记账凭证误记的差错，无论何时发现都只能用划线更正法予以订正。

更正时，先在错误的文字或数字上划一道红线，然后在错误数字或文字上方空白处填写正确的文字或数字，并由记账人员和会计机构负责人（会计主管人员，下同）在更正处盖章以示负责。在划线时，如果是文字错误，可只划销错误部分；如果是数字错误，应将错误数字全部划销，不得只划错误数字。划销时必须注意使原来的错误字迹清晰可见。

例如，记账时误将 365 元记为 356 元，正确的更正方法应为 $\dfrac{365}{356}$。

（二）红字更正法

在记账以后，如果在当年内发现记账凭证所记的会计科目有错，或实际记账的金额大于应记金额时，可以采用红字更正法。

第一种情况：记账凭证入账金额正确，只是会计科目错误或者科目对应关系错误。更正时，先用红字金额填制一张与原错误凭证完全相同的记账凭证，并据以登记入账，冲销原有的错误记录；同时再用蓝字金额填制一张正确的记账凭证，并在摘要栏内注明"订正×年×月×号凭证"，据以登记入账，这样就把原来的差错更正过来。

【例 7.2】企业行政管理部门一般管理领用甲种原材料 6 000 元。会计人员在填制记账凭证时所做的会计分录如下：

借：生产成本　　　　　　　　　　　　　　　　　　　　　　　　6 000
　　贷：原材料——甲材料　　　　　　　　　　　　　　　　　　　6 000

这项业务已登记入账。在这项经济业务中，记账金额正确，但会计科目错误，企业行政管理部门领用原材料应记入"管理费用"科目。其更正方法如下：

（1）用红字金额填制一张与原错误凭证相同的记账凭证，其分录如下：

借：生产成本　　　　　　　　　　　　　　　　　　　　　　　　6 000

　　贷：原材料——甲材料　　　　　　　　　　　　　　　　　　　6 000

（2）用蓝字填制一张正确的记账凭证，其分录如下：

借：管理费用　　　　　　　　　　　　　　　　　　　　　　　　6 000
　　贷：原材料——甲材料　　　　　　　　　　　　　　　　　　　6 000

第二种情况：记账凭证所填列的会计科目及其对应关系正确，只是金额错误，而且实际填列的金额大于应记金额。更正时，应按多记金额用红字金额填制一张记账凭证，并据以登记入账，以冲销多记部分金额，在账簿摘要栏内注明"注销×年×月×号凭证多记金额"。

【例7.3】华夏公司用银行存款偿还前欠星光公司购货款67 000元。会计人员填制的记账凭证所做的会计分录为：

借：应付账款——星光公司　　　　　　　　　　　　　　　　　76 000
　　贷：银行存款　　　　　　　　　　　　　　　　　　　　　　76 000

这项业务已登记入账。在这项经济业务中，记账凭证所填列的会计科目及其对应关系正确，只是填写的金额错误，而且实际填写的金额比应填写的金额多9 000元。

这笔错账的更正方法为：按多记金额9 000元填制一张红字金额的记账凭证，并据以登记入账，冲销多记的金额。其会计分录如下：

借：应付账款——星光公司　　　　　　　　　　　　　　　　　9 000

　　贷：银行存款　　　　　　　　　　　　　　　　　　　　　　9 000

（三）补充登记法

在记账以后结账以前，发现记账凭证中应借、应贷的会计科目及其对应关系正确，但实际填写的金额小于应记的金额，可采用补充登记法予以订正。更正时，应按少记金额用蓝字金额填制一张记账凭证，并据以登记入账，在账簿摘要栏内注明"补充×年×月×号凭证少记金额"。

【例7.4】华夏公司通过其开户银行收到金龙公司偿还的前欠购货款65 000元。会计人员填制记账凭证时编制的会计分录如下：

借：银行存款　　　　　　　　　　　　　　　　　　　　　　　56 000
　　贷：应收账款——金龙公司　　　　　　　　　　　　　　　　56 000

这项业务已登记入账。在这项经济业务中，记账凭证所填列的会计科目及其对应关系正确，只是填写的金额错误，而且实际填写的金额比应填写的金额少9 000元。

这笔错账的更正方法为：按少记金额9 000元填制一张蓝字金额的记账凭证，并据以登记入账。其会计分录如下：

　　借：银行存款　　　　　　　　　　　　　　　　　　　　　　　　　9 000
　　　　贷：应收账款——金龙公司　　　　　　　　　　　　　　　　　　9 000

　　以上三种方法只是对当年内发现的记账凭证或账簿登记错误而采用的订正方法。如果发现以前年度记账凭证中有错误（指会计科目和金额），并导致账簿记录错误的，无论什么原因、错账性质如何，都只能用蓝字更正法予以订正。

　　【例7.5】华夏公司用货币资金5 000 000元向红河实业公司投资，占公司注册资本的51%。会计人员在填制记账凭证时编制的会计分录如下：

　　借：可供出售金融资产——红河实业公司　　　　　　　　　　　　5 000 000
　　　　贷：银行存款　　　　　　　　　　　　　　　　　　　　　　　5 000 000

　　这项业务发生于2014年月3月。这项业务记账金额正确，只是会计科目错误，借方科目应为"长期股权投资"科目。企业于2016年10月查账时发现。

　　这笔错账的更正方法为：按正确科目与错误科目用蓝字金额填制一张记账凭证予以冲转。其会计分录为：

　　借：长期股权投资——红河实业公司　　　　　　　　　　　　　　5 000 000
　　　　贷：可供出售金融资产——红河实业公司　　　　　　　　　　　5 000 000

　　【例7.6】华夏公司用于一项固定资产购建的长期借款，利息支出5 000元。但是这项利息支出发生于该项固定资产已经达到预定可使用状态以后（已经办理竣工决策交付使用）。会计人员在填制记账凭证时编制的会计分录为：

　　借：在建工程　　　　　　　　　　　　　　　　　　　　　　　　50 000
　　　　贷：长期借款——应计利息　　　　　　　　　　　　　　　　　50 000

　　这项经济业务发生于2014年6月。这项经济业务，一方面会计科目错误，借方科目应为"财务费用"科目；另一方面入账金额也是错误的，实际填写的金额比应记金额多45 000元。企业于2016年12月查账时发现。

　　这笔错账的更正方法如下：

　　（1）用蓝字填制一张与原错误凭证金额相同、科目对应关系相反的记账凭证，并据以登记入账，冲销错误记录。其会计分录如下：

　　借：长期借款——应计利息　　　　　　　　　　　　　　　　　　50 000
　　　　贷：在建工程　　　　　　　　　　　　　　　　　　　　　　　50 000

　　（2）用蓝字填制一张正确的记账凭证，并据以登记入账。其会计分录如下：

　　借：财务费用　　　　　　　　　　　　　　　　　　　　　　　　5 000
　　　　贷：长期借款——应计利息　　　　　　　　　　　　　　　　　5 000

第三节　会计核算形式

一、会计核算形式的意义和种类

　　会计核算形式，又称为账务处理程序，是指会计凭证组织、会计账簿组织和记账程序相结合的方式。会计凭证组织是指会计凭证的种类、格式和各类凭证之间的相互关系；会计账簿组织是指会计账簿的种类、格式和各种账簿之间的相互关系；记账程序是指凭证的填制、账簿的登记以及根据账簿编制会计报表的顺序。

会计核算形式按照登记总账的依据不同可分为：记账凭证会计核算形式、汇总记账凭证核算形式、科目汇总表核算形式和多栏式现金、银行存款日记账核算形式以及日记总账会计核算形式等。下面介绍前三种常见的会计核算形式。

二、记账凭证会计核算形式

记账凭证会计核算形式，是指根据各类记账凭证逐笔逐笔登记总账的核算形式。它是最基本的会计核算形式，其他核算形式都是在它的基础上产生和演变起来的。

在记账凭证会计核算形式下，记账凭证可采用收款凭证、付款凭证和转账凭证等专用记账凭证，也可采用集收款、付款和转账于一身的通用记账凭证；现金、银行存款日记账和总分类账通常采用三栏式；明细分类账可根据需要采用三栏式、多栏式或者数量金额式；另外，还可根据需要设置备查账。

记账凭证会计核算形式的记账程序见图7.1所示：

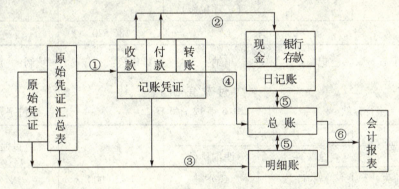

图 7.1　记账凭证会计核算形式的记账程序流程

注释：
①根据原始凭证或原始凭证汇总表填制记账凭证；
②根据收、付款凭证登记现金、银行存款日记账；
③根据记账凭证及其所附的原始凭证或原始凭证汇总表登记明细账；
④根据各类记账凭证逐笔逐笔登记总账；
⑤月末，将总账与日记账、明细账的有关余额进行核对，做到账账核对；
⑥月末，根据总账和有关明细账资料编制会计报表。

这种会计核算形式简单明了，层次清晰，易于理解。不足之处在于：根据记账凭证逐笔登记总账，工作量较大。因此，它通常适用于规模较小、业务量不多的中小型企业。

【例7.7】以本篇第六章第三节华夏公司2016年12月份的经济业务为例，说明记账凭证会计核算形式的运用程序。

（1）根据原始凭证或原始凭证汇总表填制记账凭证。

表 7.25　　　　　　　　　　　　收 款 凭 证

借方科目：银行存款　　　　　　　　2016 年 12 月 1 日　　　　　　　　银收字第 1 号

摘　要	贷方科目		金额	过账
	总账科目	明细科目		
接受投资	实收资本	A 公司	5 000 000	√
合　　　计			5 000 000	

附件 2 张

会计主管：　　　　记账：　　　　出纳：　　　　审核：　　　　填制：

表 7.26　　　　　　　　　　　　付 款 凭 证

贷方科目：银行存款　　　　　　　　2016 年 12 月 5 日　　　　　　　　银付字第 1 号

摘　要	借方科目		金额	过账
	总账科目	明细科目		
购买甲材料	在途物资	B 公司	160 000	√
	应交税费	应交增值税（进项税额）	26 520	√
合　　　计			186 520	

附件 2 张

会计主管：　　　　记账：　　　　出纳：　　　　审核：　　　　填制：

表 7.27　　　　　　　　　　　　付 款 凭 证

贷方科目：银行存款　　　　　　　　2016 年 12 月 6 日　　　　　　　　银付字第 2 号

摘　要	借方科目		金额	过账
	总账科目	明细科目		
偿还前欠购货款	应付账款	C 公司	1 420 000	√
合　　　计			1 420 000	

附件 2 张

会计主管：　　　　记账：　　　　出纳：　　　　审核：　　　　填制：

表 7.28　　　　　　　　　　　　转 账 凭 证

　　　　　　　　　　　　　　　　　2016 年 12 月 8 日　　　　　　　　转字第 1 号

摘　要	会计科目		借方金额	贷方金额	过账
	总账科目	明细科目			
生产产品领用甲材料	生产成本	#1 产品	180 000		√
		#2 产品	60 000		√
	原材料	甲材料		240 000	√
合　　　计			240 000	240 000	

附件 5 张

会计主管：　　　　记账：　　　　审核：　　　　填制：

表 7.29 付 款 凭 证

贷方科目：银行存款　　　　　　　　2016 年 12 月 10 日　　　　　　　　银付字第 3 号

| 摘　要 | 借方科目 | | 金额 | 过账 | 附 |
	总账科目	明细科目			件
提取现金 备发工资	库存现金		360 000	√	2 张
合　　　　　计			360 000		

会计主管：　　　　记账：　　　　出纳：　　　　审核：　　　　填制：

表 7.30 付 款 凭 证

贷方科目：库存现金　　　　　　　　2016 年 12 月 10 日　　　　　　　　现付字第 1 号

| 摘　要 | 借方科目 | | 金额 | 过账 | 附 |
	总账科目	明细科目			件
发放职工工资	应付职工薪酬		360 000	√	12 张
合　　　　　计			360 000		

会计主管：　　　　记账：　　　　出纳：　　　　审核：　　　　填制：

表 7.31 转 账 凭 证

　　　　　　　　　　2016 年 12 月 12 日　　　　　　　　转字第 2 号

| 摘　要 | 会计科目 | | 借方金额 | 贷方金额 | 过账 | 附 |
	总账科目	明细科目				件
购入的甲材料 到库	原材料 在途物资	甲材料 B 公司	160 000	160 000	√ √	3 张
合　　　　　计			160 000	160 000		

会计主管：　　　　记账：　　　　审核：　　　　填制：

表 7.32 付 款 凭 证

贷方科目：库存现金　　　　　　　　2016 年 12 月 15 日　　　　　　　　现付字第 2 号

| 摘　要 | 借方科目 | | 金额 | 过账 | 附 |
	总账科目	明细科目			件
购买行政管理 用办公用品	管理费用	办公用品	2 400	√	2 张
合　　　　　计			2 400		

会计主管：　　　　记账：　　　　出纳：　　　　审核：　　　　填制：

表 7.33   收 款 凭 证

借方科目：银行存款   2016 年 12 月 18 日   银收字第 2 号

| 摘 要 | 贷方科目 | | 金额 | 过账 |
	总账科目	明细科目		
销售产品 实现收入	主营业务收入		1 350 000	√
	应交税费	应交增值税 （销项税额）	229 500	√
合　　　计			1 579 500	

附件 3 张

会计主管：   记账：   出纳：   审核：   填制：

表 7.34   付 款 凭 证

贷方科目：银行存款   2016 年 12 月 20 日   银付字第 4 号

| 摘 要 | 借方科目 | | 金额 | 过账 |
	总账科目	明细科目		
上缴税金	应交税费	应交××税	600 000	√
合　　　计			600 000	

附件 4 张

会计主管：   记账：   出纳：   审核：   填制：

表 7.35   转 账 凭 证

                              2016 年 12 月 31 日   转字第 3 号

| 摘 要 | 会计科目 | | 借方金额 | 贷方金额 | 过账 |
	总账科目	明细科目			
计提固定资产 折旧	制造费用	折旧费	50 000		√
	管理费用	折旧费	26 000		√
	累计折旧			76 000	√
合　　　计			76 000	76 000	

附件 2 张

会计主管：   记账：   审核：   填制：

表 7.36   转 账 凭 证

                              2016 年 12 月 31 日   转字第 4 号

| 摘 要 | 会计科目 | | 借方金额 | 贷方金额 | 过账 |
	总账科目	明细科目			
分配职工工资	生产成本	#1 产品	180 000		√
		#2 产品	40 000		√
	制造费用	工资费用	40 000		√
	管理费用	工资费用	100 000		√
	应付职工薪酬			360 000	√
合　　　计			360 000	360 000	

附件 2 张

会计主管：   记账：   审核：   填制：

表 7.37

转 账 凭 证

2016 年 12 月 12 日　　　　　　　　　　　　转字第 5 号

摘　要	会计科目		借方金额	贷方金额	过账
	总账科目	明细科目			
分配结转 制造费用	生产成本	#1 产品	73 636.36		√
		#2 产品	16 363.64		√
	制造费用			90 000	√
合　　　　　　计			90 000	90 000	

附件 1 张

会计主管：　　　　记账：　　　　审核：　　　　填制：

表 7.38

转 账 凭 证

2016 年 12 月 31 日　　　　　　　　　　　　转字第 6 号

摘　要	会计科目		借方金额	贷方金额	过账
	总账科目	明细科目			
产品完工 验收入库	库存商品	#1 产品	624 000		√
		#2 产品	216 000		√
	生产成本	#1 产品		624 000	√
		#2 产品		216 000	√
合　　　　　　计			840 000	840 000	

附件 3 张

会计主管：　　　　记账：　　　　审核：　　　　填制：

表 7.39

转 账 凭 证

2016 年 12 月 31 日　　　　　　　　　　　　转字第 7 号

摘　要	会计科目		借方金额	贷方金额	过账
	总账科目	明细科目			
结转已销 商品成本	主营业务成本		1 020 000		√
	库存商品	#1 产品		720 000	√
		#2 产品		300 000	√
合　　　　　　计			1 020 000	1 020 000	

附件 2 张

会计主管：　　　　记账：　　　　审核：　　　　填制：

表 7.40

转 账 凭 证

2016 年 12 月 31 日　　　　　　　　　　　　转字第 8 号

摘　要	会计科目		借方金额	贷方金额	过账
	总账科目	明细科目			
结转主营 业务收入	主营业务收入		1 350 000		√
	本年利润			1 350 000	√
合　　　　　　计			1 350 000	1 350 000	

附件 1 张

会计主管：　　　　记账：　　　　审核：　　　　填制：

表 7.41

转 账 凭 证

2016 年 12 月 31 日   转字第 9 号

摘　要	会计科目		借方金额	贷方金额	过账	
	总账科目	明细科目				
结转主营业务成本和管理费用	本年利润		1 148 400		√	附件1张
	主营业务成本			1 020 000	√	
	管理费用			128 400	√	
合　　　　计			1 148 400	1 148 400		

会计主管：　　　　记账：　　　　审核：　　　　填制：

表 7.42

转 账 凭 证

2016 年 12 月 31 日   转字第 10 号

摘　要	会计科目		借方金额	贷方金额	过账	
	总账科目	明细科目				
结转本年利润	本年利润		201 600		√	附件1张
	利润分配	未分配利润		201 600	√	
合　　　　计			201 600	201 600		

会计主管：　　　　记账：　　　　审核：　　　　填制：

表 7.43

转 账 凭 证

2016 年 12 月 31 日   转字第 11 号

摘　要	会计科目		借方金额	贷方金额	过账	
	总账科目	明细科目				
提取盈余公积	利润分配	提取盈余公积	20 160		√	附件1张
	盈余公积	法定盈余公积		20 160	√	
合　　　　计			20 160	20 160		

会计主管：　　　　记账：　　　　审核：　　　　填制：

（2）根据收款、付款凭证登记库存现金日记账（见本章第二节表 7.12 或表 7.13 所示）和银行存款日记账（见本章第二节 7.14 或表 7.15 和表 7.16 所示）。

（3）根据记账凭证及其所附的原始凭证及原始凭证汇总表登记明细账（见本章第二节表 7.18 ~ 表 7.21，表 7.23、表 7.24 所示）。

（4）根据各种记账凭证逐笔登记总账。

表7.44　　　　　　　　　　　　**总 分 类 账**

账户名称：库存现金　　　　　　　　　　　　　　　　　　　　　第　　页

2016 年		凭 证 号 数	摘　要	借方	贷方	借/贷	余额
月	日						
12	01		期初余额			借	28 000
12	10	银付 3 号	提取现金，备发工资	360 000		借	388 000
12	10	现付 1 号	发放职工工资		360 000	借	28 000
12	15	现付 2 号	购买行政用办公用品		2 400	借	25 600
…	…	…	…	…	…	…	…
12	31		本月合计			借	25 600
12	31		本年累计	（　）	（　）	借	25 600

注：表中"（　）"表示该账户全年借方或贷方发生额，下同

表7.45　　　　　　　　　　　　**总 分 类 账**

账户名称：银行存款　　　　　　　　　　　　　　　　　　　　　第　　页

2016 年		凭 证 号 数	摘　要	借方	贷方	借/贷	余额
月	日						
12	01		期初余额				3 200 000
12	01	银收 1 号	接受投资	5 000 000			8 200 000
12	05	银付 1 号	购买甲材料		186 520		8 013 480
12	06	银付 2 号	偿还前欠购货款		1 420 000		6 593 480
12	10	银付 3 号	提现备发工资		360 000		6 233 480
12	18	银收 3 号	销售产品收款	1 579 500			7 812 980
12	20	银付 4 号	上缴税金		600 000		7 212 980
…	…	…	…	…	…	…	…
12	31		本月合计				7 212 980
12	31		本年累计	（　）	（　）	借	7 212 980

表7.46　　　　　　　　　　　　**总 分 类 账**

账户名称：原材料　　　　　　　　　　　　　　　　　　　　　第　　页

2016 年		凭 证 号 数	摘　要	借方	贷方	借/贷	余额
月	日						
12	01		期初余额			借	4 000 000
12	08	转字 1 号	生产领用材料		240 000	借	3 760 000
12	12	转字 2 号	购买甲材料入库	160 000		借	3 920 000
…	…	…	…	…	…	…	…
12	31		本月合计			借	3 920 000
12	31		本年累计	（　）	（　）	借	3 920 000

表 7.47　　　　　　　　　　　　　　**总 分 类 账**

账户名称：在途物资　　　　　　　　　　　　　　　　　　　　　第　页

2016 年		凭证号数	摘　要	借方	贷方	借/贷	余额
月	日						
12	05	银付 1 号	购买甲材料未到	160 000		借	160 000
12	12	转字 2 号	甲材料验收入库		160 000	平	0
…	…	…	…	…	…	…	…
12	31		本月合计			平	0
12	31		本年累计	（　）	（　）	平	0

表 7.48　　　　　　　　　　　　　　**总 分 类 账**

账户名称：库存商品　　　　　　　　　　　　　　　　　　　　　第　页

2016 年		凭证号数	摘　要	借方	贷方	借/贷	余额
月	日						
12	01		期初余额			借	1 500 000
12	31	转字 6 号	完工产品入库	840 000		借	2 340 000
12	31	转字 7 号	结转已销商品成本		1 020 000	借	1 320 000
…	…	…	…	…	…	…	…
12	31		本月合计			借	1 320 000
12	31		本年累计	（　）	（　）	借	1 320 000

表 7.49　　　　　　　　　　　　　　**总 分 类 账**

账户名称：生产成本　　　　　　　　　　　　　　　　　　　　　第　页

2016 年		凭证号数	摘　要	借方	贷方	借/贷	余额
月	日						
12	01		期初余额			借	860 000
12	08	转字 1 号	生产领用甲材料	240 000		借	1 100 000
12	31	转字 4 号	分配工资费用	220 000		借	1 320 000
12	31	转字 5 号	分配结转制造费用	90 000		借	1 410 000
12	31	转字 6 号	完工产品入库		840 000	借	570 000
…	…	…	…	…	…	…	…
12	31		本月合计			借	570 000
12	31		本年累计	（　）	（　）	借	570 000

表 7.50

总 分 类 账

账户名称：累计折旧 第 页

2016年		凭证号数	摘　要	借方	贷方	借/贷	余额
月	日						
12	01		期初余额			贷	8 200 000
12	31	转字3号	计提本月固定资产折旧		76 000	贷	8 276 000
…	…	…	…	…	…	…	…
12	31		本月合计			贷	8 276 000
12	31		本年累计	（ ）	（ ）	贷	8 276 000

表 7.51

总 分 类 账

账户名称：应付账款 第 页

2016年		凭证号数	摘　要	借方	贷方	借/贷	余额
月	日						
12	01		期初余额			贷	1 420 000
12	06	银付2号	偿还前欠购货款	1 420 000		平	0
…	…	…	…	…	…	…	…
12	31		本月合计			平	0
12	31		本年累计	（ ）	（ ）	平	0

表 7.52

总 分 类 账

账户名称：应交税费 第 页

2016年		凭证号数	摘　要	借方	贷方	借/贷	余额
月	日						
12	01		期初余额			贷	760 000
12	05	银付1号	购料增值税进项税额	26 520		贷	733 480
12	18	银收2号	销货增值税销项税额		229 500	贷	962 980
12	20	银付4号	上缴税金	600 000		贷	362 980
…	…	…	…	…	…	…	…
12	31		本月合计			贷	362 980
12	31		本年累计	（ ）	（ ）	贷	362 980

表 7.53   总 分 类 账

账户名称：应付职工薪酬   第   页

2016 年		凭证 号数	摘 要	借方	贷方	借/贷	余额
月	日						
12	01		期初余额			贷	334 000
12	10	现付 1 号	发放职工工资	360 000		借	26 000
12	31	转字 4 号	分配本月工资费用		360 000	贷	334 000
…	…	…	…	…	…	…	…
12	31		本月合计			贷	334 000
12	31		本年累计	（ ）	（ ）	贷	334 000

表 7.54   总 分 类 账

账户名称：实收资本   第   页

2016 年		凭证 号数	摘 要	借方	贷方	借/贷	余额
月	日						
12	01		期初余额			贷	20 000 000
12	01	银收 1 号	接受投资		5 000 000	贷	25 000 000
…	…	…	…	…	…	…	…
12	31		本月合计			贷	25 000 000
12	31		本年累计	（ ）	（ ）	贷	25 000 000

表 7.55   总 分 类 账

账户名称：盈余公积   第   页

2016 年		凭证 号数	摘 要	借方	贷方	借/贷	余额
月	日						
12	01		期初余额			贷	2 000 000
12	31	转字 10 号	提取盈余公积		20 160	贷	2 020 160
…	…	…	…	…	…	…	…
12	31		本月合计			贷	2 020 160
12	31		本年累计	（ ）	（ ）	贷	2 020 160

表 7.56

总 分 类 账

账户名称：本年利润　　　　　　　　　　　　　　　　　　　　　　　　　第　　页

2016 年		凭证号数	摘　要	借方	贷方	借/贷	余额
月	日						
12	31	转字 8 号	结转主营业务收入		1 350 000	贷	1 350 000
12	31	转字 9 号	结转主营业务成本和管理费用	1 148 400		贷	201 600
12	31	转字 11 号	结转入"利润分配"	201 600		平	0
12	31		本月合计			平	0
12	31		本年累计	（　）	（　）	平	0

表 7.57

总 分 类 账

账户名称：利润分配　　　　　　　　　　　　　　　　　　　　　　　　　第　　页

2016 年		凭证号数	摘　要	借方	贷方	借/贷	余额
月	日						
12	01		期初余额			贷	88 000
12	31	转字 10 号	本年利润转入		201 600	贷	289 600
12	31	转字 11 号	提取盈余公积	20 160		贷	269 440
…	…	…	…	…	…	…	…
12	31		本月合计			贷	269 440
12	31		本年累计	（　）	（　）	贷	269 440

表 7.58

总 分 类 账

账户名称：主营业务收入　　　　　　　　　　　　　　　　　　　　　　　第　　页

2016 年		凭证号数	摘　要	借方	贷方	借/贷	余额
月	日						
12	18	银收 2 号	现售产品实现收入		1 350 000	贷	1 350 000
…	…	…	…	…	…	…	…
12	31	转字 8 号	结转入"本年利润"	1 350 000		平	0
12	31		本月合计			平	0
12	31		本年累计	（　）	（　）	平	0

表 7.59　　　　　　　　　　　　　总 分 类 账

账户名称：制造费用　　　　　　　　　　　　　　　　　　　　　　　　第　页

2016年		凭证号数	摘　要	借方	贷方	借/贷	余额
月	日						
12	31	转字3号	计提本月固定资产折旧	50 000		借	50 000
12	31	转字4号	分配本月工资费用	40 000		借	90 000
…	…	…	…	…	…	…	…
12	31	转字5号	分配结转制造费用		90 000	平	0
12	31		本月合计			平	0
12	31		本年累计	（　）	（　）	平	0

表 7.60　　　　　　　　　　　　　总 分 类 账

账户名称：管理费用　　　　　　　　　　　　　　　　　　　　　　　　第　页

2016年		凭证号数	摘　要	借方	贷方	借/贷	余额
月	日						
12	15	现付1号	购买行政用办公用品	2 400		借	2 400
12	31	转字3号	计提本月固定资产折旧	26 000		借	28 400
12	31	转字4号	分配本月工资费用	100 000		借	128 400
…	…	…	…	…	…	…	…
12	31	转字9号	结转入"本年利润"		128 400	平	0
12	31		本月合计			平	0
12	31		本年累计	（　）	（　）	平	0

表 7.61　　　　　　　　　　　　　总 分 类 账

账户名称：主营业务成本　　　　　　　　　　　　　　　　　　　　　　第　页

2016年		凭证号数	摘　要	借方	贷方	借/贷	余额
月	日						
12	31	转字7号	结转已销商品成本	1 020 000		借	1 020 000
…	…	…	…	…	…	…	…
12	31	转字9号	结转入"本年利润"		1 020 000	平	0
12	31		本月合计			平	0
12	31		本年累计	（　）	（　）	平	0

（5）根据总账及明细账资料编制会计报表（详见第十三章表 13.1、表 13.3、表 13.5）。

三、汇总记账凭证会计核算形式

汇总记账凭证会计核算形式，是指先根据收款、付款和转账凭证定期汇总编制汇总收款、付款和转账凭证，然后再根据汇总记账凭证登记总账的核算形式。

在汇总记账凭证核算形式下，记账凭证应采用收款凭证、付款凭证和转账凭证等专用记账凭证，同时应增设汇总收款凭证、汇总付款凭证和汇总转账凭证。而且，为了编制汇总记账凭证，尤其是汇总转账凭证，记账凭证宜编制一借一贷或多借一贷的会计分录，不宜编制一借多贷甚至多借多贷的复合会计分录。汇总收款凭证的格式及编制方法参见表7.5、表7.6；汇总付款凭证的格式及编制方法参见表7.7、表7.8；汇总转账凭证的格式及编制方法参见表7.9、表7.10。

现金、银行存款日记账和总分类账通常采用三栏式；明细分类账可根据需要采用三栏式、多栏式或者数量金额式；另外，还可根据需要设置备查账。

汇总记账凭证会计核算形式的记账程序见图7.2所示：

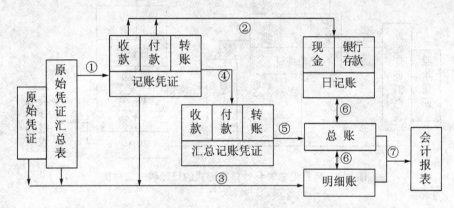

图7.2 汇总记账凭证会计核算形式的记账程序流程图

注释：

①根据原始凭证或原始凭证汇总表填制记账凭证；

②根据收、付款凭证登记现金、银行存款日记账；

③根据记账凭证及其所附的原始凭证或原始凭证汇总表登记明细账；

④根据收款、付款和转账凭证编制汇总记账凭证；

⑤根据汇总记账凭证登记总账；

⑥月末，将总账与日记账、明细账的有关余额进行核对，做到账账核对；

⑦月末，根据总账和有关明细账资料编制会计报表。

这种会计核算形式下总账是根据汇总记账凭证于月终一次登记入账的，这就大大简化了核算工作量，提高了会计工作效率；同时，汇总记账凭证是根据许多记账凭证，按照账户对应关系进行归类、汇总编制的，能够反映经济业务的来龙去脉，便于查账和稽核。但是，编制汇总记账凭证的工作量较大，而且汇总转账凭证是按照每一账户的贷方分别设置的，不是按经济业务的性质归类汇总的，不利于日常核算工作的合理分工。这种会计核算形式主要适用于规模较大、业务量较多的大中型企业。

四、科目汇总表会计核算形式

科目汇总表会计核算形式，是指先根据各类记账凭证定期汇总编制科目汇总表，然后再根据科目汇总表登记总账的核算形式。

在科目汇总表核算形式下，记账凭证可采用收款凭证、付款凭证和转账凭证等专用记账凭证，也可采用集收款、付款和转账于一身的通用记账凭证，同时应增设科目汇总表（或记账凭证汇总表）。而且，为了便于核算的分工和登记科目汇总表，记账凭证宜编制一借一贷的简单会计分录，不宜编制复合会计分录。科目汇总表的格式及编制方法参见表7.11。

现金、银行存款日记账和总分类账通常采用三栏式；明细分类账可根据需要采用三栏式、多栏式或者数量金额式；另外，还可根据需要设置备查账。

科目汇总表会计核算形式的记账程序见图7.3所示：

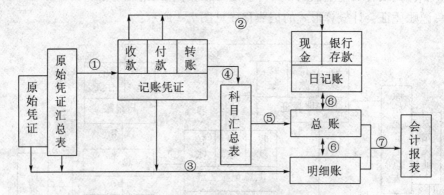

图7.3　科目汇总表会计核算形式的记账程序流程图

注释：

①根据原始凭证或原始凭证汇总表填制记账凭证；

②根据收、付款凭证登记现金、银行存款日记账；

③根据记账凭证及其所附的原始凭证或原始凭证汇总表登记明细账；

④根据各类记账凭证汇总编制科目汇总表；

⑤根据科目汇总表登记总账；

⑥月末，将总账与日记账、明细账的有关余额进行核对，做到账账核对；

⑦月末，根据总账和有关明细账资料编制会计报表。

这种会计核算形式的优点是，根据科目汇总表登记总账，简化了核算工作，提高了会计工作效率；编制科目汇总表，可以根据各科目本期借方发生额与贷方发生额合计数，进行试算平衡，及时发现记账工作中的错误，保证记账工作的质量。但是，由于科目汇总表是按科目进行加计汇总的，不能反映各科目之间的对应关系，不便于查账和稽核。它一般适用于规模较大、业务量较多的大中型企业。

第四节 财产清查

一、财产清查的概述

(一) 财产清查的含义

财产清查是会计核算的专门方法之一，它是根据账簿记录，对企业的财产物资经过盘点或核对，查明各项财产的实存数与账存数是否相符，为定期编制会计报表提供准确、完整、系统的核算信息的一种方法。保证会计信息资料的真实性，是对会计工作质量的重要要求。只有真实的会计信息，才能起到会计核算应有的作用。因此，必须进行财产清查，对各项财产物资、货币资金和债权债务进行定期或不定期的盘点和核对。

按照《会计法》的规定，每一个单位发生的日常经济业务，都需要通过填制和审核会计凭证、登记账簿、试算平衡和对账等一系列严密的会计处理方法，来保证账证、账账、账实和账表相符。从理论上讲，会计账簿所记载的财产增减和结存情况，应该与实际的财产收发和结存相符。但是，在实际工作中，有许多客观原因造成各项财产的账面数额与实际结存数额有差异，如：财产物资在运输、保管或收发工作中发生自然损耗或计量、检验不准确；财产物资在保管中因发生自然灾害导致的损失；有关工作人员玩忽职守或不法分子贪污盗窃等原因造成财产物资的损失等。因此，为了保证会计账簿记录的真实和准确，确保财产物资的安全完整，必须进行财产清查，做到账实相符。

(二) 财产清查的意义

1. 财产清查为会计信息系统的有效运行提供了一定的保证

企业在一定会计期间内所发生的全部经济业务，都要通过收集转换阶段、储存计算阶段和资料报出阶段，即经过会计确认、计量、记录和汇总，将大量的经济业务数据以会计报表的形式输出会计信息，为信息使用者提供真实客观的会计信息。会计信息质量最重要的要求是可靠性，它是会计报表的"生命源泉"。因此，为了避免会计信息在收集转换和储存计算阶段中受到主客观因素的干扰而失真，提高会计信息的质量，就必须查明各项财产物资的实存数，并与账簿记录相核对，为会计信息系统正常、有效地运行奠定基础。

2. 财产清查为内部控制制度的实施创造了有利的条件

为了防止内部控制制度不健全、管理失控等情况的发生，《会计法》对企业建立内部控制制度做了明确的规定。建立内部控制制度的目的之一就是为了保证企业经营活动的有效进行，保护财产物资的安全和完整，提高会计信息的质量。内部控制制度执行的好坏，可以通过财产清查的方法加以查验。通过财产清查，企业可以查明各项财产物资是否完整，有无被不法分子挪用、贪污或盗窃等情况；还可以查明各项财产物资的储备是否合理，利用是否充分，有无超储积压或闲置等现象，以便有关部门及时采取措施，使内部控制制度的作用得到充分发挥。

（三）财产清查的种类

1. 按照清查对象的范围分类

财产清查按清查的范围分类可以分为全面清查和局部清查。全面清查是对全部财产进行盘点和核对。以制造企业清查对象来说，全面清查一般包括货币资金、存货、固定资产、债权债务以及对外投资等。企业在年终决算前需要进行全面清查；企业关停并转或改变隶属关系，需要进行全面清查；中外合资、合营需要进行全面清查；开展清产核资和单位主要负责人调离工作，需要进行全面清查。局部清查是根据管理的需要或依据有关规定，对部分财产物资、债权债务进行盘点和核对。如对于各种贵重物资，每月都应进行清查盘点一次；对库存现金应每日盘点一次；对于银行存款，每月要同银行核对一次；对各种应收账款，每年至少核对一至两次。

2. 按照清查的时间分类

财产清查按清查时间是否有计划，可以分为定期清查和不定期清查。定期清查是指根据计划安排的时间对财产进行的清查。这种清查一般在财产管理制度中予以规定，通常在年末、季末或月末结账前进行。不定期清查就是根据需要进行的临时性清查。发生以下情况，通常要进行不定期清查：①更换财产物资和现金的保管员时；②发生非常损失时；③有关单位对本企业进行审计时等。

3. 按照清查的执行单位分类

财产清查按照清查的执行单位不同，分为内部清查和外部清查。内部清查是由本企业有关人员对本企业的财产所进行的清查，这种清查也叫自查。外部清查是由企业外部的有关部门或人员根据国家法律或制度的规定对企业所进行的财产清查。

二、财产清查的方法

（一）盘点核对法

1. 盘点核对的具体方法

盘点核对法主要适用于实物财产和库存现金的核对，其中实物财产是指具有实物形态的各种财产，包括存货、固定资产等。由于不同实物资产在数量、重量、体积、存在状态和存放方式等方面有不同的特点，因此，不同特点的实物资产采用的清查方法可能不一致，常见的盘点核对法有实地盘点法、技术推算法和抽样盘点法。

实地盘点法，是指通过点数、过磅、量尺等方法来确定财产的实有数，如对库存现金、固定资产以及包装好、便于清点的存货进行盘存。技术推算法，是指利用技术方法对财产物资的实存数进行推算，这种方法适用于存量大、散装、堆放得难以清点实存数的物资，如煤、盐等。抽样盘点法，是指采用抽取一定数量样品的方式对实物资产的实有数进行估算确定，这种方法一般适用于对某些价值小、数量多、重量和体积比较均衡的实物资产的清查。在进行实物资产盘点时，相关的保管人员要在场，针对不同实物资产的特点选择适合的方法进行盘点，以提高盘点的效率和准确性。选择了盘点方法之后，要将账面结存数和实际盘点结存数进行对比，编制相关的盘点表或盘存单。库存现金盘点表和存货盘点表见表 7.62 和表 7.63。

表 7.62　　　　　　　　　　　库存现金盘点报告表

单位名称　　　　　　　　　　　　　　　　　　　　　　　　　　年　月　日

实存数量	账存数量	实存与账存对比		备注
		盘盈	盘亏	
合　　计				

表 7.63　　　　　　　　　　　　　盘存单

单位名称：　　　　　　　　　盘点时间：　　　　　　　　　编号：

财产类别：　　　　　　　　　　　　　　　　　　　　　　　存放地点：

编号	名称	规格或型号	计量单位	账面结存数量	实际盘点			备注
					数量	单价	金额	

2. 账实核对结果的会计处理

账实核对的结果一般有三种情况：一是实存数与账存数一致，即账实相符；二是实存数小于账存数，即盘亏；三是实存数大于账存数，即盘盈。对于账实相符的情况，不需要进行账务处理；对账实不符的盘盈和盘亏情况，需要进行账务处理。出现盘亏或盘盈，首先要查明原因，然后将清查结果以及账实不符的原因报有关部门批准，经批准后，按照有关规定进行转销处理。对账实核对结果的处理通常要设置"待处理财产损溢"账户，其下设"待处理流动资产损溢"和"待处理固定资产损溢"两个明细账户进行核算。"待处理财产损溢"账户的借方登记各项财产的盘亏数或毁损数额和各项盘盈财产报经批准后的转销数，贷方登记各种资产的盘盈数和毁损财产报经批准后的转销数。企业的各项盘亏、盘盈必须在会计期末结账前处理完毕，因此，该账户期末无余额。

"待处理财产损溢"属于资产类账户，其账户结构如下：

待处理财产损溢

盘亏或毁损数额 盘盈财产的转销	盘盈 盘亏财产的转销

（1）库存现金清查结果的会计处理

在库存现金清查中，如发现库存现金账存数与实存数不符，要查明原因，根据

"库存现金盘点报告表"进行会计处理。

【例7.8】华夏公司在2016年12月31日进行库存现金清查中发现长款200元，其账务处理为：

批准前：

借：库存现金　　　　　　　　　　　　　　　　　　　　　　　　　　200
　　贷：待处理财产损溢——待处理流动资产损溢　　　　　　　　　　　200

经反复核查，未查明原因，报经批准后转作营业外收入。

借：待处理财产损溢——待处理流动资产损溢　　　　　　　　　　　　200
　　贷：营业外收入　　　　　　　　　　　　　　　　　　　　　　　　200

【例7.9】华夏公司在2016年5月31日进行库存现金清查中发现短款100元，具体账务处理如下：

批准前：

借：待处理财产损溢——待处理流动资产损溢　　　　　　　　　　　　100
　　贷：库存现金　　　　　　　　　　　　　　　　　　　　　　　　　100

经查，该短款系出纳员张X的责任，应由张X赔偿。

借：其他应收款——张X　　　　　　　　　　　　　　　　　　　　　100
　　贷：待处理财产损溢——待处理流动资产损溢　　　　　　　　　　　100

（2）存货清查结果的会计处理

当存货盘盈时，要将盘盈存货的价值记入"原材料""库存商品""生产成本"等账户的借方，同时记入"待处理财产损溢——待处理流动资产损溢"账户的贷方。经批准后，冲减当期的管理费用。

【例7.10】华夏公司在2016年的存货清查中盘盈#1号商品240件，共计120 000元，其账务处理为：

批准前：

借：库存商品——#1产品　　　　　　　　　　　　　　　　　　　120 000
　　贷：待处理财产损溢——待处理流动资产损溢　　　　　　　　　120 000

批准后：

借：待处理财产损溢——待处理流动资产损溢　　　　　　　　　　　120 000
　　贷：管理费用　　　　　　　　　　　　　　　　　　　　　　　120 000

当存货盘亏时，在报经批准前应先记入"待处理财产损溢——待处理流动资产损溢"账户的借方，并记入"原材料""库存商品""生产成本"等账户的贷方。经批准后，根据造成亏损的原因，进行相应的账务处理。属于自然损耗产生的定额内的合理损耗，经批准后即可计入管理费用。属于超定额短缺的，能确定过失人的应由过失人负责赔偿；属于保险责任范围内的，应向保险公司索赔；扣除过失人或保险公司赔款和残料价值后的余额，应计入管理费用。属于非常损失所造成的存货毁损，扣除保险公司赔款和残料价值后，应计入营业外支出。

【例7.11】华夏公司本年盘亏甲材料100千克，每千克40元。经查明，由于工作人员失职造成的材料毁损，应由过失人赔偿2 000元，毁损材料残值300元。其会计处理如下：

批准前：

借：待处理财产损溢——待处理流动资产损溢 　　　　　　　　4 680

　　贷：原材料——甲材料 　　　　　　　　　　　　　　　　　　4 000

　　　　应交税费——应交增值税（进项税额转出） 　　　　　　680

批准后：

过失人赔偿部分：

借：其他应收款——XX 　　　　　　　　　　　　　　　　　　2 000

　　贷：待处理财产损溢——待处理流动资产损溢 　　　　　　　2 000

残料作价入库：

借：原材料——甲材料 　　　　　　　　　　　　　　　　　　　300

　　贷：待处理财产损溢——待处理流动资产损溢 　　　　　　　300

扣除过失人赔偿和残料作价后的盘亏数，计入管理费用：

借：管理费用 　　　　　　　　　　　　　　　　　　　　　　2 380

　　贷：待处理财产损溢——待处理流动资产损溢 　　　　　　　2 380

【例7.12】华夏公司本年盘亏乙材料50千克，价值5 000元。经查明，属于非常事故造成的损失，保险公司赔偿3 000元。其会计处理如下：

批准前：

借：待处理财产损溢——待处理流动资产损溢 　　　　　　　　5 850

　　贷：原材料——乙材料 　　　　　　　　　　　　　　　　　5 000

　　　　应交税费——应交增值税（进项税额转出） 　　　　　　850

批准后：

借：其他应收款——XX 保险公司 　　　　　　　　　　　　　3 000

　　营业外支出——乙材料毁损 　　　　　　　　　　　　　　2 850

　　贷：待处理财产损溢——待处理流动资产损溢 　　　　　　　5 850

（3）固定资产清查结果的会计处理

固定资产是一种价值较高、使用期限较长的有形资产。因此，对于管理规范的企业而言，盘盈、盘亏固定资产的情况均比较少见。企业应健全内部控制制度，定期进行盘点清查，以确保固定资产核算的真实性和完整性。

对盘盈的固定资产，要作为前期差错进行处理。盘盈的固定资产通过"以前年度损益调整"科目核算。借"固定资产"账户，贷"以前年度损益调整——盘盈固定资产"账户。

对于盘亏的固定资产，首先要查明盘亏的原因，编写固定资产盘亏报告，报经主管领导批准后方可记入"营业外支出"账户的借方。企业按盘亏的固定资产的账面价值，借记"待处理财产损溢——待处理固定资产损溢"账户；按已经计提的折旧，借记"累计折旧"账户；按已计提的减值准备，借记"固定资产减值准备"账户；按固定资产的原价，贷记"固定资产"账户。按管理权限经批准后处理，借记"营业外支出"账户，贷记"待处理财产损溢——待处理固定资产损溢"账户。

【例7.13】华夏公司在财产清查中，盘亏一台生产设备，原值为120 000元，已计提折旧50 000元，盘亏固定资产已经报有关部门批准。经查明，属于非常事故造成的损失，保险公司赔偿3 000元。具体会计处理如下：

批准前：

借：待处理财产损溢——待处理固定资产损溢   70 000

  累计折旧   50 000

 贷：固定资产   120 000

批准后：

借：营业外支出——盘亏固定资产   67 000

  其他应收款——保险公司   3 000

 贷：待处理财产损溢——待处理固定资产损溢   70 000

（二）对账核对法

企业的银行存款、债权债务以及往来款项的清查多采用对账核对法。如银行存款的清查，通常采用银行存款日记账与开户银行提供的"对账单"进行核对，以确定银行存款账户实际余额、是否存在记账错误或者未达账项等问题。债权债务和往来款项核对多采用"询证核对法"，与对方单位核对账目，以确保债权债务账户余额和往来款项账户余额正确无误。

1. 银行存款核对结果的处理

企业的往来结算业务，大部分是通过银行进行办理，为了正确掌握企业银行存款的实有数，需要定期将企业银行存款日记账的记录与银行转来的对账单进行核对，每月至少核对一次，如二者不符，应查明原因，予以调整。在核对前，首先把清查日止所有银行存款的收、付业务登记入账，对发生的错账、漏账应及时查清更正。然后在与银行的"对账单"逐笔核对，若二者余额相符，一般说明无错误；若发现二者不相符，则可能存在着未达账项。

未达账项是指在企业和银行之间，由于凭证的传递时间不同，导致双方记账时间不一致，即一方已接到有关结算凭证并已经登记入账，另一方由于尚未接到有关结算凭证而尚未入账的款项。未达账项有两大类型：一是企业已经入账而银行尚未入账的款项；二是银行已经入账而企业尚未入账的款项。具体有四种情况：①企业已经收款入账，银行未收款入账的款项；②企业已付款入账，银行未付款入账的款项；③银行已收款入账，企业未收款入账的款项；④银行已付款入账，企业未付款入账的款项。

上述任何一项未达账项都会导致企业银行存款日记账的余额与银行对账单的余额不一致。在与银行对账时，首先应该查明是否存在未达账项，若存在未达账项，则通过编制"银行存款余额调节表"予以调整。"银行存款余额调节表"的编制应在企业银行存款日记账余额与银行对账单余额的基础上，分别加减未达账项，调整后的双方余额应该相符，并且是企业当时实际可以动用的款项。如果调整未达账项后，两者余额仍然不符，则可能是企业和银行双方或一方存在记账错误，如漏记或重记某些经济业务、记账凭证和原始凭证中的数字不符等。未达账项的调整公式为：

企业银行存款日记账余额 ＋ 银行已收企业未收款项 － 银行已付企业未付款项

＝ 银行对账单余额 ＋ 企业已收银行未收款项 － 企业已付银行未付款项

【例 7.14】华夏公司在 2016 年 9 月 30 日银行存款日记账的余额为 112 000 元，银行对账单的余额为 148 000 元，经核对发现下列未达账项：

（1）华夏将收到的销货款 4 000 元存入银行，企业已登记增加，银行尚未入账；

（2）华夏开出转账支票 36 000 元支付购料款，企业已登记减少，银行尚未入账；

（3）收到某单位的购货款 20 000 元，银行已登记增加，华夏尚未入账；

（4）银行代华夏支付水电费 16 000 元，银行已登记减少，华夏尚未入账。

根据上述资料，编制"银行存款余额调整表"，见表 7.64：

表 7.64 　　　　　　　　　　　　**银行存款余额调节表**

2016 年 9 月 30 日

项　　目	金　　额	项　　目	金　　额
企业银行存款日记账余额	112 000	银行对账单余额	148 000
加：银行已收企业未收	20 000	加：企业已收银行未收	4 000
减：银行已付企业未付	16 000	减：企业已付银行未付	36 000
调节后的存款余额	116 000	调节后的存款余额	116 000

表 7.64 中的"调节后的存款余额"两者相符，说明华夏公司的银行存款日记账与开户银行的对账单只存在未达账项，不存在记账错误。"调节后的存款余额"，只表明企业可以实际动用的银行存款数，并非企业银行存款的实际数；"银行存款余额调节表"只是银行存款清查的一种形式，它只起到对账作用，不能作为调节账面余额的原始凭证；银行存款日记账的登记，必须在收到有关原始凭证后再进行。

2. 应收款项核对结果的会计处理

在财产清查中，如发现长期应收而收不回的款项，即坏账损失，经批准后、应予以转销。坏账损失不需要通过"待处理财产损溢"账户进行核算。转销坏账的方法通常采用备抵法。备抵法，是指按期估计坏账损失，形成坏账准备，当某一应收款项全部或部分无法收回时，根据其金额冲减坏账准备，同时转销相应的应收款项金额的一种核算方法。估计坏账损失的方法有应收款项余额百分比法、账龄分析法和销货百分比法等。

采用备抵法，企业需设置"坏账准备"账户。计提坏账准备时，借记"资产减值损失"账户，贷记"坏账准备"账户；实际发生坏账时，借记"坏账准备"账户，贷记"应收账款"账户；发生坏账若又收回来，则借记"应收账款"账户，贷记"坏账准备"账户，然后借记"银行存款"账户，贷记"应收账款"账户。"坏账准备"账户平时（1~11 月）期末余额可能在借方，也可能在贷方，但其年末余额一定在贷方，其账户结构如下：

坏账准备

坏账准备的减少	坏账准备的增加
	年末余额：坏账准备的实有额

【例 7.15】华夏公司在 2014 年年末开始计提坏账准备，该年末应收账款余额为 1 000 000 元，2015 年 5 月实际发生坏账 50 000 元，2015 年年末应收账款余额为 1 500 000 元，2016 年 2 月收回上年转销的坏账 20 000 元，2016 年年末应收账款余额为 800 000 元。华夏公司每年坏账准备的提取比例为应收账款余额的 10%。华夏公司账务处理如下：

2014 年年末计提坏账准备 100 000 元（1 000 000×10%）：

借：资产减值损失   100 000

    贷：坏账准备   100 000

2015 年 5 月发生坏账 50 000 元：

借：坏账准备   50 000

    贷：应收账款   50 000

2015 年年末补提坏账准备 100 000 元（1 500 000×10% - 100 000 + 50 000）

借：资产减值损失   100 000

    贷：坏账准备   100 000

2016 年 2 月收回转销的坏账 20 000 元：

借：应收账款   20 000

    贷：坏账准备   20 000

借：银行存款   20 000

    贷：应收账款   20 000

2016 年年末冲销多计提的坏账准备 90 000 元（800 000×10% - 1 500 000×10% - 20 000）：

借：坏账准备   90 000

    贷：资产减值损失   90 000

3. 应付账款核对结果的会计处理

应付账款清查结果主要是指由于企业的债权人单位已经撤销等原因，导致企业无法支付给对方的应付款项。按照规定，企业确实无法支付的应付款项，经批准后转作营业外收入。

【例 7.16】华夏公司 2016 年 12 月在财产清查中确认，有 10 000 元应付账款无法偿还给债权人 B 公司。经批准转作营业外收入，其会计处理为：

借：应付账款——B 公司   10 000

    贷：营业外收入   10 000

练 习 题

一、名词解释

1. 原始凭证	2. 记账凭证	3. 累计原始凭证	4. 汇总原始凭证
5. 记账凭证	6. 总分类账	7. 明细分类账	8. 日记账
9. 财产清查	10. 全面清查	11. 局部清查	12. 定期清查
13. 不定期清查	14. 未达账项	15. 备查账簿	16. 平行登记

17. 会计核算形式   18. 记账凭证会计核算形式

19. 科目汇总表会计核算形式   20. 汇总记账凭证会计核算形式

21. 备抵法   22. 坏账准备

二、判断题

1. 所有的会计凭证都是登记账簿的依据。   （   ）

2. 外来原始凭证通常都是一次性凭证。   （   ）

3. 限额领料单既是一种自制原始凭证，也是一种累计凭证。   （   ）

4. 为简化核算，可将相类似的经济业务汇总编制一张汇总原始凭证。   （   ）

5. 外来原始凭证遗失时，取得签发单位盖有财务章的证明，经单位负责人批准后，可代作原始凭证。   （   ）

6. 与货币收付无关的业务一律编制转账凭证。   （   ）

7. 列有应借应贷科目的自制原始凭证可以代替记账凭证。   （   ）

8. 现金日记账和银行存款日记账，必须采用订本式账簿，不得用其他任何形式予以代替。   （   ）

9. 为了满足内部牵制原则，实行钱、账分管：通常由出纳人员根据收、付款凭证进行现金收支；然后，将收付款后的现金收款凭证和付款凭证交给会计人员，由会计人员登记三栏式现金日记账。   （   ）

10. 多栏式总分类账是把所有的总账科目合并设在一张账页上，所以也称日记总账。它具有序时账和分类账的作用。   （   ）

11. 登记账簿必须用蓝、黑墨水书写，不得使用圆珠笔、铅笔书写，更不得用红色墨水书写。   （   ）

12. 新的会计年度开始时，必须更换全部账簿，不得只更换总账和现金日记账、银行存款日记账。   （   ）

13. 记账凭证会计核算形式是一种最基本的会计核算形式，其他核算形式都是在它的基础上产生并发展起来的。   （   ）

14. 科目汇总表会计核算形式下，总分类账应依据汇总记账凭证登记。   （   ）

15. 汇总转账凭证是按贷方科目设置，按借方科目归类，定期汇总，按月编制的。   （   ）

16. 会计部门要在财产清查之前将所有的经济业务登记入账并结出余额，做到账账

相符、账证相符，为财产清查提供可靠的依据。   （   ）

17. 定期清查财产一般在期末结账以后进行。   （   ）

18. 坏账损失应批准后可直接冲减"坏账准备"账户，不需要通过"待处理财产损溢"账户。   （   ）

19. 如果银行对账单与企业银行存款日记账余额不符，说明其中一方记账有误。
                    （   ）

20. 对在银行存款清查时出现的未达账项，可编制银行存款余额调节表来调整，编制好的银行存款余额调节表是调节账面余额的原始凭证。   （   ）

21. 未达账项是指在企业与银行之间，由于凭证的传递时间不同，而导致了记账时间不一致，即一方已接到有关结算凭证已经登记入账，而另一方由于尚未接到有关结算凭证尚未入账的款项。   （   ）

22. 为了反映和监督各单位在财产清查过程中查明的各种资产的盈亏或毁损及报废的转销数额，应设置"待处理财产损溢"账户，该账户属于资产类性质账户。（   ）

三、选择题

1. 会计凭证按填制程序和用途，可分为（   ）。
   A. 原始凭证和记账凭证　　　　　B. 单式凭证和复式凭证
   C. 一次凭证和累计凭证　　　　　D. 收款凭证、付款凭证和转账凭证

2. 下列原始凭证中属于外来原始凭证的有（   ）。
   A. 工资结算单　　　　　　　　　B. 发出材料汇总表
   C. 购货发票　　　　　　　　　　D. 收料单

3. 下列原始凭证中属于自制原始凭证的有（   ）。
   A. 购货发票　　　　　　　　　　B. 销售发票
   C. 领料单　　　　　　　　　　　D. 银行转来的入账单

4. 将同类经济业务汇总编制的原始凭证有（   ）。
   A. 一次凭证　　　　　　　　　　B. 累计凭证
   C. 自制原始凭证　　　　　　　　D. 汇总原始凭证

5. 根据连续反映某一时期内不断重复发生而分次进行的特定业务编制的原始凭证有（   ）。
   A. 一次凭证　　　　　　　　　　B. 累计凭证
   C. 自制原始凭证　　　　　　　　D. 汇总原始凭证

6. 企业从开户银行提取现金备发工资，应编制（   ）。
   A. 现金收款凭证　　　　　　　　B. 银行存款付款凭证
   C. 转账凭证　　　　　　　　　　D. A 或 B

7. 记账凭证按与货币资金收付业务是否有关，可分为（   ）。
   A. 汇总记账凭证　　　　　　　　B. 收款凭证
   C. 付款凭证　　　　　　　　　　D. 转账凭证

8. 收款凭证可以作为出纳人员（   ）的依据。

A. 收入货币资金　　　　　　　　B. 付出货币资金

C. 登记现金日记账　　　　　　　D. 登记银行存款日记账

9. 账簿按其用途分类，可以分为（　　）。

　　A. 序时账簿　　　　　　　　　　B. 订本式账簿

　　C. 分类账簿　　　　　　　　　　D. 备查账簿

10. 库存现金、银行存款日记账的账页格式主要有（　　）。

　　A. 三栏式　　　　　　　　　　　B. 多栏式

　　C. 卡片式　　　　　　　　　　　D. 数量金额式

11. 下列错误中，可用红字更正法的是（　　）。

　　A. 在结账前，发现记账凭证无误，但账簿记录中文字或数字登账有误

　　B. 记账凭证入账金额正确，只是会计科目错误或者科目对应关系错误

　　C. 记账凭证所填列的会计科目及其对应关系正确，只是金额错误，而且实际填
　　　　列的金额大于应记金额

　　D. 在记账后结账前，发现记账凭证中应借、应贷的会计科目及其对应关系正
　　　　确，但实际填写的金额小于应记的金额

12. 下列账户中，适用于多栏式明细账的有（　　）。

　　A. "管理费用"明细账　　　　　　B. "本年利润"明细账

　　C. "累计折旧"明细账　　　　　　D. "长期待摊费用"明细账

13. 固定资产明细账一般采用（　　）形式。

　　A. 订本式账簿　　　　　　　　　B. 卡片式账簿

　　C. 活页式账簿　　　　　　　　　D. 多栏式明细账

14. "库存商品"明细账一般采用（　　）格式。

　　A. 三栏式明细账　　　　　　　　B. 活页式

　　C. 数量金额明细账　　　　　　　D. 卡片式

15. 若记账凭证上的会计科目和应借应贷方向正确，但实际填写金额小于应记金
额，并据以登记入账，对此应采用（　　）更正。

　　A. 划线更正法　　　　　　　　　B. 红字更正法

　　C. 补充登记法　　　　　　　　　D. 编制相反分录冲减

16. 总分类账户与明细分类账户平行登记的内容包括（　　）。

　　A. 登记依据相同　　　　　　　　B. 登记方向一致

　　C. 记账金额相等　　　　　　　　D. 登记时间相同

17. 对账的内容包括（　　）。

　　A. 账账核对　　　　　　　　　　B. 账证核对

　　C. 账实核对　　　　　　　　　　D. 账表核对

18. 各种会计核算形式之间的主要区别在于（　　）。

　　A. 总账的格式不同　　　　　　　B. 登记总账的依据不同

　　C. 会计凭证的种类不同　　　　　D. 编制会计报表的依据不同

19. （　　）的主要特点是直接根据记账凭证逐笔登记总分类账。

A. 记账凭证会计核算形式　　　　　　B. 科目汇总表会计核算

C. 汇总记账凭证会计核算形式　　　　D. 日记总账会计核算形式

20. 在汇总记账凭证会计核算形式下，为了编制汇总转账凭证，一般宜编制（　　）的记账凭证。

A. 一借多贷　　　　　　　　　　　B. 多借多贷

C. 一借一贷　　　　　　　　　　　D. 一贷多借

21. 在科目汇总表会计核算形式下，为了编制科目汇总表的需要，企业宜编制（　　）。

A. 复式记账凭证　　　　　　　　　B. 单式记账凭证

C. 汇总记账凭证　　　　　　　　　D. 累计性凭证

22. 以记账凭证为依据，按有关账户的贷方分别设置，按与其对应的借方账户归类汇总的有（　　）。

A. 汇总收款凭证　　　　　　　　　B. 汇总转账凭证

C. 汇总付款凭证　　　　　　　　　D. 科目汇总表

23. 对于库存现金的清查，应将其结果及时填列（　　）。

A. 盘存单　　　　　　　　　　　　B. 实存账存对比表

C. 现金盘点报告单　　　　　　　　D. 对账单

24. 对于大量成堆难以清点的财产物资，应采用的清查方法是（　　）。

A. 实地盘点法　　　　　　　　　　B. 抽样盘点法

C. 查询核对法　　　　　　　　　　D. 技术推算法

25. 下列项目的清查应采用询证核对法的是（　　）。

A. 原材料　　　　　　　　　　　　B. 应付账款

C. 实收资本　　　　　　　　　　　D. 交易性金融资产

26. 对于盘盈的固定资产的净值经批准后应贷记的会计科目是（　　）。

A. 营业外收入　　　　　　　　　　B. 营业外支出

C. 管理费用　　　　　　　　　　　D. 待处理财产损溢

27. 企业计提应收账款可能发生的坏账损失，应借记的会计科目是（　　）。

A. 坏账准备　　　　　　　　　　　B. 资产减值损失

C. 待处理财产损溢　　　　　　　　D. 管理费用

28. 使企业银行存款日记账余额大于银行对账单余额的未达账项是（　　）。

A. 企业先收款记账而银行未收款记账的款项

B. 银行先收款记账而企业未收款记账的款项

C. 银行先付款记账而企业未付款记账的款项

D. 企业先付款记账而银行未收款记账的款项

29. 企业进行全部清查主要发生的情况有（　　）。

A. 年终结算后　　　　　　　　　　B. 清产核资时

C. 关停并转时　　　　　　　　　　D. 单位主要负责人调离时

30. "银行存款余额调节表"是（　　）。

A. 调整账面记录的原始依据　　　　B. 盘存表的表现形式

C. 只起到对账作用　　　　D. 银行存款清查的方法

31. 采用实地盘点法进行清查的项目有（　　）。

A. 固定资产　　　　B. 库存商品

C. 银行存款　　　　D. 库存现金

32. 查询核实法适用于（　　）。

A. 固定资产的清查　　　　B. 预付账款的清查

C. 外埠存款的清查　　　　D. 短期借款的清查

33. 全面清查的对象包括（　　）。

A. 货币资金　　　　B. 各种实物资产

C. 往来款项　　　　D. 在途材料、商品

34. 编制"银行存款余额调节表"时，计算调节后的余额应以企业银行存款日记账余额（　　）。

A. 加企业未入账的收入款项　　　　B. 加银行未入账的收入款项

C. 减企业未入账的支出款项　　　　D. 减银行未入账的支出款项

四、简答题

1. 简述错账的更正方法及其适用范围。

2. 简述总分类账与明细分类账的平行登记。

3. 简述记账凭证会计核算形式的主要特点、优缺点及适用范围。

4. 简述科目汇总表会计核算形式的主要特点、优缺点及适用范围。

5. 简述汇总记账凭证会计核算形式的主要特点、优缺点及适用范围。

6. 进行财产清查有什么意义？

7. 什么情况下需要对企业的资产进行全面清查？

8. 什么是定期清查？定期清查一般什么时候进行？

9. 什么是不定期清查？什么情况下进行不定期清查？

10. 财产清查按清查的对象分为哪几类？

11. 企业与银行之间的未达账项有哪几种？

12. 财产清查结果的账务处理分为哪两步？

五、业务题

1. 某企业 2017 年 7 月份发生的部分经济业务如下：

（1）向银行取得临时周转借款 300 000 元存入开户银行。

（2）以现金 500 元购买行政零星办公用品。

（3）投资方 A 公司追加投资 1 000 000 元存入开户银行。

（4）职工小王预借差旅费 1 000 元，以现金付讫。

（5）购进甲材料 100 000 元，开出转账支票支付 80 000 元，其余款项暂欠未付。

（6）从开户银行提取现金 500 000 元，备发工资。

（7）销售产品 12 000 元，货款尚未收到。

（8）领用甲材料一批，其中生产车间领用 50 000 元，行政管理部门领用 1 000 元。

（9）结转本月完工产品成本 100 000 元。

要求：分析上列经济业务，说明应填制何种记账凭证，并编制会计分录（购销业务考虑增值税）。

2. 某工业加工企业将账簿记录与记账凭证进行核对时，发现下列错账：

（1）开出现金支票 1 800 元，支付企业行政管理部门的日常零星开支。记账凭证所列会计分录为：

借：管理费用	1 800
贷：库存现金	1 800

（2）结转本月已完工产品的制造成本共计 4 500 元。记账凭证所列会计分录为：

借：库存商品	5 400
贷：生产成本	5 400

（3）收到客户交来上月所欠货款 8 700 元存入开户银行。记账凭证所列会计分录为：

借：银行存款	7 800
贷：应收账款	7 800

（4）分配本月应付职工工资总额 400 000 元，其中产品生产工人工资为 240 000 元，车间管理人员工资为 60 000 元，企业行政部门人员工资为 100 000 元。记账凭证所列会计分录为：

借：生产成本	240 000
制造费用	60 000
管理费用	100 000
贷：银行存款	400 000

（5）结转本月已销产品的成本 48 000 元。记账凭证所列会计分录为：

借：主营业务成本	45 000
贷：库存商品	45 000

（6）用银行存款支付所欠供应单位货款 3 600 元。记账凭证所列会计分录为：

借：应付账款	5 600
贷：银行存款	5 600

（7）厂办秘书小李出差回来报销差旅费 4 000 元，原预借 4 600 元，余款交回现金。记账凭证所列会计分录为：

借：制造费用	4 000
库存现金	600
贷：其他应收款	4 600

（8）收到购货单位存入的包装物押金 780 元。记账凭证所列会计分录为：

借：银行存款	870
贷：其他业务收入	870

要求：分析上述经济业务，分别指出错误的类型、更正方法并予以更正。

3. 某企业 2017 年 8 月 31 日的银行存款日记账账面余额为 1 383 200 元，而银行对账单上企业存款余额为 1 363 200 元，经逐笔核对，发现 8 月份有以下未达账项：

(1) 8 月 26 日企业开出转账支票 6 000 元，持票人尚未到银行办理转账，银行尚未登账；

(2) 8 月 28 日企业委托银行代收款项 8 000 元，银行已收款入账，但企业未接到银行的收款通知，因而未登记入账；

(3) 8 月 29 日，企业送存购货单位签发的转账支票 30 000 元，企业已经登记入账，银行尚未登记入账；

(4) 8 月 30 日，银行代企业支付的水电费 4 000 元，企业尚未接到银行的付款通知，故未登记入账。

要求：根据以上有关内容，编制"银行存款余额调节表"，并分析调节后是否需要编制有关会计分录。

4. 某企业 2017 年 5 月最后三天银行存款日记账表 7.65 与银行对账单表 7.66 的记录如下：

表 7.65　　　　　　　　　　　　银行存款日记账

年		凭证		摘要	结算凭证		收入	支出	余额
月	日	字	号		种类	号码			
				余额					70 000
5	29	银付	28	付业务招待费	转支	241602		120	
5	29	银付	29	付运费	转支	241603		100	
5	30	银收	15	收销货款			10 000		
5	31	银收	16	收销货款			6 300		
5	31	银付	30	付购料款	转支	241604		1 400	84 680

表 7.66　　　　　　　　　　　　银行对账单

2017		摘要	结算凭证		收入	支出	余额
月	日		种类	号码			
		余额					70 000
5	29	代收货款			10 000		
	30	代付水电费				2 700	
	31	代收货款			3 500		
	31	付业务招待费	转支	241602		120	
	31	付运费	转支	241602		100	80 580

要求：根据资料将银行存款日记账与银行对账单余额核对，确定未达账项；编制 2017 年 5 月 31 日的银行存款余额调节表。

5. 红星公司经财产清查，发现盘亏 B 材料 100 吨，每吨单价 200 元。经查明，属于定额内合理的损耗有 5 吨，计 1 000 元；属于过失人造成的由责任人赔偿 40 吨，计 8 000 元；属于自然灾害造成的损失为 55 吨，计 11 000 元，但由保险公司赔偿 6 000 元。该材料购进时发生的增值税已抵扣，增值税率为 17%。

要求：进行批准前后的会计处理。

6. 红星公司在财产清查中发现盘盈全新的机器设备一台，市场上类似机器设备的售价为 200 000 元。要求：进行批准前后的账务处理。

7. 红星公司在财产清查时，发现盘亏机器设备一台，账面原值为 280 000 元，已累计折旧 200 000 元。要求编制批准前后的账务处理。

下篇 会计实务

　　本篇分六个模块讲授企业主要业务会计核算，包括资金筹集业务核算、生产准备业务核算、生产业务核算、销售业务核算、利润实现及分配业务核算、财务会计报告的编制与分析，目的是使学生掌握（工业）企业主要业务流程、核算内容和财务报表的构成、编制及分析技术。

第八章 资金筹集业务核算

无论是新设的企业，还是存续的企业，资金筹集都是其主要经济业务之一。资金筹集既是企业开展生产经营活动的前提，又是企业扩大再生产的必要条件。从企业理财实践看，企业筹集资金的来源主要有股权融资和负债融资两种，其中股权融资方式包括吸收直接投资、发行股票和内部留存利润等，负债融资方式包括发行债券、银行借款、融资租赁和商业信用等。融资租赁是一种既融资又融物的融资行为，往往与固定资产的取得联系在一起，属于生产准备业务的范畴；商业信用是企业在购销活动中发生的应付及预收款项的自然性融资行为，其内容往往与生产准备业务和销售业务相联系；而内部留存利润则属于利润分配范畴。因此，本章主要讲解吸收直接投资、发行股票、银行借款和发行债券业务的核算。

第一节 吸收直接投资业务的核算

一、吸收直接投资的含义及筹资主体

（一）吸收直接投资的含义

按照国际惯例，企业设立必须具备一定的资本金。企业的资本金是企业所有者为创办和发展企业而投入的资本，是企业股权资本的最基本部分。企业资本金因企业组织形式而有不同的表现形式，在股份制企业称为"股本"，在非股份制企业则称为"投入资本"。

吸收直接投资是指企业以协议等形式吸收国家、其他企业、个人和外商投资者等直接投入的资本。吸收直接投资不以股票为媒介，适用于非股份制企业，它是非股份制企业筹集股权资本的一种基本形式。

（二）吸收直接投资的筹资主体

从法律上讲，现代企业主要有三种组织形式，也可以说是三种企业制度，即独资企业、合伙企业和公司制企业。其中，公司制企业又分为有限责任公司（包括国有独资公司）和股份有限公司。除股份有限公司通过发行股票筹措权益资本外，其他组织形式的企业，如独资企业、合伙企业、有限责任公司、国有独资公司、国有企业、集体企业等，都可广泛采用吸收直接投资方式筹集资金。

二、吸收直接投资的种类

吸收直接投资可以有多种类型，企业可根据规定选择采用，筹措所需要的股权资本。

（一）按投入资本的主体分类

按投资主体的不同，吸收直接投资可分为：

1. 国家资本

国家资本是指有权代表国家投资的政府部门或机构以国有资产投入企业形成的资本。当前，除了原来国家以拨款形式投入企业所形成的各种资金外，用利润归还贷款后所形成的国家资金、财政和主管部门拨给企业的专用拨款以及减免税后形成的资金，也应视为国家资本。

2. 法人资本

法人资本是指其他企业、事业单位等法人单位以其依法可支配的资产投入企业所形成的资本。

3. 个人资本

个人资本是指社会个人或本企业内部职工以个人合法财产投入企业所形成的资本。

4. 外商资本

外商资本是指外国投资者和我国港、澳、台地区投资者以其拥有的合法财产投入企业所形成的资本。

（二）按投资者的出资形式分类

按投资者的出资形式不同，吸收直接投资可分为：

1. 吸收现金投资

吸收现金投资是企业吸收直接投资最乐于接受的形式。企业有了现金，可用于购置资产、支付费用、偿还债务、发放投资者利润等，比较灵活方便。各国法规大多对现金出资比例做出规定，或由筹资各方协商确定。

2. 吸收非现金资产投资

吸收非现金资产主要有两类：一是吸收实物资产投资，即投资者以房屋、建筑物、机器设备等固定资产和原材料、燃料、库存商品等存货作价出资；二是吸收无形资产投资，即投资者以专利权、非专利技术、商标权、著作权、土地使用权等无形资产作价出资。

三、吸收直接投资业务的核算

（一）账户设置

1. "实收资本"账户

为了反映和记录非股份制企业吸收直接投资筹集的资本，应该设置"实收资本"账户。该账户属于所有者权益类账户，贷方登记投资者投入的资本额；借方登记企业因减资等原因减少的资本额；余额通常在贷方。该账户一般应按投资主体设置明细账，进行明细分类核算。

2. "资本公积"账户

资本公积是指投资者或其他主体投入，所有权归属于投资者，但不构成实收资本的那部分资本或资产。资本公积与实收资本虽然都属于投入资本范畴，但两者又有区别。实收资本一般是投资者投入的、为谋求价值增值的原始投资，而且属于法定资本，与企业的注册资本相一致。因此，实收资本无论是在来源上，还是金额上，都有比较严格的限制。资本公积是企业收到的投资者超出其在企业注册资本（或股本）中所占份额的投资，以及直接计入所有者的利得或损失。资本公积除了投入资本产生的资本或股本溢价之外，其他业务也会产生资本公积，如直接计入所有者权益的利得或损失，权益法核算长期股权投资被投资单位所有者权益的其他变动，以及采用权益结算的股份支付等所涉及的其他资本公积项目。

"资本公积"账户属于所有者权益类账户，其贷方登记因上述原因增加的资本额；借方登记因转增资本等原因减少的资本额；余额一般在贷方。该账户应当分"资本溢价（股本溢价）""其他资本公积"进行明细核算。

3. 有关资产账户

企业吸收直接投资，应按收到资产的价值记录有关资产的增加，记入相应的资产账户，如"固定资产""无形资产""库存商品""原材料"等。

（二）会计处理

1. 接受货币资金投资

企业接受货币资金投资，一方面反映银行存款的增加，记入"银行存款"账户；另一方面反映投入资本的增加，记入"实收资本"账户。如果实际收到的金额大于投资者在企业注册资本中享有的份额，该资本溢价金额应记入"资本公积"账户。

【例8.1】2016年1月10日，根据投资协议，公司收到投资者A公司实际缴付的投资额200 000元，存入开户银行。该投资者实际应缴金额180 000元，占公司注册资本的5%。

借：银行存款   200 000
  贷：实收资本——A公司   180 000
    资本公积——资本溢价   20 000

2. 接受实物资产投资

企业接受实物资产投资，按规定办理实物转移手续后，一般按投资各方签订的合同或协议约定的价值和相关税费入账，投资各方签订的合同或协议约定的价值不公允的除外。根据投资者投入的实物资产，按照合同或协议约定的价值和相关税费，借方记入"固定资产""库存商品""原材料"等账户，按投入资本在注册资本或股本中所占的份额，贷方记入"实收资本"账户，差额记入"资本公积—资本溢价"账户。如果收到投资者以原材料、库存商品、固定资产等实物资产投资，按规定取得增值税专用发票的，还应按增值税专业发票上注明的税款，借记"应交税费——应交增值税

（进项税额）"账户。如果投资者投入的是旧的固定资产，应按照投资各方评估确认的价值入账，评估价值不公允的除外，借方记入"固定资产"账户，按投入资本在注册资本或股本中所占的份额，贷方记入"实收资本"账户，差额记入"资本公积——资本溢价"账户。

【例8.2】2016年1月14日，根据投资协议，公司收到投资者B公司投入机器设备一台，设备原值为600 000元，评估确认的公允价值为450 000元，占注册资本的份额为450 000元。B公司开出增值税专用发票，注明增值税为76 500元。该机器设备已经运到公司，该设备不需要安装。

借：固定资产 450 000
　　应交税费——应交增值税（进项税额） 76 500
　贷：实收资本——B公司 450 000
　　　资本公积——资本溢价 76 500

3. 接受无形资产投资

企业接受无形资产投资时，应按照合同、协议或公司章程规定，在移交有关凭证后，在合同或协议约定的价值公允的前提下，应按照投资合同或协议约定的价值作为入账价值。如果合同或协议约定的价值不公允的，则按无形资产的公允价值入账。无形资产的入账价值与折合资本额之间的差额，作为资本或股本溢价，计入资本公积。账务处理为：借记"无形资产"账户，贷记"实收资本"账户，差额部分记入"资本公积——资本溢价"账户。

【例8.3】2016年1月18日，根据投资协议，公司收到投资者C公司投入专利权一项，公允价值300 000元。该项专利权已按规定办理技术资料和凭证等转移手续。

借：无形资产——专利权 300 000
　贷：实收资本——C公司 300 000

第二节　发行股票筹资业务的核算

一、发行股票筹资的含义及筹资主体

（一）发行股票筹资的含义

发行股票筹资是指股份有限公司通过发行股票筹集资金。股票是股份有限公司为筹措股权资本而发行的有价证券，是持股人拥有公司股份，并凭借其分享公司利润的所有权凭证。股票持有人即为公司股东。公司股东作为出资人按投入公司的资本额享有所有者的资产受益、公司重大决策和选择管理者的权利，并以所持股份对公司债务承担有限责任。

股票按股东享有的权利与义务不同可分为普通股和优先股。普通股是股份有限公司发行的无特别权利的股份，也是最基本的、最标准的股份。通常情况下，股份有限公司只发行普通股。普通股股东享有以下权利：

（1）经营管理决策权。普通股股东可出席或委托代理人出席股东大会，并依公司章程规定行使表决权，享有选举和被选举为公司董事的权利。这是普通股股东参与公司经营管理决策的基本方式。

（2）股份转让权。普通股股东持有的公司股份可自由流通转让，但必须符合《中华人民共和国公司法》（以下简称《公司法》）以及其他法规和公司章程规定的条件和程序。

（3）盈余分享权。普通股股东可以按其持股比例分享公司盈余，但其股利不固定。

（4）审查权和质询权。普通股股东可依法对公司账目和股东大会决议行使审查权，也可以对公司事务进行质询。

（5）剩余财产分配权。公司破产清算时，普通股股东可按有关法律法规规定，分享公司的剩余财产。

（6）公司章程规定的其他权利，如优先认股权等。

优先股是股份有限公司发行的优先于普通股股东分取股利和公司剩余财产的股票。优先股具有如下特征：

（1）优先分配公司盈余。股份有限公司发行的优先股往往具有面值，而且股票票面上载有固定的优先股股利率。在每一会计年度终了，公司在发放普通股股利之前，先按优先股股利率支付优先股股利。

（2）优先分配剩余财产。公司破产清算时，优先股股东优先于普通股股东分配公司剩余财产。

（3）没有经营管理决策权。作为代价，优先股股东不享有公司经营管理决策权，没有表决权。

（二）发行股票筹资的主体

发行股票筹资是股份有限公司筹措股权资本的基本方式。非股份制企业不能发行股票，因此，发行股票筹资的主体只能是股份有限公司。

从理论上讲，公司发行股票是一种市场化行为，公司发行股票的价格可以高于、等于或低于股票面值，即溢价发行、等价发行和折价发行。实践中，许多国家都对公司股票发行价格做出限制，尤其是限制公司折价发行股票。如我国《公司法》规定，公司股票发行价格可按高于股票面值的价格发行（溢价发行），也可按股票面值发行，但不得按低于股票面值的价格发行（折价发行）。

二、发行股票筹资的条件和程序

（一）发行股票筹资的条件

我国《公司法》规定，公司首次发行股票应具备下列条件：

（1）发起人认缴和社会公开募集的股本达到法定资本最低限额。

（2）发起设立的，需由发起人认购公司应发行的全部股份。

（3）募集设立的，发起人认购的股份不得少于公司股份总数的35%，其余股份应向社会公开募集。

（4）发起人应有 5 人以上，其中须有过半数人在中国境内有住所。

（5）发起人以工业产权、非专利技术作价出资的金额不得超过股份有限公司注册资本的 20%。

（二）发行股票筹资的程序

我国《公司法》规定，公司发行股票应遵循下列基本程序：

（1）发起人认足股份，缴付出资。股份有限公司的设立，可以采取发起设立或者募集设立两种方式。无论采用哪种设立方式，发起人均须认足其应认购的股份。若采用发起设立方式，须由发起人认购公司应发行的全部股份；若采用募集设立方式，须由发起人至少认购应发行股份的法定比例（不低于 35%），其余部分向社会公开募集。

发起人可以用现金出资，也可以用实物、工业产权、非专利技术、土地使用权作价出资。在募集设立方式下，发起人认足其应认购的股份并缴付出资后，其余股份向社会公开发行。

（2）提出募集申请。发起人向社会公开募集股份时，必须向国务院证券监督管理委员会递交募股申请，并报送相关文件材料，包括公司章程、经营估算书、发起人姓名或者名称、发起人认购的股份数、出资种类及验资证明、招股说明书、代收股款银行的名称及地址、承销机构的名称及有关协议。

（3）公告招股说明书，制作认股书，签订承销协议。在向社会公开募股申请获得批准后，发起人应在规定期限内向社会公开招股说明书，并制作认股书。招股说明书应附有公司章程，并载明发起人认购的股份数、每股的票面金额和发行价格、无记名股票的发行总数、认股人的权利与义务、本次募股的起止期限、逾期未募足时认购人可撤回所认股份的说明等事项。认股书应当载明招股说明书所列事项，由认股人填写所认股数、金额、认股人住所，并签名、盖章。

发起人向社会公开发行股票，应当由依法设立的证券承销机构承销，并签订承销协议；还应当同银行签订代收股款协议。

（4）招认股份，缴纳股款。发行股票的发起人或其股票承销机构，通常以广告或书面通知的方式招募股份。认购者认股时，需在认股书上填写认股数、金额、认股人住所，并签名、盖章。认购者填写了认股书，就要承担认股书中约定的缴纳股款的义务。

认股人应在规定的期限内向代收股款的银行缴纳股款，并交付认股书。收款银行应向缴纳股款的认股人出具需由发起人签名盖章的股款缴纳收据，并负责向有关部门出具收缴股款的证明。缴足后，发起人应当委托法定的机构进行验资，并出具验资证明。

三、发行股票筹资业务的核算

（一）账户设置

1. "股本"账户

该账户用来核算股份有限公司发行股票筹集的股本金额。无论是溢价发行，还是等价发行，该账户一律按股票面值总额入账。该账户的性质和用法与"实收资本"账户基本相同。

2. "资本公积" 账户

股份有限公司溢价发行股票的溢价收入扣除股票发行费用（如股票印刷费用、宣传费用、股票承销费等）的差额（股本溢价），应记入 "资本公积" 账户。与发行权益性证券直接相关的手续费、佣金等交易费用，记入本账户的借方。"资本公积" 账户的性质与用法见第八章第一节。

（二）会计处理

1. 溢价发行股票的会计处理

股份有限公司溢价发行股票，按实收股款金额借记 "银行存款" 账户；按股票面值总额贷记 "股本" 账户；按股票发行溢价收入扣除发行费用后的差额，贷记 "资本公积——股本溢价" 账户。

【例 8.4】某股份公司 2017 年 3 月 10 日发行股票 1 000 000 股，每股面值 5 元，发行价 8 元，按约定支付证券承销商发行价款 2% 的手续费，股票已发行完毕，股票金额已划转本公司开户银行。

本例中：

股票面值总额 = 1 000 000 × 5 = 5 000 000（元）

股票发行总收入 = 1 000 000 × 8 = 8 000 000（元）

股票发行费用 = 8 000 000 × 2% = 160 000（元）

股票发行净收入 = 8 000 000 − 160 000 = 7 840 000（元）

会计分录为：

借：银行存款　　　　　　　　　　　　　　　　　　　　7 840 000
　　贷：股本　　　　　　　　　　　　　　　　　　　　5 000 000
　　　　资本公积——股本溢价　　　　　　　　　　　　2 840 000

2. 面值发行股票的会计处理

股份有限公司按面值等价发行股票，应按实收股款金额，借记 "银行存款" 账户；按股票面值总额，贷记 "股本" 账户；按股票发行费用，借记 "资本公积——股本溢价" 账户。

【例 8.5】续例 8.4，如果该公司按面值等价发行股票，发行价格为每股 5 元。其他资料同上。

本例中：

股票发行净收入 = 5 000 000 − 100 000 = 4 900 000（元）

会计分录为：

借：银行存款　　　　　　　　　　　　　　　　　　　　4 900 000
　　资本公积——股本溢价　　　　　　　　　　　　　　100 000
　　贷：股本　　　　　　　　　　　　　　　　　　　　5 000 000

第三节　银行借款筹资业务的核算

一、银行借款筹资的含义及筹资主体

（一）银行借款筹资的含义和种类

银行借款筹资是企业按照借款合同从银行或非银行金融机构借入各种款项的筹资方式。它广泛适用于各类企业，是企业获得负债资本的最广泛、最普遍的筹资方式。银行信贷资本拥有居民储蓄、单位存款等经常性的资金来源，贷款方式灵活，可以适用于各类企业负债资本筹集的需要。

银行借款按照偿还期的长短可分为短期借款和长期借款。

1. 短期借款

短期借款又称流动资金借款，是指企业向银行等金融机构借入的、偿还期在 1 年以下（含 1 年）的各种借款。短期借款按用途可分为：

（1）流动资金借款。流动资金借款是企业在核定流动资金计划占用额的基础上，由于自有流动资金未达到规定比例而向银行申请的借款。

（2）生产周转借款。生产周转借款是企业为满足生产周转的需要，在确定的流动资金计划占用额的范围内，弥补自有流动资金和流动资金借款不足部分而向银行借入的款项。核定的流动资金定额，扣除企业自有流动资金、流动资金借款和视为自有流动资金（定额负债）后的不足部分，通常为生产周转借款。

（3）临时借款。临时借款是企业在生产经营过程中由于临时性或季节性原因形成超额物资储备，其是为解决资金周转困难而向银行取得的借款。

（4）结算借款。结算借款是企业采用托收承付结算方式向异地发出商品，在委托银行收款期间为解决在途结算资金占用的需要，以托收承付结算凭证为保证向银行借入的款项。

2. 长期借款

长期借款是指企业向银行等金融机构借入的、偿还期在 1 年以上的各种借款。长期借款按用途可分为：

（1）基本建设借款。基本建设借款是企业为新建、改建、扩建以及购置固定资产而向银行或其他金融机构借入的期限在 1 年以上的借款。

（2）更新改造借款。更新改造借款是企业为进行技术改造、设备更新等而向银行或其他金融机构借入的期限在 1 年以上的借款。

（3）科研开发和新产品试制借款。这是企业为进行研究开发和新产品试制、推介等而向银行或其他金融机构借入的期限在 1 年以上的借款。

（二）银行借款筹资的主体

银行借款筹资广泛适用于各类企业，且不论企业采取何种所有制性质、组织形式以及企业规模大小等，都可以采用银行借款这种筹资方式。

银行信贷资本是各类企业筹资的重要来源。在我国，银行分为商业银行和非银行金融机构。商业银行包括中国工商银行、中国建设银行、中国农业银行、中国银行以及交通银行等。政策性银行有国家开发银行、中国进出口银行和农业发展银行。商业银行可以为各类企业提供各种商业贷款；政策性银行主要为特定企业提供一定的政策性贷款。

广义的银行借款筹资还包括非银行金融机构借款。在我国，非银行金融机构主要有保险公司、证券公司、信托投资公司、租赁公司和企业集团的财务公司等。它们也能为企业提供融资融物、证券承销、信托理财等广泛的筹资服务。

二、银行借款筹资的条件和程序

（一）银行借款筹资的条件

申请借款的企业一般应具备以下条件：

（1）实行独立核算，自负盈亏，具有法人资格；

（2）经营方向和业务范围符合国家产业政策，借款用途属于银行贷款办法规定的范围；

（3）具有一定的物资和财产保证，担保单位具有相应的经济实力；

（4）具有偿还贷款本金的能力；

（5）财务管理和经济核算制度健全，资金使用效益及企业经济效益良好；

（6）在银行开立账户，办理结算。

（二）银行借款筹资的程序

1. 企业提出申请

我国金融部门对贷款规定的基本原则是：按计划发放，择优扶植，有物资做保障，按期归还。企业向银行等金融机构借款时，应在申请书上写明借款种类、借款数额、借款用途、借款原因、还款日期。另外，还要详细写明流动资金的占用额、借款限额、预计销售额、销售收入资金率等有关指标。

2. 银行进行审批

银行针对企业的借款申请，按照有关规定和贷款条件，对借款企业进行审查，依据审批权限，核准企业申请的借款金额和用款计划。银行审查的内容包括：①企业的财务状况；②企业的信用状况；③企业的盈利稳定性；④企业的发展前景；⑤借款投资项目的可行性等。

3. 签订借款合同

银行经审查批准借款合同后，与借款企业可进一步协商贷款的具体条件，签订正式的借款合同，明确规定贷款的数额、利率、期限和一些限制性条款。

4. 企业取得借款

借款合同生效后，银行可在核定的贷款指标范围内，根据用款计划和实际需要，一次或分次将贷款转入企业的存款结算户，以便企业支用借款。

5. 企业偿还借款

企业应按借款合同的规定按期付息还本。企业偿还贷款的方式通常有三种：①到期一次还本付息；②分期付息，到期还本；③分期等额偿还本息。不论是哪种还款方式，借款企业都必须按约定的还款条件清偿借款。

贷款到期经银行催收，如果借款企业不予偿付，银行可按合同规定，从借款企业的存款户中扣划贷款本息并加收罚息。借款企业如因暂时财务困难，需延期偿还贷款时，应向银行提交延期还款计划，经银行审查核实，续签合同，但通常需要加收利息。

三、银行借款筹资业务的核算

（一）账户设置

1. "短期借款"账户

"短期借款"账户用来反映企业短期借款的增减变动及其余额。该账户属于负债类账户，贷方登记取得的短期借款的本金数额；借方登记归还的短期借款的数额；余额通常在贷方，反映尚未到期归还的短期借款数额。本账户可按借款种类、贷款人和币种进行明细分类核算。

2. "长期借款"账户

"长期借款"账户用来反映企业长期借款的增减变动及其余额。该账户属于负债类账户，贷方登记企业取得的长期借款本金及按期计提的利随本清的长期借款利息数额；借方登记归还的长期借款数额；余额通常在贷方，反映尚未到期归还的长期借款数额。本账户可按贷款单位和贷款种类，分"本金""利息调整"等进行明细分类核算。

3. "应付利息"账户

"应付利息"账户用来反映企业按期计提的分期付息、到期还本的长期借款利息数额。该账户属于负债类账户，贷方登记按期计提的分期付息、到期还本的长期借款利息；借方登记归还的该项利息数额；余额通常在贷方，反映已经计提但尚未支付的该项利息数额。

4. "财务费用"账户

"财务费用"账户用来核算银行借款的手续费和短期借款利息，以及应予费用化记入当期损益的长期借款利息。

5. "在建工程"账户

"在建工程"账户用来反映企业应予资本化记入固定资产成本的长期借款及长期债券利息。

按照《企业会计准则第17号——借款费用》的规定，企业借入的长期借款，如果与固定资产的购置建造有关，在固定资产达到预定可使用状态前，其利息应予以资本化，列支固定资产建造成本，记入"在建工程"账户；如果该项长期借款与固定资产的购建无关，或者虽然有关，但该项固定资产已经达到预定可使用状态，则利息应予以费用化，列支当期损益，记入"财务费用"账户。

（二）会计处理

1. 取得借款的会计处理

企业从银行等金融机构取得长、短期借款，应借记"银行存款"账户；贷记"短期借款"或"长期借款"账户。

【例8.6】2016年4月1日，公司从该市工商银行借入一笔利率为8%、期限1年、金额为200 000元的生产周转借款，借款已转存开户银行。该借款利息连同本金于到期时一次归还。

借：银行存款   200 000
 贷：短期借款——××工商银行   200 000

【例8.7】2014年1月1日，公司从该市建设银行借入一笔利率为12%、期限3年、金额为500 000元的固定资产更新改造借款，借款已转存开户银行。该项借款于到期时一次还本付息。

借：银行存款   500 000
 贷：长期借款——本金   500 000

2. 借款利息的处理

短期借款利息应于资产负债表日或于到期日归还时，直接记入当期损益，借记"财务费用"账户，贷记"银行存款"账户。

对于长期借款，凡是用于固定资产购建的专门借款的利息和借款费用，在该固定资产达到预定可使用状态之前，应予以资本化，记入工程成本，借记"在建工程"账户；固定资产达到预定可使用状态后，应予以费用化，记入当期损益，借记"财务费用"账户。若为分期付息、到期还本的长期借款，按期计提利息时应贷记"应付利息"账户；若为利随本清的长期借款，则按期计提的借款利息应贷记"长期借款——利息调整"账户。

【例8.8】续前例8.7，假设该固定资产更新改造工程建设期为2年。公司按年计提长期借款利息。

（1）2014—2015年每年年末计提利息费用时：

借：在建工程——××改造工程   60 000
 贷：长期借款——利息调整   60 000

（2）2016年12月31日计提利息费用时：

借：财务费用   60 000
 贷：长期借款——利息调整   60 000

3. 借款本息的清偿

偿还借款本息时，应借记"短期借款""财务费用""长期借款""长期借款——利息调整""应付利息"等账户，贷记"银行存款"账户。

【例8.9】2016年3月31日，公司从该市工商银行借入的1年期的生产周转借款到期。公司开出一张金额为216 000元的转账支票，偿还该项借款本息。

借：短期借款——××工商银行   200 000

　　　　财务费用　　　　　　　　　　　　　　　　　16 000
　　　　　贷：银行存款　　　　　　　　　　　　　　216 000

【例8.10】2014 年 12 月 31 日，公司从该市建设银行借入的 3 年期的固定资产更新改造借款到期。公司开出一张金额为 680 000 元的转账支票，偿还借款本息。

　　　　借：长期借款——本金　　　　　　　　　　　500 000
　　　　　　　　　　——利息调整　　　　　　　　　180 000
　　　　　贷：银行存款　　　　　　　　　　　　　　680 000

本例中，若为分期付息、到期还本的长期借款，则 2014 年末借款到期归还本金和最后一年利息时，会计分录为：

　　　　借：长期借款——本金　　　　　　　　　　　500 000
　　　　　　应付利息　　　　　　　　　　　　　　　 60 000
　　　　　贷：银行存款　　　　　　　　　　　　　　560 000

第四节　发行债券筹资业务的核算

一、发行债券筹资的含义及筹资主体

（一）发行债券筹资的含义

发行债券筹资是企业通过发行债券的方式筹措资金。发行债券筹资是企业筹集负债资金的重要方式。企业依法发行的债券，称为企业债券或者公司债券。企业发行债券往往是为大型投资项目筹集巨额长期资金。

债券是企业为筹资负债资金而发行的，约定在一定期限内向债券持有人偿还债券本息的债权凭证。债券上必须注明公司名称、债券票面金额、票面利率、债券到期日等事项。债券与股票都是有价证券，都能为其持有人带来经济利益，但是两者又有所区别，债券是债权凭证，债券持有人可凭借其到期收回债券本金和利息，但不享有公司经营管理决策权，不能参与公司剩余盈余的分配；而股票是所有权凭证，股票持有人（股东）享有公司经营管理决策权，按照其持股比例分享公司剩余盈余，但其股利不固定。

（二）发行债券筹资的主体

我国《公司法》规定，股份有限公司、国有独资公司和两个以上的国有企业或者其他两个以上的国有投资主体投资设立的有限责任公司，有资格发行公司债券。由此可见，并非所有企业均可发行债券筹资，发行债券筹资仅限于上述三种类型的公司，其他非公司制企业不能发行债券筹资。

公司发行债券的价格可高于、等于或低于债券面值，即溢价发行、等价发行和折价发行，由公司根据发债当期的市场利率与票面利率的比较计算确定。

二、发行债券筹资的条件和程序

（一）发行债券筹资的条件

我国《公司法》规定，有资格发行公司债券的企业，必须具备以下条件：

（1）股份有限公司的净资产额不低于人民币 3 000 万元，有限责任公司的净资产额不低于人民币 6 000 万元；

（2）累计债券总额不超过公司净资产的 40%；

（3）最近三年平均可分配利润足以支付公司债券 1 年的利息；

（4）所筹资金的投向符合国家产业政策；

（5）债券的利率不得超过国家规定的水平；

（6）国务院规定的其他条件。

另外，发行债券所筹集的资金，必须符合审批机关审批的用途，不得用于弥补亏损和非生产性支出，否则会损害债券持有人的利益。

（二）发行债券筹资的程序

1. 发行债券的决议或决定

发行公司债券需经公司有关权力机构作出决议和决定。股份有限公司和有限责任公司发行公司债券，由公司董事会制订方案，股东大会作出决议；国有独资公司发行公司债券，由国家授权投资的机构作出决议。

2. 发行债券的申请与审批

公司发行债券筹资，必须向国务院国家证券监督管理委员会提出申请，并提交公司登记证明、公司章程、公司债券募集办法、资产评估报告等文件。国家证监委根据有关规定，对公司的申请予以核准。

3. 制定债券募集办法并予以公告

公司发行债券的申请被依法批准后，应制定债券募集办法。债券募集办法应载明的主要事项包括：公司名称、发行债券总额和票面金额、债券利率、还本付息的期限与方式、债券发行的起止日期、公司净资产额、已发行的尚未到期的债券总额以及公司债券的承销机构等。

公司制定债券募集办法后，应通过合适的方式向社会予以公告。

4. 募集借款

根据我国有关规定，公司发行债券须与证券承销机构签订承销合同，由其承销。由承销机构发售债券时，投资者直接向承销机构付款购买，承销机构代理收取债券款、交付债券。债券发行完毕，承销机构向发债公司办理债券款项的结算。

三、发行债券筹资业务的核算

（一）账户设置

1. "应付债券"账户

该账户用来反映公司发行债券的债券款的取得及债券本息的清偿。该账户属于负债类账户，贷方登记债券面值、债券溢价金额、债券折价的摊销金额以及按期计提的利随本清债券的利息；借方登记债券折价金额、债券溢价的摊销金额以及偿还的债券本金与利息；余额通常在贷方，表示尚未到期清偿的债券本息。本账户可按"面值""利息调整""应计利息"等进行明细核算。

2. "应付利息"账户

该账户用来反映公司按期计提的分期付息、到期还本的债券利息。该账户的性质与用法见第八章第三节。

3. "在建工程"账户

该账户用来反映公司应予资本化记入固定资产成本的债券利息。

4. "财务费用"账户

该账户用来反映公司发行债券的发行费用以及应予费用化的债券利息。公司发行债券的发行费用（减去发行期间冻结资金产生的利息收入），列支当期损益，记入"财务费用"账户。

按照《企业会计准则第17号——借款费用》的规定，公司发行的债券资金，如果与固定资产的购置建造有关，在固定资产达到预定可使用状态前，其利息应予以资本化，列支固定资产建造成本，记入"在建工程"账户；如果发行的债券资金与固定资产的购建无关，或者虽然有关，但该项固定资产已经达到预定可使用状态，则利息应予以费用化，列支当期损益，记入"财务费用"账户。

（二）会计处理

1. 债券发行的会计处理

公司发行公司债券，无论是溢价、等价还是折价发行，均应按债券面值，记入"应付债券——面值"账户；债券发行价格扣除发行费用后的净额高于或低于债券面值的金额部分记入"应付债券——利息调整"账户。

【例8.11】2012年1月1日，某股份有限公司按规定发行5年期债券10 000份，面值为100元，票面利率为8%，扣除发行手续费后的发行净额为1 100 000元。债券发行完毕后，债券发行净收入已经转入本公司账户。

本例中：

债券面值总额 = 10 000 × 100 = 1 000 000（元）

债券溢价金额 = 1 100 000 - 1 000 000 = 100 000（元）

会计分录为：

借：银行存款　　　　　　　　　　　　　　　　　　　　　　1 100 000
　　贷：应付债券——面值　　　　　　　　　　　　　　　　1 000 000
　　　　　　　——利息调整　　　　　　　　　　　　　　　　100 000

本例中，若折价发行，扣除发行费用后的净额为950 000元，其他资料相同。则会计分录为：

借：银行存款　　　　　　　　　　　　　　　　　　　　　　950 000
　　应付债券——利息调整　　　　　　　　　　　　　　　　50 000

　　　　贷：应付债券——面值　　　　　　　　　　　　　　　　　　　　1 000 000

　　2. 债券利息的处理和溢折价的摊销

　　债券利息应按照权责发生制原则分期（通常为 1 年）计提。计提的债券利息应按以下规则处理：凡是用于固定资产建设的债券利息，在该固定资产达到预定可使用状态之前，应予以资本化，列支工程成本，记入"在建工程"账户；固定资产达到预定可使用状态后，应予以费用化，列支当期损益，记入"财务费用"账户。

　　若为分期付息、到期还本债券，按期计提的债券利息应记入"应付利息"账户；若为利随本清债券，按期计提的债券利息应记入"应付债券——应计利息"账户。

　　债券溢价或折价金额应在债券存续期内于计提债券利息时摊销，作为对当期利息费用的调整。债券溢价或折价的摊销采用实际利率法。

　　【例 8.12】续例 8.11 资料，公司发行债券的债券款用于建设一条大型生产流水线，建设期为 3 年。该公司债券溢折价采用实际利率法摊销。

　　（1）计算实际利率。

$$1\ 100\ 000 = 1\ 000\ 000 \times 8\% \times (P/A, i, 5) + 1\ 000\ 000 \times (P/F, i, 5)$$

　　当 $i = 6\%$ 时，等式左边 $= 1\ 084\ 292$

　　当 $i = 5\%$ 时，等式左边 $= 1\ 129\ 860$

　　用内插法列方程：$\dfrac{1\ 129\ 860 - 1\ 084\ 292}{5\% - 6\%} = \dfrac{1\ 129\ 860 - 1\ 100\ 000}{5\% - i}$

　　解之得：$i = 5.66\%$

　　（2）编制债券溢价摊销表，见表 8.1 所示：

表 8.1　　　　　　　　　　　　　　债券溢价摊销表　　　　　　　　　　　　单位：元

付息日期	应付利息 ① = 面值 ×8%	利息费用 ② = ⑤ ×5.66%	溢价摊销 ③ = ① − ②	未摊销溢价 ④ = 期初④ − ③	账面价值 ⑤ = 面值 + ④
2009.01.01				100 000	1 100 000
2012.12.31	80 000	62 260	17 740	82 260	1 082 260
2013.12.31	80 000	61 256	18 744	63 516	1 063 516
2014.12.31	80 000	60 195	19 805	43 711	1 043 711
2015.12.31	80 000	59 074	20 926	22 785	1 022 785
2016.12.31	80 000	57 215 *	22 785 *	0	1 000 000
合　计	400 000	300 000	100 000	—	—

* 含尾差调整

　　（3）2012—2014 年每年末计提债券利息并摊销溢价的会计处理。

2012.12.31：

　　借：在建工程——××工程　　　　　　　　　　　　　　　　　　62 260

　　　　应付债券——利息调整　　　　　　　　　　　　　　　　　　17 740

贷：应付利息	80 000

2013.12.31：

借：在建工程——××工程	61 256
应付债券——利息调整	18 744
贷：应付利息	80 000

2014.12.31：

借：在建工程——××工程	60 195
应付债券——利息调整	19 805
贷：应付利息	80 000

（4）2015—2016 年每年末计提债券利息并摊销溢价的会计处理。

2015.12.31：

借：财务费用	59 074
应付债券——利息调整	20 926
贷：应付利息	80 000

2016.12.31：

借：财务费用	57 215
应付债券——利息调整	22 785
贷：应付利息	80 000

3. 债券本息清偿的会计处理

债券到期，公司应按照约定的条件偿付债券本金及利息。偿付债券本息时，应借记"应付债券——面值""应付债券——应计利息""应付利息"等账户，贷记"银行存款"账户。

【例8.13】续例8.11资料，公司发行的债券于2016年12月31日到期，公司按约定的条件兑付债券本金及最后一年利息，共支付银行存款1 080 000元。

借：应付债券——面值	1 000 000
应付利息	80 000
贷：银行存款	1 080 000

本例中，若为利随本清的长期债券，则2015年末债券到期兑付债券本金和利息时，会计分录为：

借：应付债券——面值	1 000 000
——应计利息	400 000
贷：银行存款	1 400 000

练 习 题

一、判断题

1. 企业从银行取得借款，应编制的会计分录是："借：银行存款　贷：银行借款"。

（　　）

2. 短期借款的利息费用一律计入"财务费用"账户。　　　　　　　（　　）

3. 长期借款的利息费用一律计入"财务费用"账户。　　　　　　　（　　）

4. 企业按期计提长期借款利息时，编制的会计分录为："借：财务费用　贷：应付利息"。　　　　　　　　　　　　　　　　　　　　　　　　（　　）

5. 股份公司发行股票的业务，应贷记"实收资本"账户。　　　　　（　　）

6. 股份公司溢价发行股票的溢价金额扣除证券承销费后的差额，应计入"资本公积"账户。　　　　　　　　　　　　　　　　　　　　　　　　（　　）

7. 股份公司发行股票的方式包括溢价发行、面值发行和折价发行。　（　　）

8. 企业按规定发行债券的发行费用，应借记"投资收益"账户。　　（　　）

9. 企业发行债券的方式有溢价发行、面值发行和折价发行。　　　　（　　）

10. 企业对已发行的债券，按期计提的债券利息应计入"财务费用"账户。
　　　　　　　　　　　　　　　　　　　　　　　　　　　　　（　　）

二、选择题

1. 企业从银行借入的短期借款的利息，可按期预提计入"财务费用"账户，也可于借款到期时直接计入当期的财务费用。这体现了会计核算的（　　）原则。

　　A. 重要性　　　　　　　　　　B. 谨慎性

　　C. 相关性　　　　　　　　　　D. 配比性

2. 企业从银行取得的长期借款，按期计提其利息时可计入（　　）账户。

　　A. 财务费用　　　　　　　　　B. 在建工程

　　C. 应付利息　　　　　　　　　D. 管理费用

3. 企业借入的分年付息、到期还本的长期借款，按期计提其利息时，应编制的会计分录是（　　）。

　　A. 借：财务费用　　贷：长期借款——利息调整

　　B. 借：财务费用　　贷：应付利息

　　C. 借：在建工程　　贷：长期借款——利息调整

　　D. 财务费用（或在建工程）　　贷：应付利息

4. 企业借入的利随本清的、用于固定资产建造工程的长期借款，在所建造的固定资产尚未完工交付使用时，计提的利息，应（　　）。

　　A. 借：在建工程　　　B. 借：财务费用

　　C. 贷：应付利息　　　D. 贷：长期借款——利息调整

5. 股份公司溢价发行股票时，应（　　）。

　　A. 借：银行存款　　　　　　　B. 贷：实收资本

　　C. 贷：资本公积　　　　　　　D. 贷：股本

6. 股份公司发行股票，所得的股款与股票面值的差额，应计入（　　）账户。

　　A. 股本　　　　　　　　　　　B. 资本公积

　　C. 盈余公积　　　　　　　　　D. 长期待摊费用

7. 企业发行债券的发行费用，应计入（　　）账户。

　　A. 应付债券——债券费用　　　　　B. 投资收益

　　C. 财务费用　　　　　　　　　　　D. 管理费用

8. 企业发行的债券，按期计提其利息时可计入（　　）账户。

　　A. 财务费用　　　　　　　　　　　B. 在建工程

　　C. 应付利息　　　　　　　　　　　D. 管理费用

9. 企业发行的利随本清债券，按期计提其利息时，应编制的会计分录是（　　）。

　　A. 借：财务费用　　贷：应付债券——利息调整

　　B. 借：财务费用　　贷：应付利息

　　C. 借：在建工程　　贷：应付债券——利息调整

　　D. 财务费用（或在建工程）　　贷：应付利息

10. 企业发行的用于固定资产建造工程的分期付息、到期还本的债券，在所建造的固定资产达到预定可使用状态后，计提的利息，应（　　）。

　　A. 借：在建工程　　　　B：借：财务费用

　　C. 贷：应付利息　　　　D：贷：应付债券——利息调整

11. 我国现行制度规定，企业发行债券的方式包括（　　）。

　　A. 溢价发行　　　　　　　　　　　B. 贴现发行

　　C. 折价发行　　　　　　　　　　　D. 面值发行

12. 影响债券发行价格的一个关键因素是（　　）。

　　A. 债券面值　　　　　　　　　　　B. 债券票面利率

　　C. 债券期限　　　　　　　　　　　D. 市场利率

13. 企业发行债券的溢（折）价金额，应于（　　）摊销。

　　A. 发行债券结束时

　　B. 债券存续期间内

　　C. 债券存续期间内分期计提债券利息时

　　D. 债券到期时

14. 企业发行债券的溢（折）价金额应分期摊销，摊销方法采用（　　）。

　　A. 直线法　　　　　　　　　　　　B. 实际利率法

　　C. 贴现法　　　　　　　　　　　　D. 年金法

三、业务题

1. 根据投资协议，某有限责任公司收到 A 投资者实际缴付的投资额 200 000 元，存入开户银行。该投资者实际应缴金额 180 000 元占公司资本的 5%。

2. 某企业于 2016 年年初向某商业银行申请期限 6 个月、年利率 5% 的流动资金借款 120 000 元，款项已划入企业银行存款账户。

要求编制下列会计分录：

（1）借入短期借款时；

（2）借款到期，以银行存款偿还借款本息。

3. 企业从某商业银行借入一笔利率为 12%、期限 3 年、金额为 500 000 元的固定资产更新改造借款（该固定资产建设期预计为 2 年），借款已转存开户银行。该借款利息按年支付，到期归还本金。

要求编制下列会计分录：

(1) 取得借款时；

(2) 每年年末计提、归还借款利息时；

(3) 第 3 年末归还借款本金时。

4. 某股份有限公司发行股票 1 000 000 股，每股面值 4 元，发行价 10 元，按约定支付发行价款 2%的手续费给证券承销商，股票已发行完毕，股票金额已划转本公司开户银行。

要求编制下列会计分录：

(1) 发行债券时；

(2) 债券到期兑现，即归还债券本金和利息。

5. 某国有独资公司为筹集固定资产建设资金，按规定发行利随本清、期限为 10 年的长期债券 10 000 份，每份面值 100 元，票面利率为 8%，发行价格为 110 元。债券已发行完毕，款项已存入开户银行。假定该固定资产建设工程建设期为 5 年，于第 6 年初建成投产。

要求编制下列会计分录：

(1) 发行债券时；

(2) 债券到期兑现，即归还债券本金和利息。

四、简述题

1. 什么是股票？普通股股东有哪些权利？

2. 什么是优先股？优先股与普通股有什么不同？

3. 简述股票与债券的区别与联系。

第九章　生产准备业务核算

　　企业筹得资金后，应用所筹资金购建开展生产经营活动所需的固定资产，如建造厂房、办公楼，购买机器设备、运输工具等，以及购买用于生产的原材料、工具用具等。这些资产是企业开展生产经营活动的前提，是企业创造和实现利润的基本保证。企业在构建固定资产、采购所需的原材料过程中，还涉及款项的结算与支付。因此，本章主要讲授货币资金、固定资产和存货的核算。

第一节　货币资金的核算

　　会计实务中，各单位之间往来款项的结算主要有现金结算、银行存款结算和其他货币资金结算三种方式。

一、库存现金的核算

（一）库存现金监控制度

　　现金管理制度是国家金融管理的一项重要财经制度。企业必须严格执行并接受银行监督，组织好现金的管理。为了加强现金管理，国务院颁发了《现金管理暂行条例》，企业收支的各种款项必须按照规定办理。

　　1. 现金的使用范围

　　企业在经营过程中发生的货币收支，除规定的范围可以使用现金外，应当通过其开户银行进行转账结算。允许企业使用现金结算的范围包括：

　　（1）职工工资、津贴；

　　（2）个人劳动报酬；

　　（3）根据国家规定颁发给个人的科学技术、文化艺术、体育等各种奖金；

　　（4）各种劳保、福利费用以及国家规定的对个人的其他支出；

　　（5）向个人收购农副产品和其他物资的价款；

　　（6）出差人员必须随身携带的差旅费；

　　（7）零星支出；

　　（8）中国人民银行规定的需要支付现金的其他支出。

　　2. 库存现金限额

　　库存现金限额是指为保证各单位日常零星支出的需要，按规定允许留存现金的最高限额。库存现金限额的确定，应根据企业规模的大小、日常开支情况、距离开户银行的远近以及交通是否便利等因素，由企业和开户银行核定，其限额一般按照单位 3 ~ 5 天日常零星开支所需的现金确定。远离银行或交通不便的企业，开户银行最多可根据企业 15 天的正常开支需要量来核定企业的库存现金限额。正常开支需要量不包括企业每月发放的工资和不定期的差旅费等大额现金支出。库存现金限额一经核定，要求企业必须严格遵守，不能任意超过，超过限额的现金应及时送存银行；低于限额时，可以签发现金支票从开户银行提取现金，补足限额。

3. 不准坐支现金

坐支是指从本单位收入的现金中直接支付现金的行为。随意坐支现金，不利于现金的管理和监督。未经批准不允许坐支现金。如有特殊情况需要坐支现金的，应事先报经开户银行审查批准，由开户银行核定坐支的范围和限额，并在事后报送坐支金额和使用情况。

4. 现金管理的内部控制制度

为了切实加强库存现金的管理，严防现金被盗用和挪用，企业必须建立严格的内部控制制度。

（1）实行职能分开原则。要求库存现金实物的管理与账务的记录应分开进行，不能由一个人兼任。企业库存现金收支与保管应由出纳人员负责。经管现金的出纳人员不得兼管收入、费用、债权、债务等账簿的登记工作以及会计稽核和会计档案保管工作；填写银行结算凭证的有关印鉴，不能集中由出纳人员保管，应实行印鉴分管制度。这样做的目的是便于分清责任，形成一种相互牵制的控制机制，防止挪用现金以及隐藏流入的现金。

（2）现金收付的交易必须要有合法的原始凭证。企业收到现金时，要有现金收入的原始凭证，以保证现金收入的来源合法；企业支付现金时，要按规定的授权程序进行，除小额零星支出须用库存现金外，其他应尽可能少用现钞，而用支票付款，同时要有确凿的原始凭证，以保证支付的有效性。对涉及现金收付交易的经济业务要根据原始凭证编制收付款凭证，并在原始凭证与收付款凭证上盖上"现金收讫"与"现金付讫"印章。

（3）建立收据与发票的领用制度。领用的收据与发票必须登记数量和起讫编号，由领用人员签字，收回收据和发票存根，应由保管人员办理签收手续。对空白收据和发票应定期检查，以防止短缺。

（4）加强监督与检查。对企业的库存现金，除了要求出纳人员应做到日清月结之外，企业的审计部门以及会计部门的领导对现金的管理工作要进行经常性的与突击性的监督与检查，包括现金收入与支出的所有记录。对发现的现金溢余与短缺，必须认真及时地查明原因，并按规定的要求进行处理。

（5）企业的出纳人员应定期进行轮换，不得一人长期从事出纳工作。一个人长期从事一项工作会形成惰性，不利于提高工作效率，同时可能会隐藏工作中的一些问题和不足。出纳工作每日都与资金打交道，时间长了，容易产生麻痹和侥幸心理，这会增加犯罪的机会和可能。通过人员的及时轮换，不仅可以避免上述情况的出现，而且对工作人员本身也是一种保护，所以及时进行人员的轮换是非常必要的。

（二）库存现金的总分类核算

为了总括地反映现金的收入、支出及结存情况，应设置"库存现金"总分类账户。该账户借方登记现金的增加数；贷方登记现金的减少数；余额在借方，表示期末库存现金的余额。

1. 库存现金收入的核算

收入现金的业务内容主要有：从开户银行提取现金，职工出差报销时交回的剩余借款，收取结算起点以下的零星销售收入款，收取对个人的罚款等。收取现金时，借记"库存现金"账户，贷记有关账户。

【例9.1】2016年2月10日从开户银行提取现金200 000元，备发工资。

借：库存现金   200 000
　　贷：银行存款   200 000

【例9.2】2016年2月15日出售废料收入现金420元。

借：库存现金   420
　　贷：其他业务收入   420

【例9.3】2016年2月20日，厂长助理王蕾出差归来报销差旅费1 350元，退回多余现金150元。王蕾原已预借1 500元。

借：管理费用——差旅费   1 350
　　库存现金   150
　　贷：其他应收款——王蕾   1 500

2. 库存现金支出的核算

企业按照现金开支范围的规定支付现金时，借记有关账户，贷记"库存现金"账户。

【例9.4】2016年2月5日，厂长助理王蕾出差预借差旅费1 500元，以现金付讫。

借：其他应收款——王蕾   1 500
　　贷：库存现金   1 500

【例9.5】2016年15日，以现金200 000元发放职工工资。

借：应付职工薪酬   200 000
　　贷：库存现金   200 000

【例9.6】2016年2月22日，以现金500元购买不需要入库的、随买随用的零星办公用品。其中，厂部使用300元；甲车间使用200元。

借：管理费用——办公用品   300
　　制造费用——基本生产车间（甲车间）   200
　　贷：库存现金   500

3. 备用金的核算

备用金是为了便于日常的零星开支而预付给企业内部某些单位或职工备用的现金。这些款项采用先领后用、用后报销的办法，即由会计部门根据企业内部各单位或职工日常零星开支的需要，预先付给一定数额的现金，支出以后凭单据向会计部门报销。因为这部分现金具有指定用途，且体现企业同各部门间的资金往来关系，所以必须进行单独核算。

备用金的核算，一般设置"其他应收款"账户，也可以单独设置"备用金"账户予以核算。根据备用金使用单位或个人的借款单拨付备用金时，借记"其他应收款——备用金"账户，贷记"库存现金"或"银行存款"账户。经审核报销或收回备用金时，借记"制造费用""管理费用"等账户（报销的金额）和"库存现金"账户（收回的备用金余额）；贷记"其他应收款——备用金"账户。"其他应收款——备用金"账户的余额，反映已领取尚未报销或收回的备用金余额。

【例9.7】假定企业的会计部门对总务部门的采购员张键实行定额备用金制度。2016年2月1日，会计部门根据核定的定额付给每月定额备用金2 000元。

借：其他应收款——备用金（张键）　　　　　　　　　　　　2 000
　　贷：库存现金　　　　　　　　　　　　　　　　　　　　　　2 000

【例9.8】2016年2月26日采购员张键采购厂部零星的办公用品共计支出1 800元，持开支的凭证向会计部门报销。会计部门审核后付给现金；补足其定额。

借：管理费用——办公用品　　　　　　　　　　　　　　　　1 800
　　贷：库存现金　　　　　　　　　　　　　　　　　　　　　　1 800

【例9.9】2016年4月24日，采购员张键调动工作，会计部门收回其定额备用金。张键持尚未报销的开支凭证700元和余款1 300元，到会计部门报销并交回备用金余额。

借：管理费用——办公用品　　　　　　　　　　　　　　　　700
　　库存现金　　　　　　　　　　　　　　　　　　　　　　1 300
　　贷：其他应收款——备用金（张键）　　　　　　　　　　　　2 000

（三）库存现金的明细分类核算

有外币现金的企业，应分别人民币和外币进行明细核算。如企业无外币，则现金的明细分类核算即是采用"现金日记账"这种特殊的明细账形式予以核算。现金日记账的格式及其登记方法参见第七章第二节，在此不再赘述。

（四）库存现金的清查

现金清查是指对库存现金的盘点与核对，包括出纳人员每日终了前进行的现金账款核对和清查小组进行的定期和不定期的现金盘点、核对。现金清查一般采用实地盘点法。清查小组清查时，出纳人员必须在场，清查的内容主要是检查是否有挪用现金、白条顶库、超限额留存现金，以及账款是否相符等。对于现金清查的结果，应编制"现金盘点报告单"注明现金溢缺的金额，并由出纳人员和盘点人员签章。清查中发现的用"白条""借条"等不符合会计制度规定的凭证顶抵现金时，应按规定予以纠正。

通过现金盘点发现的长短款，未查明原因经批准转销前，应记入"待处理财产损溢"账户；待查明原因批准转销时，再根据不同情况分别予以处理。

若为现金短缺，属于应由有关责任人或保险公司赔偿的部分，借记"其他应收款——应收现金短款"账户，贷记"待处理财产损溢——待处理流动资产损溢"账户；属于无法查明的其他原因，根据管理权限，经批准后处理，借记"管理费用——现金短款"账户，贷记"待处理财产损溢——待处理流动资产损溢"账户。

若为现金溢余，属于应支付给有关人员或单位的，应借记"待处理财产损溢——待处理流动资产损溢"账户，贷记"其他应付款——应付现金长款"账户；属于无法查明原因的现金溢余，经批准后，借记"待处理财产损溢——待处理流动资产损溢"账户，贷记"营业外收入——现金长款"账户。

【例9.10】2016年2月28日，企业清查现金时发现短款350元，经查明原因，应由出纳员赵珊赔偿50元，其余300元经批准作为管理费用处理。

①发现现金短款时：

借：待处理财产损溢——待处理流动资产损溢 350
　　贷：库存现金 350

②查明原因后，处理现金短款损失：

借：其他应收款——赵珊 50
　　管理费用——现金短款 300
　　贷：待处理财产损溢——待处理流动资产损溢 350

二、银行存款的核算

（一）银行存款管理制度

按照国家《支付结算办法》的规定，企业应在银行开立账户，办理存款、取款和转账等结算。企业在银行开立人民币存款账户，必须遵守中国人民银行颁布的《银行账户管理办法》的各项规定。

1. 开立银行账户的有关规定

银行存款账户一般分为基本存款账户、一般存款账户、临时存款账户和专用存款账户四类。

（1）基本存款账户。基本存款账户是企业办理日常转账结算和现金收付的账户，是企业在银行开立的主要存款账户。企业的工资、奖金等现金的支取，只能通过基本存款账户办理。

（2）一般存款账户。一般存款账户是企业在基本存款账户以外的银行借款转存，与基本存款账户的企业不在同一地点的附属非独立核算单位开设的账户。企业可以通过一般存款账户办理转账结算和现金缴存，但不能办理现金支取。

（3）临时存款账户。临时存款账户是企业因临时经营活动需要开立的账户。企业可以通过临时存款账户办理转账结算和根据国家现金管理的规定办理现金支付。

（4）专用存款账户。专用存款账户是企业因特定用途需要开立的账户。

一个企业只能选择一家银行的一个营业机构开立一个基本存款账户，不得在多家银行机构开立基本存款账户；不得在同一家银行的几个分支机构开立一般存款账户。

企业在银行开立账户以后，可到开户银行购买各种银行往来使用的凭证（如送款簿、进账单、现金支票、转账支票等），用以办理银行存款的收付款项。企业除了按规定留存的库存现金以外，所有货币资金都必须存入银行。企业与其他单位之间的一切收付款项，除制度规定可用现金支付的部分以外，都必须通过银行办理转账结算，也就是由银行按照事先规定的结算方式，将款项从付款单位的账户划出，转入收款单位的账户。因此，企业不仅要在银行开立账户，而且账户内必须要有可供支付的存款。

2. 银行结算纪律

企业通过银行办理支付结算时，应当认真执行国家各项管理办法和结算制度。

（1）单位和个人办理支付结算，不准签发没有资金保证的票据或远期支票，套取银行信用；

（2）不准签发、取得和转让没有真实交易和债权债务的票据，套取银行和他人资金；

（3）不准无理拒绝付款，任意占用他人资金；

（4）不准违反规定开立和使用账户。

（二）银行支付结算办法

1. 支票

支票是单位或个人签发的，委托办理支票存款业务的银行在见票时无条件支付确定的金额给收款人或持票人的票据。

支票结算方式是同城结算中应用最广泛的一种结算方式。单位和个人在同一票据交换区域内的各种款项结算，均可以使用支票。支票由银行统一印制。支票上印有"现金"字样的为现金支票；印有"转账"字样的为转账支票；未印有"现金"或"转账"字样的为普通支票。现金支票用于支取现金；转账支票只能用于转账；普通支票既可以用于支取现金，也可以用于转账。在普通支票左上角划两条平行线的，为划线支票，划线支票只能用于转账，不得支取现金。

支票的提示付款期为自出票日起10日内，中国人民银行另有规定的除外。超过提示付款期限的，持票人开户银行不予受理，付款人不予付款。转账支票可以根据需要在票据交换区域内经背书后转让。

存款人领购支票，必须填写"票据和结算凭证领用单"并加盖预留银行印鉴。存款户结清时，必须将空白支票全部交回银行注销。

企业采用支票办理收付结算，不论是现金支票，还是转账支票，都必须通过"银行存款"账户核算。对于付款的支票，企业应根据支票存根和有关原始凭证（收款人开出的收据或发票等）编制付款凭证，借记有关账户，贷记"银行存款"账户；对于收到的支票，企业委托开户银行收款时，应作委托收款背书，在支票背面"背书人签章"栏处签章，记载"委托收款"字样、背书日期，在"被背书人"栏记载开户银行名称，并将支票和填制的进账单送交开户银行，根据银行盖章退回的进账单第一联和有关原始凭证编制收款凭证，借记"银行存款"账户，贷记有关账户。

2. 商业汇票

商业汇票是出票人签发的，委托付款人在指定日期无条件支付确定金额给收款人或者持票人的票据。商业汇票可以由付款人签发并承兑，也可以由收款人签发交由付款人承兑。在银行开立存款账户的法人以及其他组织之间须具有真实的交易关系或债权债务关系，才能使用商业汇票。商业汇票的付款期由交易双方商定，但最长不得超过6个月。商业汇票的提示付款期限自汇票到期日起10日内。

商业汇票可以经背书后转让。符合条件的商业汇票的持票人可持未到期的商业汇票连同贴现凭证，向银行申请贴现。

存款人领购商业汇票，必须填写"票据和结算凭证领用单"并加盖预留银行印鉴，存款账户结清时，必须将剩余的空白商业汇票全部交回银行注销。

商业汇票按承兑人的不同可分为商业承兑汇票和银行承兑汇票两种。

（1）商业承兑汇票。商业承兑汇票是由银行以外的付款人承兑的商业汇票。商业承兑汇票按交易双方约定，由销货企业或购货企业签发，但由购货企业承兑。承兑时，购货企业应在汇票正面记载"承兑"字样和承兑日期并签章。承兑不得附有条件，否则视为拒绝承兑。汇票到期时，购货企业的开户银行凭票将票款划给销货企业或贴现银行。销货企业应在提示付款期限内通过开户银行委托收款或直接向付款人提示付款。对异地委托收款的，销货企业可匡算邮程，提前通过开户银行委托收款。汇票到期时，如果购货企业的存款不足支付票款，开户银行应将汇票退还销货企业，银行不负责付款，由购销双方自行处理。

（2）银行承兑汇票。银行承兑汇票由银行承兑，由在承兑银行开立存款账户的存款人签发。承兑银行按票面金额向出票人收取0.5‰的手续费。

购货企业应于汇票到期前将票款足额交存其开户银行，以备由承兑银行在汇票到期日或到期日后的见票当日支付票款，销货企业应在汇票到期前将汇票连同进账单送交开户银行以便转账收款。承兑银行凭汇票将承兑款项无条件转给销货企业。如果购货企业于汇票到期日未能足额交存票款时，承兑银行除凭票向持票人无条件付款外，对出票人尚未支付的汇票金额按照每天0.5‰计收罚息。

购货企业签发银行承兑汇票，经开户银行承兑时，应交纳承兑手续费，并编制记账凭证，借记"财务费用"账户，贷记"银行存款"账户。

采用商业汇票结算，应通过"应收票据"或"应付票据"账户核算。

销货企业销售货物，在收到购货企业签发并承兑，或购货企业签发并经银行承兑的商业汇票时，应编制记账凭证，借记"应收票据"账户，贷记"主营业务收入""应交税费——应交增值税（销项税额）"等账户。销货企业将到期的汇票连同进账单送交开户银行办理转账收款时，应编制收款凭证，借记"银行存款"账户，贷记"应收票据"账户。

购货企业购买货物，签发并承兑商业汇票交给销货企业时，应编制记账凭证，借记"材料采购""应交税费——应交增值税（进项税额）"等账户，贷记"应付票据"账户。购货企业收到开户银行的付款通知，应在当日通知银行付款，如企业在接到通知的次日起3日内未通知银行付款的，视同付款人承诺付款，银行将于第4日上午开始营业时，将票款划给销货企业或贴现银行。购货企业应根据银行转来的付款通知，编制付款凭证，借记"应付票据"账户，贷记"银行存款"账户。

3. 汇兑

汇兑是汇款人委托银行将其款项支付给收款人的结算方式。单位和个人的各种款项的结算，均可使用汇兑结算方式。

汇兑分为信汇和电汇两种。信汇是指汇款人委托银行通过邮寄方式将款项划转给收款人。电汇是指汇款人委托银行通过电报将款项划给收款人。这两种汇兑方式由汇款人根据需要选择使用。汇兑结算方式适用于异地之间的各种款项结算。这种结算方式划拨款项简便、灵活。

企业采用这一结算方式，付款单位汇出款项时，应填写银行印发的汇款凭证，列明收款单位名称、汇款金额及汇款的用途等事项，送达开户银行，委托银行将款项汇往收汇银行。收汇银行将款项收进单位存款户后，向收款单位发出收款通知。付款单位应根据取回的汇款凭证回单联，编制付款凭证，借记"材料采购""应交税费——应交增值税（进项税额）"等账户，贷记"银行存款"账户。

4. 托收承付

托收承付是根据购销合同由收款人发货后委托银行向异地付款人收取款项，由付款人向银行承认付款的结算方式。

使用托收承付结算方式的收、付款单位，必须是国有企业、供销合作社以及经营管理较好，并经开户银行审查同意的城乡集体所有制工业企业。办理托收承付结算的款项，必须是商品交易，以及因商品交易而产生的劳务供应的款项。代销、寄销、赊销商品的款项，不得办理托收承付结算。

托收承付款项划回方式分为邮寄和电报两种，由收款单位根据需要选择使用。收款单位办理托收承付，必须具有商品发出的证件或其他证明。托收承付结算每笔的金额起点为 10 000 元。新华书店系统每笔结算金额起点为 1 000 元。

采用托收承付结算方式时，购销双方必须签有符合《经济合同法》的购销合同，并在合同上订明使用托收承付结算方式。

托收承付结算包括托收和承付两个阶段，其结算程序为：

（1）销货企业按照销货合同发货后，填写托收承付凭证，盖章后连同发运凭证（包括铁路、航运、公路等运输部门签发的运单、运单副本和邮局包裹回执）或其他符合托收承付结算的有关证明和交易单证送交开户银行办理托收手续。银行审查受理后，在"托收承付结算凭证"上加盖银行印章，并将回单联退交收款单位。

（2）付款单位开户银行收到上述单证后转交付款单位作为付款通知。

（3）付款单位接到付款通知后，应在规定的承付期内通知开户银行是否承付。付款单位承付货款分为"验单付款"和"验货付款"两种方式。其中，验单付款是指不论商品是否到达，只要付款通知已交付款单位，付款单位就必须在承付期内与合同进行核对并决定承付或拒付。验单付款的承付期为 3 天，从付款单位开户银行发出付款通知的次日起算（遇节假日顺延）。验货付款是指付款单位待货物运达企业，对其进行检验与合同完全相符后才承认付款。验货付款的承付期为 10 天，从运输部门向付款单位发出提货通知的次日起算。在付款单位承付的情况下，付款单位开户银行将在承付期满的次日银行开始营业时，将款项从付款单位账户划出；在付款单位拒绝承付的情况下，付款单位应填制"托收承付结算全部（部分）拒绝付款理由书"连同有关单证在承付期内一并送交开户银行办理拒付手续。银行受理后，将"拒付理由书"连同有关单证一并退寄收款单位开户银行。购货企业不得无理拒付。

（4）收款单位开户银行收到"托收承付结算凭证"或"拒付理由书"后，应及时转交收款单位据以入账。

采用托收承付结算方式，应通过"应收账款"或"应付账款"账户核算。收款单位凭有关单证向开户银行办妥托收承付手续时，编制记账凭证，借记"应收账款"账户，贷记"主营业务收入""应交税费——应交增值税（销项税额）"等账户；收款单位收到开户银行转来的收款通知后，根据托收承付结算凭证的回单及有关单证，编制收款凭证，借记"银行存款"账户，贷记"应收账款"账户。付款单位承认付款，根据托收承付结算凭证和所附的发票账单、运单等单证，编制付款凭证，借记"材料采购""应交税费——应交增值税（进项税额）"等账户，贷记"银行存款"账户。

5. 委托收款

委托收款是收款人委托银行向付款人收取款项的结算方式。无论单位或个人都可凭已承兑商业汇票、债券、存单等付款人债务证明办理款项的收取。同城和异地之间的款项结算，都可以采用这种结算方式。委托收款还适用于电费、电话费、自来水水费等公用事业费款项的收取。

委托收款结算和托收承付结算在办理程序上基本相同，款项划回的方式也有邮寄和电划两种。但委托收款结算也有自身的特点：

（1）收款单位委托其开户银行收款时，应填写银行印制的委托收款凭证和有关的债务证明。在委托收款凭证中写明付款单位的名称、收款单位名称、账号及开户银行、委托收款金额的大小写、款项内容、委托收款凭据名称及寄附单证张数等。收款单位的开户银行受理委托收款后（但银行审查受理时，不要求企业提供经济合同，也没有结算金额的限制），将委托收款凭证寄交付款单位开户银行，由付款单位开户银行审核，并通知付款单位。

（2）付款单位收到开户银行交来的委托收款凭证及债务证明，应签收并在3日之内审查债务证明是否真实，是否是本单位的债务，确认之后通知银行付款。如果不通知开户银行，银行视同企业同意付款并在第4日从单位账户中付出此笔委托收款款项。付款期满，付款人账户无款支付时，银行应于次日上午开始营业时通知付款单位将有关单证在2日之内退回银行，由银行将其退寄给收款单位开户银行转交收款单位，银行不承担收款单位分次扣款的责任。

（3）付款单位在3日内审查有关债务证明后，如果认为债务证明或与此有关的事项符合拒绝付款的规定，应出具拒绝付款理由书和委托收款第五联及持有的债务证明，向银行提出拒绝付款。但开户银行不负责审查拒付理由是否成立。

采用委托托收结算方式，应通过"应收账款"或"应付账款"账户核算。收款单位凭有关单证办妥托收手续后，编制记账凭证，借记"应收账款"账户，贷记"主营业务收入""应交税费——应交增值税（销项税额）"等账户；收款单位在接到开户银行转来的收款通知时，编制记账凭证，借记"银行存款"账户，贷记"应收账款"账户。付款单位在审查债务证明及有关单证并承付后，编制记账凭证，借记"材料采购""应交税费——应交增值税（进项税额）"等账户，贷记"应付账款"账户；付款单位接到其开户银行转来的款项已付通知时，编制付款凭证，借记"应付账款"账户，贷记"银行存款"账户。

6. 银行汇票

银行汇票是出票银行签发的，由其在见票时按实际结算金额无条件支付给收款人或者持票人的票据。银行汇票具有使用灵活、票随人到、兑现性强等特点，适用于先收款后发货或钱货两清的商品交易。单位和个人的各种款项结算，均可使用银行汇票。

银行汇票可以用于转账，填明"现金"字样的银行汇票也可以用于支取现金。银行汇票的付款期限为自出票日起1个月内。超过付款期限提示付款不获付款的，持票人须在票据权利时效内向出票银行做出说明，并提供本人身份证件或单位证明，持银行汇票和解讫通知向出票银行请求付款。

企业支付购货款等款项时，应向出票银行填写"银行汇票申请书"，填明收款人名称、支付金额、申请人名称、申请日期等事项并签章，签章为其预留银行的印鉴。银行受理银行汇票申请书，收妥款项后签发银行汇票，并用压数机压印出票金额，然后将银行汇票和解讫通知一并交给汇款人。申请人或者收款人为单位的，银行不予签发现金银行汇票。

申请人取得银行汇票后即可持银行汇票向填明的收款单位办理结算。银行汇票的收款人可以将银行汇票背书转让给他人。背书转让以不超过出票金额的实际结算金额为限，未填写实际结算金额或实际结算金额超过出票金额的银行汇票不得背书转让。

收款企业在收到付款单位送来的银行汇票时，应在出票金额以内，根据实际需要的款项办理结算，并将实际结算金额和多余金额准确、清晰地填入银行汇票和解讫通知的有关栏内，银行汇票的实际结算金额低于出票金额的，其多余金额由出票银行退交申请人。收款企业还应填写进账单并在汇票背面"持票人向银行提示付款签章"处签章，签章应与预留银行的印鉴相同，然后，将银行汇票和解讫通知、进账单一并交开户银行办理结算，银行审核无误后，办理转账。

持票人应妥善保管银行汇票，一旦丧失，失票人可以凭人民法院出具的其享有票据权利的证明，向出票银行请求付款或退款。

申请人向银行申请办理银行汇票时，要将款项交存出票银行，由银行签发汇票。这部分资金已具有了一定的用途，属于其他货币资金，应通过"其他货币资金"账户核算。

7. 银行本票

银行本票是银行签发的，承诺自己在见票时无条件支付确定金额给收款人或者持票人的票据。银行本票由银行签发并保证承兑，而且见票即付，具有信誉高，支付能力强等特点。用银行本票购买材料物资，销货方可以见票付款，购货方可以凭票提货；债权债务双方可以凭票清偿；收款人将本票交存银行，银行即可为其入账。无论单位或个人，在同一票据交换区域支付各种款项，都可以使用银行本票。

银行本票分定额本票和不定额本票，定额本票面值分别为1 000元、5 000元、

10 000 元和 50 000 元。在票面划去转账字样的，为现金本票，现金本票只能用于支取现金。

银行本票的付款期限为自出票日起最长不超过 2 个月，在付款期内银行本票见票即付。超过提示付款期限不获付款的，在票据权利时效内向出票银行做出说明，并提供本人身份证件或单位证明，可持银行本票向银行请求付款。

企业支付购货款等款项时，应向出票银行提交"银行本票申请书"，填明收款人名称、支付金额、申请人名称、申请日期等事项并签章。申请人或者收款人为单位的，银行不予签发现金银行本票。出票银行受理银行本票申请书，收妥款项后签发银行本票。不定额银行本票用压数机压印出票金额，出票银行在银行本票上签章后交给申请人。

申请人取得银行本票后，即可向填明的收款单位办理结算。收款单位可以根据需要在票据交换区域内背书转让银行本票。

持票人应妥善保管银行本票，如果本票丧失，只有现金银行本票才能到银行办理挂失止付手续，转账的银行本票只能到法院办理公示催告或提起诉讼。

申请人向银行申请办理银行本票时，必须先将款项交存银行，由银行签发本票。这部分款项已具有了一定的用途，属于其他货币资金，应通过"其他货币资金"账户核算。

8. 信用卡

信用卡是指商业银行向单位或个人发行的、凭以向特约单位购物、消费和向银行存取现金，且具有消费信用的特制载体卡片。信用卡按使用对象分为单位卡和个人卡；按信誉等级分为金卡和普通卡。

凡在中国境内金融机构开立基本存款账户的单位可申领单位卡。单位卡可申领若干张，持卡人资格由申领单位法定代表人或委托的代理人书面指定和注销。持卡人不得出租或转借信用卡。单位卡账户的资金一律从其基本存款账户转账存入。在使用过程中需要向其账户续存资金的，也一律从其基本存款账户转账存入，不得交存现金，不得将销货收入的款项存入其账户。单位卡一律不得用于 100 000 元以上的商品交易、劳务供应款项的结算，不得支取现金。

信用卡在规定的限额和期限内允许善意透支，金卡透支额最高不得超过 10 000 元，普通卡透支额不得超过 5 000 元。透支期限最长为 60 天。透支利息自签单日或银行记账日起 15 天内按日息 0.5‰ 计算，超过 15 天按日息 1‰ 计算，超过 30 天或透支金额超过规定限额的，按日息 1.5‰ 计算。持卡人使用信用卡不得恶意透支（指超过规定限额或规定期限，并且经银行催收无效的透支行为）。

单位和个人申领信用卡，应按规定填制申请表，连同有关资料一并送交发卡银行。符合条件并按银行要求交存一定金额的备用金后，银行为申领人开立信用卡存款账户，并发给信用卡。

企业申请信用卡交存的备用金已经具有特定用途，从性质上讲，属于其他货币资金，应通过"其他货币资金"账户核算。企业取得信用卡时，编制记账凭证，借记"其他货币资金——信用卡"账户，贷记"银行存款"账户；企业持卡在特约单位购物或消费后，凭有关单证，编制记账凭证，借记"管理费用"等账户，贷记"其他货币资金——信用卡"账户。

（三）银行存款的总分类核算

为了总括地反映银行存款的收入、支出及结存情况，应设置"银行存款"总分类账户。该账户借方登记银行存款的增加，贷方登记银行存款的减少，余额在借方，表示期末银行存款的余额。举例说明如下：

【例9.11】2016年3月2日，企业销售甲产品一批，开具增值税专用发票，价款为100 000元，增值税17 000元。产品已发运出去，收到购货方交来的一张金额为117 000元的转账支票。

　　借：银行存款　　　　　　　　　　　　　　　　　117 000
　　　　贷：主营业务收入　　　　　　　　　　　　　　　100 000
　　　　　　应交税费——应交增值税（销项税额）　　　　17 000

【例9.12】2016年3月4日，企业收到购货单位新龙公司交来前欠购货款价税合计23 400元，已收存银行。

　　借：银行存款　　　　　　　　　　　　　　　　　　23 400
　　　　贷：应收账款——新龙公司　　　　　　　　　　　23 400

【例9.13】2016年3月8日，企业开出转账支票一张，从亚奇公司购进甲材料一批，取得增值税专用发票，发票上注明的价款为50 000元，增值税8 500元。该批材料已验收入库。假设该企业原材料核算采用实际成本法。

　　借：原材料——甲材料　　　　　　　　　　　　　　50 000
　　　　应交税费——应交增值税（进项税额）　　　　　　8 500
　　　　贷：银行存款　　　　　　　　　　　　　　　　　58 500

（四）银行存款的明细分类核算

银行存款的明细分类核算，即是采用"银行存款日记账"这种特殊的明细账形式予以核算。银行存款日记账的格式及其登记方法参见第七章第二节，在此不再赘述。

（五）银行存款的清查

为了准确地了解和掌握企业银行存款的实际结存金额，防止银行存款账目发生差错，企业应定期对银行存款进行清查。

1. 银行存款清查的方法

银行存款的清查，通常采用与开户银行核对账目的方法进行。银行存款日记账的核对主要包括三个环节：一是银行存款日记账与银行存款收、付款凭证要相互核对，做到账证相符；二是银行存款日记账与银行存款总账要相互核对，做到账账相符；三是银行存款日记账与开户银行定期送来的银行对账单要相互核对，做到账实相符。

为了动态地了解企业银行存款的收入、支出和结存情况，企业应经常与开户银行核对账目，至少每月要核对一次。核对时，如发现双方金额不一致，要及时查明原因，属于记账差错的，应立即更正。除记账错误外，常常是由于"未达账项"所导致的。

所谓未达账项，是指企业与开户银行之间，由于凭证传递上的时间时滞，一方已登记入账，而另一方尚未入账的款项。主要包括四种情况：

（1）银行已记增加，企业未记增加的款项。如在企业采用"委托收款"结算方式下，若银行已收妥款项并记录银行存款增加，但企业尚未收到银行转来的收账通知及进账单，未记银行存款的增加。

（2）银行已记减少，企业未记减少的款项。如在采用委托付款结算方式下，银行根据委托付款协议已支付电费、电话费等公用事业费并已记录银行存款减少，但企业尚未收到银行转来的付款凭证，未记银行存款的减少。

（3）企业已记增加，银行未记增加的款项。如企业销售产品，收到购货方交来的转账支票，并送交开户银行，同时记录银行存款的增加，但银行尚未办理完款项的转账手续，未记银行存款的增加。

（4）企业已记减少，银行未记减少的款项。如企业购买原材料，开出转账支票并记录银行存款的减少，但开户银行尚未收到收款单位的有关单证未将款项划出本企业账户，未记录银行存款的减少。

2. 银行存款余额调节表的结构与编制

在核对银行存款账目过程中，如发现未达账项，应编制"银行存款余额调节表"调节相符。银行存款余额调节表的计算公式一般为：

$$企业银行存款日记账余额 + 银行已收、企业未收款项 - 银行已付、企业未付款项 = 银行对账单余额 + 企业已收、银行未收款项 - 企业已付、银行未付款项$$

【例9.14】2017年3月31日，企业银行存款日记账账面余额为47 000元，银行转来的对账单上的余额为85 000元。经逐笔核对，发现以下未达账项：

①企业销售产品收到购货单位交来的转账支票一张，金额为40 000元，已送存开户银行，并已登记银行存款的增加，但银行尚未入账；

②企业购买原材料开出转账支票一张，金额为30 000元，并登记银行存款的减少，但收款企业（持票单位）尚未到银行办理转账，银行尚未入账；

③企业委托银行代收客户金来公司购货款50 000元，银行已收妥并登记入账，但企业尚未收到银行转来的收款通知，尚未入账；

④银行代企业支付本月电费、电话费共计2 000元，银行已登记入账，但企业未收到银行转来的付款通知，尚未记账。

根据上述资料编制"银行存款余额调节表"，见表9.1所示：

表9.1　　　　　　　　　　银行存款余额调节表

项　目	金　额	项　目	金　额
企业银行存款日记账余额	47 000	银行对账单余额	85 000
加：银行已收，企业未收款项	50 000	加：企业已收，银行未收款项	40 000
减：银行已付，企业未付款项	2 000	减：企业已付，银行未付款项	30 000
调节后的存款余额	95 000	调节后的存款余额	95 000

需要说明的是，银行存款余额调节表只是为了核对账目，并不能作为调整银行存款账面余额的原始凭证。

三、其他货币资金的核算

其他货币资金是指企业除库存现金、银行存款以外的各种货币资金，主要包括外埠存款、银行汇票存款、银行本票存款、信用证存款、信用卡存款和在途货币资金等。

为了反映和监督其他货币资金的收入、支出和结存情况，企业应设置"其他货币资金"总账账户。该账户借方登记其他货币资金的增加数，贷方登记其他货币资金的减少数，余额在借方，表示其他货币资金的结存数额。本账户应按其他货币资金的种类设置明细分类账户。

（一）外埠存款的核算

外埠存款是指企业为了到外地进行临时或零星采购，而汇往采购地所开立的采购专户的款项。企业将款项汇往外地时，应填写汇款委托书，委托开户银行办理汇款。汇入地银行以汇款单位的名义开立临时采购账户。该存款账户不计利息、只付不收、付完清户，除了采购人员可从中提取少量现金外，一律采用转账结算。

企业将款项汇往采购地开立采购专户时，借记"其他货币资金——外埠存款"账户，贷记"银行存款"账户；采购人员转来发票账单时，借记"材料采购"或"在途物资""应交税费——应交增值税（进项税额）"等账户，贷记"其他货币资金——外埠存款"账户；采购完毕收回剩余款项时，借记"银行存款"账户，贷记"其他货币资金——外埠存款"账户。

（二）银行汇票、银行本票的核算

汇款单位为了取得银行汇票、银行本票，填写"银行汇/本票申请书"，将款项交存银行时，编制付款凭证，借记"其他货币资金——银行汇/本票"账户，贷记"银行存款"账户；企业持银行汇/本票购货，收到有关发票账单时，编制记账凭证，借记"材料采购"或"在途物资""应交税费——应交增值税（进项税额）"等账户，贷记"其他货币资金——银行汇/本票"账户；采购完毕，收回剩余款项时，编制收款凭证，借记"银行存款"账户，贷记"其他货币资金——银行汇/本票"账户。销货企业（收款单位）收到银行汇/本票，填制进账单到开户银行办理款项入账手续时，根据进账单及销货发票等，编制收款凭证，借记"银行存款"账户，贷记"主营业务收入""应交税费——应交增值税（销项税额）"等账户。

【例9.15】2016年6月2日，企业申请开出面额为65 000元的银行汇票到外地采购甲材料，6月22日采购完毕。取得的增值税专用发票注明的价款为50 000元，增值税为8 500元。采购结束办理结算后，余款自动退回开户银行。有关会计处理如下：

① 6月2日申请取得银行汇票时：

借：其他货币资金——银行汇票　　　　　　　　　　　　　　　　　65 000

　　贷：银行存款　　　　　　　　　　　　　　　　　　　　　　　　　65 000

② 6月22日，凭票采购时，按照发票金额入账：

借：在途物资（或材料采购）——甲材料　　　　　　　　　　　　　　50 000
　　应交税费——应交增值税（进项税额）　　　　　　　　　　　　　8 500
　　贷：其他货币资金——银行汇票　　　　　　　　　　　　　　　　58 500
③ 6月22日，交易结束后退回多余款项时：
借：银行存款　　　　　　　　　　　　　　　　　　　　　　　　　　6 500
　　贷：其他货币资金——银行汇票　　　　　　　　　　　　　　　　　6 500

（三）信用证存款的核算

信用证存款是指采用信用证结算方式的企业为开具信用证而存入银行信用证保证金专户的款项。企业填写"信用证委托书"，将信用证保证金交存银行时，应根据银行盖章退回的"信用证委托书"回单，编制付款凭证，借记"其他货币资金——信用证存款"账户，贷记"银行存款"账户；企业接到开证行通知，根据销货单位发来的信用证结算凭证及所附发票账单，编制记账凭证，借记"材料采购"或"在途物资""应交税费——应交增值税（进项税额）"等账户，贷记"其他货币资金——信用证存款"账户；将未用完的信用证存款余额转回开户银行时，编制收款凭证，借记"银行存款"账户，贷记"其他货币资金——信用证存款"账户。

第二节　固定资产的核算

一、固定资产的概念和分类

（一）固定资产的概念

固定资产属于生产资料中的劳动资料，构成企业的生产能力，是企业创造和实现利润的前提和保障。企业在生产经营过程中所需的劳动资料有多种多样，但并不是所有的劳动资料都属于固定资产。

《企业会计准则第4号——固定资产》第三条将固定资产定义为："固定资产，是指同时具有下列特征的有形资产：（一）为生产商品、提供劳务、出租或经营管理而持有的；（二）使用寿命超过一个会计年度。"其中，使用寿命是指企业使用固定资产的预计期间，或者该固定资产所能生产产品或提供劳务的数量。

固定资产并不是固定不动的资产。不动产固然属于固定资产，但固定资产除了不动产以外，还包括一部分动产，如机器设备、运输工具、器具等。

企业应根据准则规定的固定资产标准，结合自身的实际情况，制定适合本企业实际的固定资产目录，作为核算的依据。

（二）固定资产的分类

为了有效管理和充分利用固定资产，优化固定资产配置及正确计提固定资产折旧，企业必须对固定资产进行合理地分类。

（1）按经济用途划分，固定资产可分为生产经营用固定资产和非生产经营用固定资产。生产经营用固定资产，是指直接参加生产过程或服务于生产过程的各种固定资产，如生产经营用厂房、办公楼、机器设备、运输工具、器具等。

非生产经营用固定资产，是指不直接服务于生产经营过程的各种固定资产，如职工宿舍、医院、俱乐部、职工食堂、幼儿园等非生产经营单位使用的房屋、建筑物、设备、器具等。

固定资产按经济用途分类，可以反映和监督企业固定资产的构成和变化情况，促使企业合理地配备固定资产，充分发挥固定资产的效能。

（2）按使用情况划分，固定资产可分为使用中固定资产、未使用固定资产和不需用固定资产。

使用中固定资产，是指在用的经营性和非经营性固定资产。由于季节性经营或大修理等原因暂停使用的固定资产、企业经营出租的固定资产和内部替换使用的固定资产仍属于使用中固定资产。

未使用固定资产，是指尚未达到预定可使用状态的固定资产，如新建尚未交付使用的在建固定资产、调入待安装的固定资产、因改扩建等原因经批准暂停使用的固定资产等。

不需用固定资产，是指多余不需用的各种固定资产，如企业因生产经营方针改变不再需要或不适用的固定资产。

固定资产按使用情况分类，可以反映和监督企业全部固定资产的使用情况，分析固定资产利用程度，促使企业合理地使用固定资产，提高固定资产的利用效率。同时也是企业正确计提固定资产折旧的依据。

（3）按权属关系划分，固定资产可分为自有固定资产和租入固定资产。

自有固定资产，是指企业拥有产权、可自主支配使用的固定资产。

租入固定资产，是指企业根据租赁合同从外单位租入的固定资产，包括经营租赁租入的固定资产和融资租赁租入的固定资产。

固定资产按权属关系划分，可以使企业对不同固定资产采取特定的管理方法。对企业自有的固定资产，企业应根据"固定资产目录"，健全账册，在进行总分类核算的同时，进行明细分类核算，做到账卡物的统一。对于经营租赁租入的固定资产，由于不属于企业的固定资产，企业应设置"固定资产备查簿"这种辅助性账簿，详细登记固定资产租入、使用和归还情况。对于融资租赁租入的固定资产，按照"实质重于形式"原则，企业应作为自有固定资产进行管理和核算。

二、固定资产的计价

（一）固定资产的计价基础

对固定资产的计价，传统上都是以原始价值为基础，但是由于盘盈或接受捐赠等原因增加的固定资产，因无法确定其历史成本，就要采用重置成本来计量。如果既无法取得固定资产的历史成本，也无法取得其现时重置成本，则应按预计未来现金流量的现值计价。另外，由于固定资产的价值较大，其价值会随着服务能力的下降而逐渐减少，还需要揭示固定资产的净值。因此，固定资产的计价主要有以下四种方法：

1. 按历史成本计价

历史成本，也称原始购置成本或原始价值，是指企业购建固定资产达到预定可使用状态前发生的一切合理的、必要的支出。企业新购建固定资产的计价、确定计提折旧的依据等，均采用这种计价方法。按历史成本计价的优点是具有客观性和可验证性。因为按这种计价方法确定的价值，均是实际发生并有支付凭据的支出。正是由于这种计价方法具有客观性和可验证性的特点，它成为固定资产的基本计价标准。

按历史成本计价也有明显的缺点，当经济环境和物价水平发生较大变化时，它不能反映固定资产的真实价值。

2. 按重置价值计价

重置价值，也称现时重置成本，它是指在当时的生产技术条件下，重新购建同样的固定资产所需要的全部支出。按重置价值计价，虽然可以比较真实地反映固定资产的现时价值，但也带来了一系列的其他问题，会计实务操作也比较复杂。因此，这种方法仅在确定财产清查中盘盈固定资产的价值时使用，或对报表进行补充、附注说明时采用。

3. 按预计未来现金流量的现值计价

如果既无法取得固定资产的历史成本，也无法取得其重置成本，则按预计未来现金流量的现值计价。也就是，先估算固定资产在预计使用年限内的年预期现金净流量，然后按设定的贴现率进行贴现，计算的现值总和即为固定资产的价值。如接受捐赠的固定资产，当捐赠方没有提供有关凭据，也不存在同类或类似固定资产的活跃市场时，采用这种方法进行计价。

4. 按净值计价

固定资产净值，也称折余价值，是指固定资产原始价值或重置完全价值减去已提折旧后的净额。它可以反映企业实际占用在固定资产上的资金数额和固定资产的新旧程度。这种计价方法用于计算盘盈、盘亏、毁损固定资产发生的溢余或损失等。

（二）固定资产的价值构成

《企业会计准则第4号——固定资产》第七条规定："企业取得固定资产应当按照成本进行初始计量"。企业固定资产的来源多种多样，其成本的构成内容也存在较大差异。

（1）外购的固定资产，按实际支付的购买价款、相关税费、使固定资产达到预定可使用状态前所发生的可归属于该项资产的运输费、装卸费、安装费和专业人员服务费等，作为入账价值。其中，相关税费包括进口关税、消费税、车辆购置税等，不包括增值税。[①]

---

① 2008年11月5日，国务院第34次常务会议审议并原则通过了《中华人民共和国增值税暂行条例（修订草案）》，自2009年1月1日起在全国统一实施。修订后的增值税条例确定在全国范围内实施增值税转型改革，将固定资产进项税额纳入抵扣范围。也就是说，企业外购固定资产所支付的增值税，不能记入固定资产的成本；在会计核算上，应实行"价税分离"，支付的价款记入固定资产的成本，支付的增值税记入"应交税费"单独核算。根据《财政部、国家税务总局关于全面推开营业税改征增值税试点的通知》（财税〔2016〕36号）和财政部办公厅2016年7月4日颁发的《关于增值税会计处理的规定（征求意见稿）》的内容，企业在2016年5月1日后取得在会计制度上按固定资产核算的不动产或者在2016年5月1日后取得的不动产在建工程，其进项税额应自取得之日起分2年从销项税额中抵扣，第一年抵扣比例为60%，第二年抵扣比例为40%。其账务处理为：按取得固定资产或在建工程的成本，借记"固定资产""在建工程"等账户，按当期可抵扣的增值税额，借记"应交税费——应交增值税（进项税额）"账户，按以后期间可抵扣的增值税额，借记"应交税费——待抵扣进项税额"账户，按应付或实际支付的金额，贷记"应付账款""应付票据""银行存款"等账户。尚未抵扣的进项税额待以后期间允许抵扣时，按允许抵扣的金额，借记"应交税费——应交增值税（进项税额）"账户，贷记"应交税费——待抵扣进项税额"账户。

（2）自行建造的固定资产，按建造该项资产达到预定可使用状态前发生的全部支出，作为入账价值。

（3）在原有固定资产的基础上进行改、扩建的，按原固定资产的账面价值，加上由于改、扩建而使该项资产达到预定可使用状态前发生的支出，减去改、扩建过程中取得的变价收入，作为入账价值。

（4）投资者投入的固定资产，按投资各方签订的合同或协议约定的价值，作为入账价值；如果合同或协议约定的价值不公允的，则按固定资产的公允价值入账。

（5）接受捐赠的固定资产，应按以下规定确定其入账价值：

①捐赠方提供了有关凭据（如发票、报关单、有关协议）的，按凭据上标明的金额加上应支付的相关税费，作为入账价值。

②捐赠方没有提供有关凭据的，按如下顺序确定其入账价值：

第一，同类或类似固定资产存在活跃市场的，按同类或类似固定资产的市场价格估计的金额，加上应支付的相关税费，作为入账价值；

第二，同类或类似固定资产不存在活跃市场的，按该接受捐赠的固定资产的预计未来现金流量的现值，作为入账价值。

③如接受捐赠的系旧的固定资产，按照上述方法确认的价值，减去按该项资产的新旧程度估计的价值损耗后的余额，作为入账价值。

（6）盘盈的固定资产，如果同类或类似固定资产存在活跃市场的，应按同类或类似固定资产的市场价格，减去按该项固定资产新旧程度估计价值损耗后的余额计价入账；如果同类或类似固定资产不存在活跃市场的，应按盘盈固定资产的预计未来现金流量的现值计价入账。

（7）融资租入固定资产，我国会计准则规定，融资租入的固定资产，在租赁期内企业应当作为自有固定资产进行管理和核算。融资租入固定资产的入账价值按租赁开始日租赁资产的公允价值与最低租赁付款额的现值两者较低者来确定。

（8）债务重组取得固定资产。企业因为债务人发生财务困难，取得债务人用于抵债的固定资产，则固定资产的入账价值应当按照受让固定资产的公允价值计价。

（9）非货币性交易取得固定资产，企业以非货币性资产交换取得的固定资产，其入账价值的选择，区分非货币性资产交换是否具有商业实质和换入或换出资产的公允价值是否能够可靠计量。若非货币性资产交换具有商业实质，且换入或换出资产的公允价值能够可靠计量时，换入的固定资产应当以换出资产公允价值为基础，加上应支付的相关税费（不含取得增值税专用发票的增值税额）之和作为换入固定资产的入账价值；若该非货币性交换资产不具有商业性质，且换入或换出资产公允价值不能可靠计量时，应当以换出资产的账面价值和应支付的相关税费之和作为换入固定资产的入账价值。

三、固定资产取得的核算

（一）外购固定资产的核算

1. 购置不需要安装的固定资产

企业购入不需要安装的固定资产，按实际支付的买价、相关税费、运杂费等作为固定资产原价入账，借记"固定资产"账户，按支付的增值税，借记"应交税费——应交增值税（进项税额）"账户，按支付的全部款项，贷记"银行存款"账户。

【例9.16】2016年4月18日，购入一台不需要安装的设备，增值税专用发票上注明的价款为200 000元，增值税额34 000元，发生运费500元。全部款项已通过银行账账支付。

借：固定资产 200 500
　　应交税费——应交增值税（进项税额） 34 000
　　贷：银行存款 234 500

2. 购置需要安装的固定资产

企业购入需要安装的固定资产，应先通过"在建工程"账户核算，待安装完工交付使用后，再将在建工程成本转入"固定资产"账户。

【例9.17】2016年4月2日，企业购入需要安装的机器一台，取得的增值税专用发票上注明的机器价款为500 000元，增值税额为85 000元，支付的运杂费1 000元。机器安装时，领用修理用备件20 000元，支付安装人员工资10 000元。4月24日，机器安装完毕，经调试后交付使用。有关会计处理如下：

（1）支付机器价款、税金、运杂费时：

借：在建工程 501 000
　　应交税费——应交增值税（进项税额） 85 000
　　贷：银行存款 586 000

（2）安装机器领用修理用备件时：

借：在建工程 20 000
　　贷：原材料——修理用备件 20 000

（3）分配并发放安装人员工资时：

借：在建工程 10 000
　　贷：应付职工薪酬 10 000
借：应付职工薪酬 10 000
　　贷：银行存款 10 000

（4）机器安装完工交付使用时：

借：固定资产 531 000
　　贷：在建工程 531 000

（二）建造固定资产的核算

建造固定资产是指企业自行建造房屋、建筑物、各种设施以及大型机器设备的安装工程等，也称为在建工程，包括新建固定工程、改扩建固定资产工程和大修理工程等。企业建造固定资产可以采用自营建造和出包建造两种方式。

自行建造固定资产的成本，由建造该项资产达到预定可使用状态前所发生的必要支出构成。

1. 自营建造固定资产

企业自营建造固定资产主要通过"工程物资"和"在建工程"账户进行核算。"工程物资"账户，属于资产类账户，核算用于基建工程、更新改造工程和大修理工程准备的各种物资的实际成本。该账户借方登记增加数，贷方登记减少数，期初期末余额通常在借方。"在建工程"账户，属于资产类账户，核算企业为基建工程、安装工程、技术改造工程、大修理工程所发生的实际支出，以及改扩建工程等转入的固定资产净值。该账户借方登记增加数，贷方登记减少数，期初期末余额通常在借方。

【例9.18】企业自行建造2号厂房一幢，建设期为1年。2014年4月1日，购入为工程准备的各种物资2 000 000元，支付的增值税额为340 000元，货款及增值税已转账支付。2014年4月—2015年3月每月各领用工程物资150 000元。2014年4月—2015年3月每月支付工程人员工资50 000元。2015年3月31日，工程完工交付使用，剩余物资200 000元转作丙原材料入库。有关会计处理如下：

（1）2014年4月1日，购入工程物资时：

借：工程物资　　　　　　　　　　　　　　　　　　　　　2 000 000
　　应交税费——应交增值税（进项税额）　　　　　　　　　340 000
　　贷：银行存款　　　　　　　　　　　　　　　　　　　　2 340 000

（2）2014年4月—2015年3月各月领用工程用物资时：

借：在建工程　　　　　　　　　　　　　　　　　　　　　　150 000
　　贷：工程物资　　　　　　　　　　　　　　　　　　　　　150 000

（3）2014年4月—2015年3月分配并支付工程人员工资时：

借：在建工程　　　　　　　　　　　　　　　　　　　　　　　50 000
　　贷：应付职工薪酬　　　　　　　　　　　　　　　　　　　　50 000
借：应付职工薪酬　　　　　　　　　　　　　　　　　　　　　50 000
　　贷：银行存款　　　　　　　　　　　　　　　　　　　　　　50 000

（4）2015年3月31日工程完工交付使用时：

借：固定资产　　　　　　　　　　　　　　　　　　　　　　2 400 000
　　贷：在建工程　　　　　　　　　　　　　　　　　　　　　2 400 000

（5）2015年3月31日剩余工程物资转作原材料入库时：

借：原材料——丙材料　　　　　　　　　　　　　　　　　　200 000
　　贷：工程物资　　　　　　　　　　　　　　　　　　　　　200 000

2. 出包建造固定资产

企业采用出包方式建造的固定资产，工程建设的具体支出在承包单位核算。这种方式下，"在建工程"账户实际成为企业与承包单位之间的结算账户，企业与承包单位结算的工程价款作为工程成本，通过"在建工程"账户核算。企业按合同预付承包单位的工程价款时，借记"在建工程"账户，贷记"银行存款"账户；工程完工收到承包单位的账单，补付或补记工程价款时，借记"在建工程"账户，贷记"银行存款"账户；工程完工交付使用时，按实际发生的全部支出，借记"固定资产"账户，贷记"在建工程"账户。

四、固定资产折旧的核算

（一）固定资产折旧的含义及性质

固定资产折旧是指固定资产在使用过程中，随着时间推移逐渐转移到成本、费用中去的那部分损耗价值。

固定资产的损耗分有形损耗和无形损耗。有形损耗是指固定资产由于生产过程中使用和自然力侵蚀所造成的价值损失；无形损耗是指由于劳动生产率提高和科学技术进步而引起的固定资产的价值贬值和损失。这两种损耗，都应在预计的使用年限内（或预计的工作量内），通过计提固定资产折旧，从实现的产品价值中得到补偿。

固定资产折旧也即固定资产损耗。固定资产的损耗分有形损耗和无形损耗。有形损耗是指固定资产由于生产过程中使用和自然力侵蚀所造成的价值损失；无形损耗是指由于劳动生产率提高和科学技术进步而引起的固定资产的价值贬值和损失。这两种损耗，都应在预计的使用年限内（或预计的工作量内），通过计提固定资产折旧，从实现的产品价值中得到补偿。

（二）固定资产折旧的范围

应计提折旧的固定资产，在会计上称为折旧性资产。按我国《企业会计准则第4号——固定资产》的规定，除以下情况外，企业应对所有固定资产计提折旧：

（1）已提足折旧仍继续使用的固定资产；

（2）单独估价作为固定资产入账的土地。

这样的规定与我国过去对固定资产折旧范围的规定有很大的不同。这主要是出于谨慎性原则的考虑。

（三）固定资产折旧的计算

1. 影响固定资产折旧的因素

（1）固定资产原值。固定资产原值是指固定资产的实际取得成本，就折旧而言，也称为折旧基数。企业计提固定资产折旧，应当以固定资产账面原值为依据。在固定资产使用寿命一定的情况下，固定资产原值越高，则单位时间内或单位工作量的折旧额就越多；反之，则越小。固定资产原值减去折旧后的余额为固定资产净值，也称折余价值。通过折余价值可以反映固定资产的新旧程度。

（2）固定资产预计净残值。固定资产预计净残值是固定资产预计报废时可收回的残余价值扣除预计清理费用后的数额。固定资产的净残值是企业在固定资产使用期满后对固定资产的一个回收额，在计算固定资产折旧时应从固定资产的折旧计算基数中扣除。固定资产的净残值越高，则单位时间内或单位工作量的折旧额就越少；反之，则越多。由于在计算折旧时，对固定资产残值和清理费用只能人为估计，为了避免企业人为估计预计净残值从而人为调整折旧额，所得税暂行条例及其实施细则规定，固定资产的净残值比例在其原值的 5% 以内，由企业自行确定。

（3）固定资产预计使用寿命。企业应根据国家的有关规定，结合企业的具体情况，合理地确定固定资产的使用寿命。企业确定固定资产的使用寿命，应当考虑下列因素：①预计生产能力或实物产量；②预计有形损耗和无形损耗；③法律或者类似规定对资产使用的限制。

固定资产的使用寿命、预计净残值一经确定，不得随意变更。

2. 固定资产折旧方法

固定资产折旧方法是将应提折旧总额在固定资产各使用期间进行分配时所采用的具体计算方法。固定资产折旧方法有平均年限法、工作量法、双倍余额递减法和年数总和法等。前两种方法称为直线法；后两种方法称为加速折旧法。企业应根据固定资产的性质、消耗方式、科技进步状况等因素，合理选择固定资产的折旧方法。固定资产的折旧方法一经确定，不得随意变更。

（1）平均年限法。平均年限法也称直线法，是将固定资产的应提折旧总额（固定资产原值减去预计净残值）在固定资产整个预计使用年限内平均分摊的折旧方法。这种折旧方法，各年折旧额相等，不受固定资产使用频率或生产量多少的影响，也称固定费用法。有关计算公式如下：

$$固定资产年折旧额 = \frac{固定资产原值 - 预计净残值}{预计使用年限} \times 100\%$$

$$= \frac{固定资产原值 \times （1 - 预计净残值率）}{预计使用年限} \times 100\%$$

固定资产月折旧额 = 年折旧额 ÷ 12

或　　$$固定资产年折旧率 = \frac{1 - 预计净残值率}{预计使用年限} \times 100\%$$

固定资产月折旧率 = 年折旧率 ÷ 12

固定资产月折旧额 = 固定资产原值 × 月折旧率

【例 9.19】某企业有厂房三幢，账面原值合计 5 000 000 元，预计使用年限为 10 年，预计净残值率为 4%。有关计算如下：

$$厂房年折旧率 = \frac{1 - 4\%}{10} \times 100\% = 9.6\%$$

厂房月折旧率 = 9.6% ÷ 12 = 0.8%

厂房月折旧额 = 5 000 000 × 0.8% = 40 000（元）

平均年限法计算简便，容易掌握，是会计实务中应用最广泛的一种方法。但是，平均年限法的缺点主要有：①只注重固定资产的使用时间，忽略了使用状态，则固定资产无论物质磨损程度如何，均计提同样的折旧费用，这显然不合理。②固定资产各年的使用成本不均衡。一般来说，随着固定资产的使用，修理、保养等费用逐年增加，而平均年限法确定的各年折旧费相同，这导致固定资产使用早期负担的费用偏低，后期负担的费用偏高，违背了收入与费用配比性原则。

（2）工作量法。工作量法是将固定资产的应提折旧总额在固定资产预计工作总量中平均分摊的折旧方法。采用这种折旧方法，各年折旧额的大小随工作量的变动而变动，因而这种方法又称变动费用法。有关计算公司如下：

$$固定资产单位工作量折旧额 = \frac{固定资产原值 - 预计净残值}{预计工作总量} \times 100\%$$

$$= \frac{固定资产原值 \times （1 - 预计净残值率）}{预计工作总量} \times 100\%$$

固定资产月折旧额 = 该固定资产当月工作量 × 单位工作量折旧额

【例9.20】某企业有运输卡车2辆，账面原值300 000元，预计净残值率为4%，预计总行驶里程为100万千米。2016年5月两辆卡车实际行驶8 000千米。有关计算如下：

$$每千米折旧额 = \frac{300\ 000 \times （1 - 4\%）}{1\ 000\ 000} \times 100\% = 0.288 （元）$$

5月应提折旧额 = 8 000 × 0.288 = 2 304 （元）

工作量法的优点与平均年限法一样，比较简单实用，工作量法以固定资产的工作量为分配固定资产成本的标准，各年的折旧额与固定资产的使用程度成正比关系，体现了收入与费用相配比的原则。它的缺点是：①将有形损耗看作是引起固定资产折旧的唯一因素，固定资产不使用则不计提折旧，忽略了无形损耗的影响；②固定资产在使用过程中单位工作量里所带来的经济利益是不一样的，因而折旧也应该不一样，而工作量法忽视了这一点。该方法适用于使用情况很不均衡，使用的季节性较为明显的大型机器设备、大型施工机械以及运输单位或其他企业专业车队的客、货汽车等固定资产折旧的计算。

（3）双倍余额递减法。双倍余额递减法是在不考虑固定资产净残值的情况下，以双倍的直接法折旧率乘以固定资产每期期初的账面净值计算各期折旧额的一种折旧方法。由于折旧率中不考虑预计净残值，这样会导致在固定资产预计使用期满时已提折旧总额超过应计折旧总额，即固定资产处置时其账面净值低于预计净残值。因此，采用双倍余额递减法计提折旧时，在固定资产预计使用年限届满前两年，应停止采用双倍余额递减法，改按直线法计提折旧，即将倒数第二年年初的固定资产账面净值减去预计净残值后的差额在最后两年内平均分摊。有关计算公式如下：

$$固定资产年折旧率 = \frac{2}{预计使用年限} \times 100\%$$

固定资产月折旧率 = 年折旧率 ÷ 12

固定资产月折旧额 = 固定资产账面净值 × 月折旧率

= （固定资产账面原值 - 累计折旧） × 月折旧率

【例9.21】某企业有一台等离子加速器，其账面原价为6 000 000元，预计净残值为100 000元，预计使用年限为5年。有关计算见表9.2所示：

$$固定资产年折旧率 = \frac{2}{5} \times 100\% = 40\%$$

表9.2 固定资产折旧计算表（双倍余额递减法） 单位：元

年 份	固定资产原值	年折旧率	年折旧额	月折旧额	累计折旧	账面净值
1	6 000 000	40%	2 400 000	200 000	2 400 000	3 600 000
2	6 000 000	40%	1 440 000	120 000	3 840 000	2 160 000
3	6 000 000	40%	864 000	72 000	4 704 000	1 296 000
4	6 000 000	50%	598 000	49 833.33	5 302 000	698 000
5	6 000 000	50%	598 000	49 833.33	5 900 000	100 000
合 计	—	—	5 900 000	—	—	—

表中，第4、5年折旧额 $= \dfrac{6\,000\,000 - (2\,400\,000 + 1\,440\,000 + 864\,000) - 100\,000}{2}$

$$= 598\,000 \text{（元）}$$

（4）年数总和法。年数总和法是将固定资产账面原值减去预计净残值后的净额乘以一个逐年递减的分数计算固定资产折旧额的一种折旧方法。这个逐年递减的分数就是固定资产年折旧率，分子是固定资产尚可使用年限（含当年），分母是固定资产预计使用年限的各年数字之和。有关计算公式如下：

$$\text{固定资产年折旧率} = \frac{\text{尚可使用年限}}{1 + 2 + 3 + \cdots + \text{预计使用年限}} \times 100\%$$

$$= \frac{\text{预计使用年限} - \text{已使用年限}}{\text{预计使用年限} \times (\text{预计使用年限} + 1) \div 2} \times 100\%$$

固定资产年折旧额 = （固定资产账面原值 - 预计净残值）× 年折旧率

固定资产月折旧额 = 固定资产年折旧额 ÷ 12

【例9.22】仍以例9.21为例，假设企业采用年数总和法计提该项固定资产折旧。有关计算见表9.3所示：

表9.3 固定资产折旧计算表（年数总和法） 单位：元

年份	固定资产原值	应计折旧总额	尚可使用年数	年折旧率	年折旧额	月折旧额	累计折旧
1	6 000 000	5 900 000	5	5/15	1 966 666.67	163 888.89	1 966 666.67
2	6 000 000	5 900 000	4	4/15	1 573 333.33	131 111.11	3 540 000
3	6 000 000	5 900 000	3	3/15	1 180 000	98 333.33	4 720 000
4	6 000 000	5 900 000	2	2/15	786 666.67	65 555.56	5 506 666.67
5	6 000 000	5 900 000	1	1/15	393 333.33	32 777.78	5 900 000
合计	—	—	15	—	5 900 000	—	—

（四）固定资产折旧的会计处理

企业一般应当按月计提固定资产折旧，当月新增的固定资产，当月不提折旧，从下月起计提折旧；当月减少的固定资产，当月照提折旧，从下月起停止计提折旧。也就是说，企业计提固定资产折旧时，应以月初应计提折旧的固定资产账面原值为依据，计提固定资产折旧。

企业计提固定资产折旧时，一方面记入有关成本费用账户：生产用固定资产应提折旧额记入"制造费用"账户；管理用固定资产应提折旧额记入"管理费用"账户；专设销售机构用固定资产应提折旧额记入"销售费用"账户。另一方面，设置"累计折旧"账户。该账户是"固定资产"账户的备抵账户，其性质属于资产类账户，但是其账户结构与资产类账户正好相反，即增加记入该账户的贷方，减少记入该账户的借方，余额一般在贷方。企业计提固定资产折旧时，应记入"累计折旧"账户的贷方。

【例9.23】某企业按固定资产类别计提折旧，机器机械类固定资产的分类月折旧率为10%。该企业机器机械类固定资产2016年4月初应提折旧的固定资产账面原值为10 000 000元，4月份新购置的固定资产原值合计为844 900元，4月份报废设备一台，账面原值为310 400元。有关计算及会计处理如下：

（1）4月份应计提的固定资产折旧额 = 10 000 000 × 10% = 1 000 000（元）

会计分录为：

借：制造费用——折旧费　　　　　　　　　　　　　　　　1 000 000
　　贷：累计折旧　　　　　　　　　　　　　　　　　　　　　1 000 000

（2）5月份应计提的固定折旧额 =（10 000 000 + 844 900 − 310 400）× 10%

= 1 053 450（元）

会计分录为：

借：制造费用——折旧费　　　　　　　　　　　　　　　　1 053 450
　　贷：累计折旧　　　　　　　　　　　　　　　　　　　　　1 053 450

五、固定资产清理的核算

（一）固定资产清理核算的内容和账户设置

企业因出售、报废、毁损、投资转出、捐赠转出以及无偿调出等原因减少的固定资产，应通过"固定资产清理"账户核算。财产清查过程中发现的固定资产盘亏，不通过该账户反映，应通过"待处理财产损溢"账户核算。

"固定资产清理"账户属于对比计价账户，它核算企业因出售、报废和毁损等原因转入的固定资产净值以及清理过程中所发生的清理费用和清理收入，其借方登记转入清理的固定资产净值、发生的清理费用以及清理固定资产的净收益，贷方登记清理固定资产的变价收入、应由保险公司或过失人承担的损失以及清理固定资产的净损失。通常，固定资产清理完毕后，应将清理固定资产的净损益转销，转入营业外收支账户，转销后该账户无期末余额。

（二）固定资产清理的会计处理

固定资产清理通常应按以下程序处理：

（1）将清理固定资产的净值转入"固定资产清理"账户。按转入清理的固定资产账面净值，借记"固定资产清理"账户；按已提折旧额，借记"累计折旧"账户；按已提折旧额，借记"累计折旧"账户；如果计提了固定资产减值准备，按已计提的减值准备金额，借记"固定资产减值准备"账户；按固定资产的账面原值，贷方"固定资产"账户。

（2）将固定资产的清理收入，如固定资产出售收入、应由保险公司或过失人赔偿的金额、残料收入等，记入"固定资产清理"账户。按固定资产出售收入，借记"银行存款"账户，贷记"固定资产清理"账户；按应由保险公司或过失人赔偿的金额，借记"其他应收款"账户，贷记"固定资产清理"账户。

（3）将固定资产的清理费用，如清理过程中发生的运输费、出售不动产应交纳的营业税等，记入"固定资产清理"账户。按清理过程中发生的清理费用，借记"固定资产清理"账户，贷记"银行存款"等账户；按出售不动产收到的增值税税额，借记"银行存款"账户，贷记"应交税费——应交增值税（销项税额）"账户。

（4）固定资产清理完毕，应将清理固定资产的净损益，转入营业外收支账户。若为清理净收益，按其金额，借记"固定资产清理"账户，贷记"营业外收入"账户；若为清理净损失，按其金额，借记"营业外支出"账户，贷记"固定资产清理"账户。

【例9.24】2016年4月20日，企业一台生产用设备使用期满，经批准报废注销。该设备的账面原值为310 400元，已提折旧金额300 000元。清理过程中发生货币性清理费用100元（已用现金付讫），回收残料2 000元，作为丙材料入库。不考虑固定资产减值准备。有关会计处理如下：

（1）将报废固定资产的净值转入"固定资产清理"账户：

借：固定资产清理　　　　　　　　　　　　　　　　　　　　　　10 400
　　累计折旧　　　　　　　　　　　　　　　　　　　　　　　　300 000
　　贷：固定资产　　　　　　　　　　　　　　　　　　　　　　310 400

（2）记录发生的清理费用：

借：固定资产清理　　　　　　　　　　　　　　　　　　　　　　　　100
　　贷：库存现金　　　　　　　　　　　　　　　　　　　　　　　　　100

（3）记录残料收入：

借：原材料——丙材料　　　　　　　　　　　　　　　　　　　　　2 000
　　贷：固定资产清理　　　　　　　　　　　　　　　　　　　　　　2 000

（4）结转清理固定资产净损失：

借：营业外支出——固定资产清理净损失　　　　　　　　　　　　　8 500
　　贷：固定资产清理　　　　　　　　　　　　　　　　　　　　　　8 500

【例9.25】2016年5月10日，企业将一幢不需用的闲置厂房置换给金鑫房地产开发公司，取得出售收入6 500 000元，款项已收存开户银行。该厂房账面原值5 000 000

元，已提折旧金额 2 300 000 元。适用的增值税税率为 17%，尚未交纳。有关会计处理如下：

（1）将出售厂房的净值转入"固定资产清理"账户：

借：固定资产清理 2 700 000

累计折旧 2 300 000

　贷：固定资产 5 000 000

（2）记录出售固定资产的款项，增值税为 6 500 000 × 17% = 1 105 000 元：

借：银行存款 7 605 000

　贷：固定资产清理 6 500 000

　　应交税费——应交增值税（销项税额） 1 105 000

（3）结转清理固定资产净收益：

借：固定资产清理 3 475 000

　贷：营业外收入——固定资产清理净收益 3 475 000

【例 9.26】2016 年 7 月 7 日，企业的一辆运输卡车在一次严重交通事故中毁损。该车辆账面原值 200 000 元，已提折旧金额 50 000 元。按保险合同，应由该市财产保险公司赔偿 92 000 元。保险公司已理赔，但尚未实际支付保险赔偿款。残料变价收入 3 000 元（增值税忽略不计），款项已收存开户银行。有关会计处理如下：

（1）将毁损车辆的净值转入"固定资产清理"账户：

借：固定资产清理 150 000

累计折旧 50 000

　贷：固定资产 200 000

（2）记录保险公司赔偿收入：

借：其他应收款——××市财产保险公司 92 000

　贷：固定资产清理 92 000

（3）记录残料变价收入：

借：银行存款 3 000

　贷：固定资产清理 3 000

（4）结转清理固定资产净损失：

借：营业外支出——固定资产清理净损失 55 000

　贷：固定资产清理 55 000

六、固定资产清查的核算

（一）固定资产清查的方法和账户设置

为了保护固定资产的安全完整，企业应定期对固定资产进行清查，以保证固定资产账实相符。通过清查，可以摸清固定资产使用和维修情况，弄清有无长期不用或使用不当的固定资产，以及擅自拆除、变卖等违法行为。

固定资产清查分为日常清查和年度清查。此外，如遇国家进行清产核资、保管人员调动、隶属关系发生变更等，还需要对固定资产进行临时清查。固定资产清查的方法，是通过实地盘点进行的。在清查前，应认真检查账、卡、物是否相符。在清查过程中，应将固定资产卡片与固定资产实物逐项进行核对，做到账实相符。最后，根据盘存记录，对盘盈盘亏的固定资产查明原因，并填制"固定资产盘盈盘亏报告表"，由会计部门汇总后，作为记账依据。

为了核算企业在财产清查中查明的各种财产物资的盘盈、盘亏，企业应设置"待处理财产损溢"账户核算。该账户属于对比计价账户，其借方登记发生的各种财产物资的盘亏金额和批准转销的盘盈金额；贷方登记发生的各种财产物资的盘盈金额、批准转销的盘亏金额以及应由保险公司或过失人赔偿的损失金额；期末根据查实的盘盈盘亏原因，将盘盈盘亏的固定资产净收益或净损失全额转销，结转后该账户无期末余额。该账户应设置"待处理流动资产损溢"和"待处理固定资产损溢"两个明细账户进行明细核算。

(二) 固定资产清查的会计处理

1. 固定资产盘盈的会计处理

(1) 根据"固定资产盘盈盘亏报告表"，盘盈的固定资产入账价值的确定方法，如果同类或类似固定资产存在活跃市场的，应按同类或类似固定资产的市场价格，减去按该项固定资产新旧程度估计价值损耗后的余额确定；如果同类或类似固定资产不存在活跃市场的，应按盘盈固定资产的预计未来现金流量的现值计价入账。盘盈的固定资产待报经批准后，应作为以前年度的差错，记入"以前年度损益调整"账户。

(2) 报经批准后予以转销。转销时，借记"待处理财产损溢"账户，贷记"营业外收入"账户。

【例9.27】2016年7月31日，企业对固定资产进行定期清查，发现账外生产用设备一台，同类设备的现行市价为120 000元，估计成新率为80%。有关账务处理如下：

该盘盈固定资产考虑新旧程度后的余额为：120 000×80% = 96 000 (元)

借：固定资产　　　　　　　　　　　　　　　　　　　　96 000

　　贷：以前年度损益调整　　　　　　　　　　　　　　　96 000

2. 固定资产盘亏的会计核算

(1) 根据"固定资产盘盈盘亏报告表"，将盘亏固定资产的净值记入"待处理财产损溢"账户。按盘亏固定资产的账面净值，借记"待处理财产损溢"账户；按盘亏固定资产已累计计提的折旧额，借记"累计折旧"账户；按其账面原值，贷记"固定资产"账户。

(2) 报经批准后，应根据下列不同情况进行分别处理：①属于应由保险公司或过失人赔偿的部分金额，应记入"其他应收款"账户，借记"其他应收款"账户，贷记"待处理财产损溢"账户；②扣除保险公司或过失人赔偿金额后的固定资产盘亏净损失，应记入"营业外支出"账户，借记"营业外支出"账户，贷记"待处理财产损溢"账户。

【例9.28】2016年7月31日，企业对固定资产进行定期清查，发现盘亏运输车辆一辆，其账面原值为 90 000 元，已提折旧金额 72 000 元。经查是由于自然灾害造成的损失，应由该市财产保险公司赔偿 11 500 元。保险公司已理赔，但尚未实际支付赔偿款。有关会计处理如下：

①报经批准处理前：

借：待处理财产损溢——待处理固定资产损溢	18 000
累计折旧	72 000
贷：固定资产	90 000

②记录保险公司理赔收入：

借：其他应收款——××市财产保险公司	11 500
贷：待处理财产损溢——待处理固定资产损溢	11 500

③按规定程序报经批准后，转销盘亏车辆净损失：

借：营业外支出——固定资产盘亏损失	6 500
贷：待处理财产损溢——待处理固定资产损溢	6 500

第三节　存货的核算

一、存货的概念和分类

（一）存货的概念

《企业会计准则第 1 号——存货》第三条将存货定义为："存货，是指企业在日常活动中持有以备出售的产成品或商品、处在生产过程中的在产品、在生产过程或提供劳务过程中耗用的材料和物料等。"存货是企业流动资产的主要组成部分，企业持有存货的目的主要是为了出售或进一步加工后出售，而不是为了自用或消耗。

（二）存货的分类

在不同行业的企业，存货的内容和分类有所不同。存货一般依据企业的性质、经营范围，并结合存货的用途进行分类。

1. 制造业存货

制造业存货的特点是在出售前已经过生产加工过程，改变其原有的实物形态或使用功能。具体分类如下：

（1）原材料。原材料是企业通过采购或其他方式取得的用于制造产品并构成产品实体的物品，以及取得的供生产耗用但不构成产品实体的辅助材料、修理用备件、燃料以及外购半成品等。

（2）委托加工材料。委托加工材料是企业因技术和经济原因而委托外单位代为加工的各种材料。

（3）包装物。包装物是企业为了包装本企业产品而储备的各种包装容器，包括构成产品实体的包装物、随同产品出售不单独计价的包装物、随同产品出售单独计价的包装物以及出租出借的包装物。

（4）低值易耗品。低值易耗品是指价值低、容易损耗的物品，包括不能作为固定资产管理的各种工具器具等。

（5）在产品和自制半成品。在产品和自制半成品是指已经过一定生产过程，但尚未全部完工、在销售以前还要进一步加工的中间产品或正在加工中的产品。

（6）产成品。产成品是指企业加工生产并已完成全部生产过程，可以对外销售的制成产品。

2. 商品流通企业存货

在商品流通企业，存货主要分为：库存商品、材料物资、低值易耗品、包装物等。其中，商品存货是商业企业存货的主要组成部分，是企业为了销售而购入的物品。

3. 其他行业存货

服务业企业，如旅行社、饭店、宾馆、娱乐场所、美容美发、照相、修理、中介机构等，既不生产产品也不经销产品。这些单位一般存有一定数量的物料用品、办公用品、家具用具等，供业务活动时使用，这些货品也作为存货处理。

（三）存货的范围

确定存货的数量和价值是存货会计的主要内容，为此，必须要科学地确认企业存货的范围。确认存货范围的基本原则是：凡在盘存日期法定所有权属于企业的所有物品，不论其存放在何处或处于何种状态，都应视为企业的存货，在资产负债表上反映。因此，判断一项物品是否是某一企业的存货，关键要看该物品的法定所有权是否已经发生转移。凡在盘存日期法定所有权属于企业的所有在库、在用、在途的财产物资均应确认为企业的存货。反之，凡是法定所有权不属于企业的物品，即使尚未远离企业，也不包括在本企业的存货范围中，如采用提货制销售产品，企业已收到购货方交来的货款并已开具销售发票和提货单，但是购货方尚未提走的产品或货物，就不再属于企业的存货，而应属于购货方的存货。

二、存货数量的盘存方法

企业确定存货的实物数量有两种方法：一种是实地盘存制，另一种是永续盘存制。

（一）实地盘存制

实地盘存制，亦称定期盘存制，是指会计期末通过对全部存货进行实地盘点，以确定期末存货的结存数量，然后分别乘以各项存货的盘存单价，计算期末存货的总金额，记入各有关存货科目，倒轧本期已耗用或已销售存货的成本。采用这种方法，平时只记录收入存货的数量和金额，以及领用发出存货的数量，不记录领用发出存货的金额，每一期末，通过实地盘点确定存货数量，据以计算期末存货成本，然后计算出当期耗用或销货成本。这一方法用于工业企业，称为"以存计耗"或"盘存计耗"；用于商品流通企业，称为"以存计销"或"盘存计销"。

实地盘存法以下列基本等式为依据：

期初存货＋本期入库的存货－本期发出的存货＝期末存货

因此有：

本期发出的存货成本 = 期初存货成本 + 本期入库存货成本 − 期末存货成本

式中，期初存货成本和本期入库存货成本这两项数字都不难从账面取得，待通过实地盘点，确定期末存货成本，则本期发出（销售或耗用）存货的成本即可用上述公式进行计算。

采用实地盘存制可简化存货的日常核算工作。实地盘存制的主要缺点：一是加大了期末的工作量；二是不能动态地反映存货的收入、发出和结存情况，不便于存货的管理；三是容易掩盖存货管理中存在的自然和人为的损失。由于"以存计耗"或"以存计销"倒挤成本，使得非正常销售或耗用的存货损失、差错，甚至偷盗等原因所引起的存货短缺，全部挤入耗用或销售成本之内，掩盖了存货管理上存在的问题，削弱了对存货的控制；四是采用这种方法只能到期末盘点时结转耗用或销货成本，而不能随时结转成本。可见，实地盘存制的实用性较差，仅适用于那些自然消耗大、数量不稳定的鲜活商品，如瓜果蔬菜、水产品等。

（二）永续盘存制

永续盘存制，也称账面盘存制，是指对存货项目设置经常性的存货记录，即分品名、规格设置存货明细账，逐笔或逐日地登记收入、发出的存货，并随时计列结存数。通过会计账簿资料，就可以完整地反映存货的收入、发出和结存情况。在没有发生丢失和被盗的情况下，存货账户的余额应当与实际库存数相符。采用永续盘存制，并不排除对存货的实地盘点。为了核对存货账面记录，加强存货的管理，每年至少应对存货进行一次全面盘点，具体盘点次数视企业内部控制要求而定。

永续盘存制的优点是有利于加强对存货的管理。在各种存货明细记录中，可以随时反映每一存货的收入、发出和结存情况，通过账簿记录中的账面结存数，结合不定期的实地盘点，将实际盘点数与账存数相核对，可以查明存货溢余或短缺的原因；通过账簿记录还可以随时反映存货是否过多或不足，以便及时合理地组织货源，加速资金周转。永续盘存制的缺点是存货明细记录的工作量较大，存货品种规格繁多的企业更是如此。

三、存货的计价方法

（一）取得存货的计价

《企业会计准则第 1 号——存货》第五条规定："存货应当按照成本进行初始计量。存货成本包括采购成本、加工成本和其他成本。"企业存货的来源多种多样，其实际成本的构成内容也存在较大差异。

（1）外购的存货，按买价加运输费、包装费、保险费等运杂费、运输途中的合理损耗、入库前的挑选整理费用和按规定应计入成本的税金以及其他费用，作为实际成本。一般纳税企业购买存货所支付的增值税，不计入存货的成本，而作为"应交税费"单独核算。

（2）自制的存货，按制造过程中的各项实际支出，作为实际成本。如企业生产产品的实际成本应为产品生产过程实际耗用的直接材料费用、燃料与动力费用、直接人工费用和制造费用等。

（3）委托外单位加工完成的存货，以实际耗用的原材料或者半成品以及加工费、运输费、装卸费和保险费等费用以及按规定应计入成本的税金，作为实际成本。一般纳税企业委托加工存货所支付的增值税，如同外购存货一样不计入委托加工存货的成本，作为"应交税费"单独核算。

（4）投资者投入存货，应当按照投资合同或协议约定的价值作为实际成本。但合同或协议约定价值不公允的除外。

（5）接受捐赠的存货，按以下规定确定其实际成本：

一是捐赠方提供了有关凭据（如发票、报关单、有关协议）的，按凭据上标明的金额加上应支付的相关税费，作为实际成本。

二是捐赠方没有提供有关凭据的，按如下顺序确定其实际成本：①同类或类似存货存在活跃市场的，按同类或类似存货的市场价格估计的金额，加上应支付的相关税费，作为实际成本；②同类或类似存货不存在活跃市场的，按该接受捐赠的存货的预计未来现金流量的现值，作为实际成本。

（6）盘盈的存货，按照同类或类似存货的市场价格，作为实际成本。

（7）其他方式取得存货，如非货币性资产交换取得存货、债务重组取得存货，存货入账价值的确定，参照非货币性资产交换会计准则和债务重组会计准则的相关条款确定存货的入账价值。

（二）发出存货的计价

《企业会计准则第1号——存货》第十四条规定："企业应当采用先进先出法、加权平均法或者个别计价法确定发出存货的实际成本。"对于性质和用途相似的存货，企业应当采用相同的成本计算方法确定发出存货的成本。存货计价方法一经确定，不得随意变更。

1. 个别计价法

个别计价法，又称个别辨认法、具体辨认法、分批实际法。采用这一方法是假设存货的成本流转与实物流转相一致，按照各种存货，逐一辨认各批发出存货和期末存货所属的购进批别或生产批别，分别按其购入或生产时所确定的单位成本作为计算各批发出存货和期末存货成本的方法。

采用这种方法，计算发出存货的成本和期末存货的成本比较合理、准确，但采用这种方法的前提是需要对发出和结存存货的批次进行具体认定，实务操作的工作量繁重，困难较大。

对于不能替代使用的存货、为特定项目专门购入或制造的存货以及提供劳务的成本，如房产、船舶、飞机、重型设备等，通常采用个别计价法确定发出存货的成本。

2. 先进先出法

先进先出法是以先入库的存货先发出这样一种存货实物流转假设为前提，对发出存货进行计价的一种方法。采用这种方法，先入库的存货成本在后入库的存货成本之前转出，据以确定发出存货和期末存货的成本。

【例9.29】某企业2016年7月月初结存甲材料1 000千克，每千克单位成本为10元，本月购进情况如下：

7月3日购进600千克甲材料，每千克成本12元；7月5日生产产品领用甲材料1 100千克；7月10日购进甲材料3 000千克，每千克成本11元；7月20日生产领用2 900千克；7月25日购进甲材料400千克，每千克成本13元。

按先进先出法登记甲材料明细账，见表9.4所示：

表9.4　　　　　　　　　存 货 明 细 账（先进先出法）

存货类别：原料及主要材料　　　　　　　　　　　　　　　　计量单位：千克

存货编号：1052　　　　　　　　　　　　　　　　　　　　最高存量：

存货名称及规格：甲材料　　　　　　　　　　　　　　　　　最低存量：

| 2016年 | | 凭证字号 | 摘　要 | 收　入 | | | 发　出 | | | 结　存 | | |
月	日			数量	单价	金额	数量	单价	金额	数量	单价	金额
7	1		期初余额							1 000	10	10 000
7	3		采购入库	600	12	7 200				1 000 600	10 12	10 000 7 200
7	5		生产领用				1 000 100	10 12	10 000 1 200	500	12	6 000
7	10		采购入库	3 000	11	33 000				500 3 000	12 11	6 000 33 000
7	20		生产领用				500 2 400	12 11	6 000 26 400	600	11	6 600
7	25		采购入库	400	13	5 200				600 400	11 13	6 600 5 200

计算过程如下：

7月5日领用甲材料的成本 = 1 000×10 + 100×12 = 11 200（元）

7月20日领用甲材料的成本 = 500×12 + 2 400×11 = 32 400（元）

月末结存甲材料的成本 = 600×11 + 400×13 = 11 800（元）

采用先进先出法，存货成本是按原先在库的存货成本确定的，期末存货成本则比较接近现行的市场价值。采用此法，在物价上涨时，会高估企业当期利润和期末库存存货的价值，不符合谨慎性原则；反之，会低估企业当期利润和期末存货价值。

3. 加权平均法

加权平均法，又称全月一次加权平均法，是指以本月全部入库存货数量加月初存货数量作为权数，去除本月入库存货金额加上月初存货金额，计算出存货的加权平均单位成本，从而确定发出存货和期末存货成本的一种计价方法。有关计算公式如下：

加权平均单价 =

$$\frac{月初存货数量×月初存货单价 + \sum（本月入库存货数量×入库存货单价）}{月初存货数量 + 本月各批次入库存货数量之和}$$

本月发出存货成本 = 本月发出存货数量×加权平均单价

月末结存存货成本 = 月末结存存货数量×加权平均单价

【例9.30】以例9.29的资料为例，采用加权平均法计算甲材料成本如下：

$$甲材料平均单位成本 = \frac{1\ 000×10+600×12+3\ 000×11+400×13}{1\ 000+600+3\ 000+400}$$

$$=11.08（元/千克）$$

本月发出甲材料成本 = 4 000×11.08 = 44 320（元）

月末结存甲材料成本 = 1 000×11.08 = 11 080（元）

采用加权平均法，只在月末一次计算全月加权平均单价，比较简单，而且在市场价格上涨或下跌时所计算出来的单位成本平均，对存货成本的分摊比较折中。但是，这种方法平时无法从账面上反映发出和结存存货的单价和金额，不利于加强对存货的管理。

（三）存货的期末计价

《企业会计准则第1号——存货》第十五条规定："资产负债表日，存货应当按照成本与可变现净值孰低计量。"存货成本高于其可变现净值的，应当计提存货跌价准备，计入当期损益。可变现净值，是指在日常活动中，存货的估计售价减去至完工时估计将要发生的成本、估计的销售费用以及相关税费后的金额。

企业通常应当按照单个存货项目计提存货跌价准备。对于数量繁多、单价较低的存货，可以按照存货类别计提存货跌价准备。与在同一地区生产和销售的产品系列相关、具有相同或类似最终用途或目的，且难以与其他项目分开计量的存货，可以合并计提存货跌价准备。

四、原材料的核算

（一）原材料的含义及分类

原材料是构成产品实体，或虽不构成产品实体，但有助于产品的形成以及便于生产进行的必不可少的物质要素。原材料是企业生产过程的劳动对象，是工业企业最主要的存货之一。

原材料按其经济内容可分为：①原料及主要材料；②辅助材料；③外购半成品；④修理用备件；⑤包装材料；⑥燃料等。

原材料按其存放地点可分为：①在途材料；②库存材料；③委托加工材料等。

（二）原材料核算的实际成本法

原材料核算的实际成本法，就是原材料的总分类核算和明细分类核算均按实际成本进行计价核算的方法。在这种方法下，从原材料的出入库凭证到总账和明细分类账全部按其实际成本填制和登记。

1. 账户设置

原材料按实际成本计价核算，应设置"原材料"账户和"在途物资"账户。

（1）"原材料"账户，用来核算出入库原材料的实际成本。该账户属于资产类账户，其借方登记入库原材料的实际成本，贷方登记领用或发出原材料的实际成本，期初期末余额通常在借方。该账户通常按原材料的种类、品种设置明细账户，进行明细分类核算。

（2）"在途物资"账户，用来核算购入的尚未运到企业或已经运到但尚未验收入库的原材料的实际成本。该账户属于资产类账户，其借方登记购入的尚未验收入库的原材料的实际成本，贷方登记在途材料运抵企业验收入库时结转的原材料的实际成本，期初期末余额通常在借方。该账户通常按供货单位设置明细账户，进行明细分类核算。

此外，还应设置有关的结算账户，如"银行存款"账户、"应付账款"账户、"应付票据"账户等。

2. 购入原材料的核算

企业采购原材料，因其货款结算方式不同，具体会计核算也不尽相同。

（1）采用银行存款结算。企业采购原材料，如果付款后随即收到材料，或收料后随即付款，应在业务发生后根据银行结算凭证、增值税专用发票和收料单等记账，按增值税专用发票上注明的价款，借记"原材料"账户；按发票上注明的税额，借记"应交税费——应交增值税（进项税额）"账户；按实付金额，贷记"银行存款"账户。

【例9.31】2016年5月7日，企业从江汉公司购入甲材料1 000千克，每千克20元。取得的增值税专用发票上注明的价款为20 000元，增值税额为3 400元。货款和税金已开出转账支票支付。该批甲材料已验收入库，实收数量为1 000千克。有关会计处理如下：

借：原材料——甲材料 20 000
　　应交税费——应交增值税（进项税额） 3 400
　贷：银行存款 23 400

（2）采用商业汇票结算。企业采购原材料，收料后签发并承兑商业汇票，或签发并经银行承兑的银行承兑汇票进行结算，应根据结算凭证、增值税专用发票、收料单等记账，按增值税专用发票上注明的价款，借记"原材料"账户；按发票上注明的税额，借记"应交税费——应交增值税（进项税额）"账户；按票据面值，贷记"应付票据"账户。

【例9.32】2016年5月12日，企业从红阳公司购入乙材料250吨，每吨单价为400元，取得的增值税专用发票上注明的价款为100 000元，增值税额为17 000元。企业签发并承兑一张期限4个月、面值为117 000元的无息商业汇票进行结算。该批乙材料已验收入库，实收数量为250吨。有关会计处理如下：

借：原材料——乙材料 100 000
　　应交税费——应交增值税（进项税额） 17 000
　贷：应付票据 117 000

上述材料采购业务中，对于已经付款或已开出商业汇票，材料正在运输途中或已运抵企业但尚未验收入库的业务，应通过"在途物资"账户核算。企业应根据结算凭证、增值税专用发票等记账，按增值税专用发票上注明的价款，借记"在途物资"账户；按发票上注明的税额，借记"应交税费——应交增值税（进项税额）"账户；按实付金额或票据面值，贷记"银行存款"或"应付票据"账户。待材料运抵企业验收入库时，再根据收料单，借记"原材料"账户，贷记"在途物资"账户。

【例9.33】2016年5月14日，企业从马原公司购入丙材料75千克，每千克1 200元，取得的增值税专用发票上注明的价款为90 000元，增值税额为15 300元。企业于收到发票后开出转账支票付款。该批材料尚在运输途中。有关会计处理为：

借：在途物资——丙材料	90 000	
应交税费——应交增值税（进项税额）	15 300	
贷：银行存款		105 300

【例9.34】2016年5月21日，企业从马原公司购入的丙材料运抵企业，办理验收入库手续，实收75千克。有关会计处理为：

借：原材料——丙材料	90 000	
贷：在途物资——丙材料		90 000

（3）采用信用赊购结算。企业采购原材料，尤其是从长期供货商处购买原材料，供货商根据企业发来的订货合同发货，购货企业则根据现金流量状况于未来约定时间付款。在这种结算方式下，企业收料后，应根据增值税专用发票、收料单等记账，按增值税专用发票上注明的价款，借记"原材料"账户；按发票上注明的税额，借记"应交税费——应交增值税（进项税额）"账户；按应付的价款和税金，贷记"应付账款"账户。

【例9.35】2016年5月18日，企业从磷山公司购入丁材料3 000立方米，单价为5元/立方米。取得的增值税专用发票上注明的价款为15 000元，增值税额为2 550元。该批丁材料已验收入库，实收3 000立方米。款项暂欠未付，约定于10月初付款。有关会计处理为：

借：原材料——丁材料	15 000	
应交税费——应交增值税（进项税额）	2 550	
贷：应付账款——磷山公司		17 550

上述材料采购业务中，若企业已收料，并填制了收料单，但增值税专用发票等结算凭证尚未到达。这种业务在月份内可暂不进行总分类核算。但是，如果到月末发票账单仍未达到，企业应按合同价格或计划价格暂估入账，借记"原材料"账户，贷记"应付账款——暂估应付账款"账户。下月初再用红字冲回，待发票账单等结算凭证达到时，再按上述方法作相应的会计处理。

【例9.36】2016年5月24日，企业收到从万达公司购入的乙材料150吨，合同拟定每吨398元。该批乙材料已于同日验收入库，并填制了收料单，实收150吨。截至5月31日，企业未收到万达公司开来的发票账单，也没有付款。6月6日，企业收到万达公司开来的增值税专用发票，发票账单上列明：价款为59 700元；增值税额10 149元。企业收到发票账单后，随即开出一张金额为69 849元的转账支票付款。有关会计处理如下：

① 5月31日，按合同价格暂估入账：

借：原材料——乙材料　　　　　　　　　　　　　　　59 700

　　贷：应付账款——暂估应付账款（万达公司）　　　　59 700

② 6 月 1 日，用红字编制一张记账凭证，将上述暂估账冲回：

借：原材料——乙材料　　　　　　　　　　　　　　　59 700

　　贷：应付账款——暂估应付账款（万达公司）　　　　59 700

③ 6 月 6 日，收到发票账单付款时：

借：原材料——乙材料　　　　　　　　　　　　　　　59 700

　　应交税费——应交增值税（进项税额）　　　　　　　10 149

　　贷：银行存款　　　　　　　　　　　　　　　　　　69 849

3. 领用原材料的核算

企业在生产经营管理过程中领发材料非常频繁，领用材料时应填制领料单或限额领料单，并根据领料凭证逐笔登记材料明细账，以反映各种材料的收入、发出和结存情况。月末汇总编制"发料凭证汇总表"，据以登记总分类账，进行材料发出的总分类核算。

企业月末应根据"发料凭证汇总表"，按领用材料的用途，将领用材料的成本记入有关成本费用。其中，基本生产车间产品生产耗用原材料，记入该产品的生产成本，借记"生产成本——基本生产成本"账户；辅助生产车间提供劳务耗用的原材料，记入该劳务的成本，借记"生产成本——辅助生产成本"账户；分厂、车间等生产单位一般管理耗用的原材料，借记"制造费用"账户；行政管理部门一般管理耗用的原材料，借记"管理费用"账户；专设销售机构耗用的原材料，借记"销售费用"账户等。

【例 9.37】2016 年 5 月 31 日，企业根据本月领料凭证，汇总编制"发料凭证汇总表"，见表 9.5 所示：

表 9.5　　　　　　　　　　　　　　发料凭证汇总表

2016 年 5 月份

借方科目	领用单位	材料类别								合计（元）
		甲材料		乙材料		丙材料		丁材料		
		数量（千克）	金额（元）	数量（吨）	金额（元）	数量（千克）	金额（元）	数量（立方米）	金额（元）	
基本生产成本	基本生产一车间	450	9 000	30	12 000	10	12 000			33 000
	基本生产二车间	400	8 000	25	10 000	9	10 800			28 800
	小　计	850	17 000	55	22 000	19	22 800			61 800
辅助生产成本	动力车间	120	2 400	8	3 200	2.5	3 000			8 600
	机修车间	100	2 000	6	2 400	1.8	2 160	62	310	6 870
	小　计	220	4 400	14	5 600	4.3	5 160	62	310	15 470
制造费用	基本生产车间			3.5	1 400					1 400
管理费用	行政管理部门			5.75	2 300					2 300
销售费用	专设营销机构			2.85	1 140					1 140
合　计		1 070	21 400	81.1	32 440	23.3	27 960	62	310	82 110

会计分录为：

借：生产成本——基本生产成本（一车间）　　　　　　　33 000
　　　　　　　——基本生产成本（二车间）　　　　　　　28 800
　　　　　　　——辅助生产成本（动力车间）　　　　　　8 600
　　　　　　　——辅助生产成本（机修车间）　　　　　　6 870
　　制造费用——材料费用　　　　　　　　　　　　　　1 400
　　管理费用——材料费用　　　　　　　　　　　　　　2 300
　　销售费用——材料费用　　　　　　　　　　　　　　1 140
　　贷：原材料——甲材料　　　　　　　　　　　　　　21 400
　　　　　　　——乙材料　　　　　　　　　　　　　　32 440
　　　　　　　——丙材料　　　　　　　　　　　　　　27 960
　　　　　　　——丁材料　　　　　　　　　　　　　　　310

（三）原材料核算的计划成本法

原材料核算的计划成本法，就是原材料的总分类核算和明细分类核算均按计划成本进行计价核算的方法。在这种方法下，从原材料的出入库凭证到总账和明细分类账全部按其计划成本填制和登记。

1. 账户设置

原材料按计划成本计价核算，应设置"原材料""材料采购"和"材料成本差异"等账户。

（1）"原材料"账户，用来核算出入库原材料的计划成本。该账户的用法与实际成本法下的用法基本相同，只是不论是收入原材料，还是发出原材料，只能用原材料的计划成本记账。

（2）"材料采购"账户，用来核算购入原材料的实际成本。该账户属于资产类账户，其借方登记购入原材料的实际成本，以及结转实际成本小于计划成本的差异额（节约额）；贷方登记已验收入库原材料的计划成本，以及结转实际成本大于计划成本的差异额（超支额），余额通常在借方，表示已经购入尚待验收入库的在途材料的实际成本。该账户通常应按供货单位设置明细账，进行明细核算。

（3）"材料成本差异"账户，用来核算企业入库材料实际成本与计划成本的差异额。该账户属于备抵附加账户，其借方登记入库材料的超支差异额；贷方登记入库材料的节约差异额，以及月末结转的发出材料应负担的材料成本差异额，余额可以在借方，也可以在贷方。若为借方余额，表示库存原材料实际成本大于计划成本的超支差异；若为贷方余额，表示库存原材料实际成本小于计划成本的节约差异额。

2. 购入原材料的核算

计划成本法下，企业购入原材料，不论是否验收入库，都必须分两步走：

第一步，购入时，按增值税专用发票上列明的价款，借记"材料采购"账户；按发票上列明的增值税额，借记"应交税费——应交增值税（进项税额）"账户；根据不同的结算方式，按结算凭证，分别贷记"银行存款"账户或"应付票据"账户，或

"应付账款"账户，或"其他货币资金"账户等。

第二步，材料验收入库时，或于月末一次结转入库原材料的材料成本差异。

首先，按入库原材料的计划成本，借记"原材料"账户，贷记"材料采购"账户。

然后，计算并结转入库原材料的实际成本与计划成本的差异额。若为超支差异额，借记"材料成本差异"账户，贷记"材料采购"账户；若为节约差异额，借记"材料采购"账户，贷记"材料成本差异"账户。

【例9.38】以例9.31为例，假设企业原材料核算采用计划成本法。甲材料的计划单位成本为18元/千克。有关会计处理如下：

购入时：

借：材料采购——甲材料	20 000
应交税费——应交增值税（进项税额）	3 400
贷：银行存款	23 400

验收入库时：

借：原材料——甲材料	18 000
贷：材料采购——甲材料	18 000

【例9.39】以例9.32为例，假设企业原材料核算采用计划成本法。乙材料的计划单位成本为390元/吨。有关会计处理如下：

购入时：

借：材料采购——乙材料	100 000
应交税费——应交增值税（进项税额）	17 000
贷：应付票据	117 000

验收入库时：

借：原材料——乙材料	97 500
贷：材料采购——乙材料	97 500

【例9.40】以例9.33为例，假设企业原材料核算采用计划成本法。丙材料的计划单位成本为1 350元/千克。有关会计处理如下：

购入时：

借：材料采购——丙材料	90 000
应交税费——应交增值税（进项税额）	15 300
贷：银行存款	105 300

5月21日，购入的丙材料验收入库时：

借：原材料——丙材料	101 250
贷：材料采购——丙材料	101 250

【例9.41】以例9.35为例，假设企业原材料核算采用计划成本法。丁材料的计划单位成本为5.5元/立方米。有关会计处理如下：

购入时：

借：材料采购——丁材料	15 000
应交税费——应交增值税（进项税额）	2 550

贷：应付账款——丁材料	17 550

验收入库时：

借：原材料——丁材料	16 500
贷：材料采购——丁材料	16 500

【例9.42】假设企业5月份只发生上述材料采购业务，2015年5月31日，计算并结转入库原材料的成本差异。有关会计处理如下：

材料成本差异 = 实际成本合计 - 计划成本合计

$\quad$ = (20 000 + 100 000 + 90 000 + 15 000) - (18 000 + 97 500 + 101 250 + 16 500)

$\quad$ = 225 000 - 233 250 = -8 250（元）

借：材料采购	8 250
贷：材料成本差异	8 250

3. 领用原材料的核算

在计划成本法下，领用原材料的核算与实际成本法基本相同，所不同的是应按领用原材料的计划成本入账。

【例9.43】以例9.37为例，假设企业原材料核算采用计划成本法。企业5月末根据"发料凭证汇总表"，应作如下会计处理：

借：生产成本——基本生产成本（一车间）	33 300
——基本生产成本（二车间）	29 100
——辅助生产成本（动力车间）	8 655
——辅助生产成本（机修车间）	6 911
制造费用——材料费用	1 365
管理费用——材料费用	2 242.5
销售费用——材料费用	1 111.5
贷：原材料——甲材料	19 260
——乙材料	31 629
——丙材料	31 455
——丁材料	341

4. 计算和结转发出原材料应分摊的材料成本差异

在计划成本法下，企业原材料的收入、发出和结存都是按计划成本计价核算的，同时将实际成本与计划成本的差额另行设置"材料成本差异"账户核算。这样，企业发出领用的原材料，也就是记入有关成本费用的是原材料的计划成本，而非实际成本。为了反映有关成本费用的实际发生额，正确计算成本费用，月末应计算、结转发出原材料应负担的材料成本差异，将其调整为实际成本。有关计算公式如下：

（1）计算材料成本差异率：

$$\text{材料成本差异率} = \frac{\text{期初结存材料的成本差异额} + \text{本期入库材料的成本差异额}}{\text{期初结存材料的计划成本} + \text{本期入库材料的计划成本}} \times 100\%$$

$$= \frac{\text{"材料成本差异"账户的期初余额} + \text{"材料成本差异"账户的本期发生额}}{\text{"原材料"账户的期初余额} + \text{"原材料"账户的本期借方发生额}}$$

（2）计算本期发出原材料应负担的成本差异额：

本期发出原材料应负担的材料成本差异额＝本期发出原材料的计划成本×材料成本差异率

（3）计算期末结存原材料应负担的成本差异额和实际成本：

期末结存原材料应负担的材料成本差异额＝期末结存原材料的计划成本×材料成本差异率

期末结存材料的实际成本＝期末结存材料的计划成本±期末结存材料应负担的材料成本差异额

【例9.44】已知企业"材料成本差异"账户的月初余额为借方250元，"原材料"账户的月初余额为166 750元。2009年5月31日，企业计算并结转发出原材料应负担的成本差异额（有关数据参见例9.42、例9.43）。有关计算及会计处理如下：

$$5 月份材料成本差异率 = \frac{250 + （-8\ 250）}{166\ 750 + 233\ 250} \times 100\% = -2\%$$

5月份发出原材料应负担的材料成本差异额＝82 685×（-2%）＝-1 653.7(元)

5月末结存原材料应负担的材料成本差异额＝（166 750+233 250-82 685）×（-2%）＝-6 346.3

5月末结存原材料的实际成本＝（166 750+233 250-82 685）+（-6 346.3）＝310 968.7（元）

会计分录为：

借：材料成本差异   1 653.7
  贷：生产成本——基本生产成本（一车间）   666
      ——基本生产成本（二车间）   582
      ——辅助生产成本（动力车间）   173.1
      ——辅助生产成本（机修车间）   138.2
    制造费用——材料费用   27.3
    管理费用——材料费用   44.86
    销售费用——材料费用   22.24

注：本例中，若为超支差异，则做相反的会计分录，即借记有关成本费用账户，贷记"材料成本差异"账户。

五、存货清查的核算

为了保护企业存货的安全完整，做到账实相符，企业必须对存货进行定期或不定期的清查。

（一）存货清查的方法和账户设置

存货清查通常采用实地盘点法，即通过实地盘点，确定各种存货的实际库存数，并与账面结存数相核对。对于账实不符的存货，核实盘盈、盘亏和毁损的数量，查明盘盈、盘亏和毁损的原因，并据以编制"存货实存账存对比表"，按规定程序报经有关部门批准后进行处理。

企业在财产清查中查明的存货盘盈、盘亏和毁损，应通过"待处理财产损溢——待处理流动资产"账户核算。该科目的用法见第九章第二节，在此不再赘述。

（二）存货清查的核算

1. 存货盘盈的核算

首先，根据"存货实存账存对比表"，将盘盈存货的金额记入"待处理财产损溢"账户，借记有关存货账户（如原材料、库存商品等），贷记"待处理财产损溢"账户。

然后按规定程序报经批准后，将盘盈的存货价值予以转销。通常，盘盈的存货价值应冲减"管理费用"，借记"待处理财产损溢"账户，贷记"管理费用"等账户。

2. 存货盘亏的核算

首先，根据"存货实存账存对比表"，将盘亏存货的金额记入"待处理财产损溢"账户，并冲减有关存货项目的账面金额，借记"待处理财产损溢"账户，贷记有关存货账户（如原材料、库存商品等）。

然后按规定程序报经批准后，根据不同情况进行分别处理：

（1）属于定额内正常损耗以及日常收发计量等原因所导致的存货盘亏，应记入"管理费用"账户；

（2）属于应由保险公司或其他有关责任人赔偿的部分金额，应记入"其他应收款"账户；

（3）属于自然灾害等不可抗力因素导致的存货盘亏，应记入"营业外支出"账户。

【例9.45】2016年10月31日，企业按规定对存货进行定期清查。清查中查明，盘盈甲种主要材料200千克，每千克成本为40元；盘盈#1号产品15件，每件成本为240元；盘亏乙种原料2吨，每吨400元；盘亏#2号产品50件，每件60元。经仔细核查，盘盈甲材料系自然增值，盘盈#1号产品系记账疏漏所致；盘亏乙材料属于定额内正常损耗，盘亏#2产品系人为偷盗，成品库保管员李洪江应负一定责任，按企业规定应予赔偿300元，其余记入"管理费用"。为简化起见，本例不考虑增值税。有关会计处理如下：

报经批准处理前，根据"存货实存账存对比表"所记录的盘盈盘亏存货金额入账，编制下列会计分录：

①借：原材料——甲材料 8 000

  库存商品——#1产品 3 600

  贷：待处理财产损溢——待处理流动资产损溢 11 600

②借：待处理财产损溢——待处理流动资产损溢 3 800

  贷：原材料——乙材料 800

  库存商品——#2产品 3 000

报经批准后，按规定予以转销，编制下列会计分录：

③借：待处理财产损溢——待处理流动资产损溢 11 600

  贷：管理费用——存货盘盈 11 600

④借：其他应收款——李洪江　　　　　　　　　　　　　　300

　　管理费用——存货盘亏　　　　　　　　　　　　　3 500

　　贷：待处理财产损溢——待处理流动资产损溢　　　　　　3 800

练 习 题

一、名词解释

1. 坐支　　　2. 支票　　　　3. 银行本票　　　4. 银行汇票

5. 商业汇票　6. 银行承兑汇票　7. 商业承兑汇票　8. 汇兑

9. 委托收款　10. 托收承付　　11. 信用卡　　　12. 固定资产

13. 双倍余额递减法　　14. 年数总和法　　15. 实地盘存制

16. 永续盘存制　　17. 实际成本法　　18. 计划成本法

二、判断题

1. 企业可以从本单位的现金收入中直接支付现金。　　　　　　（　　）

2. 现金开支范围以外的各项款项支付，都必须通过银行办理转账结算。（　　）

3. 一个单位在几家金融机构开户的，只能在一家金融机构开设一个基本存款账户。

　　　　　　　　　　　　　　　　　　　　　　　　　　　　（　　）

4. 单位可在金融机构开设的一般存款账户支取现金。　　　　　　（　　）

5. 票据的持票人只要向付款人提示付款，付款人应无条件向持票人或收款人支付

票据金额。　　　　　　　　　　　　　　　　　　　　　　　（　　）

6. 商业汇票可以在出票时向付款人提示承兑后使用，也可以出票后先使用，再向

付款人提示承兑。　　　　　　　　　　　　　　　　　　　　（　　）

7. 银行汇票持有人向银行提示付款时，必须提交银行汇票，否则银行不予受理。

　　　　　　　　　　　　　　　　　　　　　　　　　　　　（　　）

8. 银行汇票的实际结算金额不能更改，否则无效。　　　　　　　（　　）

9. 委托收款结算款项的划出方式分为邮寄和电报两种，可由付款人选用。（　　）

10. 存货是企业库存的财产物资，包括原材料、库存商品、工程物资等。（　　）

11. 房地产公司开发建设的商品房、商住楼属于该公司的固定资产。（　　）

12. 企业采购材料所支付的买价、增值税、运杂费、进口关税等，应计入原材料的

采购成本。　　　　　　　　　　　　　　　　　　　　　　　（　　）

13. 企业采购固定资产所支付的买价、增值税、运杂费、进口关税等，应计入固定

资产的采购成本。　　　　　　　　　　　　　　　　　　　　（　　）

14. 企业购买固定资产所支付的增值税，应计入"应交税费——应交增值税（进

项税额）"账户。　　　　　　　　　　　　　　　　　　　　（　　）

15. 采用平均年限法和工作量法每期计提的折旧额相等，因此这两种方法称为计提

固定资产折旧的"直线法"。　　　　　　　　　　　　　　　　（　　）

16. 采用双倍余额递减法和年数总和法每期计提的折旧金额逐年递减，因此，这两

种方法称为计提固定资产折旧的"加速折旧法"。　　　　　　　（　　）

三、选择题

1. 根据《现金管理暂行条例》规定，开户单位可在下列范围内使用现金（ ）。

    A. 结算起点在 1 000 元以下的零星开支 B. 职工工资、津贴

    C. 个人劳动报酬   D. 结算起点在 2 000 元以下的零星开支

2. 库存现金限额是指为保证各单位日常零星支出的需要，按规定允许留存的现金的最高限额。库存现金限额的确定，由开户单位和其开户银行核定，其限额一般按照单位（ ）天日常零星开支所需的现金确定。

    A. 3 ~ 5   B. 5 ~ 10

    C. 10 ~ 15   D. 15

3. 根据有关规定，我国的银行账户一般分为（ ）。

    A. 基本存款账户   B. 一般存款账户

    C. 临时存款账户   D. 专用存款账户

4. 不得办理支取现金的账户是（ ）。

    A. 基本存款户   B. 一般存款户

    C. 临时存款户   D. 专用存款户

5. 单位开设的下列存款账户中，可以办理现金支取（ ）。

    A. 基本存款账户   B. 一般存款账户

    C. 临时存款账户   D. 专用存款账户

6. 支票的持票人应自出票日起（ ）内提示付款。

    A. 3 日   B. 5 日

    C. 10 日   D. 15 日

7. 商业汇票的承兑期由交易双方商定，最长不超过（ ）。

    A. 1 年   B. 5 个月

    C. 3 个月   D. 6 个月

8. 银行本票分为不定额本票和定额本票两种，其中定额本票的面额分为（ ）。

    A. 1 000 元   B. 5 000 元

    C. 10 000 元   D. 50 000 元

9. 下列结算方式中，既可用于同城结算，又适用于异地结算的有（ ）。

    A. 支票   B. 银行本票

    C. 银行汇票   D. 托收承付

10. 使用托收承付结算方式的收款单位和付款单位必须是（ ）。

    A. 国有企业   B. 供销合作社

    C. 乡镇企业   D. 民营企业

11. 下列属于工业加工企业存货的有（ ）。

    A. 已付款但尚未运达企业的在途物资

    B. 库存商品

    C. 委托代销商品

    D. 已销售收款并已将增值税专用发票和提货单交给购买方，但购买方尚未运走的货物

12. 下列属于企业固定资产的有（　　）。

    A. 企业拥有的厂房   B. 企业拥有的运输卡车

    C. 企业融资租赁租入的仓库   D. 企业经营租赁租入的机器

13. 下列应计入存货入账价值的有（　　）。

    A. 买价   B. 增值税

    C. 运输途中的合理损耗   D. 入库前的挑选整理费用

14. 下列应计入固定资产入账价值的有（　　）。

    A. 买价   B. 增值税

    C. 运杂费   D. 安装检验费

15. 固定资产的计价方法包括（　　）。

    A. 按历史成本计价

    B. 按重置完全价值计价

    C. 按预期现金流量现值估算的公允价值计价

    D. 按净值计价

16. 影响固定资产折旧的因素包括（　　）。

    A. 固定资产原值   B. 固定资产预计使用年限

    C. 固定资产经济寿命   D. 固定资产预计净残值

17. 下列项目应计提固定资产折旧的有（　　）。

    A. 在用的车床   B. 已提足折旧继续使用的机器

    C. 融资租赁租入的固定资产 D. 经营租赁租入的固定资产

18. 下列项目不应计提固定资产折旧的有（　　）。

    A. 季节性停用的设备   B. 闲置未用的厂房

    C. 融资租赁租出的机器   D. 经营租赁租入的仓库

19. 下列属于固定资产加速折旧法的是（　　）。

    A. 平均年限法   B. 工作量法

    C. 双倍余额递减法   D. 年数总和法

20. 下列关于"材料成本差异"账户说法正确的有（　　）。

    A. 该账户用来记录材料实际采购成本与计划成本的差异额

    B. 借方登记超支额

    C. 贷方登记节约额

    D. 余额一定在借方

四、业务题

1. 某企业材料按实际成本计价，原材料账户期初余额 200 千克、每千克 100 元，本月有关业务如下：

（1）购入 300 千克原材料，买价 110 元计 33 000 元，增值税 5 610 元，材料已验收入库，款项 38 610 元，以一张 3 个月期的无息商业承兑汇票抵付；

（2）购入原材料 500 千克，每千克买价 120 元，计 60 000 元，增值税 10 200 元，款项 70 200 元用银行存款付讫。材料尚未验收入库；

（3）上述材料验收入库，实收 500 千克，结转入库材料的成本；

（4）本月发出材料（按加权平均法计算）为：生产 A 产品领用 400 千克；车间一般耗用 200 千克；厂部管理一般耗用 100 千克；专设销售机构耗用 200 千克。

2. 某企业材料按计划成本计价，月初"原材料"账户余额 50 000 元，"材料成本差异"账户借方余额 1 960 元，本月有关经济业务如下：

（1）购入一批原材料，实际买价 100 000 元，增值税 17 000 元，款项已用银行存款转账支付，材料已验收入库，该批材料的计划成本为 97 000 元；

（2）购入一批原材料，实际买价 50 000 元，增值税 8 500 元，企业开出一张面额为 58 500 元、3 个月的无息商业承兑汇票抵付货款；

（3）上笔原材料验收入库，该批原材料的计划成本为 51 000 元；

（4）本月材料耗用情况为：产品生产耗用原材料计划成本 70 000 元；车间等生产单位一般耗用原材料计划成本 40 000 元；厂部一般管理耗用原材料计划成本 30 000 元。

（5）计算材料成本差异率，并做出调整发料成本差异的账务处理。

3. 企业购入一台不需要安装的设备，价款 50 000 元，增值税 8 500 元，款项已用银行存款转账支付；

4. 企业购入一台需要安装的设备，价款 60 000 元，增值税 10 200 元，款项已用银行存款转账支付。安装过程中以银行存款 3 000 元支付安装费。设备已安装完工并交付使用；

5. 企业出售一台闲置不用的设备，原值 60 000 元，已提折旧 30 000 元，售价为 35 000 元，已收存银行；

6. 企业一台设备经批准报废转入清理，原值 75 000 元，已提折旧 60 000 元，以银行存款 500 元支付清理费用，残料变价收入 5 500 元已收存银行；

7. 企业拥有一台设备，原值 60 000 元，预计净残值 3 000 元，预计使用年限 5 年。

要求：分别按平均年限法、双倍余额递减法、年数总和法计算企业各年应计提的该台设备的折旧金额。

8. 已知上月生产车间固定资产折旧 5 000 元，上月增加应计提折旧的固定资产 100 000 元，上月减少应计提折旧的固定资产 50 000 元，本月增加应计提折旧的固定资产 200 000 元，减少应计提折旧的固定资产 100 000 元，月折旧率 2%。

要求：（1）计算本月应提折旧和下月应提折旧；

（2）做出计提折旧的会计分录。

9. 某企业 2016 年 7 月份对存货进行清查时，发现产成品盘亏 7 000 元；原材料盘盈 1 000 元。盘亏产成品经批准转销：2 000 元为定额内损耗计入管理费用；1 000 元为过失人责任由过失人赔偿；4 000 元为自然灾害所致，计入营业外支出。盘盈产成品冲减管理费用。

要求：编制相关会计分录。

10. 某企业 2016 年 7 月份对固定资产进行清查时，发现盘盈一台设备，重置完全价值 50 000 元，估计已损耗 20%；盘亏一台设备，账面原值 30 000 元，已提折旧 20 000 元。经查，盘盈设备系会计记账时漏记；盘亏设备系管理不善被偷盗所致，按企业财务制度规定，应由管理员小张赔偿 500 元损失，其余记作营业外支出。

要求：编制相关会计分录。

第十章 生产业务核算

进行产品生产是工业企业的主要目的之一。企业通过生产加工产成品，并销售产成品实现销售收入，从而对生产过程中的各种耗费进行价值补偿和实物补偿，维持简单再生产进而扩大再生产。企业在生产经营过程中发生的费用，一部分要对象化为产品的生产成本，另一部分构成企业为取得营业收入所发生的营业成本。前者称为生产费用，后者称为期间费用。本章主要讲解产品生产过程核算和期间费用的核算。

第一节 要素费用和产品生产成本

为了科学地进行成本核算和成本管理，必须为工业企业的各种费用进行合理地分类。费用要素和产品生产成本，就是对工业企业各种费用的两种最基本的分类。

一、费用要素与要素费用

（一）费用要素

费用要素是对工业企业各种费用的最概括、最基本的分类。产品的生产过程，也是劳动对象、劳动手段和活劳动的耗费过程。因此，工业企业发生的各种费用按其经济内容划分，主要有劳动对象方面的费用、劳动手段方面的费用和活劳动方面的费用。前两个方面为物化劳动耗费，即物资消耗；后一个方面为活劳动耗费，即非物质消耗。这三类就是工业企业费用的三大要素。

（二）要素费用

为了具体地反映工业企业各种费用的构成和水平，还应对费用要素进行细分，进一步分类后确定的项目名称称为要素费用。工业企业要素费用包括下列八项：

（1）外购材料。它是指企业耗用的一切从外部购进的原料及主要材料、半成品、辅助材料、包装物、修理用备件和周转材料等。

（2）外购燃料。它是指企业耗用的一切从外部购进的各种燃料，包括固体、液体、气体燃料。对于耗用燃料不多的企业，也可以将该项目合并列入外购材料中。

（3）外购动力。它是指企业耗用的从外部购进的各种动力，如电力、煤气等。

（4）职工薪酬。包括企业职工的工资和按工资总额的规定比例计提的职工福利费。

（5）折旧费。它是指企业按照规定计算的固定资产折旧费用。出租固定资产的折旧费用不包括在内。

（6）利息费用。它是指企业应计入经营管理费用的银行借款利息费用减去利息收入后的净额。

（7）税金。它是指企业应计入经营管理费用的各种税金，包括房产税、车船使用税、印花税和土地使用税等。

（8）其他费用。它是指不属于以上各要素费用的费用，例如邮电费、差旅费、租赁费、外部加工费等。

二、产品生产成本

（一）生产经营费用与非生产经营费用

工业企业的各种费用按经济用途分，可分为生产经营费用和非生产经营费用。

1. 生产经营管理费用

生产经营管理费用，是指企业在生产经营过程中发生的各种费用，具体包括：

（1）生产费用，指企业用于产品生产的费用；

（2）销售费用，指企业用于产品销售的费用；

（3）管理费用，指企业用于组织和管理生产经营活动的费用；

（4）财务费用，指企业用于筹集生产经营资金的费用。

其中，生产费用是为生产产品所发生的、应对象化为特定产品的成本，称为产品生产成本，简称为生产成本；销售费用、管理费用和财务费用统称为期间费用，它们不与特定产品生产相联系，而与一定会计期间相联系，不计入产品成本，直接计入当期损益。

2. 非生产经营管理费用

非生产经营管理费用，是指企业在生产经营活动以外发生的费用，主要指各种损失，如固定资产盘亏损失、固定资产报废清理损失、由于自然灾害等原因造成的非常损失，以及由于非正常原因发生的停工损失等。

（二）产品生产成本

企业在产品生产过程中发生的生产费用，最终应对象化为一定产品的成本。为了具体地反映计入产品生产成本的生产费用的各种用途，反映产品成本的构成，应对生产费用进行细分，进一步划分后确定的费用项目称为产品成本项目，简称成本项目。

根据生产特点和管理要求，工业企业一般应设立以下四个成本项目：

（1）直接材料。它是指直接用于产品生产、构成产品实体的原料、主要材料以及有助于产品形成的辅助材料。

（2）燃料与动力。它是指直接用于产品生产的外购和自制的燃料和动力。

（3）直接人工。它是指直接参加产品生产的工人工资以及按生产工人工资和规定的比例计提的职工福利费，又称为工资及福利费。

（4）制造费用。它是指直接用于产品生产，但不便于直接计入产品成本（如机器设备折旧费）和间接用于产品生产的各项费用（如机物料消耗、车间厂房折旧费用等）。

对于消耗燃料和动力不多的企业，也可以不设置"燃料与动力"成本项目，将其中的燃料并入"直接材料"成本项目；将动力并入"制造费用"成本项目。

三、工业企业费用的其他分类

（一）按与生产工艺的关系分

按与生产工艺的关系分，生产费用可分为直接生产费用、间接生产费用。

1. 直接生产费用

直接生产费用，简称直接费用，是指在构成产品成本的各项生产费用中，直接用于产品生产的费用，如原料费用、主要材料费用、生产工人工资和机器设备折旧费用等。

2. 间接生产费用

间接生产费用，简称间接费用，是指在构成产品成本的各项生产费用中，间接用于产品生产的费用，如机物料消耗、辅助工人工资和车间厂房折旧费用等。

（二）按计入产品成本的方法分

按计入产品成本的方法分，生产费用可分直接计入费用、间接计入费用。

1. 直接计入费用

直接计入费用，是指在构成产品成本的各项生产费用中，可以分清哪种产品所消耗、可以直接计入某种产品成本的费用。直接材料费用、直接人工费用等直接费用往往属于直接计入费用。

2. 间接计入费用

间接计入费用，是指在构成产品成本的各项生产费用中，不能分清哪种产品所消耗、不能直接计入某种产品成本，而必须按照一定标准分配计入有关的各种产品成本的费用。间接生产费用通常属于间接计入费用。

第二节　期间费用的核算

期间费用是指不与特定产品生产相联系，而与一定会计期间相联系，不能计入产品成本，而应于发生时计入当期损益的经营管理费用，包括销售费用、管理费用和财务费用。

一、销售费用的核算

销售费用是指企业在销售商品和材料、提供劳务的过程中发生的各种费用，包括保险费、包装费、展览费和广告费、商品维修费、预计产品质量保证损失、运输费、装卸费等以及为销售本企业商品而专设的销售机构（含销售网点、售后服务网点等）的职工薪酬、业务费、折旧费等经营费用。

企业发生的销售费用，应通过"销售费用"账户核算。该账户属于营业成本类，借方登记当期发生的各项销售费用数额；贷方登记期末结转入"本年利润"账户的数额；期末结账后该账户应无余额。"销售费用"账户应当按费用项目设置多栏式明细账，进行明细分类核算。

【例 10.1】2016 年 4 月 2 日，企业开出一张金额为 200 000 元的转账支票支付产品电视广告费。

借：销售费用——广告费　　　　　　　　　　　　　　　　　　200 000
　　贷：银行存款　　　　　　　　　　　　　　　　　　　　　　　　200 000

【例 10.2】2016 年 4 月 15 日，企业应邀参加中国出口商品交易会（春交会），开出转账支票 35 000 元支付产品展览等费用。

借：销售费用——产品展览费　　　　　　　　　　　　　　　　　35 000
　　贷：银行存款　　　　　　　　　　　　　　　　　　　　　　　　35 000

二、管理费用的核算

管理费用是指企业为组织和管理企业生产经营所发生的各项费用，包括企业在筹建期间内发生的开办费、董事会和行政管理部门在企业的经营管理中发生的或者应由企业统一负担的公司经费（包括行政管理部门职工工资及福利费、物料消耗、低值易耗品摊销、办公费和差旅费等）、工会经费、董事会费（包括董事会成员津贴、会议费和差旅费等）、聘请中介机构费、咨询费（含顾问费）、诉讼费、业务招待费、房产税、车船使用税、土地使用税、印花税、技术转让费、矿产资源补偿费、研究费用、排污费等。

企业发生的管理费用，应通过"管理费用"账户核算。该账户属于营业成本类，借方登记当期发生的各项管理费用数额；贷方登记期末结转入"本年利润"账户的数额；期末结账后该账户应无余额。"管理费用"账户应当按照费用项目设置多栏式明细账，进行明细分类核算。

"管理费用"账户的核算内容非常广泛，其内容在相关章节中都有所涉及，比如差旅费用的核算、行政管理部门一般管理用材料以及管理用固定资产的折旧费用的核算已在第九章讲解，行政人员工资及福利费的核算将在本章第三节讲解，等等。

【例 10.3】2016 年 7 月 31 日，企业按规定比例计提职工劳动保险费 120 000 元（尚未缴纳）。

借：管理费用——劳动保险费　　　　　　　　　　　　　　　　120 000
　　贷：应付职工薪酬——应付劳动保险费　　　　　　　　　　　　120 000

【例 10.4】2016 年 7 月 11 日，企业开出转账支票支付业务招待费 2 800 元。

借：管理费用——业务招待费　　　　　　　　　　　　　　　　　2 800
　　贷：银行存款　　　　　　　　　　　　　　　　　　　　　　　　2 800

三、财务费用的核算

财务费用是指企业为筹集生产经营所需资金而发生的筹资费用，包括利息支出（减利息收入）、汇兑损益以及相关的手续费、企业发生的现金折扣或收到的现金折扣等。

企业发生的财务费用，应通过"财务费用"账户核算。该账户属于营业成本类，借方登记当期发生的各项财务费用数额；贷方登记在金融机构的存款按期结计的利息收入以及期末结转入"本年利润"账户的数额；期末结账后该账户应无余额。"财务费用"账户应当按费用项目设置多栏式明细账，进行明细分类核算。

【例10.5】2016年8月10日，企业购买原材料一批，向开户银行申请办理银行承兑汇票。银行审查同意后，按规定收取0.5‰的手续费，金额为292.5元，已从银行存款户直接扣划。企业根据银行盖章退回的进账单记账，编制会计分录为：

借：财务费用——银行承兑手续费 292.5
　　贷：银行存款 292.5

【例10.6】2016年6月30日，企业收到开户银行转来的本季度存款利息通知，金额为5 328元。企业根据计息通知单记账联记账，编制会计分录为：

借：银行存款 5 328
　　贷：财务费用——利息收入 5 328

企业筹资过程中涉及的筹资费用及利息支出的核算详见第八章第三、四节，在此不再赘述。

第三节　产品成本的核算

一、成本核算的要求与程序

（一）成本核算的基本要求

成本核算是一项技术性很强的工作，为了正确计算产品成本，在成本核算工作中，应该贯彻实现以下各项要求：

1. 正确划分各种费用界限

为了正确地核算生产费用，计算产品成本，必须正确划分以下四个方面的费用界限：

（1）正确划分生产费用与期间费用、非生产经营管理费用的界限。企业的经济活动纷繁复杂，费用支出的用途也是多方面的，并非所有的费用支出都属于生产费用，都应计入产品成本。企业发生的生产经营管理费用，有的与特定产品生产相联系，属于生产费用，应对象化为特定产品的成本，如基本生产车间为生产产品发生的直接材料费用、直接人工费用和制造费用等；有的则与特定产品生产没有直接联系，而与一定会计期间相联系，这类费用属于期间费用，不应计入特定产品成本，而应计入发生当期的损益，如企业行政管理部门为组织和管理生产经营活动发生的管理费用、企业为销售产品发生的销售费用，以及企业为筹集资金所发生的财务费用等。另外，企业为购置、建造固定资产和无形资产等长期性资产以及对外投资等发生的支出，属于资本性支出；企业发生的各种非经营损耗和损失，如固定资产盘亏净损失、固定资产清理报废净损失、非正常原因发生的停工损失，以及因不可抗力等因素发生的非常损失等，属于非生产经营管理费用，不属于生产费用，不应计入产品成本。企业应正确划分生产费用与期间费用、非生产经营管理费用的界限，遵守国家财经法规关于成本、费用开支范围的规定，防止乱挤和少计生产费用的错误做法。

（2）正确划分各个月份的费用界限。为了按月分析和考核产品成本，还应将应计入产品成本的生产费用，在各个月份之间进行划分。为此，应贯彻权责发生制，正确核算跨期摊提费用。对于本月支付，但应由本月和以后各月受益的、期限在一年以内的成本费用，如固定资产的大修理费、预付的财产保险费、领用的大额低值易耗品或出租的大额包装物等，应记作"预付账款——待摊费用"或者"其他应收款——待摊费用"，分摊计入各月的成本费用；对于本月支付，但应由本月和以后各月受益的、期限在一年以上的成本费用，如租入固定资产的改良支出等，应记作"长期待摊费用"，在一年以上的期限内，分摊计入各月的成本费用；本月尚未支付，但本月已经受益的成本费用，应记作"预收账款——预提费用"或者"其他应付款——预提费用"，如采用按年度计划修理费核算固定资产大修理费的企业，应按月预提固定资产大修理费，计入当月成本费用。企业应该防止利用跨期摊提费用人为调节各个月份的产品成本的错误做法。

（3）正确划分各种产品的费用界限。为了分析和考核各种产品的成本计划或者成本定额的执行情况，分析各种产品的边际贡献，应当将本月发生的生产费用在各种产品之间进行合理划分，从而正确计算各种产品的成本。对于能够分清各种产品消耗的、专设成本项目的直接费用，如直接材料费用、直接人工费用等，应该直接计入各该种产品的成本；属于几种产品共同发生，不能直接计入各种产品成本的生产费用，如在产品生产中共同耗用的直接材料费用、多种产品生产发生的制造费用等，应采用适当的分配方法，分配计入各种产品的成本。

（4）正确划分完工产品与在产品的费用界限。月末计算产品成本时，如果某种产品都已完工，这种产品的各项生产费用之和，就是这种产品的完工产品成本；如果某种产品全部未完工，这种产品的各项生产费用之和，就是这种产品的月末在产品成本；如果某种产品一部分已经完工，另一部分尚未完工，这种产品的各项生产费用，必须采用适当的分配方法在完工产品和月末在产品之间进行分配，分别计算完工产品成本和月末在产品成本。企业应当防止任意提高或降低月末在产品费用，人为调节完工产品成本的错误做法。

2. 做好成本核算基础工作

（1）原始记录。真实可靠的原始记录是正确进行成本核算的第一要求。为了进行成本管理和核算，对于生产过程中的产品产量、生产工时、材料消耗量，在产品和产成品的内部转移，以及产品产量的检验结果等，均应做出真实的原始记录。原始记录对于劳动工资、设备动力、生产技术等方面管理，以及相关的计划统计工作，也有重要意义。企业应该制定既符合各方面管理需要，又符合成本核算要求，既科学又易行、讲求实效的原始记录制度，并且组织有关职工认真做好各种原始记录的登记、传递、审核和保管工作，以便正确、及时地为成本核算和其他有关方面提供所需的原始资料。

（2）材料物资收发、领退的计量。为了进行成本管理和成本核算，必须对材料物资的收发、领退和结存进行计量，建立健全材料物资收发、领退、盘点和计量制度。材料物资的收发、领退，在产品、半成品的内部转移和产成品的入库等，均应填制相应的凭证，经过一定的审批手续，并经过计量、验收或交接，防止任意领发和转移。库存的材料、半成品和产成品，以及车间在制品或在产品，均应按照规定进行清查盘点，防止丢失、积压、损坏变质和被贪污盗窃等。

（3）定额的制定与修订。产品的消耗定额是编制成本计划、分析和考核成本水平的依据，也是审核和控制成本的标准。企业应根据当前生产技术水平和设备条件等，充分考虑职工群众的积极因素，制定并适时修订先进而又可行的原材料、燃料、动力、生产工时、工资标准、计件单价等项消耗定额，并据以审核各项耗费是否合理、节约，借以控制耗费，降低成本费用水平。在计算产品成本时，往往也要根据原材料和生产工时的定额消耗量或者定额费用作为分配要素费用的标准。因此，认真做好产品产量、质量和消耗量等各项定额的制定和修订工作，也是搞好生产管理、成本管理和成本核算的基础和前提。

（4）厂内计划价格的制定和修订。计划管理基础较好的企业，为了分清企业内部各单位的经济责任，分析和考核内部各单位成本计划的完成情况，还应对材料、半成品和厂内各车间相互提供的劳务制定厂内计划价格，作为内部结算和考核的依据。厂内计划价格应该尽可能接近实际并相对稳定，年度内一般不作变动。制定了完备的厂内计划价格后，企业内部各单位、部门之间半成品转移、劳务提供，都应先按计划价格结算，月末再采用一定的方法计算和调整价格差异，据以计算实际的成本、费用。按计划价格进行企业内部的往来结算，可以简化和加速成本费用的核算工作。

3. 正确选择财产物资的计价和价值结转的方法

企业拥有的财产物资，其价值要随着生产经营过程转移到产品成本和经营管理费用中去。财产物资的计价和价值结转的方法，会影响企业的成本费用水平。其中，涉及流动资产的有：材料按实际成本法核算时发出领用材料的计价方法（个别计价法、先进先出法、加权平均法等）、材料按计划成本法核算时材料成本差异率的种类（个别差异率、分类差异率、综合差异率等）等；涉及固定资产的有：固定资产折旧方法（平均年限法、工作量法、加速折旧法等）、折旧率的种类（个别折旧率、分类折旧率、综合折旧率）等、固定资产修理和改良的方法（直接计入、待摊或预提）等。为了正确计算产品成本，企业应根据会计准则的规定，结合企业实际选择采用合适的财产物资计价和价值结转的方法，并保持前后各期相一致，防止任意改变财产物资计价和价值结转的方法，人为调节成本费用水平的错误做法。

4. 适应生产工艺特点和管理要求，选用适当的成本计算方法

产品成本是在生产过程中形成的，生产组织、工艺过程和管理要求不同的产品生产，应该采用不同的成本计算方法。企业应当结合自身实际，选择采用适当的成本计算方法。

（二）成本核算的一般程序

企业成本核算一般应按下列程序进行：

1. 确定成本计算对象

产品成本是对象化了的费用，对象化的费用就是生产费用，将生产费用按一定种类和数量的产品进行归集也就形成了产品成本。成本计算对象就是各项生产费用的承担者。由于企业生产组织、工艺过程和管理要求不同，企业成本计算对象也存在差异，它既可以是产品，也可以是劳务；既可以是产成品，也可以是半成品；既可以是产品的批别，也可以是生产步骤等。成本计算对象的选择和确定，是对生产费用进行归集和分配的前提条件，同时，也影响到产品成本计算的精度。因此，企业应当根据自身特点和管理需要，合理确定成本计算对象。

2. 确定成本计算期

企业成本计算对象确定后，还应当解决何时和多长时间计算一次产品生产成本的问题。成本计算期的选择，实质上就是确定生产费用归集和分配的时间长度。在实行会计分期和权责发生制的前提下，企业应按会计期间归集和分配生产费用，但是生产费用的归集和分配期间往往与产品的生产周期不一致。从理论上讲，产品生产成本应当与产品的生产周期保持一致，由于企业产品品种的多样性和生产周期的不确定性，事实上企业很难按照产品生产周期计算产品成本。实践中，除了单件小批量生产企业（如船舶企业、大型精密仪器制造企业等）外，企业一般应按月份作为成本计算期。这样有利于分期计算和考核成本费用水平。

3. 确定产品成本项目

企业在确定成本计算对象和成本计算期之后，还应当根据生产工艺特点和管理需要，确定产品成本项目。产品成本项目就是对计入产品成本的各项生产费用按其用途分类后确定的项目，它反映产品成本的构成。对生产费用进行科学分类，确定产品成本项目，有利于分析产品成本的构成，分析引起总成本升降的原因，从而达到降低成本，提高经济效益的目的。实践中，企业产品成本项目一般应当设置"直接材料""直接人工"和"制造费用"三个成本项目。对于燃料和动力消耗较大的企业，为了反映燃料和动力费用的消耗及其对产品成本的影响，也可以增设"燃料和动力"成本项目。

4. 生产费用的归集和分配

企业产品成本的计算过程就是生产费用的归集和分配过程。企业在确定了成本计算对象、成本计算期和产品成本项目后，接下来，就应该按权责发生制，将发生的生产费用在有关账户中予以归集和反映。对于发生的直接费用，如直接材料费用、直接人工费用，若能分清各种不同产品耗用的，应当直接记入各该种产品的"生产成本"账户及相应成本项目；对于不能分清哪种产品耗用的共同性间接费用，应先通过"制造费用"账户进行归集，月末再采用适当的方法分配记入有关产品的"生产成本"账户。

5. 成本计算

经过上述生产费用的归集和分配，在"生产成本"账户及有关成本项目中就汇集了各该种产品的全部生产费用，包括月初生产费用和本月生产费用。月末计算产品成本时，如果某种产品全部完工，这种产品的各项生产费用之和，就是该种产品的完工产品成本；如果某种产品全部未完工，这种产品的各项生产费用之和，就是该种产品的月末在产品成本；如果某种产品一部分已经完工，另一部分尚未完工，这种产品的各项生产费用，必须采用适当的分配方法（如定额比例法、约当产量法等）在完工产品和月末在产品之间进行分配，分别计算完工产品成本和月末在产品成本。

二、生产费用的归集和分配

（一）生产费用归集和分配的账户设置

为了进行成本核算，企业应当设置"生产成本""制造费用"等账户。

1. "生产成本"账户

"生产成本"账户用来核算企业产品生产过程中发生的各项生产费用。该账户属于成本类账户，其借方登记本期发生的各项生产费用；贷方登记已完工入库转出产品的实际成本；余额通常在借方，表示期初期末在产品的实际成本。该账户应按基本生产车间和辅助生产车间设置"基本生产成本"和"辅助生产成本"两个二级账户，并按产品品种在"基本生产成本"二级账户下设置明细账户；按辅助生产车间在"辅助生产成本"二级账户下设置明细账。在登记生产费用时，凡是能够分清哪种产品生产耗用的直接费用，如直接材料费用和直接人工费用，在发生时直接记入"生产成本"账户，借记"生产成本"账户，贷记"原材料""应付职工薪酬"等账户。月末分配本月制造费用时，借记"生产成本"账户，贷记"制造费用"账户。当产品生产完工验收入库时，应将完工产品的生产成本转出，借记"库存商品"账户，贷记"生产成本"账户。

2. "制造费用"账户

"制造费用"账户用来核算企业产品生产过程中发生的不能直接记入"生产成本"的各种共同性间接费用，包括企业分厂、车间等生产单位管理人员和技术人员的工资及福利费、办公费、水电费、取暖费、差旅费、机物料消耗、劳动保护费、生产用固定资产的折旧费、修理费、租赁费、周转材料的摊销，以及季节性和修理期间的停工损失等。该账户属于成本类账户，其借方登记发生的各项间接费用；贷方登记月末分配转入"生产成本"账户的数额；月末分配结转后，该账户通常无余额。该账户应按不同的费用项目设置多栏式明细账，进行明细分类核算。当发生各项间接生产费用时，借记"制造费用"账户，贷记"原材料""应付职工薪酬""累计折旧""周转材料"等账户。各项间接生产费用终究应记入产品成本，月末应按适当的方法（如生产工人工时比例法、生产工人工资比例法、机器工时比例法和按年度计划分配率分配法）将本月发生的制造费用全额分配计入各种产品的成本，分配转出时，借记"生产成本"账户，贷记"制造费用"账户。

此外，根据企业产品生产成本的内容和构成，还应相应地设置"原材料""应付职工薪酬""累计折旧""周转材料"等账户。

（二）生产费用归集和分配的会计处理

华宇工业公司设立两个基本生产车间：一车间生产 A 产品，二车间生产 B 产品，耗用甲、乙两种原材料；设立两个辅助生产车间：动力车间为基本生产车间和行政管理部门提供电力，机修车间为基本生产车间提供修理劳务，两个辅助生产车间均不对外提供劳务，相互之间耗用的劳务较少，可以忽略不计。该公司辅助生产费用采用直接分配法①，材料日常核算采用实际成本法。2016 年 9 月份发生如下生产业务：

【例 10.7】9 月 30 日，根据日常领退料凭证，编制发料凭证汇总表，见表 10.1 所示：

表 10.1   发料凭证汇总表

2016 年 9 月   单位：元

应借科目		领用单位	材料种类		合计
总账科目	明细科目		甲材料	乙材料	
生产成本	基本生产成本（A 产品）	一车间	120 000	40 000	160 000
	基本生产成本（B 产品）	二车间	20 000	80 000	100 000
	辅助生产成本（动力车间）	动力车间	8 200	1 800	10 000
	辅助生产成本（机修车间）	机修车间	14 800	5 200	20 000
	小 计		163 000	127 000	290 000
制造费用	材料费用	基本生产车间	6 600	1 400	8 000
	材料费用	辅助生产车间	2 400	600	3 000
	小 计		9 000	2 000	11 000
管理费用	材料费用	行政管理部门	4 000	5 000	9 000
	合 计		176 000	134 000	310 000

根据上列发料凭证汇总表编制会计分录：

借：生产成本——基本生产成本（A 产品）　　　　　　160 000
　　　　　　——基本生产成本（B 产品）　　　　　　100 000
　　　　　　——辅助生产成本（动力车间）　　　　　　10 000
　　　　　　——辅助生产成本（机修车间）　　　　　　20 000
　　制造费用——材料费用　　　　　　　　　　　　　　11 000
　　管理费用——材料费用　　　　　　　　　　　　　　 9 000
　　贷：原材料——甲材料　　　　　　　　　　　　　　　　176 000
　　　　　　——乙材料　　　　　　　　　　　　　　　　134 000

【例 10.8】9 月 30 日，根据各车间、部门的工资结算凭证和应付福利费的计提办法，编制工资及福利费分配表分配工资及福利费，见表 10.2 所示：

---

① 辅助生产费用的直接分配法，是不考虑各辅助生产车间之间相互提供产品或劳务的情况，而是将各种辅助生产费用直接分配给辅助生产以外的各受益单位。此外，辅助生产费用的分配方法还有顺序分配法、交互分配法、代数分配法和按计划成本分配法等。

表 10.2 工资及福利费分配表
2016 年 9 月 单位：元

应借科目		职工岗位		工资	职工福利费
总账科目	明细科目	生产工人	管理人员	①	② = ① × 14%
生产成本	基本生产成本（A 产品）	58 000		58 000	8 120
	基本生产成本（B 产品）	42 000		42 000	5 880
	辅助生产成本（动力车间）	12 000		12 000	1 680
	辅助生产成本（机修车间）	18 000		18 000	2 520
	小　计	130 000		130 000	18 200
制造费用	基本生产		24 000	24 000	3 360
	辅助生产		6 000	6 000	840
	小　计		30 000	30 000	4 200
管理费用	工资费用		64 000	64 000	8 960
合　计		130 000	94 000	224 000	31 360

　　企业在生产经营管理过程中发生的工资费用，应编制"工资及福利费分配表"，分配记入有关成本费用：基本生产车间产品生产工人的工资，分配记入各种产品的生产成本，借记"生产成本——基本生产成本"账户；辅助生产车间生产工人的工资，分配记入辅助生产成本，借记"生产成本——辅助生产成本"账户；车间管理人员的工资，分配记入"制造费用"账户；行政管理人员的工资，分配记入"管理费用"账户；专设销售机构人员的工资，分配记入"销售费用"账户等。

　　根据上列工资及福利费分配表编制会计分录：

借：生产成本——基本生产成本（A 产品）　　　　　　　　58 000
　　　　　　　——基本生产成本（B 产品）　　　　　　　42 000
　　　　　　　——辅助生产成本（动力车间）　　　　　　12 000
　　　　　　　——辅助生产成本（机修车间）　　　　　　18 000
　　制造费用——工资费用　　　　　　　　　　　　　　　30 000
　　管理费用——工资费用　　　　　　　　　　　　　　　64 000
　　贷：应付职工薪酬——工资　　　　　　　　　　　　　224 000

　　企业还按应付工资总额的 14% 计提职工福利费，用于职工个人福利费的开支，如职工的医疗卫生费（包括企业参加职工医疗保险所缴纳的医疗保险金）、医务经费、职工因公负伤赴外地就医路费、职工生活困难补助以及医务部门、职工浴室、理发室、幼儿园、托儿所等生活福利部门职工的工资等。月末计提职工福利费时，应分配记入有关成本费用，分配路径与应付工资的分配基本相同。

　　根据上列工资及福利费分配表编制会计分录：

借：生产成本——基本生产成本（A 产品）　　　　　　　　8 120
　　　　　　　——基本生产成本（B 产品）　　　　　　　5 880

——辅助生产成本（动力车间）		1 680
——辅助生产成本（机修车间）		2 520
制造费用——职工福利费		4 200
管理费用——职工福利费		8 960
贷：应付职工薪酬——职工福利		31 360

【例 10.9】9 月 30 日，编制折旧费用分配表，计提本月固定资产折旧，见表 10.3 所示：

表 10.3

折旧费用分配表

2016 年 9 月
单位：元

应借科目	固定资产使用单位	月初固定资产原值	分类月折旧率	应提折旧金额
制造费用	基本生产 1 车间	6 400 000	1.5%	96 000
	基本生产 2 车间	4 280 000	1.5%	64 200
	辅助生产动力车间	840 000	1.2%	10 080
	辅助生产机修车间	360 000	1.2%	4 320
	小 计	11 880 000	—	174 600
管理费用	行政管理部门	4 760 000	0.8%	38 080
合 计		16 640 000	—	212 680

根据上列折旧费用分配表编制会计分录：

借：制造费用——折旧费用	174 600
管理费用——折旧费用	38 080
贷：累计折旧	212 680

【例 10.10】9 月份，公司辅助生产动力车间共发生费用 23 680 元，提供 20 200 度电。其中，基本生产一车间耗用 10 000 度，二车间耗用 6 000 度，行政管理部门耗用 4 000 度，机修车间耗用 200 度。辅助生产机修车间共发生费用 40 520 元，提供修理工时 20 300 小时。其中，基本生产一车间耗用 12 000 小时，二车间耗用 8 260 小时，动力车间耗用 40 小时。9 月 30 日，编制辅助生产费用分配表，分配本月辅助生产费用，见表 10.4 所示：

表 10.4

辅助生产费用分配表

2016 年 9 月
单位：元

辅 助 生 产 车 间 名 称	动力车间	机修车间	合 计
待 分 配 辅 助 生 产 费 用	23 680	40 520	64 200
提供的劳务数量（辅助生产以外的受益单位）	20 000	20 260	—
费用分配率（单位劳务成本）	1.184	2	—

表 10.4（续）

辅助生产车间名称			动力车间	机修车间	合 计
基本生产车间耗用	应借"制造费用"科目	第一车间 耗用数量	10 000	12 000	
		第一车间 分配金额	11 840	24 000	35 840
		第二车间 耗用数量	6 000	8 260	
		第二车间 分配金额	7 104	16 520	23 624
		分配金额小计	18 944	40 520	59 464
行政管理部门耗用	应借"管理费用"科目	耗用数量	4 000		
		分配金额	4 736		4 736
分配金额合计			23 680	40 520	64 200

根据上列辅助生产费用分配表编制会计分录：

借：制造费用——辅助生产费用   59 464

     管理费用——辅助生产费用   4 736

  贷：生产成本——辅助生产成本（动力车间）   23 680

        ——辅助生产成本（机修车间）   40 520

【例 10.11】公司 9 月份共发生制造费用 224 536 元，产品生产的实际生产工时为 1 651 小时，其中 A 产品 940 小时，B 产品 711 小时。9 月 30 日，编制制造费用分配表按生产工时比例法分配制造费用，见表 10.5 所示：

表 10.5   制造费用分配表

2016 年 9 月

单位：元

应借科目		实际生产工时（小时）	单位成本（制造费用分配率）	分配金额（元）
总账科目	明细科目			
生产成本	A 产品	940	136	127 840
	B 产品	711		96 696
合 计		1 651	—	224 536

根据上列制造费用分配表编制如下会计分录：

借：生产成本——基本生产成本（A 产品）   127 840

      ——基本生产成本（B 产品）   96 696

  贷：制造费用   224 536

三、产品成本的计算

（一）产品成本计算的方法

如上所述，工业企业在成本核算过程中，应先确定成本计算对象、成本计算期、产品成本项目，并进行生产费用的归集和分配，然后结合自身生产特点和管理要求选择适当的成本计算方法计算产品成本。工业企业产品成本的计算方法主要有品种法、分批法和分步法三种。

1. 产品成本计算的品种法

品种法是按照产品品种计算产品成本的一种成本计算方法。品种法是最基本的成本计算方法，不论什么工业企业，不论生产什么类型的产品，也不论管理要求如何，最终都必须按照产品品种计算出产品成本。这种方法的特点是，既不要求按照产品批别计算成本，也不要求按照各个生产步骤计算成本，只要求按照产品的品种计算成本。

品种法主要适用于大批大量的单步骤生产，例如发电、采掘等生产。在大批大量多步骤生产企业，如果企业或车间规模较小，或者车间是封闭式的，也就是从原材料投入到产品产出的全部生产过程，都在一个车间内进行，或者生产是按流水线组织的，管理上不要求按照生产步骤计算产品成本，也可以采用品种法计算产品成本，如小型水泥厂、大批大量生产的铸件熔铸、玻璃制品的熔制，以及辅助生产的供水、供气、供电等。

采用品种法计算产品成本的计算程序如下：

第一，按产品品种设置产品成本明细账，账内按成本项目设立专栏或专行。

第二，归集和分配各项生产费用。发生的直接计入费用，根据各项要素费用分配表直接记入各种产品成本明细账，发生的间接计入费用则应采用适当的方法分配记入各种产品的成本明细账。

第三，计算完工产品成本和月末在产品成本。不论是生产一种产品，还是生产多种产品，期末计算产品成本时，如果既有完工产品，又有未完工产品，应当采用适当的分配方法将产品成本明细账中归集的生产费用在完工产品和月末在产品之间进行分配，计算完工产品和月末在产品成本。

2. 产品成本计算的分批法

分批法又称订单法，是按照产品的批别或订单计算产品成本的一种方法。这种方法的特点是不按产品的生产步骤而只按产品的批别或订单计算成本。

分批法主要适用于小批生产和单件生产，如精密仪器、专用设备、重型机械和船舶的制造、新产品的试制、服装生产，以及辅助生产的工具模具制造等。

采用分批法计算产品成本的计算程序如下：

第一，按产品批次或订单设置产品成本明细账，账内按成本项目设立专栏或专行。按照产品批别或订单进行生产，企业生产部门要签发生产通知单，生产通知单中对该批生产任务进行编号，称为产品批号或生产令号，会计部门依据产品批号开设产品成本明细账。

第二，归集和分配各项生产费用。发生的直接计入费用，根据各项要素费用分配表直接记入各批产品成本明细账，发生的间接计入费用则应采用适当的方法分配记入各批产品的成本明细账。

第三，依据产品批次计算产品成本。分批法的一个重要特点是，成本计算期与产品生产周期相一致，一般不存在完工产品与在产品的分配问题。如果是单件生产，产品完工前，产品成本明细账上归集的生产费用均属于在产品；产品完工时，生产费用均属于完工产品，因此不需要进行完工产品和在产品的分配。各批次产品生产完工时，其成本明细账中归集的生产费用即为完工产品的总成本，总成本除以该批产品的产量，即为单位产品成本。

3. 产品成本计算的分步法

分步法是按照产品的生产步骤计算产品成本的一种方法。分步法的特点是，不按产品的批别计算产品成本，而是按产品的各个生产步骤计算产品成本。

分步法适用于大批大量多步骤生产，如冶金、纺织、造纸，以及大批大量生产的机械制造等。在这些企业中，产品生产分若干个生产步骤进行，如钢铁企业可分为炼铁、炼钢、轧钢等步骤；纺织企业可分为纺纱、织布等步骤；造纸企业可分为制浆、制纸、包装等步骤；机械企业可分为铸造、加工、装配等步骤。为了加强各生产步骤的成本管理，往往不仅要求按照产品品种计算成本，而且还要求按照各个生产步骤计算成本，以便为考核和分析各种产品及其各个生产步骤的成本计划的执行情况提供资料。

根据成本管理对于各生产步骤成本资料的不同要求和对简化成本工作的考虑，各生产步骤成本的计算和结转，可以采用逐步结转和平行结转两种方法。相应地，产品成本计算的分步法就分为逐步结转分步法和平行结转分步法。其中，逐步结转分步法是按照产品的生产步骤逐步结转半成品成本，然后算出产成品成本的分步法。这种方法要求计算各步骤半成品的生产成本，因此，又可称为计列半成品成本分步法。平行结转分步法是平行结转各步骤生产费用中应计入产成品成本的份额，然后汇总计算产成品成本的分步法。这种方法不要求计算各步骤半成品的生产成本，因此，又可称为不计列半成品成本分步法。

采用分步法计算产品成本的计算程序如下：

第一，按生产步骤和产品品种设置产品成本明细账，或者按生产步骤设立产品成本明细账，账中按产品品种反映。

第二，归集和分配各项生产费用。发生的直接计入费用，根据各项要素费用分配表直接记入各步骤产品成本明细账，发生的间接计入费用则应采用适当的方法分配记入各步骤产品的成本明细账。

第三，计算完工产品成本和月末在产品成本。由于大批大量多步骤生产的产品往往跨月陆续完工，因此，采用分步法计算产品成本时，记入各种产品、各生产步骤成本明细账中的生产费用，大多要采用适当的分配方法在完工产品和月末在产品之间进行分配，计算各该产品、各该生产步骤的完工产品成本和月末在产品成本；然后按照产品品种结转各步骤的完工产品成本，计算每种产品的产成品成本。

（二）产品成本的计算及其会计处理

华宇工业公司产品成本计算采用品种法。有关资料见表10.6所示。

表10.6 成本计算资料（9月份）

	A 产 品						B 产 品					
	产量（件）	生产工时（小时）	原材料（元）	工资及福利费（元）	制造费用（元）	费用合计（元）	产量（件）	生产工时（小时）	原材料	工资及福利费（元）	制造费用（元）	费用合计（元）
月初	19		20 000	5 320	11 280	36 600	102		20 000	5 445	18 486	43 931
本月投产	181		160 000	66 120	127 840	353 960	498		100 000	47 880	96 696	244 576
本月完工	150	740					500	500				
月末	50	200					100	211				

该公司产品生产过程中，原材料系生产开始时一次投入，原材料费用按完工产品产量和月末在产品数量比例计算分配；工资及福利费等加工费用按产品所耗生产工时比例分配。

公司设立 A 产品和 B 产品成本明细账，计算本月完工产品总成本和单位成本，见表10.7、表10.8所示：

表10.7 产品成本明细账

产品名称：A 产品　　　　　　　　　　　　　　　　　　　　　　　　　　单位：元

月	日		摘 要	产量	生产工时	直接材料	直接人工	制造费用	费用合计
8	31		在产品费用			20 000	5 320	11 280	36 600
9	30		表10.1			160 000			160 000
9	30		表10.2				66 120		66 120
9	30		表10.5					127 840	127 840
9	30		生产费用合计			180 000	71 440	139 120	390 560
9	30		费用分配率			900	76	148	
9	30	完工产品	总成本	1 50	740	135 000	56 240	109 520	300 760
			单位成本			900	374.93	730.13	2 005.06
9	30		在产品成本	50	200	45 000	15 200	29 600	89 800

表10.8 产品成本明细账

产品名称：B 产品　　　　　　　　　　　　　　　　　　　　　　　　　　单位：元

月	日	摘 要	产量	生产工时	直接材料	直接人工	制造费用	费用合计
8	31	在产品费用			20 000	5 445	18 486	43 931
9	30	表10.1			100 000			100 000
9	30	表10.2				47 880		47 880
9	30	表10.5					96 696	96 696
9	30	生产费用合计			120 000	53 325	115 182	288 507

表10.8（续）

月	日	摘　要		产量	生产工时	直接材料	直接人工	制造费用	费用合计
9	30	费用分配率				200	75	162	
9	30	完工产品	总成本	500	500	100 000	37 500	81 000	218 500
			单位成本			200	75	162	437
9	30	在产品成本		100	211	20 000	15 825	34 182	70 007

　　生产费用在各种产品之间以及完工产品与月末在产品之间，进行横向和纵向分配和归集以后，就可以计算出各种完工产品的实际成本。在完工产品成本算出以后，它的成本应从"生产成本"账户和各种产品成本明细账的贷方转出，转入产成品的成本，借记"库存商品"账户，贷记"生产成本"账户。"生产成本"账户的月末余额，就是基本生产在产品的成本，也就是占用在基本生产过程中的生产资金。

　　本例中，A、B产品生产完工，验收入库时，应编制下列会计分录：

　　借：库存商品——A产成品　　　　　　　　　　　　　　　　300 760

　　　　　　　　——B产成品　　　　　　　　　　　　　　　　218 500

　　　贷：生产成本——基本生产成本（A产品）　　　　　　　　300 760

　　　　　　　　　　——基本生产成本（B产品）　　　　　　　218 500

<h2 style="text-align:center">练 习 题</h2>

一、名词解释

1. 费用要素　　2. 要素费用　　3. 期间费用　　4. 品种法

5. 分批法　　　6. 分步法

二、判断题

1. 医务、福利部门人员的工资应分配计入"应付职工薪酬"账户。　　　　（　　　）

2. 企业内部供职工娱乐的"职工之家"俱乐部的建设经费，应从应付职工薪酬（福利费）中开支。　　　　　　　　　　　　　　　　　　　　　　　（　　　）

3. 产品生产成本的成本项目包括直接材料、燃料与动力、直接人工和制造费用。

　　　　　　　　　　　　　　　　　　　　　　　　　　　　　　　（　　　）

4. "制造费用"账户所归集的生产费用月末应全额分配计入各受益对象（如产品或者辅助生产车间），所以该账户月末一定无月末余额。　　　　　　　（　　　）

5. 生产设备的折旧费用计入制造费用，因此它属于间接生产费用。　　（　　　）

二、选择题

1. 下列各项中，属于工业企业要素费用的是（　　　　）。

　　A. 职工薪酬　　　　　　　　　　　B. 燃料及动力

　　C. 外购材料　　　　　　　　　　　D. 制造费用

2. 工业企业产品生产项目通常包括（　　　）。

　　A. 直接材料　　　　　　　　　　B. 折旧费

　　C. 直接人工　　　　　　　　　　D. 制造费用

3. 下列各项中，属于企业管理费用的有（　　　）。

　　A. 工会经费　　　　　　　　　　B. 印花税

　　C. 劳动保险费　　　　　　　　　D. 产品展览费

4. "销售费用"账户核算的内容有（　　　）。

　　A. 广告费　　　　　　　　　　　B. 产品展览费

　　C. 委托代销应支付的手续费　　　D. 销售产品时代客垫付的运输费

5. 企业按医务、福利部门人员工资的 14% 计提的职工福利费，应计入（　　　）账户。

　　A. 应付福利费　　　　　　　　　B. 制造费用

　　C. 管理费用　　　　　　　　　　D. 销售费用

6. 下列项目中，在应付福利费中开支的有（　　　）。

　　A. 医务经费　　　　　　　　　　B. 职工医药费

　　C. 幼儿园经费　　　　　　　　　D. 职工生活困难补助

7. 下列各项中不应计入产品成本的是（　　　）。

　　A. 企业行政管理部门用固定资产的折旧费　B. 车间厂房的折旧费

　　C. 车间生产用设备的折旧费　　　D. 车间辅助人员的工资

8. 车间生产领用低值易耗品时，应记入（　　　）账户。

　　A. 制造费用　　　　　　　　　　B. 基本生产成本

　　C. 管理费用　　　　　　　　　　D. 辅助生产成本

9. "制造费用"账户的期末余额（　　　）。

　　A. 可能在借方　　　　　　　　　B. 可能在贷方

　　C. 通常情况为零　　　　　　　　D. 为零

10. "制造费用"账户所归集的生产费用，月末应分配计入（　　　）账户。

　　A. 基本生产成本和辅助生产成本　B. 基本生产成本和期间费用

　　C. 生产成本和管理费用　　　　　D. 财务费用和营业费用

四、计算与核算题

1. 某企业本月生产 A 产品 25 台，B 产品 40 台，C 产品 50 台。共同耗用甲材料 3 672 千克，甲材料单价 5 元。三种产品单位材料消耗量分别是 60 千克、40 千克和 10 千克。

　　要求：（1）采用"定额消耗量比例法"计算 A 产品、B 产品和 C 产品各应负担的甲材料费用；

　　（2）编制相应的会计分录。

2. 某企业基本生产车间生产 A、B、C 三种产品，共计生产工时 22 000 小时，其中，A 产品 7 500 小时，B 产品 8 500 小时，C 产品 6 000 小时。本月发生的各种间接费用如下：

①以银行存款支付劳动保护费 1 300 元。

②车间管理人员工资 4 000 元。

③按车间管理人员工资的 14% 提取职工福利费。

④车间消耗甲材料 1 700 元。

⑤车间固定资产折旧费 1 600 元。

⑥以银行存款支付车间办公费、水电费及其他支出等共计 1 840 元。

要求：（1）编制上列①~⑥项业务的会计分录。

　　　（2）采用工时比例法分别计算 A、B、C 三种产品应负担的制造费用。

　　　（3）编制月末分配制造费用的会计分录。

第十一章 销售业务核算

产品销售是工商企业经营业务的主要内容之一。产品销售是企业一次资本循环的终结，又是下一次资本周转的开始，是资本实现空间上并存、时间上继起的必不可少的条件；是企业实现商品价值，维持简单再生产和扩大再生产的重要前提；也是企业保持以收抵支，维持企业生存的先决条件之一。

销售业务的核算是企业会计核算的重要内容，既涉及销售收入的确认、销货成本的结转，也涉及支付结算方式中货款的收回和应收账款的管理等内容。本章主要讲授商品销售收入的核算、劳务收入的核算和坏账损失的确认与核算三个方面。

第一节 销售收入的核算

销售收入是指企业销售商品、产品、自制半成品等取得的收入，主要包括以取得货币性资产的方式进行的销售商品，以及正常情况下的以商品抵偿债务的销售商品。企业以商品进行投资、捐赠及自用等，会计上均不作为销售商品处理，应按成本进行结转。

一、销售收入的确认条件

销售商品收入同时满足下列条件的，才能予以确认：

（一）企业已将商品所有权上的主要风险和报酬转移给购货方

风险主要指商品由于贬值、损坏、报废等造成的损失；报酬是指商品中包含的未来经济利益，包括商品因升值等给企业带来的经济利益。判断一项商品所有权上的主要风险和报酬转移是否已转移给购货方，需要视不同情况而定：

（1）大多数情况下，所有权上的风险和报酬的转移伴随着所有权凭证的转移或实物的交付而转移，例如大多数零售交易。

（2）有些情况下，企业已将所有权凭证或实物交付给购货方，但商品所有权上的主要风险和报酬并未转移。例如附有安装或检验条款的商品销售（如销售电梯、大型生产流水线等），而且安装或检验构成销售合同的重要内容。在这种情况下，即使企业已开出销货发票，并将商品发运给购货方，仍然不能认为商品所有权上的主要风险和报酬已经转移，因为安装和检验有可能失败。

（3）有些情况下，企业已将商品所有权上的主要风险和报酬转移给购货方，但实物尚未交付。这时仍应在商品所有权上的主要风险和报酬转移时确认收入，而不管实物是否交付，如交款提货就属于此类例子。

（二）企业既没有保留通常与所有权相联系的继续管理权，也没有对已售出的商品实施有效控制

企业将商品所有权上的主要风险和报酬转移给购货方后，如仍然保留通常与所有权相联系的继续管理权，或仍然对售出的商品实施控制，则此项销售不能成立，不能确认相应的销售收入。例如，甲企业系房地产开发企业，其将尚待开发的土地销售给乙企业。合同同时规定，由甲企业开发这片土地，开发后的土地出售后，利润由甲、乙两企业按一定比例分配。这项业务中，甲企业仍然保留了与该土地所有权相联系的继续管理权，该项交易的实质不是销售土地，而是甲、乙两企业共同投资开发土地，并共享利润的交易，甲企业在销售土地时，不能确认收入。

（三）收入的金额能够可靠地计量

收入能否可靠地计量，是确认收入的基本前提，收入不能可靠地计量，则无法确认收入。企业在销售商品时，售价通常已经确定，但销售过程中由于某种不确定性因素，也可能出现售价变动的情况，在新售价未确定前不能确认收入。

（四）相关的经济利益很可能流入企业

经济利益是指直接或间接流入企业的现金或现金等价物，在销售商品的交易中，与交易相关的经济利益即为销售商品的价款。销售商品的价款能否确切地收回，是收入确认的一个重要条件。企业在销售商品时，若估计价款收回的可能性不大，即使收入确认的其他条件均已满足，也不应当确认收入。

企业应当按照从购货方已收或应收的合同或协议价款确定销售商品收入金额，但已收或应收的合同或协议价款不公允的除外。

合同或协议价款的收取采用递延方式，实质上具有融资性质，应当按照应收的合同或协议价款的公允价值确定销售商品收入金额。

（五）相关的已发生或将发生的成本能够可靠地计量

根据收入和费用配比原则，与同一项销售有关的收入和成本应在同一会计期间予以确认。因此，如果为取得收入所发生的成本不能可靠计量，即使其他条件均已满足，也不能确认收入。

二、账户设置

为了进行商品销售业务的核算，企业应当设置"主营业务收入""主营业务成本""发出商品""委托代销商品""分期收款发出商品"等账户。

1. "主营业务收入"账户

"主营业务收入"账户是用来核算企业销售商品应当确认的销售收入。该账户属于收入收益类，其贷方登记符合收入确认条件应予确认的销售收入，借方登记销售退回应予冲销的销售收入，以及月末结转入"本年利润"账户的数额。月末结账后，该账户无期末余额。

2. "主营业务成本"账户

"主营业务成本"账户用来核算企业销售商品应予结转的已销商品的成本。该账户属于营业成本类，其借方登记结转的已销商品的成本，贷方登记月末结转入"本年利润"账户的数额。月末结账后，该账户无期末余额。

3. "发出商品"账户

"发出商品"账户是用来核算企业未满足收入确认条件但已发出商品的实际成本（或进价）或计划成本（或售价）。该账户属于资产类，其借方登记企业已经发出但不符合收入确认条件未予确认收入的商品产品成本，贷方登记其减少数。该账户余额通常在借方，表示已经发出但尚未确认收入的商品成本。

4. "委托代销商品"账户

现行会计准则规定，企业采用支付手续费方式委托其他单位代销的商品，也可以单独设置"委托代销商品"科目。

"委托代销商品"账户用来核算企业委托其他单位代销的商品产品成本。该账户属于资产类，其借方登记企业采用委托代销方式发交受托代销单位的商品产品成本，贷方登记已实现销售应予确认销售收入的已销商品产品成本。该账户余额通常在借方，表示仍未实现销售的委托代销商品产品成本。

此外，企业还应根据销售货款结算方式，分别设置"银行存款""应收账款""应收票据""预收账款"等账户。

三、销售收入的会计处理

（一）提货制下商品销售收入的核算

提货制是购货方先支付货款，销售方开具销货发票和提货单给购货方，购货方可以随时凭票提货的销售方式。在提货制下，当企业收取货款并开具销货发票和提货单交给购货方时，符合收入确认条件，应确认销售收入，借记"银行存款"账户，贷记"主营业务收入"账户、"应交税费——应交增值税（销项税额）"账户。月末结转已销商品产品成本时，借记"主营业务成本"账户，贷记"库存商品"账户。

【例11.1】2016年5月7日，企业采用提货制结算方式销售一批#1号产品给华强公司，已收到华强公司开来的金额为234 000元的转账支票并送存开户银行，企业已将增值税专用发票（发票注明价款为200 000元，增值税为34 000元）和提货单交给华强公司。该批产品的成本为150 000元。

5月7日确认销售收入时，编制下列会计分录：

借：银行存款	234 000
贷：主营业务收入	200 000
应交税费——应交增值税（销项税额）	34 000

月末结转已销产品成本时，编制下列会计分录：

借：主营业务成本	150 000

贷：库存商品——#1 产品　　　　　　　　　　　　　　　　　　　　150 000

（二）赊销商品销售收入的核算

企业商品产品销售过程中，大量地采用赊销结算方式，即销货方先根据销售合同向购货方发运商品产品，购货方在信用期限内支付货款的结算方式。企业采用赊销结算方式销售商品产品，如果符合收入确认条件，应于发运商品产品时，确认销售收入的实现；如果不符合收入确认条件，则应于不确定因素消除，符合收入确认条件时方能确认销售收入的实现。

1. 符合销售收入确认条件的赊销业务的核算

企业采用赊销结算方式销售商品产品，若符合收入确认条件，应于发运商品产品时，确认收入的实现。如果属于一般的信用赊销，借记"应收账款"账户，贷记"主营业务收入"账户、"应交税费——应交增值税（销项税额）"账户；如果采用商业票据结算方式，应于收到购货方开来的已承兑的商业汇票时，借记"应收票据"账户，贷记"主营业务收入"账户、"应交税费——应交增值税（销项税额）"账户。月末结转已销商品产品成本时，借记"主营业务成本"账户，贷记"库存商品"账户。

【例 11.2】2016 年 5 月 18 日，企业采用托收承付结算方式销售一批#2 号产品给宏光公司，产品已经发出，开出的增值税专用发票上注明的价款为 400 000 元，增值税为 68 000 元。企业已凭增值税专用发票和产品发运单向开户银行办妥托收手续。合同约定，产品品种和质量按合同约定的标准提供，宏光公司应于收到产品后的一个月内支付货款。宏光公司经营效益好、财务制度健全、信誉佳，是企业知根知底的老客户。该批产品的成本为 220 000 元。

这项销售业务符合收入确认的条件，应于发运产品并办妥托收手续时，编制下列会计分录：

借：应收账款——宏光公司　　　　　　　　　　　　　　　　　　468 000
　　贷：主营业务收入　　　　　　　　　　　　　　　　　　　　400 000
　　　　应交税费——应交增值税（销项税额）　　　　　　　　　　68 000

月末结转已销产品成本时，编制下列会计分录：

借：主营业务成本　　　　　　　　　　　　　　　　　　　　　　220 000
　　贷：库存商品——#2 产品　　　　　　　　　　　　　　　　　220 000

2. 不符合销售收入确认条件的赊销业务的核算

企业采用赊销结算方式销售商品产品，若不符合收入确认条件，发运商品产品时，不能确认收入的实现。向购货方发运商品产品时，按发出商品产品的成本，借记"发出商品"账户，贷记"库存商品"账户；此时因销售商品产品的纳税义务已经发生，按应缴纳的增值税，借记"应收账款"账户，贷记"应交税费——应交增值税（销项税额）"账户；待不确定因素消除，符合收入确认条件时，借记"应收账款"账户，贷记"主营业务收入"账户。同时结转已销商品产品成本，借记"主营业务成本"账户，贷记"发出商品"账户。

【例 11.3】2016 年 5 月 23 日，企业采用委托收款方式向光明公司销售一批#1 号产品，产品已经发出，开出的增值税专用发票上注明的价款为 120 000 元，增值税为 20 400 元。该批产品的成本为 85 000 元。企业在销售产品时已知光明公司资金周转发生暂时困难，但考虑到为了促销以免存货积压，同时光明公司的资金周转困难只是暂时性的，未来仍有可能收回货款，企业还是将产品销售给了光明公司。

在这项销售业务中，由于收取货款仍存在很大的不确定性，销售时不能确认销售收入的实现，应于发出商品时做如下会计处理：

（1）将发出产品的成本转入发出商品：

借：发出商品——#1 产品 85 000
　　贷：库存商品——#1 产品 85 000

（2）将增值税专用发票上注明的增值税额转入应收账款：

借：应收账款——光明公司 20 400
　　贷：应交税费——应交增值税（销项税额） 20 400

（3）本例中，假设 10 月 4 日，企业得知光明公司经营情况好转，光明公司承诺近期付款。企业可以确认销售收入。

借：应收账款——光明公司 120 000
　　贷：主营业务收入 120 000

同时结转已销产品成本，编制会计分录：

借：主营业务成本 85 000
　　贷：发出商品——#2 产品 85 000

（4）假如 10 月 10 日收到光明公司支付的货款：

借：银行存款 140 400
　　贷：应收账款——光明公司 140 400

（三）预收货款结算方式下商品销售收入的核算

企业采用预收货款结算方式销售商品产品，应于向购货方发运商品产品时，确认销售收入的实现。预收货款时，借记"银行存款"账户，贷记"预收账款"账户；实际向购货方发运商品产品时，借记"预收账款"账户，贷记"主营业务收入"账户、"应交税费——应交增值税（销项税额）"账户；结清货款时，按购货方补付的金额，借记"银行存款"账户，贷记"预收账款"账户；若预收的货款大于实际结算的款项，应于退回多余款项时，借记"预收账款"账户，贷记"银行存款"账户。

【例 11.4】企业采用预收货款结算方式销售一批#1 号产品给国圣贸易公司。2016 年 9 月 5 日，预收国圣贸易公司货款 300 000 元存入开户银行。9 月 28 日，按合同约定，发出产品给国圣贸易公司，开出的增值税专用发票上注明的价款为 300 000 元，增值税 51 000 元。该批产品的成本为 240 000 元。9 月 30 日收到国圣贸易公司补付的货款 51 000 元，存入开户银行。有关会计处理如下：

（1）9 月 5 日，预收货款时：

借：银行存款 300 000
　　贷：预收账款——国圣贸易公司 300 000

（2）9 月 28 日，发出产品时：

借：预收账款——国圣贸易公司   351 000

    贷：主营业务收入   300 000

        应交税费——应交增值税（销项税额）   51 000

同时结转已销产品的成本：

借：主营业务成本   240 000

    贷：库存商品——#1 产品   240 000

（3）9 月 30 日，收到补付的货款时：

借：银行存款   51 000

    贷：预收账款——国圣贸易公司   51 000

（四）委托代销结算方式下商品销售收入的核算

企业采用委托代销方式销售商品产品，将委托代销商品产品发交受托代销单位时，企业尚未将商品所有权上的主要风险和报酬转移给购货方，不符合收入确认条件，不能确认收入的实现。

企业采用委托代销方式销售商品产品，应在收到代销单位转来的代销清单时，确认收入的实现，并同时结转已销部分商品产品的成本。向受托代销单位发运商品产品时，借记"发出商品"或"委托代销商品"账户，贷记"库存商品"账户；按照《增值税暂行条例》的规定，委托代销商品产品，应视同销售，即向代销单位发运商品产品时，纳税义务业已发生，应按开出的增值税专用发票上注明的增值税，借记"应收账款"账户，贷记"应交税费——应交增值税（销项税额）"账户；当收到代销单位转来的代销清单时，按已销商品产品的价款，借记"应收账款"账户，贷记"主营业务收入"账户；同时，结转已销部分商品产品的成本，借记"主营业务成本"账户，贷记"发出商品"或"委托代销商品"账户。

【例 11.5】2016 年 10 月，企业委托佳佳贸易公司代销#2 号产品一批。8 日，发出一批价值为 600 000 元的产品给佳佳贸易公司，开具的增值税专用发票上注明的价款为600 000 元，增值税为 102 000 元。该批产品成本为 480 000 元。10 月 20 日，收到佳佳贸易公司转来的代销清单，清单列明，已销售产品 200 000 元，并收到该公司转来的代销款项 234 000 元存入开户银行。有关会计处理如下：

（1）10 月 8 日，发出委托代销的产品时：

借：发出商品——佳佳贸易公司   480 000

    贷：库存商品——#2 产品   480 000

（2）同时，将增值税专用发票上的增值税转入应收账款：

借：应收账款——佳佳贸易公司   102 000

    贷：应交税费——应交增值税（销项税额）   102 000

（3）10 月 20 日，收到佳佳贸易公司转来的代销清单时：

借：应收账款——佳佳贸易公司   200 000

    贷：主营业务收入   200 000

同时，结转已销部分产品的成本 160 000 元：

借：主营业务成本   160 000

    贷：发出商品——佳佳贸易公司   160 000

（4）收到佳佳贸易公司交来的代销产品款时：

借：银行存款   234 000

    贷：应收账款——佳佳贸易公司   234 000

第二节　劳务收入的核算

劳务收入是指企业对外提供安装、修理修配等劳务取得的收入，包括安装费收入、修理修配服务收入、广告费收入、入场费收入、申请入会费和会员费收入、特许权费收入、定制软件收入，以及高尔夫球场果岭券收入等。

一、提供劳务收入的确认条件

企业提供劳务取得的收入，应分别下列情况分别予以确认：

（1）在同一会计年度内开始并完成的劳务，应在劳务完成时确认收入，即按完成合同法确认收入，确认的金额为合同或协议总金额，但已收或应收的合同或协议价款不公允的除外。确认方法可参照商品销售收入的确认原则。

（2）如劳务的开始和完成分属不同的会计年度，且在资产负债表日能对该项交易的结果做出可靠估计的，应按完工百分比法确认收入。完工百分比法，是指按照劳务的完成程度确认收入和费用的方法。

提供劳务的交易结果能否可靠估计，依据以下条件进行判断，如同时满足以下条件，则交易的结果能够可靠地估计：

①收入的金额能够可靠地计量。劳务收入一般根据双方签订的合同或协议注明的交易总金额确定。随着劳务的不断提供，可能会根据实际情况增加或减少交易总金额，且应及时调整合同总收入。

②相关的经济利益很可能流入企业。只有当与交易相关的经济利益很可能流入企业时，才能确认收入。企业可以从接受劳务方的信誉、以往的经验以及双方就结算方式和期限达成的协议等方面进行判断。

③交易的完工进度能够可靠地确定。企业确定提供劳务交易的完工进度，可以选用下列方法：其一，已完工作的测量。这是一种比较专业的测量法，由专业测量师对已完成的工作或工程进行测量，并按一定方法计算劳务的完成程度。其二，已经提供的劳务占应提供劳务总量的比例。这种方法主要以劳务量为标准，确定劳务的完成程度。其三，已经发生的成本占估计总成本的比例。

④交易中已发生和将发生的成本能够可靠地计量。劳务成本包括至资产负债表日已经发生的成本和完成劳务将要发生的成本。企业应建立完善的内部成本核算制度和有效的内部财务预算及报告制度，准确提供每期发生的成本，并对完成剩余劳务将要

发生的成本做出科学、可靠地估计，并随着劳务的不断提供或外部情况的不断变化，随时对估计的成本进行修订。

在采用完工百分比法确认收入时，收入和相关的成本应按下列公式计算：

$$\text{本期确认的收入} = \text{劳务总收入} \times \text{本期末止劳务的完成程度} - \text{以前期间已确认的收入}$$

$$\text{本期确认的成本} = \text{劳务总成本} \times \text{本期末止劳务的完成程度} - \text{以前期间已确认的成本}$$

（3）企业在资产负债表日，如不能可靠地估计提供劳务的交易结果，亦即不能满足上述4个条件中的任何一条，则不能按完工百分比法确认收入。这时应正确预计已经收回或将要收回的款项能弥补多少已经发生的成本，并按以下方法处理：

①如果已经发生的劳务成本预计能够得到补偿，应按已经发生的劳务成本金额确认收入；同时，按相同金额结转成本，不确认利润。

②如果已经发生的劳务成本预计不能全部得到补偿，应按能够得到补偿的劳务金额确认收入，并按已经发生的劳务成本结转成本。确认的收入金额小于已经发生的劳务成本的差额，确认为损失。

③如果已经发生的劳务成本全部不能得到补偿，则不确认收入，但应将已经发生的劳务成本确认为当期费用。

二、账户设置

企业为了核算提供劳务取得的收入和为此发生的成本，除了应设置"主营业务收入""主营业务成本""银行存款""应收账款"等账户外，还应增设"劳务成本"账户。

"劳务成本"账户，用来核算企业对外提供劳务所发生的成本。它属于成本类账户，其借方登记为提供劳务所发生的各项成本费用，贷方登记期末完工转出的劳务成本，余额通常在借方，表示尚未完工或尚未结转的劳务成本。该账户应按接受劳务的种类设置明细账，进行明细分类核算。

三、提供劳务收入的会计处理

企业对外提供劳务，按规定确认劳务收入时，按实际收到或应收的价款，借记"银行存款"或"应收账款"账户，贷记"主营业务收入"等账户；发生的各项劳务成本，借记"劳务成本"账户，贷记"银行存款""原材料""应付职工薪酬"等账户；结转已完工劳务成本时，借记"主营业务成本"账户，贷记"劳务成本"账户。

【例11.6】2016年8月4日，企业与深远公司签订一项设备维修服务协议，该维修业务系企业的主营业务之一。8月30日，该维修服务完成并经深远公司验收合格。同时，收到深远公司按协议支付的劳务款500 000元（含税）。为完成该项维修服务，发生维修人员工资120 000元（尚未支付）以及计提的职工福利费16 800元。有关会计处理如下：

（1）记录发生的劳务成本：

借：劳务成本——设备维修		136 800
贷：应付职工薪酬——工资		120 000
——职工福利		16 800

（2）确认劳务收入：

借：银行存款		500 000
贷：主营业务收入		427 350.43
应交税费——应交增值税（销项税额）		72 649.57

（3）结转劳务成本：

| 借：主营业务成本 | | 136 800 |
| 　　贷：劳务成本——设备维修 | | 136 800 |

【例11.7】2016 年 11 月 2 日，企业与黔江公司签订一项设备安装合同，该安装业务属于企业的主营业务之一。该设备安装期为两个月，合同总价款为 300 000 元（含税），分两次收取，第一个月收取 100 000 元；安装工程完成日收取剩余价款。11 月 30 日收到第一笔价款 100 000 元，并存入开户银行。至 11 月末，已实际发生安装人员工资 110 000 元，计提安装人员福利费 15 400 元。12 月 23 日，该设备安装完工并经黔江公司验收合格。同时收到黔江公司支付的剩余价款 200 000 元，并存入开户银行。12 月份发生安装成本 79 800 元，其中，安装人员工资 70 000 元，计提的安装人员福利费 9 800 元。有关会计处理如下：

（1）11 月 30 日，收到第一笔价款时：

| 借：银行存款 | | 100 000 |
| 　　贷：预收账款——黔江公司 | | 100 000 |

（2）记录 11 月份的安装成本：

借：劳务成本——设备安装		125 400
贷：应付职工薪酬——工资		110 000
——职工福利		15 400

（3）记录 12 月份的安装成本：

借：劳务成本——设备安装		79 800
贷：应付职工薪酬——工资		70 000
——职工福利		9 800

（4）12 月 23 日，收到剩余款项时，确认收入：

借：银行存款		200 000
预收账款——黔江公司		100 000
贷：主营业务收入		256 410.26
应交税费——应交增值税（销项税额）		43 589.74

（5）结转劳务成本：

| 借：主营业务成本 | | 205 200 |
| 　　贷：劳务成本——设备维修 | | 205 200 |

第三节　坏账损失的确认及核算

一、坏账损失的含义

企业通过赊销等原因形成的应收款项，从发生之日起，客观上就存在收不回来的可能性。企业无法收回或收回可能性很小的应收款项，会计上称为坏账。由于发生坏账而产生的损失，称为坏账损失。

为了防范和减少发生坏账给企业带来的损失，企业应当加强应收款项的管理，建立健全应收账款收账政策、账龄分析制度和备用金制度。

企业应当定期或者至少每年年度终了，对应收款项进行减值测试，分析各项应收款项的可收回性，预计可能发生的坏账损失。对可能发生的坏账损失，计提坏账准备。企业计提坏账准备的方法由企业自行确定。企业应当制定计提坏账准备的政策，明确计提坏账准备的范围、提取方法、账龄的划分和提取比例，按照法律、行政法规的规定报有关各方备案，并置于企业所在地。坏账准备的计提方法一经确定，不得随意变更。如需变更，应当在会计报表附注中予以说明。在确定坏账准备的计提比例时，企业应当根据以往的经验、债务单位的实际财务状况和现金流量等相关信息予以合理估计。

二、坏账损失的确认条件

（一）坏账损失确认的条件

企业确认坏账时，应遵循财务报告的目标和会计信息质量特征的要求，具体分析各项应收款项的特性、金额的大小、信用期限、债务人的信誉和当时的经营情况等因素。一般来说，企业的应收款项符合下列条件之一的，应确认为坏账：

（1）债务人死亡，以其遗产清偿后仍然无法收回的金额；

（2）债务人破产，以其破产财产清偿后仍然无法收回的金额；

（3）债务人较长时期内未履行其偿债义务，并有足够证据表明无法收回或收回的可能性极小的应收款项。会计实务中，债务人逾期未履行偿债义务超过 3 年的应收款项，应当确认为坏账。

（二）计提坏账准备的范围

根据《企业会计准则 22 号——金融工具确认与计量》中关于金融资产减值的相关规定，下列应收款项应当计提坏账准备：

（1）应收账款；

（2）其他应收款。

企业的预付账款，如有确凿证据表明其不符合预付账款性质，或者因供货单位破产、撤销等原因已无望再收到所购货物的，应当将原计入预付账款的金额转入其他应收款，并按规定计提坏账准备。

企业持有的到期应收票据，如有确凿证据证明不能够收回或收回的可能性不大时，应将其账面余额转入应收账款，并计提相应的坏账准备。

（三）不能全额计提坏账准备的应收款项

根据金融资产减值的相关规定，除有确凿证据表明某项应收款项不能收回或收回的可能性不大外（如债务单位已撤销、破产、资不抵债、现金流量严重不足、发生严重的自然灾害等导致停产而在短期内无法偿付债务等，以及 3 年以上的应收账款），下列各种情况下不能全额计提坏账准备：

（1）当年发生的应收款项；

（2）计划对应收款项进行重组；

（3）与关联方发生的应收款项；

（4）其他已逾期，但无确凿证据表明不能收回的应收款项。

三、坏账损失的核算

（一）坏账损失的核算方法

坏账损失的核算方法有直接转销法和备抵法两种。其中，直接转销法是指在实际发生坏账时，确认坏账损失，计入当期损益，同时注销该笔应收款项的方法。备抵法是按期估计坏账损失，形成坏账准备，当某项应收款项全部或部分被确认为坏账时，再根据其金额冲减坏账准备，同时转销相应的应收款项的一种方法。

现行会计准则规定，企业应当采用备抵法核算坏账损失。

为了核算企业按期计提的坏账准备金额及其转销数，企业应设置"坏账准备"账户。该账户属于资产备抵账户，其贷方登记坏账准备的计提数，借方登记坏账准备的转销数，余额通常在贷方。该账户一般不需设置明细分类账户。

（二）估计坏账损失的方法

企业采用备抵法核算坏账损失，首先应按期计提坏账损失。估计坏账损失的方法主要有应收款项余额百分比法、账龄分析法和销货百分比法等。

1. 应收账款余额百分比法

应收账款余额百分比法，是根据会计期末应收款项的余额和估计的坏账损失率，估计坏账损失，计提坏账准备的方法。

2. 账龄分析法

账龄分析法，是根据应收款项账龄的长短来估计坏账损失的方法。账龄指的是顾客赊欠账款的时间。采用这种方法，企业利用账龄分析表所提供的信息，确定坏账准备金额。确定的方法按各类账龄分别估计其可能成为坏账的部分。

3. 销货百分比法

销货百分比法，是以赊销金额的一定百分比作为估计坏账损失的方法。企业可以根据过去的经验和有关资料，估计坏账损失与赊销金额之间的比率，也可以其他合理的方法进行估计。

（三）坏账损失的账务处理

企业坏账损失的核算，一般按下列程序进行会计处理：

（1）计算并计提坏账准备。坏账准备可按下列公式计算：

当期应提　　按当期应收款项　　当期确　　当期转　　"坏账准备"
取的坏账 ＝ 余额计算的坏账 ＋ 认的坏 － 回的坏 － 科目的期初
准备金额　　准备金额　　　　账损失　　账准备　　贷方余额

企业计提坏账准备时，如果按上式计算的"当期应提取的坏账准备金额"为正值，则按该金额提取坏账准备，借记"资产减值损失"账户，贷记"坏账准备"账户；如果为负值，则按该金额冲销已计提的坏账准备，借记"坏账准备"账户，贷记"资产减值损失"账户。

（2）实际发生坏账时，一方面冲减坏账准备金额，另一方面将该项已确认为坏账的应收款项核销，借记"坏账准备"账户，贷记"应收账款"或"其他应收款"账户。

（3）已确认为坏账并已核销的应收款项以后又收回时，应同时做两笔分录：按收回的金额，借记"应收账款"或"其他应收款"账户，贷记"坏账准备"账户；同时，借记"银行存款"账户，贷记"应收账款"或"其他应收款"账户。也可以直接借记"银行存款"账户，贷记"坏账准备"账户。

【例11.8】企业采用应收款项余额百分比法计提坏账准备，核算坏账损失，坏账准备的提取比例为5‰。2013年12月31日，企业"坏账准备"账户的余额为贷方6 000元。2014年12月31日，应收账款年末余额为1 440 000元；2015年6月应收嘉兴公司货款18 000元已逾期3年，该公司处于半停产状态，财务状况极差，已无法收回，确认为坏账；2015年12月31日，应收账款年末余额为1 000 000元；2016年4月客户宏泰公司破产，清偿部分欠款后，尚有2 400元无法收回，确认为坏账；同年9月，接客户嘉兴公司通知，公司经过财务重整，财务状况大大改善，准备于近期偿还前欠的购货款18 000元，12日收到公司开来的转账支票一张，金额为18 000元，企业已将其送存开户银行；2016年12月31日，应收账款的年末余额为1 500 000元。有关计算及其会计处理如下：

（1）2014年末计提坏账准备：

应计提的坏账准备 ＝ 1 440 000 × 5‰ － 6 000 ＝ 1 200（元）

借：资产减值损失——坏账费用　　　　　　　　　　　　　　　1 200
　　贷：坏账准备　　　　　　　　　　　　　　　　　　　　　　　1 200

（2）2015年6月确认应收嘉兴公司的款项为坏账：

借：坏账准备　　　　　　　　　　　　　　　　　　　　　　　18 000
　　贷：应收账款——嘉兴公司　　　　　　　　　　　　　　　　18 000

（3）2015年末计提坏账准备：

应计提的坏账准备 ＝ 1 000 000 × 5‰ ＋ 18 000 － 7 200 ＝ 15 800（元）

借：资产减值损失——坏账费用　　　　　　　　　　　　　　　15 800

　　贷：坏账准备　　　　　　　　　　　　　　　　　　　　15 800

　　（4）2016年4月确认应收宏泰公司的部分款项为坏账：

　　借：坏账准备　　　　　　　　　　　　　　　　　　　　2 400

　　　　贷：应收账款——宏泰公司　　　　　　　　　　　　　2 400

　　（5）2016年9月12日收到嘉兴公司支付的前欠购货款时：

　　借：银行存款　　　　　　　　　　　　　　　　　　　　18 000

　　　　贷：坏账准备　　　　　　　　　　　　　　　　　　　18 000

　　或者，同时做下列两笔分录：

　　①借：应收账款——嘉兴公司　　　　　　　　　　　　　18 000

　　　　贷：坏账准备　　　　　　　　　　　　　　　　　　　18 000

　　②借：银行存款　　　　　　　　　　　　　　　　　　　18 000

　　　　贷：应收账款——嘉兴公司　　　　　　　　　　　　　18 000

　　（6）2016年末计提坏账准备：

　　应计提的坏账准备 = 1 500 000×5‰ + 2 400 - 18 000 - 5 000

　　　　　　　　　　= - 13 100（元）

　　借：坏账准备　　　　　　　　　　　　　　　　　　　　13 100

　　　　贷：资产减值损失——坏账费用　　　　　　　　　　　13 100

　　注：应区分"应计提的坏账准备金额"和"坏账准备的余额"两个概念。前者指某一会计期末应当计提的坏账准备金额，它应当考虑"坏账准备"账户的期初余额及本期转销或转回的数额，按上述公式计算确定；而后者则是某一会计期末"坏账准备"账户的应有余额，它等于期末应收款项的余额乘以坏账损失的提取比例。比如，2014年末"坏账准备"账户的余额应为7 200元（1 440 000×5‰）；2015年末"坏账准备"账户的余额为5 000元（1 000 000×5‰）；2016年末"坏账准备"账户的余额为7 500元（1 500 000×5‰）。

练 习 题

一、名词解释

1. 分期收款销售　　2. 坏账损失　　3. 备抵法

4. 直接转销法　　5. 应收账款余额百分比法

6. 账龄分析法　　7. 销货百分比法

二、判断题

1. 通常情况下，商品所有权上的主要报酬和风险随所有权凭证的转移而转移。

　　　　　　　　　　　　　　　　　　　　　　　　　　（　　）

2. 企业确认收入后，所有发生销售退回的，均应冲减退回当月的销售收入，并冲减当月销售成本。

　　　　　　　　　　　　　　　　　　　　　　　　　　（　　）

3. 在"提货制"结算方式下，企业已将增值税专用发票和提货单交给购货方，但

购货方尚未提走货物的，销货方仍应确认收入的实现。　　　　　　　　　　（　　　）

4. 在"提货制"结算方式下，企业已将增值税专用发票和提货单交给购货方，但购货方尚未提走的货物，仍属于销售方企业的存货。　　　　　　　　　　（　　　）

5. 企业采用委托代销方式销售商品，应在商品发出时确认营业收入。　　（　　　）

6. 在委托其他单位代销本企业商品情况下，委托方应在收到受托方提供的增值税发票时确认收入。　　　　　　　　　　　　　　　　　　　　　　　　　（　　　）

三、选择题

1. 商品销售收入的确认原则包括（　　　）。

　　A. 企业已将商品所有权上的主要风险和报酬转移给购货方

　　B. 企业既没有保留通常与所有权相联系的继续管理权，也没有对已售出的商品实施控制

　　C. 相关的经济利益很可能流入企业

　　D. 收入的金额能够可靠地计量

2. 以下应确认为企业收入的有（　　　）。

　　A. 出租商标使用权而收到的租金　　　　B. 售后回购情况下出售商品

　　C. 旅行社代客户购买的门票　　　　　　D. 让渡现金使用权而取得的利息收入

3. 下列属于企业收入的项目有（　　　）。

　　A. 因其他企业违约而收取的违约金　　　B. 代第三方收取的款项

　　C. 包装物出租收入　　　　　　　　　　D. 出售无形资产的净收入

4. 下列交易事项中，可以确认为销售收入的有（　　　）。

　　A. 需要安装和检验的商品销售，如果安装程序较简单，在商品发出时

　　B. 代销商品方式下，委托方在交付商品时

　　C. 分期收款销售方式下，商品交付时

　　D. 附有销售退回条件的商品销售，在退货期满时

5. 企业对外销售需要安装的商品时，若安装和检验属于销售合同的重要组成部分，则确认该商品销售收入的时间是（　　　）。

　　A. 发出商品时　　　　　　　　　　　　B. 收到商品销售货款时

　　C. 商品运抵并开始安装时　　　　　　　D. 商品安装完毕并检验合格时

6. 下列各项中，可以在商品销售（或发出）之前确认营业收入的是（　　　）。

　　A. 预收货款销售　　　　　　　　　　　B. 代销商品销售

　　C. 分期收款销售　　　　　　　　　　　D. 长期建造工程销售

7. "预收账款"账户属于（　　　）账户。

　　A. 资产类　　　　　　　　　　　　　　B. 负债类

　　C. 所有者权益类　　　　　　　　　　　D. 费用类

8. 企业对外销售商品时，若销售的商品在质量等方面不符合合同规定的要求，买方要求进行弥补，否则将退款，则确认该商品销售收入的时点（　　　）。

　　A. 发出商品时　　　　　　　　　　　　B. 按买方要求进行弥补时

  C. 收到商品销售货款时　　　　　　　　D. 开出销售发票账单时

  9. 若企业销售的商品不符合商品销售收入的确认标准和条件，则企业发出商品时应做的会计分录是（　　）。

  A. 借：主营业务成本　　　　　　　　　B. 借：发出商品

  C. 借：分期收款发出商品　　　　　　　D. 贷：库存商品

  10. 下列情形发生时，应确认为坏账损失的是（　　）。

  A. 债务人死亡，以其遗产清偿后仍然无法收回的应收款项

  B. 债务人破产，以其破产财产清偿后仍然无法收回的应收款项

  C. 债务人较长时期内未履行其偿债义务，并有足够证据表明无法收回或收回的可能性极小的应收款项

  D. 拟进行债务重组的应收款项

  11. 坏账损失的核算方法有（　　）。

  A. 应收账款余额百分比法　　　　　　　B. 备抵法

  C. 直接转销法　　　　　　　　　　　　D. 账龄分析法

  12. 某企业采用账龄分析法计提坏账准备。期初坏账准备的余额为 10 万元，本期需要按照 2% 比例计提坏账准备的应收账款 100 万元，本期需要按照 4% 比例计提坏账准备的应收账款 150 万元，本期发生坏账损失 2 万元，则本期应计提坏账准备的金额为（　　）万元。

  A. -4　　　　　　　　　　　　　　　　B. 0

  C. 10　　　　　　　　　　　　　　　　D. 8

四、业务题

  1. 某一般纳税工业企业采用提货制结算方式销售一批产品给甲企业，已收到货款 58 500 元并存入开户银行，企业已将增值税专用发票（发票注明价款为 50 000 元，增值税为 5 800 元）和提货单交给甲企业。该批产品的成本为 45 000 元。

  要求：编制确认商品销售收入和结转成本的会计分录。

  2. 2016 年 7 月某一般纳税工业企业销售一批产品给 B 企业，采用预收货款结算方式。5 日，预收 B 企业货款 600 000 元。28 日，按合同约定，发出产品给 B 企业，开出的增值税专用发票上注明的价款为 500 000 元，增值税 85 000 元。该批产品的成本为 380 000 元。30 日结算货款，收到 B 企业补付的货款 15 000 元。

  要求：（1）编制预收货款时的会计分录；

  （2）发出商品时的会计分录；

  （3）编制结转销售商品成本时的会计分录；

  （4）编制收到补付货款时的会计分录。

  3. 某一般纳税工业企业委托 C 公司代销其产品。1 日，发出一批价值为 100 000 元的产品给 C 公司，该批产品成本为 80 000 元。20 日，收到 C 公司转来的代销清单，清单列明，已销售产品 40 000 元，开具增值税专用发票，价款 40 000 元，增值税 6 800 元，并收到该公司转来的代销款项 46 800 元存入开户银行。

要求：（1）编制发出商品的会计分录；

（2）编制收到代销清单时确认销售收入的会计分录；

（3）编制结转已销商品的成本的会计分录。

4. 某公司 2015 年成立并开始采用应收账款余额百分比法计提坏账准备，计提比率为 2%。2015 年末应收账款余额为 500 万元；2016 年 2 月确认坏账损失 10 万元，2016 年 11 月收回已作为坏账损失处理的应收账款 2 万元，2016 年末应收账款余额为 400 万元。

要求：（1）计算该公司 2016 年末"坏账准备"账户的余额；

（2）计算该公司 2016 年应提取坏账准备的金额；

（3）编制相关会计分录。

第十二章　利润实现及分配业务核算

第一节　利润的概念及构成

一、利润的概念

利润是一个比较宽泛的概念，有不同的内涵和外延，通常指企业在一定会计期间实现的净收益总和。在不确指的情况下，利润有多种概念，如利润总额、净利润、息税前利润等。在财务会计上，多采用利润总额和净利润概念，而在管理会计中还会用到息税前利润的概念。

利润总额（Gross Profit）是企业在一定会计期间内所有业务活动实现的净收益，既包括企业在经营活动中实现的经营收益，又包括在经营业务活动外实现的非经营收益，如计入当期利润的利得等。

净利润（Net Profit）是企业在一定会计期间实现的利润总额扣除当期的所得税费用后的净额。净利润构成企业股东权益的增加，作为生产积累资金可用于企业扩大再生产；是企业利润分配的源泉，可用于向投资者分配利润等。

息税前利润（Earnings Before Interest and Tax，简记为EBIT），是指企业在一定会计期间实现的扣除利息和所得税费用前的利润。从管理会计角度，股东投入的资本要求的是利润，而债权人借入的资本要求的是利息，因此企业利用股东权益资金和借入款项形成的总资产所要求的应为利润和利息之和，即息税前利润。可见，息税前利润与利润总额、净利润之间的换算关系为：

息税前利润 = 利润总额 + 利息费用

　　　　　= 净利润 + 所得税费用 + 利息费用

二、利润总额的构成

利润总额由营业利润和营业外收支净额两部分构成。

营业利润是企业在销售商品、提供劳务等日常活动中所获得的利润。用数学式子表达为：

营业利润 = 营业收入 - 营业成本 - 税金及附加 - 销售费用 - 管理费用 - 财务费用 - 资产减值损失 ± 公允价值变动净损益 ± 投资净损益

其中：

营业收入 = 主营业务收入 + 其他业务收入

营业成本＝主营业务成本＋其他业务成本

营业外收支净额是企业在生产经营活动之外取得的营业外收入减去营业外支出后的余额。因此有：

利润总额＝营业利润＋（营业外收入－营业外支出）

第二节　其他业务收支及投资收益的核算

一、其他业务收支的核算

（一）其他业务收支核算的内容

其他业务收入是指企业在除主营业务活动以外的营业活动，即兼营业务活动中实现的收入。比如，出售多余积压材料的销售收入、随同产品出售并单独计价的包装物的销售收入、出租固定资产和包装物的租金收入、零星杂项销售收入等。

其他业务成本是指企业在取得其他业务收入的过程中发生的各项业务成本。比如，已销材料和包装物的成本、出租包装物的价值摊销、出租固定资产应提取的折旧额等。

（二）账户设置

为了核算企业在其他业务活动中取得的其他业务收入和发生的有关成本费用，企业应当设置"其他业务收入""其他业务成本"等账户。

1. "其他业务收入"账户

该账户属于收入收益类账户，其贷方登记实现的其他业务收入，借方登记期末结转入"本年利润"账户的数额。期末结账后，该账户一般无期末余额。通常，该账户应按其他业务收入的项目内容设置多栏式明细账，进行明细分类核算。

2. "其他业务成本"账户

该账户属于营业成本类账户，其借方登记为取得其他业务收入所发生的各项成本、费用，贷方登记期末结转入"本年利润"账户的数额。期末结账后，该账户一般无期末余额。通常，该账户应按其他业务成本的项目内容设置多栏式明细账，进行明细分类核算。

除此之外，企业还应设置相应的其他账户，如"累计折旧""应交税费""银行存款""应收账款""其他应付款"等账户。

（三）其他业务收支的会计处理

企业出售多余积压的材料、随同产品出售并单独计价的包装物，应比照商品销售收入的确认原则，按规定确认销售收入时，借记"银行存款""应收账款"等账户；贷记"其他业务收入""应交税费——应交增值税（销项税额）"等账户。结转已销材料、包装物的成本时，借记"其他业务成本"账户；贷记"原材料""周转材料""材料成本差异"等账户。

企业出租固定资产和包装物取得的租金收入，应于收到或实现时，借记"银行存款""其他应付款"等账户；贷记"其他业务收入"账户。摊销出租包装物成本时，借记"其他业务成本"账户；贷记"周转材料"账户。按期计提出租固定资产折旧时，借记"其他业务成本"账户；贷记"累计折旧"账户。

需要注意的是，企业收到承租单位交来的固定资产或包装物押金，以及预收的租金，应记入"其他应付款"账户。于收到时，借记"银行存款"账户，贷记"其他应付款"账户。

【例12.1】2016年10月4日，企业采用委托收款方式出售多余积压的乙材料24吨给贵宝公司，每吨作价500元。开出的增值税专用发票上注明的价款为12 000元，增值税为2 040元。企业已凭增值税专用发票和货运凭证办妥托收手续。该批材料的实际成本为9 600元。有关会计处理如下：

办妥托收手续时，确认收入：

借：应收账款——贵宝公司	14 040	
贷：其他业务收入		12 000
应交税费——应交增值税（销项税额）		2 040

同时，结转已销材料的成本：

借：其他业务成本	9 600	
贷：原材料——乙材料		9 600

【例12.2】2016年10月18日，企业销售#2产品1 500件给红塔公司，每件售价120元，单位成本为60元。同时随同产品出售包装箱15个，这批包装箱单独计价，每个售价为100元，单位成本为80元。产品和包装物的增值税税率均为17%。开出的增值税专用发票上注明的价款合计为181 500元，增值税为30 855元。企业收到一张红塔公司签发并经其开户银行承兑的银行承兑汇票，票面金额为212 355元。有关会计处理如下：

确认产品和包装物销售收入：

借：应收票据	212 355	
贷：主营业务收入		180 000
其他业务收入		1 500
应交税费——应交增值税（销项税额）		30 855

结转已销产品成本：

借：主营业务成本	90 000	
贷：库存商品——#2产品		90 000

结转已销包装物成本：

借：其他业务成本	1 200	
贷：周转材料——包装物		1 200

【例12.3】2016年10月，企业将一台闲置不用的设备出租给盘龙公司，合同约定租期为1年，每月月初收取租金2 000元。租赁期间，每月计提该固定资产折旧280元。10月2日，收到盘龙公司交来押金20 000元、首月租金2 000元，共计22 000元存入开户银行。有关会计处理如下：

10月2日，收到押金和首月租金时：

借：银行存款　　　　　　　　　　　　　　　　　　22 000
　　贷：其他业务收入　　　　　　　　　　　　　　　　2 000
　　　　其他应付款——存入保证金　　　　　　　　　20 000
每月计提该固定资产折旧时：
借：其他业务成本　　　　　　　　　　　　　　　　　　280
　　贷：累计折旧　　　　　　　　　　　　　　　　　　280

二、投资收益的核算

企业对外投资，如持有交易性金融资产、持有至到期投资、可供出售金融资产以及长期股权投资等，会由于资产价值变动获得投资收益或者发生投资损失。其中，投资收益是指企业因从事各项对外投资活动取得的收入大于其成本的差额；投资损失是指企业从事各项对外投资业务取得的收入小于其成本的差额。

为了核算企业对外投资活动的损益情况，应设置"投资收益"账户。该账户属于收入收益类账户，其贷方登记应予确认的投资收益，借方登记发生的投资损失，以及期末结转入"本年利润"账户的数额。期末结账后，该账户一般无期末余额。

【例12.4】企业于2016年8月5日用银行存款50 000元购入A股票，确认为交易性金融资产。10月15日企业将持有的A股票全部出售，收取价款56 000元。有关会计处理如下：

8月5日购入A股票时：
借：交易性金融资产　　　　　　　　　　　　　　　50 000
　　贷：银行存款　　　　　　　　　　　　　　　　50 000
10月15日出售A股票时：
借：银行存款　　　　　　　　　　　　　　　　　　56 000
　　贷：交易性金融资产　　　　　　　　　　　　　50 000
　　　　投资收益　　　　　　　　　　　　　　　　　6 000

第三节　营业外收支的核算

一、营业外收支核算的内容

营业外收入，是指企业取得的与日常活动没有直接关系的各项利得，主要包括非流动资产处置利得、非货币性资产交换利得、债务重组利得、政府补助利得[①]、罚没利

---

① 财政部修订发布的《企业会计准则第16号——政府补助》（财会〔2017〕15号），该项准则将影响政府补助利得的确认账户和财务报表的列报项目。新修订的政府补助准则，将政府补助区分为与资产相关的政府补助和与收益相关的政府补助，根据政府补助与企业日常活动的相关性，采用不同的会计处理方法。与企业日常活动相关的政府补助计入其他收益或直接冲减业务成本，并在利润表中"营业利润"项目之上以"其他收益"项目单独列示；与企业日常活动无关的政府补助，计入"营业外收入"，并在利润表中"营业外收入"项目中列示。该准则的实施将导致"营业外收入"

得、无法支付的应付款项、捐赠利得、盘盈利得等。

营业外支出，是指企业发生的与日常活动没有直接关系的各项损失，主要包括非流动资产处置损失、非货币性资产交换损失、债务重组损失、罚款支出、捐赠支出、非常损失、盘亏损失等。

二、账户设置

为了核算企业在营业活动之外取得的营业外收入和发生的营业外支出，企业应当设置"营业外收入""营业外支出"等账户。

1．"营业外收入"账户

该账户属于收入收益类账户，其贷方登记取得的各项营业外收入，借方登记期末结转入"本年利润"账户的数额。期末结账后，该账户一般无期末余额。通常，该账户应按营业外收入的项目内容设置多栏式明细账，进行明细分类核算。

2．"营业外支出"账户

该账户属于营业成本类账户，其借方登记发生的营业外支出或损失，贷方登记期末结转入"本年利润"账户的数额。期末结账后，该账户一般无期末余额。通常，该账户应按营业外支出的项目内容设置多栏式明细账，进行明细分类核算。

除此之外，企业还应设置相应的其他账户，如"固定资产清理""待处理财产损溢""其他应收款""银行存款""无形资产"等账户。

三、营业外收支的会计处理

企业固定资产出售、报废、毁损发生的清理净损益以及固定资产在财产清查中发现的盘盈盘亏净损益，已在第九章讲解，在此不再赘述。

企业出售无形资产，按实际取得的转让收入，借记"银行存款"账户，按无形资产的摊销金额，借"累计摊销"账户，按无形资产的账面价值，贷记"无形资产"账户，按应缴纳的相关税费，贷记"应交税费"等账户，按其差额，借记"营业外支出"账户，或者贷记"营业外收入"账户。

企业取得上述其他营业外收入时，借记"银行存款"等账户，贷记"营业外收入"账户；发生的上述其他营业外支出时，借记"营业外支出"账户，贷记"银行存款"等账户。

【例 12.5】2016 年 6 月，企业将拥有的一项专利权出售给麒麟公司，并按转让协议约定，将有关技术资料移交麒麟公司。6 月 12 日，收到转让收入 150 000 元和应收取增值税税额存入开户银行。根据《财政部 国家税务总局关于全面推开营业税改征增值税试点的通知 》（财税〔2016〕36 号) 对生活服务业营改增的税收指引，一般纳税人销售无形资产，按 6% 计征增值税。该项专利权的销售，应该收取的增值税税额为 9 000 元，已于 6 月 28 日缴纳。该项专利权的账面原值为 140 000 元，已累计摊销 20 000 元。有关会计处理如下：

借：银行存款   159 000

    累计摊销   20 000

　　　贷：无形资产——专利权　　　　　　　　　　　　　　　　　　140 000

　　　　　应交税费——应交增值税（销项税额）　　　　　　　　　　　9 000

　　　　　营业外收入——出售无形资产收益　　　　　　　　　　　　30 000

【例 12.6】2016 年 12 月，企业在一次环保突击抽查中，因排放的废液未达到规定指标要求，被责令限期整改，并罚款 5 000 元。企业按规定，开出一张转账支票缴纳罚款。有关会计处理为：

　　　借：营业外支出——罚款支出　　　　　　　　　　　　　　　　5 000

　　　　　贷：银行存款　　　　　　　　　　　　　　　　　　　　　　5 000

【例 12.7】2016 年 9 月，企业通过该市"希望工程基金会"向某贫困乡村捐款 450 000 元，用于建造一所希望小学。有关会计处理为：

　　　借：营业外支出——捐赠支出　　　　　　　　　　　　　　　450 000

　　　　　贷：银行存款　　　　　　　　　　　　　　　　　　　　　450 000

第四节　所得税费用的核算

　　企业会计准则与所得税税法基于不同的目的、遵循不同的原则分别制定，两者在资产与负债的计量标准、收入与费用的确认原则等诸多方面存在分歧，导致企业在一定期间按会计准则确认的会计利润与按所得税法计算的应纳税所得额存在差异。这种差异按其性质可以分为永久性差异和暂时性差异。永久性差异是指某一会计期间，由于会计准则与税法在计算收益、费用或损失时的口径不同所产生的税前会计利润与应纳税所得额之间的差异。永久性差异的特点是在本期发生，以后期间不会转回。暂时性差异是指资产、负债的账面价值与其计税基础不同产生的差异，该差异会影响未来期间的应纳税所得额。暂时性差异的特点是发生于某一会计期间，但在以后某一期间或若干期内能够转回。

　　在所得税费用的确认上，由于永久性差异以后期间不会转回，一般根据税法计算应纳税所得额和适应的税率计算当期应交所得税，并确认为当期所得税费用。暂时性差异由于以后期间或若干期间能够转回，这种差异是否进行会计确认，产生了应付税款法和纳税影响会计法。应付税款法不确认暂时性差异对所得税费用的影响金额，按照当期计算的应交所得税确认当期所得税费用的方法。纳税影响会计法是确认暂时性差异对所得税费用的影响，按照当期应交所得税和暂时性差异对所得税影响金额的合计确认所得税费用的方法。暂时性差异在转回期可能遇到税率的变化，当税率变动是否调整递延所得税项目的金额，纳税影响会计法又可以分为递延法和债务法。若税率保持不变，两种方法没有差异。在债务法下，按照确定暂时性差异对未来所得税影响的目的的不同，又分为利润表债务法和资产负债表债务法。利润表债务法将暂时性差异对未来所得税的影响看成本期利润表中的所得税费用的一部分；资产负债表债务法从资产负债表出发，分析暂时性差异产生的原因及其性质，将其对未来所得税的影响分别确认为递延所得税资产和递延所得税负债，并在此基础上倒推出各期所得税费用的一种方法。资产负债表债务法下，利润表中的所得税费用的构成包括两部分：一是当期所得税费用，二是递延所得税费用。

总之，按企业会计准则确认的会计利润与按所得税法计算的应纳税所得额存在差异，按差异在未来期间是否转回，分为永久性差异和暂时性差异。永久性差异，根据税法计算当期应交所得税，并确认当期所得税费用，会计上不确认永久性差异。暂时性差异，所得税的会计处理方法包括应付税款法和纳税影响会计法，其中纳税影响会计法又有递延法和债务法之分，而债务法具体又分为利润表债务法和资产负债表债务法。我国现行企业会计准则只允许采用资产负债表债务法进行所得税的会计处理。

一、当期所得税的计算

当期所得税，是指企业按照税法规定计算的当期应交给税务部门的所得税金额，即应交所得税，它以适用的税收法规为基础计算确定。

按照我国现行《企业所得税法》的规定，企业应纳税所得额按以下公式计算：

应纳税所得额＝应税收入总额－准予扣除项目金额

应纳所得税额＝应纳税所得额×适用的所得税税率

其中应税收入总额包括：生产经营收入、财产转让收入、利息收入、租赁收入、特许权使用费收入、股息收入、其他收入等。

准予扣除项目包括：成本、费用、税金、损失等。

企业在确定当期所得税时，对于当期发生的交易或事项，存在会计处理与税收处理不同的，应在税前会计利润的基础上，将所得税法规定的收入、费用与企业计入税前会计利润的收入、费用之间的差异进行调整，确定应纳税所得额。例如，国债利息收入，企业会计核算中作为投资收益计入当期损益，而在计算应纳税所得额时，我国税法规定不确认为收益，不计缴所得税。又如，企业支付的违法经营罚款、税收滞纳金等，在会计核算上作为营业外支出，计入当期利润表，但根据税法的规定，不允许在所得税前扣除；企业超过所得税法规定的业务招待费标准的支出，在会计核算中作为费用抵减了税前会计利润，但是所得税法不允许将其在税前扣除。

二、递延所得税费用的计算

递延所得税，是指根据当期确认（或转回）的递延所得税负债和递延所得税资产的差额予以确认的金额。

（一）暂时性差异

暂时性差异，是指资产或负债的账面价值与其计税基础之间的差额；未作为资产和负债确认的项目，按照税法规定可以确定其计税基础的，该计税基础与其账面价值之间的差额也属于暂时性差异。

按照暂时性差异对未来期间应税金额的影响，分为应纳税暂时性差异和可抵扣暂时性差异。

应纳税暂时性差异，是指在确定未来收回资产或清偿负债期间的应纳税所得额时，将导致产生应税金额的暂时性差异。资产账面价值大于其计税基础或者负债的账面价值小于其计税基础，将产生应纳税暂时性差异。

可抵扣暂时性差异，是指在确定未来收回资产或清偿负债期间的应纳税所得额时，将导致产生可抵扣金额的暂时性差异。资产账面价值小于其计税基础或者负债的账面价值大于其计税基础，将产生可抵扣暂时性差异。

资产的计税基础，是指企业在收回资产账面价值的过程中，计算应纳税所得额时按照税法规定可以自应税经济利益中抵扣的金额。

负债的计税基础，是指负债的账面价值减去未来期间计算应纳税所得额时按照税法规定可予抵扣的金额。

【例 12.8】企业于 2015 年 12 月 15 日取得某项固定资产，原价为 100 万元，使用年限为 10 年，会计上采用平均年限法计提折旧，净残值为 0。假定税法规定该类固定资产采用双倍余额递减法计提折旧，净残值为 0。2016 年 12 月 31 日，该项固定资产的账面价值为 90 万元。则有：

2016 年 12 月 31 日该项固定资产的计税基础 = 100 - 100 × 20% = 80（万元）

应纳税暂时性差异 = 90 - 80 = 10（万元）

（二）递延所得税资产与递延所得税负债

递延所得税资产是指资产、负债的账面价值与其计税基础不同产生的可抵扣暂时性差异和现行税率计算确定的资产，它可以在未来期间抵扣税款。

递延所得税负债是指资产、负债的账面价值与其计税基础不同产生的应纳税暂时性差异和现行税率计算确定的负债，它在未来期间转为应纳税款。

递延所得税费用的确认按照企业会计准则规定是指递延所得税资产和递延所得税负债在期末应有金额相对于原已确认金额之间的差额，即递延所得税资产及递延所得税负债的当期发生额。用公式表示为：

递延所得税费用 = 当期递延所得税负债的增加 - 当期递延所得税负债的减少 + 当期递延所得税资产的减少 - 当期递延所得税资产的增加

三、所得税费用的会计处理

（一）账户设置

为了核算企业的所得税费用，企业应当设置"所得税费用""递延所得税资产""递延所得税负债"等账户。

1. "所得税费用"账户

该账户属于营业成本类账户，其借方登记根据会计准则确认的应从当期利润总额中扣除的所得税费用；贷方登记期末结转入"本年利润"账户的数额。期末结账后，该账户一般无期末余额。通常，该账户应设置当期所得税费用和递延所得税费用两个明细科目进行明细核算。

2. "递延所得税资产"账户

该账户属于资产类账户，其借方登记根据会计准则确认的可抵扣暂时性差异产生的所得税资产；贷方登记未来期间抵扣应纳税款的金额。期末余额通常在借方，表示企业确认的递延所得税资产。该账户应按可抵扣暂时性差异的项目进行明细核算。

3．"递延所得税负债"账户

该账户属于负债类账户，其贷方登记根据会计准则确认的应纳税暂时性差异产生的所得税负债；借方登记未来期间转为应纳税款的金额。期末余额通常在贷方，表示企业确认的递延所得税负债。该账户应按应纳税暂时性差异的项目进行明细核算。

此外，企业还应相应地设置"应交税费"等账户。"应交税费——应交所得税"账户核算企业按税法规定计算应缴的所得税。

（二）所得税费用的会计处理

企业于期末（通常为年末）计缴所得税时，按本期应纳所得税额，借记"所得税费用——当期所得税费用"科目，贷记"应交税费——应交所得税"科目。

企业确认递延所得税资产时，当期末递延所得税资产大于期初递延所得税资产的差额，应确认为递延所得税收益，同时冲减所得税费用，借记"递延所得税资产"，贷记"所得税费用——递延所得税费用"；转回时，做相反的会计分录。

企业确认递延所得税负债时，当期末递延所得税负债大于期初递延所得税负债的差额，应确认为递延所得税费用，借记"所得税费用——递延所得税费用"，贷记"递延所得税资产"；转回时，做相反的会计分录。

【例 12.9】2016 年 12 月 31 日，裕华股份有限公司有关会计资料如下：全年利润总额为 245 600 000 元（见例 12.11），实际发生招待费为 62 759 090 元，采用双倍余额递减法计提的固定资产折旧额为 97 950 000 元。2016 年企业经税务机关核定准许税前扣除的招待费为 6 000 000 元，企业固定资产按照税法规定采用直线法核算，本年应提折旧额为 65 400 000 元。企业适用的所得税率为 25%。有关会计处理如下：

应纳税所得额 = 245 600 000 + (62 759 090 - 6 000 000) + (97 950 000 - 65 400 000) = 334 909 090（元）

应纳所得税额 = 334 909 090 × 25% = 83 727 272.50（元）

借：所得税费用——当期所得税费用　　　　　　　　　　83 727 272.5
　　贷：应交税费——应交所得税　　　　　　　　　　　　83 727 272.5

【例 12.10】沿用例 12.8 的资料，假定该公司 2016 年初没用递延所得税负债，各年所得税税率均为 25%，且无其他差异。该公司 2015 年末，有关会计处理如下：

期末应纳税暂时性差异 = 100 000（元）

递延所得税负债 = 100 000 × 25% = 25 000（元）

递延所得税费用 = 25 000（元）

借：所得税费用——递延所得税费用　　　　　　　　　　25 000
　　贷：递延所得税负债　　　　　　　　　　　　　　　　25 000

第五节 利润及利润分配的核算

一、利润计算与结转的基本程序

（一）结清损益类账户

企业每一会计期末（如月末、年度末），在全部经济业务（包括跨期摊提费用的摊销、计提等）都登记入账的基础上，应按规定结记每一账户的本期发生额和期末余额。然后，将有关收入收益类、营业成本类账户的本期发生额全额结转入"本年利润"账户，使这些损益类账户的余额变为零，这一程序会计上称之为"结清"或"结平"。

（二）计算并结转所得税费用

企业在期末（通常为年末）计算出利润总额后，应按上一节的有关内容计算企业应纳所得税额及所得税费用，并将本期所得税费用（即"所得税费用"科目的本期借方发生额）结转入"本年利润"账户。

（三）计算并结转净利润

企业实现的利润总额减去本期所得税费用的差额，即为企业净利润。企业实现的净利润，应于期末（通常为年末）结转入"利润分配"账户，然后再按《公司法》、公司章程等的有关规定进行利润分配。

二、利润分配的内容

（一）利润分配的项目

按照我国《公司法》的规定，企业利润分配的项目包括以下部分：

1. 盈余公积金

盈余公积金从净利润中提取，用于弥补企业亏损、扩大生产经营或者转增资本金。盈余公积金分为法定盈余公积金和任意盈余公积金。法定盈余公积金按当年实现净利润的10%的比例提取，当提取的法定盈余公积金达到公司注册资本的50%时，可不再继续提取。任意盈余公积金由股东大会根据需要决定提取。

2. 股利（向投资者分配的利润）

企业向股东或投资者分配利润或支付股利，应在提取法定盈余公积金、任意盈余公积金之后。企业原则上应从累计盈利中分配利润或支付股利，无盈利不得支付股利，即所谓"无利不分"。但若企业用盈余公积弥补亏损后，为维护其股票信誉，经股东大会特别决议，也可用盈余公积金支付股利，但支付股利后留存的法定盈余公积金不得低于企业注册资本的25%。

（二）利润分配的顺序

企业分配利润，应按一定的程序进行。我国《公司法》规定，利润分配按下列顺序进行：

（1）计算可供分配的利润。企业本期实现的净利润加上年初未分配利润，即为可供分配的利润。如果可供分配的利润为负数（未弥补亏损），则不能进行后续分配；如果可供分配的利润为正数（即累计盈利），则进行后续分配。

（2）计提法定盈余公积金。企业提取法定盈余公积金的基数，不是可供分配的利润，也不是本期实现的净利润，应是抵减年初未弥补亏损后的本年净利润。当且仅当不存在年初未弥补亏损的情况下，才能按本期实现的净利润计算提取盈余公积金。

（3）支付优先股股利。股份有限公司若发行有优先股，应在提取法定盈余公积金之后，提取任意盈余公积金之前，向优先股股东支付优先股股利。若不存在优先股，则进行后续分配。

（4）计提任意盈余公积金。任意盈余公积金的提取比例由股东大会决定。

（5）支付普通股股利。

企业股东大会或董事会违反上述规定，在弥补亏损和提取法定盈余公积金之前向股东或投资者分配利润的，必须将违反规定发放的利润退还企业。

三、利润及利润分配的会计处理

（一）账户设置

为了核算企业利润的计算、结转及其分配，企业应当设置"本年利润""利润分配""盈余公积""应付股利"等账户。

1. "本年利润"账户

"本年利润"账户核算企业实现的净利润，或发生的净亏损。该账户属于所有者权益类，也是财务成果计算的典型账户。其贷方登记期末从有关收入收益类账户结转入的本期发生额；借方登记期末从有关营业成本类账户结转入的本期发生额；期末贷方余额表示本期实现的净利润；借方余额表示本期发生的净亏损。年度终了，应将本年实现的净利润或发生的净亏损结转入"利润分配"账户，结账后，该账户无年末余额。

2. "利润分配"账户

"利润分配"账户核算企业利润的分配（或亏损的弥补）和历年分配（或弥补）后的积存余额。该账户属于所有者权益类，其贷方登记期末（通常为年末）从"本年利润"账户结转入的本年净利润数额；借方登记利润分配的数额，以及期末从"本年利润"账户结转入的本年净亏损数额。期末贷方余额表示未分配利润；借方余额表示未弥补的亏损。

3. "盈余公积"账户

"盈余公积"账户核算企业从净利润中提取的盈余公积金。该账户属于所有者权益类，其贷方登记提取的盈余公积金数额，包括法定盈余公积金、任意盈余公积金等；借方登记盈余公积金的转出数，如弥补亏损等。该账户余额通常在贷方，表示企业提取的盈余公积金余额。

（二）会计处理

企业于会计期末结转损益类科目本期发生额时，按本期取得的有关收入收益金额，借记"主营业务收入""其他业务收入""投资收益""营业外收入"等账户，贷记"本年利润"账户；按本期发生的有关营业成本金额，借记"本年利润"账户，贷记"主营业务成本""税金及附加""其他业务成本""销售费用""管理费用""财务费用""营业外支出"等账户。

通常，企业应于年末计算缴纳所得税，并将本期的所得税费用，结转入"本年利润"账户，借记"本年利润"账户，贷记"所得税费用"账户。

企业应于年末计算并结转净利润，按本期实现的净利润数额，借记"本年利润"账户，贷记"利润分配——未分配利润"账户。若为发生的净亏损，仍应将其结转入"利润分配"账户，借记"利润分配——未分配利润"账户，贷记"本年利润"账户。

若企业本期发生净亏损，不进行后续分配。若本期实现净利润，应按照法律、法规的规定进行利润分配。当企业提取盈余公积金、支付股东股利或利润时，借记"利润分配——提取盈余公积/支付股利"账户，贷记"盈余公积""应付股利"账户。同时，应将利润分配的各明细项目，转入"未分配利润"明细账户，借记"利润分配——未分配利润"账户，贷记"利润分配——提取盈余公积/应付股利"账户。

【例12.11】根据账簿资料，裕华股份有限公司2016年有关损益类科目的全年累计发生额如下：

账户名称	全年累计发生额	方向
主营业务收入	2 000 000 000	贷方
主营业务成本	1 381 800 000	借方
税金及附加	240 000 000	借方
其他业务收入	38 400 000	贷方
其他业务成本	14 720 000	借方
投资收益	16 000 000	贷方
销售费用	34 700 000	借方
管理费用	124 780 000	借方
财务费用	8 400 000	借方
营业外收入	8 000 000	贷方
营业外支出	12 400 000	借方

年末结账时，编制下列会计分录：

借：主营业务收入　　　　　　　　　　　　　　　　　2 000 000 000
　　其他业务收入　　　　　　　　　　　　　　　　　　　38 400 000
　　投资收益　　　　　　　　　　　　　　　　　　　　　16 000 000
　　营业外收入　　　　　　　　　　　　　　　　　　　　　8 000 000

贷：本年利润	2 062 400 000
借：本年利润	1 816 800 000
贷：主营业务成本	1 381 800 000
税金及附加	240 000 000
销售费用	34 700 000
管理费用	124 780 000
财务费用	8 400 000
其他业务成本	14 720 000
营业外支出	12 400 000

利润总额 = 2 062 400 000 - 1 816 800 000 = 245 600 000（元）

【例12.12】2016年企业应交所得税（所得税费用）为83 727 272.5元（见例12.9）。12月31日结转所得税，计算并结转净利润。有关会计处理如下：

（1）12月31日，结转所得税费用：

| 借：本年利润 | 83 727 272.5 |
| 贷：所得税费用 | 83 727 272.5 |

净利润 = 245 600 000 - 83 727 272.5 = 161 872 727.5（元）

（2）12月31日，结转净利润：

| 借：本年利润 | 161 872 727.5 |
| 贷：利润分配——未分配利润 | 161 872 727.5 |

【例12.13】2016年12月31日，企业召开董事会讨论并通过了如下年度利润分配方案：以当年净利润为分配基数，提取10%的法定盈余公积金；派发每股0.12元的现金股利（公司总股本为50 000万）。2017年3月20日，企业用银行存款实际发放股东股利。有关会计处如下：

（1）12月31日，企业按年度利润分配方案计算利润分配金额：

应提法定盈余公积金 = 161 872 727.5 × 10% = 16 187 272.75（元）

应付股东股利 = 500 000 000 × 0.12 = 60 000 000（元）

借：利润分配——提取法定盈余公积金	16 187 272.75
——应付股东股利	60 000 000
贷：盈余公积——法定盈余公积金	16 187 272.75
应付股利	60 000 000

（2）将利润分配各明细项目转入"未分配利润"明细科目：

借：利润分配——未分配利润	76 187 272.75
贷：利润分配——提取法定盈余公积金	16 187 272.75
——应付股东股利	60 000 000

（3）2017年3月20日，实际发放股东股利：

| 借：应付股利 | 60 000 000 |
| 贷：银行存款 | 60 000 000 |

练 习 题

一、名词解释

1. 息税前利润　　2. 利润总额　　3. 投资收益　　4. 暂时性差异

5. 可抵扣暂时性差异　　6. 应纳税暂时性差异

7. 应付税款法　　　　8. 资产负债表债务法

二、判断题

1. 工业加工企业出售多余积压的材料所取得的销售收入，应作为"主营业务收入"入账。（　　）

2. 企业收到出租固定资产、包装物的押金，应作为"其他业务收入"入账。（　　）

3. 企业计提经营租赁出租固定资产的折旧，应借记"其他业务成本"，贷记"累计折旧"账户。（　　）

4. 企业的捐赠、赞助支出应作为"营业外支出"入账。（　　）

5. 固定资产的账面价值即是固定资产的原价。（　　）

6. 企业本年利润结算后，"利润分配"账户除"未分配利润"二级账户以外，其他二级账户应无余额。（　　）

7. 资产负债表日，企业应对递延所得税负债的账面价值进行复核。（　　）

8. 企业的所得税费用就是企业当期应缴纳的所得税。（　　）

9. 递延所得税负债是企业确认的可抵扣暂时性差异产生的所得税负债。（　　）

10. "递延所得税资产"账户表示企业在未来期间可转回的应纳税款，具有资产性质，所以属于资产类账户。（　　）

三、选择题

1. "其他业务收入"账户核算的内容有（　　）。

　　A. 出售产成品　　　　　　　　　　B. 出售多余积压的原材料

　　C. 出租固定资产的租金收入　　　　D. 经营杂项的零星收入

2. 企业经营租赁出租的固定资产，按期计提的折旧，应借记"（　　）"账户。

　　A. 管理费用　　　　　　　　　　　B. 财务费用

　　C. 销售费用　　　　　　　　　　　D. 其他业务成本

3. 下列属于"营业外收入"账户核算内容的有（　　）。

　　A. 固定资产盘盈净收入　　　　　　B. 出售固定资产净收入

　　C. 教育费附加返还款　　　　　　　D. 因债权人原因无法偿付的应付账款

4. 下列各项中，属于"营业外支出"账户核算内容的有（　　）。

　　A. 固定资产出售损失　　　　　　　B. 无形资产出售损失

　　C. 坏账损失　　　　　　　　　　　D. 原材料非常损失

5. 下列各项中，不属于利润分配核算内容的是（　　）。

A. 用税前利润弥补以前年度亏损　　　　B. 提取盈余公积

C. 交纳所得税　　　　　　　　　　　　D. 向投资者分配利润

6. "本年利润"账户年末借方余额表示（　　）。

A. 全年实现税前利润　　　　　　　　　B. 全年实现税后利润

C. 全年发生亏损　　　　　　　　　　　D. 累计未弥补亏损

7. 某企业一项固定资产原价为 200 万元。会计规定按年限平均法计提折旧，折旧年限 8 年，无残值。税法规定按年限平均法计提折旧，折旧年限 5 年，无残值。该企业第一年末固定资产的计税基础及相应的暂时性差异分别为（　　）万元和（　　）万元。

A. 160；175　　　　　　　　　　　　B. 160；15

C. 200；15　　　　　　　　　　　　　D. 200；175

8. 某企业 2016 年利润总额为 4 000 000 元，其中包含国债利息收益 500 000 元，非公益性捐赠支出 150 000 元，业务招待费 200 000 元，该公司所得税税率为 25%。假设不存在其他纳税调整事项，该公司 2016 年应交所得税为（　　）。

A. 942 500　　　　　　　　　　　　B. 962 500

C. 100 000　　　　　　　　　　　　D. 106 750

9. 下列账户中，年末结账后有余额的账户是（　　）。

A. 本年利润　　　　　　　　　　　　　B. 利润分配

C. 主营业务收入　　　　　　　　　　　D. 主营业务成本

10. 企业进行利润分配的顺序是（　　）。

A. 计算可供分配的利润　　　　　　　　B. 计提法定盈余公积

C. 支付给股东的普通股股利　　　　　　D. 计提任意盈余公积

四、业务题

某股份有限公司（增值税一般纳税企业），2016 年 12 月份发生如下经济业务：

1. 销售产品，签发增值税专用发票，专用发票上注明的价格为 500 万元，增值税 85 万元，产品已发出，货款尚未收到。该批产品成本为 300 万元。

2. 销售产品，签发增值税专用发票，专用发票上注明的价格为 300 万元，增值税 51 万元，该批产品成本为 150 万元。购买方开出一张金额为 351 万元，利率为 10%，期限 6 个月的商业承兑汇票抵付货款。

3. 购进材料一批，取得增值税专用发票，发票上注明的价款为 400 万元，增值税为 68 万元，材料已验收入库。货款已开出转账支票支付。

4. 购进需安装的设备一台，价款 200 万元，增值税 34 万元，款项已付，同时用银行存款支付设备运杂费 0.72 万元。安装时发生安装人员工资 2.28 万元，已安装完工交付使用。

5. 收到购买方转来前欠货款 485 万元，存入银行。同时收到开户银行转来的存款利息 5 万元计息通知。

6. 年初从某银行收得一笔利率为 8%，期限 3 年，到期一次还本付息的长期借款 100 万元。另外为取得借款发生审计、咨询、担保费用 2 万元（已付）。年末计提全年应计入损益的借款利息。

7. 转让作为交易性金融资产的 A 公司股票，转让净收入 10 万元存入银行。该股票账面投资成本为 8 万元。

8. 计提固定资产折旧 40 万元，其中生产用固定资产应提折旧 30 万元，管理部门用固定资产应提折旧 10 万元。

9. 出售不需用固定资产，原值 100 万元，已提折旧 40 万元，出售价款 80 万元收存银行（该项收入涉及的增值税销项税额忽略不计）。清理过程中用银行存款支付货币性清理费用 2 万元，已清理完毕。

10. 出售多余积压的材料一批，签发增值税专用发票，发票上注明的价款 10 万元，增值税 1.7 万元，货款已收存银行。该批材料成本为 8 万元。

11. 分配工资总额 114 万元，其中产品生产工人工资 68.4 万元，车间管理人员工资 22.8 万元，行政人员工资 22.8 万元。提取现金，并实际发放工资（含前述安装人员工资 22.8 万元）。

12. 用银行存款支付本企业职工生活困难补助 10 万元以及产品展览、广告费 20 万元。

13. 按年末应收账款余额的 5‰计提坏账准备。假设该公司"应收账款"账户和"坏账准备"账户的年初余额为 0。

14. 结转损益类账户，计算利润总额。

15. 计算并结转所得税。（假定该企业与被投资企业均适用 25% 的所得税税率，且不存在其他纳税调整事项）

16. 计算并结转净利润。

17. 董事会提请批准的年度利润分配方案如下：提取 10% 的法定盈余公积金，20% 的任意盈余公积，分配 40% 的普通股现金股利。（假定不存在年初未弥补亏损）

18. 将利润分配有关明细科目转入"未分配利润"明细账户。

19. 用银行存款实际发放普通股现金股利。

要求：编制上列各项经济业务的会计分录。

第十三章　财务会计报告及其分析

第一节　财务会计报告的意义和作用

　　财务会计的基本目标之一是向企业外部使用者提供有助于其进行经济决策所需的财务信息。因此，这就要求企业定期进行财务呈报或者提供财务会计报告，为会计信息使用者的决策服务。

一、财务会计报告的含义

　　财务会计报告，是企业或其他单位向有关各方及国家有关部门提供反映其财务状况、经营成果和现金流量信息的书面文件。

　　财务会计报告以前一度与财务会计报表、会计报表、财务报告、会计报告等名词混用，相关法律对这一名词的使用也不尽一致。为了保证会计名词的一致，1999年第三次修订的《中华人民共和国会计法》（以下简称《会计法》）将原来使用的"会计报表"一词统一改为"财务会计报告"。这一修订，主要考虑以下因素：首先，"财务会计报告"的内涵比"会计报表"大，财务会计报告包括会计报表，用"财务会计报告"替代"会计报表"不会缩小单位应提供信息的范围；其次，根据我国现实情况，会计报表往往是与一些不能分割的其他组成部分（如会计报表附注）一并提供的，只提会计报表，容易引起误解；最后，"财务会计报告"与国际通用的说法财务会计报告（Financial Report，直译为"财务报告"）基本一样，便于与国外沟通。

二、财务会计报告的构成

　　《企业会计准则——基本准则》第四十四条规定："财务会计报告是指企业对外提供的反映企业某一特定日期的财务状况和某一会计期间的经营成果、现金流量等会计信息的文件。财务会计报告包括会计报表及其附注和其他应当在财务会计报告中披露的相关信息和资料。会计报表至少应当包括资产负债表、利润表、现金流量表等报表。"《企业会计准则第30号——财务报表列报》第二条规定："财务报表是对企业财务状况、经营成果和现金流量的结构性表述。财务报表至少应当包括下列组成部分：（一）资产负债表；（二）利润表；（三）现金流量表；（四）所有者权益（或股东权益，下同）变动表；（五）附注。"

　　由此可见，我国的财务会计报告体系主要包括会计报表和会计报表附注。

（一）会计报表

会计报表是财务会计报告的主要组成部分，它是根据会计账簿记录和有关资料，按照规定的报表格式，总括反映单位在一定期间的经济活动和财务收支情况及其结果的一种报告文件。企业会计报表主要包括资产负债表、利润表、现金流量表和所有者权益变动表。这些报表是相互联系的，它们从不同的角度说明企业的财务状况、经营业绩和现金流量情况。其中，资产负债表反映企业在某一特定日期的财务状况；利润表反映企业在一定会计期间的经营成果；现金流量表反映企业在一定会计期间的现金和现金等价物的流入和流出及净流量情况；所有者权益变动表反映企业在一定会计期间所有者权益各个项目的增减变动情况。

（二）会计报表附注

会计报表附注是对会计报表的补充说明，也是财务会计报告的重要组成部分。会计报表附注主要包括两项内容：一是对会计报表各要素的补充说明；二是对那些会计报表中无法描述的其他财务信息的补充说明。由于会计报表本身的局限性，使会计报表所提供的资料受到一定的限制。为了提供更详尽的会计资料，需要在会计报表附注中对会计报表的某些项目作进一步的补充说明。会计报表附注的内容一般包括：会计报表的编制基础；遵循企业会计准则的声明；重要会计政策、会计估计的说明；会计政策和会计估计变更以及差错更正的说明；对已在资产负债表、利润表、现金流量表和所有者权益变动表中列示的重要项目的进一步说明；或有和承诺事项、资产负债表日后非调整事项、关联方关系及其交易等需要说明的事项等。

我国现行的财务会计报告体系见表 13.1 所示：

表 13.1　　　　我国现行的财务会计报告体系

三、财务会计报告的作用

财务会计报告具有下列作用：

（一）帮助投资者和债权人进行合理决策

企业的资金来源主要有投资者投入和向债权人借入两种。无论是现实的或潜在的投资者和债权人，为了做出合理的投资或者信贷决策，必须拥有一定的信息以了解已投资或计划投资企业的财务状况、经营成果和现金流量。例如，投资者主要关心企业的经营业绩或获利能力，需要了解投资的风险及其报酬高低，或者是关心企业盈余和利润分配的信息。而债权人则要考虑企业的财务状况或偿债能力，以保证贷款的安全和可收回性。这些信息都属于财务信息，应通过财务会计报告来提供。

(二) 反映管理当局的受托责任的履行情况

现代企业所有权和经营权的分离，投资者投入的资源是由专职的管理当局加以控制和使用的，投资者和管理当局之间就形成了一种经济受托关系。为了保护自己的切身利益，投资者需要了解和评估管理当局的业绩及其对受托责任的履行情况，既要了解企业资源在期初期末的形态、数量和状况是否完好，又要对管理当局创造现金净流量的能力，以及现金流入来源、流出去向等进行评估。财务会计报告可以充分揭示关于企业在期末的财务状况和期间经营业绩的有关信息，从而可以反映管理当局的受托责任及其履行情况。也就是说，财务会计报告可以提供企业在某一期间的经营业绩的信息以及关于企业管理当局如何履行其对投资者的经管责任的信息。

(三) 评估和预测企业未来的现金流动

企业内外使用者对信息的需求主要是为了帮助未来的经济决策，因而要预测企业未来的经营活动。其中的主要内容侧重于财务预测，即预测有关企业的现金流量的金额、时间分布和不确定性，或者是预测企业能否产生足够的现金流入来偿付到期债务和经营活动的其他现金需要，再投资以及支付股利的能力。通常，预测经济前景应以过去的经营活动的信息为基础，即由财务会计报告所提供的关于企业过去财务状况和经营业绩的信息作为预测依据。

(四) 促进社会资源的最佳配置

在经济社会中，资源是有限的。各国都要考虑应如何充分有效地配置稀缺的资源。财务会计报告所提供的主要信息之一就是反映各个企业的盈利水平及其获利能力，从而有助于投资者、债权人和社会公众对不同企业的经营业绩和财务实力进行比较和预测，以便确定予以投资或贷款的企业或方向，其结果将促使社会资源流向高收益的行业或企业，达到最佳配置。

(五) 有助于政府宏观管理和经济稳定

企业是国民经济的微观组织，一国（或地区）经济的发展密切依赖于企业的持续健康发展。为了避免经济混乱和危机的危害，世界各国政府普遍采用宏观调控政策对经济进行干预和调控，甚至对某些方面予以管制，比如税收、证券流通、就业、社会保障等。财务会计报告可以提供这些干预和分配的信息，可以有助于缓和企业管理当局与职工、工会之间的关系。

第二节　资产负债表

一、资产负债表的概念和作用

（一）资产负债表的概念

资产负债表（Balance Sheet，简记为 B/S），是反映企业在某一特定日期财务状况的会计报表。它是根据资产、负债和所有者权益之间的关系，按照一定的分类标准和顺序，把企业特定时点的资产、负债和所有者权益各项目予以适当排列，并对日常工作中形成的大量数据进行高度浓缩整理后编制而成的。它表明企业在某一特定日期所拥有或控制的经济资源、所承担的现有义务和所有者对企业净资产的要求权。资产负债表编制的理论依据是"资产＝负债＋所有者权益"这一会计等式。

（二）资产负债表的作用

编制资产负债表，对外部的投资者、债权人、国家宏观经济管理部门，以及企业管理当局和员工等企业利益相关者，有着重要的意义，其作用可概括为以下几个方面：

（1）资产负债表可以反映企业某一日期的资产总额、负债总额以及结构，表明企业拥有和控制的经济资源以及未来需要用多少资产或劳务清偿债务。

（2）资产负债表可以反映所有者权益的情况，表明投资者在企业资产中享有的份额，了解所有者权益的构成情况。

（3）资产负债表能够提供进行财务分析的基本资料，如通过资产负债表可以计算流动比率、资产负债率等，以便分析评价企业的偿债能力。

二、资产负债表的结构

资产负债表有账户式和报告式两种结构。我国资产负债表主要按账户式反映，即资产负债表分为左方和右方，左方按资产流动性或变现能力排列，依次列示流动资产和非流动资产项目；右方列示负债和所有者权益，其中负债按偿还期长短依次列示流动负债和非流动负债。资产各项目的合计等于负债和所有者权益各项目的合计，也就是说，资产负债表的左方和右方应保持平衡。同时，资产负债表还提供期初数和期末数的比较资料，常常称为比较资产负债表，见表 13.2 所示。报告式资产负债表（又称为垂直式），按资产、负债、所有者权益的顺序依次垂直列示，其编制的理论依据是"资产－负债＝所有者权益"这一等式。目前，我国上市公司公布的会计报表（PDF 格式）即采用这种格式。

三、资产负债表的编制方法

我国现行的资产负债表包括"年初余额"和"期末余额"两栏。资产负债表的"年初余额"栏各项目数字，应根据上年末资产负债表的"期末余额"栏内所列数字填列。如果本年度资产负债表规定的各个项目的名称和内容与上年度不相一致，应对上年末资产负债表各项目的名称和数字按照本年度的规定进行调整，填入表中的"年初余额"栏内。资产负债表的"期末余额"栏通常按有关账户的期末余额填列或分析填列，具体填列方法如下：

1. 根据总账科目期末余额直接填列。

资产负债表的大多数项目都可直接根据总账科目的期末余额填列，如"应收票据""应收利息""短期借款""应付票据""应付职工薪酬""实收资本""资本公积"等。

2. 根据有关总账科目的期末余额计算分析填列。

资产负债表的某些项目需要根据若干个总账科目的期末余额计算填列，如：

（1）"货币资金"项目，应根据"库存现金""银行存款"和"其他货币资金"三个总账账户的期末余额合计填列。

（2）"存货"项目，应根据"原材料""材料采购""在途物资""周转材料""材料成本差异"（借"＋"贷"－"）、"库存商品""发出商品""生产成本"等总账账户的期末余额计算分析填列。

3. 根据总账科目所属有关明细科目的期末余额计算分析填列。

资产负债表的某些项目不能根据总账科目的期末余额，或若干个总账科目的期末余额计算填列，而需要根据有关总账科目所属的相关明细科目的期末余额计算填列，如：

（1）"应收账款"项目，应根据"应收账款""预收账款"两个总账账户所属有关明细科目的期末借方余额合计填列。

（2）"预收账款"项目，应根据"应收账款""预收账款"两个总账账户所属有关明细科目的期末贷方余额合计填列。

（3）"应付账款"项目，应根据"应付账款""预付账款"两个总账账户所属有关明细科目的期末贷方余额合计填列。

（4）"预付账款"项目，应根据"应付账款""预付账款"两个总账账户所属有关明细科目的期末借方余额合计填列。

4. 根据总账科目和明细科目余额分析计算填列。

资产负债表的某些项目不能根据有关总账科目的期末余额直接或计算填列，也不能根据有关总账科目所属相关明细科目的期末余额计算填列，而需要根据总账科目和明细科目余额分析计算填列，如：

（1）"持有至到期投资"项目，应根据"持有至到期投资"总账科目的期末余额扣除一年内到期的投资余额后的差额填列。一年内到期的投资余额，单独在流动资产项目下"一年内到期的非流动资产"栏填列。

（2）长期负债各项目（包括长期借款、应付债券等），按各长期负债的期末余额扣除将于一年内到期的金额后的差额填列。将于一年内到期的长期负债金额，单独在流动负债项目下"将于一年内到期的非流动负债"栏列示。

5. 根据总账科目余额减去其备抵项目后的净额填列。如"固定资产"项目，根据"固定资产"账户的期末余额减去"累计折旧"和"固定资产减值准备"账户余额后的净额填列。又如，"无形资产"项目，根据"无形资产"账户的期末余额减去"无形资产减值准备"账户余额后的净额填列。

四、资产负债表编制举例

【例13.1】裕华股份有限公司2016年12月31日，有关账户的期末余额如下。

要求：根据所列资料编制该公司的资产负债表（年初数见表中）。

（1）"库存现金"账户余额为3 000 000元；"银行存款"账户余额为20 000 000元；"其他货币资金"账户余额为10 000 000元。

（2）"交易性金融资产"账户余额为6 000 000元。

（3）"应收票据"账户余额为12 000 000元；"其他应收款"账户余额为1 500 000元。

（4）"应收账款"账户借方余额为3 700 000元，其明细分类资料为：A公司借方余额为8 000 000元；B公司贷方余额为4 300 000元。

（5）"应付账款"账户贷方余额为5 000 000元，其明细分类资料为：C公司贷方余额为9 000 000元；D公司借方余额为4 000 000元。

（6）"预收账款"账户贷方余额为4 300 000元，其明细分类资料为：E公司贷方余额为6 000 000元；F公司借方余额为1 700 000元。

（7）"预付账款"账户借方余额为5 700 000元，其明细分类资料为：G公司借方余额为8 900 000元；H公司贷方余额为3 200 000元。

（8）"原材料"账户借方余额为70 000 000元；"材料成本差异"账户借方余额为4 600 000元；"生产成本"账户借方余额为40 000 000元；"自制半成品"账户借方余额为5 000 000元；"库存商品"账户借方余额为15 000 000元。

（9）"其他流动资产"账户余额为5 800 000元。

（10）"持有至到期投资"账户借方余额为70 000 000元，其中，一年内到期的债券投资20 000 000元。

（11）"固定资产"账户余额为815 400 000元；"累计折旧"账户余额为144 600 000元；"固定资产减值准备"账户余额为10 000 000元；"在建工程"账户余额为3 200 000元；"无形资产"账户余额为12 000 000元。

（12）"长期待摊费用"账户余额为10 000 000元；"其他非流动资产"账户余额为8 000 000元。

（13）"短期借款"账户余额为18 000 000元；"应付票据"账户余额为25 000 000元；"应付职工薪酬"账户余额为13 100 000元；"应交税费"账户余额为5 700 000元；"应付股利"账户余额为40 000 000元；"其他流动负债"账户余额为6 800 000元。

（14）"长期借款"账户贷方余额为76 000 000元，其中，一年内到期的长期借款为30 000 000元；"应付债券"账户余额为20 000 000元。

（15）"股本"账户余额为664 400 000元；"资本公积"账户余额为20 000 000元；"盈余公积"账户余额为31 200 000元。

（16）"本年利润"账户贷方余额为1 000 000 000元；"利润分配——未分配利润"账户借方余额为963 200 000元。

根据上列资料编制企业资产负债表，见表13.2：

表 13.2 　　　　　　　　　　　　　　资产负债表

会企 01 表

编制单位：裕华股份有限公司　　　　　2016 年12 月31 日　　　　　　　单位：千元

资　　产	行次	期末余额	年初余额	负债和股东权益	行次	期末余额	年初余额
流动资产：				流动负债：			
货币资金	1	33 000	40 000	短期借款	32	18 000	15 000
交易性金融资产	2	6 000	5 000	交易性金融负债	33		
应收票据	3	12 000	11 000	应付票据	34	25 000	30 000
应收账款	4	9 700	10 000	应付账款	35	12 200	13 000
预付账款	5	12 900	0	预收账款	36	10 300	
应收利息	6	0	0	应付职工薪酬	37	13 100	17 000
应收股利	7	0	0	应交税费	38	5 700	5 000
其他应收款	8	1 500	1 000	应付利息	49		
存货	9	134 600	95 700	应付股利	40	40 000	
一年内到期的非流动资产	10	20 000	0	其他应付款	41		
其他流动资产	11	5 800	1 300	一年内到期的非流动负债	42	30 000	
流动资产合计	12	235 500	164 000	其他流动负债	43	6 800	4 000
非流动资产：				流动负债合计	44	161 100	84 000
可供出售金融资产	13			非流动负债：			
持有至到期投资	14	50 000	50 000	长期借款	45	46 000	100 000
长期应收款	15			应付债券	46	20 000	22 600
长期股权投资	16			长期应付款	47		
投资性房地产	17			专项应付款	48		
固定资产	18	660 800	720 000	预计负债	49		
在建工程	19	3 200		递延所得税负债	50		
工程物资	20			其他非流动负债	51		
固定资产清理	21			非流动负债合计	52	66 000	122 600
生产性生物资产	22			负债合计	53	227 100	206 600
油气资产	23			股东权益：			
无形资产	24	12 000	15 000	股本	54	664 400	664 400
开发支出	25			资本公积	55	20 000	15 600
商誉	26			减：库藏股	56		
长期待摊费用	27	10 000	5 600	盈余公积	57	31 200	30 000
递延所得税资产	28			未分配利润	58	36 800	40 000
其他非流动资产	29	8 000	2 000	股东权益合计	59	752 400	750 000
非流动资产合计	30	744 000	792 600				
资产总计	31	979 500	956 600	负债和股东权益总计	60	979 500	956 600

【例 13.2】根据第六章第三节华夏公司 2016 年 12 月份的经济业务，并结合第七章华夏公司的有关账簿资料，编制公司 2016 年 12 月 31 日的资产负债表，见表 13.3 所示：

表 13.3   资 产 负 债 表   会企 01 表

编制单位：华夏公司   2016 年 12 月 31 日   单位：元

资 产	行次	期末余额	年初余额	负债和股东权益	行次	期末余额	年初余额
流动资产：				流动负债：			
货币资金	1	7 238 580	3 228 000	短期借款	32	0	0
交易性金融资产	2	0	0	交易性金融负债	33	0	0
应收票据	3	0	0	应付票据	34	560 000	560 000
应收账款	4	1 120 000	1 120 000	应付账款	35	0	1 420 000
预付账款	5	0	0	预收账款	36	0	0
应收利息	6	0	0	应付职工薪酬	37	334 000	334 000
应收股利	7	0	0	应交税费	38	362 980	760 000
其他应收款	8	320 000	320 000	应付利息	39	86 000	86 000
存货	9	5 810 000	6 360 000	应付股利	40	0	0
一年内到期的非流动资产	10	0	0	其他应付款	41	0	0
其他流动资产	11	0	0	一年内到期的非流动负债	42	0	0
流动资产合计	12	14 488 580	11 028 000	其他流动负债	43	0	0
非流动资产：				流动负债合计	44	1 342 980	3 160 000
可供出售金融资产	13	0	0	非流动负债：			
持有至到期投资	14	0	0	长期借款	45	0	0
长期应收款	15	0	0	应付债券	46	0	0
长期股权投资	16	2 600 000	2 600 000	长期应付款	47	0	0
投资性房地产	17	0	0	专项应付款	48	0	0
固定资产	18	10 524 000	10 600 000	预计负债	49	0	0
在建工程	19	0	0	递延所得税负债	50	0	0
工程物资	20	0	0	其他非流动负债	51	0	0
固定资产清理	21	0	0	非流动负债合计	52	0	0
生产性生物资产	22	0	0	负债合计	53	0	0
油气资产	23	0	0	所有者权益：			
无形资产	24	1 000 000	1 000 000	实收资本	54	25 000 000	20 000 000
开发支出	25	0	0	资本公积	55	180 000	180 000
商誉	26	0	0	减：库藏股	56	0	0
长期待摊费用	27	200 000	200 000	盈余公积	57	2 020 160	2 000 000
递延所得税资产	28	0	0	未分配利润	58	269 440	88 000
其他非流动资产	29	0	0	所有者权益合计	59	27 469 600	22 268 000
非流动资产合计	30	14 324 00	14 400 000				
资产总计	31	28 812 580	25 428 000	负债和所有者权益总计	60	28 812 580	25 428 000

第三节　利润表

一、利润表的概念和作用

利润表（Income Statement，简记 I/S），是反映企业一定期间经营成果的会计报表。利润表把一定期间的营业收入与其同一会计期间相关的营业成本进行配比，以计算出一定时期的净利润（或净亏损）。由于利润是企业经营业绩的综合体现，又是进行利润分配的主要依据，因此，利润表是会计报表中的主要报表之一。利润表编制的理论依据是会计等式"收入 − 费用 = 净利润（或亏损）"。

通过利润表反映的收入、费用等情况，能够反映企业生产经营的收益和成本耗费情况，表明企业生产经营成果；同时，通过利润表提供的不同时期的比较数字（本期金额、上期金额），可以分析企业今后利润的发展趋势及获利能力。

二、利润表的结构

利润表是通过一定的表格来反映企业的经营成果。由于不同的国家和地区对会计报表的信息要求不完全相同，利润表的结构也不完全相同。利润表的结构主要有多步式利润表和单步式利润表两种。我国采用的是多步式利润表，见表 13.4 所示。在多步式利润表中，要求分步计算出企业在一定会计期间实现的净利润。利润表中的利润包括五个层次：

1. 营业利润

营业利润，是企业在销售商品、提供劳务等日常活动中所产生的利润。用数学式子表示为：

营业利润 = 营业收入 − 营业成本 − 税金及附加 − 销售费用 − 管理费用 − 财务费用 − 资产减值损失 + 公允价值变动收益(− 公允价值变动损失) + 投资收益(− 投资损失)

2. 利润总额

利润总额是指企业在日常活动和其他偶发性活动中实现的净收益，包括营业利润、利得和损失。用数学式子表示为：

利润总额 = 营业利润 + 营业外收入 − 营业外支出

3. 净利润

净利润是指利润总额减去所得税费用后的金额，又称为税后利润。用数学式子表示为：

净利润 = 利润总额 − 所得税费用

4. 其他综合收益税后净额

其他综合收益税后净额是指其他综合收益扣除相关所得税影响后的净额。其他综合收益，是指企业根据其他会计准则规定未在当期损益中确认的各项利得和损失。其他综合收益分为两类：（1）以后会计期间不能重分类进损益的其他综合收益项目，主要包括重新计量设定受益计划净负债或净资产导致的变动、按照权益法核算的在被投资单位以后会计期间不能重分类进损益的其他综合收益中所享有的份额等；（2）以后会计期间在满足规定条件时将重分类进损益的其他综合收益项目，主要包括按照权益法核算的在被投资单位以后会计期间在满足规定条件时将重分类进损益的其他综合收益中所享有的份额、可供出售金融资产公允价值变动形成的利得或损失、持有至到期投资重分类为可供出售金融资产形成的利得或损失、现金流量套期工具产生的利得或损失中属于有效套期的部分、外币财务报表折算差额等。其他综合收益税后净额用数学公式表示为：

其他综合收益税后净额 = 其他综合收益 − 其他综合收益涉及的所得税费用

5. 综合收益总额

综合收益总额，是净利润加上其他综合收益税后净额构成。用数学公式表示为：

综合收益总额 = 净利润 + 其他综合收益税后净额

此外，利润表中一般还需要反映每股收益情况。每股收益包括基本每股收益和稀释每股收益两项指标。

三、利润表的编制方法

我国现行的利润表包括"本期金额"和"上期金额"两栏，因此常常又称比较利润表。报表中的"上期金额"反映各项目上期的实际发生数，应根据上年的报表数直接填列。如果上年度利润表的项目和内容与本年度利润表不相一致，应对上年度报表项目的名称和数字按本年度的规定进行调整，填入报表的"上期金额"栏。报表中的"本期金额"栏反映各项目的本期实际发生数，应根据损益类账户的本期发生额填列，或根据结账前的余额填列。

报表中的"本期金额"栏各项目，具体填列方法如下：

（1）"营业收入"项目，应根据"主营业务收入"和"其他业务收入"两个总账账户的本期发生额合计填列。

（2）"营业成本"项目，应根据"主营业务成本"和"其他业务成本"两个总账账户的本期发生额合计填列。

（3）"税金及附加""销售费用""管理费用""财务费用""资产减值损失""公允价值变动收益""投资收益""营业外收入""营业外支出""所得税费用"等项目，根据相应账户的发生额直接填列。

（4）"营业利润""利润总额"和"净利润"三个项目，应根据报表项目之间的数学关系计算填列。若为负值，应以"−"号填列。

（5）"每股收益"项目，根据企业当期的净利润，除以发行在外普通股的加权平均数计算。其中，发行在外普通股加权平均数按下列公式计算：

发行在外普通股加权平均数 ＝ 期初发行在外普通股股数

$$+ \frac{\text{当期新发行普通股股数} \times \text{已发行时间} - \text{当期回购普通股股数} \times \text{已回购时间}}{\text{报告期时间}}$$

合并会计报表中，企业应当以合并会计报表为基础计算和列报每股收益。

四、利润表编制举例

【例13.3】裕华股份有限公司为上市公司，2016年末流通在外的普通股股数为22 500万股，近三年公司普通股股数未发生增减变动。2016年公司有关账户全年累计发生额如下。

要求：根据所列资料编制该公司的利润表（上期金额见表中）。

主营业务收入	（贷方）	2 000 000 000 元
主营业务成本	（借方）	1 381 800 000 元
税金及附加	（借方）	240 000 000 元
其他业务收入	（贷方）	38 400 000 元
其他业务成本	（借方）	14 720 000 元
投资收益	（贷方）	16 000 000 元
营业外收入	（贷方）	8 000 000 元
销售费用	（借方）	34 700 000 元
管理费用	（借方）	124 780 000 元
财务费用	（借方）	8 400 000 元
营业外支出	（借方）	12 400 000 元
所得税费用	（借方）	83 727 272.5 元

根据上列资料编制该公司利润表，见表13.4所示：

表13.4　　　　　　　　　　　利 润 表

会企02表

编制单位：裕华股份有限公司　　　　　2016 年度　　　　　　　单位：千元

项　目	行次	本期金额	上期金额
一、营业收入	1	2 038 400	1 636 400
减：营业成本	2	1 396 520	1 124 500
税金及附加	3	240 000	192 000
销售费用	4	34 700	28 200
管理费用	5	124 780	100 000
财务费用	6	8 400	6 720
资产减值损失	7		
加：公允价值变动收益	8		
投资收益	9	16 000	12 800
其中：对联营企业和合营企业的投资收益	10		
二、营业利润	11	250 000	197 780
加：营业外收入	12	8 000	6 400

项　　目	行次	本期金额	上期金额
减：营业外支出	13	12 400	8 720
其中：非流动资产处置损失	14		
三、利润总额	15	245 600	195 460
减：所得税费用	16	83 727.27	48 865
四、净利润	17	161 872.73	146 595
五、其他综合收益	18		
（一）以后会计期间不能重分类进损益的其他综合收益	19		
（二）以后会计期间在满足规定条件时将重分类进损益的其他综合收益	20		
六、其他综合收益税后净额	21		
（一）以后会计期间不能重分类进损益的其他综合收益税后净额	22		
其中：① 重新计量设定受益计划净负债或净资产导致的变动的税后净额	23		
② 按照权益法核算的在被投资单位以后会计期间不能重分类进损益的其他综合收益中所享有的份额税后净额	24		
（二）以后会计期间在满足规定条件时将重分类进损益的其他综合收益税后净额	25		
其中：① 按照权益法核算的在被投资单位以后会计期间在满足规定条件时将重分类进损益的其他综合收益中所享有份额的税后净额	26		
② 可供出售金融资产公允价值变动形成的利得（损失以"－"号填列）的税后净额	27		
③ 持有至到期投资重分类为可供出售金融资产形成的利得（损失以"－"号填列）的税后净额	28		
④ 现金流量套期工具产生的利得（损失以"－"号填列）中属于有效套期部分的税后净额	29		
⑤ 外币财务报表折算差额的税后净额	30		
七、综合收益总额	31		
八、每股收益	32		
（一）基本每股收益	33	0.72	0.65
（二）稀释每股收益	34	0.72	0.65

【例13.4】根据第六章第三节华夏公司2016年12月份的经济业务，并结合第七章华夏公司的有关账簿资料，编制公司2016年12月份的利润表，见表13.5所示：

表 13.5 利 润 表

会企 02 表

编制单位：华夏公司　　　　　　2016 年 12 月　　　　　　　　　　单位：元

项　目	行次	本期金额	上期金额
一、营业收入	1	1 350 000	
减：营业成本	2	1 020 000	
税金及附加	3		
销售费用	4		
管理费用	5	128 400	
财务费用	6		
资产减值损失	7		
加：公允价值变动收益	8		
投资收益	9		
其中：对联营企业和合营企业的投资收益	10		
二、营业利润	11	201 600	
加：营业外收入	12		
减：营业外支出	13		
其中：非流动资产处置损失	14		
三、利润总额	15	201 600	
减：所得税费用	16		
四、净利润	17	201 600	
五、其他综合收益	18		
（一）以后会计期间不能重分类进损益的其他综合收益	19		
（二）以后会计期间在满足规定条件时将重分类进损益的其他综合收益	20		
六、其他综合收益税后净额	21		
（一）以后会计期间不能重分类进损益的其他综合收益税后净额	22		
其中：① 重新计量设定受益计划净负债或净资产导致的变动的税后净额	23		
② 按照权益法核算的在被投资单位以后会计期间不能重分类进损益的其他综合收益中所享有的份额税后净额	24		
（二）以后会计期间在满足规定条件时将重分类进损益的其他综合收益税后净额	25		
其中：① 按照权益法核算的在被投资单位以后会计期间在满足规定条件时将重分类进损益的其他综合收益中所享有份额的税后净额	26		

表13.5（续）

项　　目	行次	本期金额	上期金额
② 可供出售金融资产公允价值变动形成的利得（损失以"－"号填列）的税后净额	27		
③ 持有至到期投资重分类为可供出售金融资产形成的利得（损失以"－"号填列）的税后净额	28		
④ 现金流量套期工具产生的利得（损失以"－"号填列）中属于有效套期部分的税后净额	29		
⑤ 外币财务报表折算差额的税后净额	30		
七、综合收益总额	31		
八、每股收益	32		
（一）基本每股收益	33		
（二）稀释每股收益	34		

第四节　现金流量表

一、现金流量表的概念和作用

（一）现金流量表的概念

现金流量表（Cash Flow Statement，简记 CF/S），是反映企业在一定会计期间内现金和现金等价物的流入、流出及净流量情况的会计报表。现金流量表是以现金为基础编制的财务状况变动表。这里的现金是指企业的库存现金、可以随时用于支付的存款，以及现金等价物。具体包括：

1. 库存现金

库存现金是指企业持有的可随时用于支付的现金限额，即与会计核算中"库存现金"账户所包括的内容一致。

2. 银行存款

银行存款是指企业存放在金融机构随时可以用于支付的存款，即与会计核算中"银行存款"账户所包括的内容基本一致。但也有区别，区别在于：企业存放在金融机构的不能随时用于支付的定期存款，不作为现金流量表中的现金，但提前通知金融机构便可支取的定期存款，则包括在现金流量表中的现金范围内。

3. 其他货币资金

其他货币资金是指企业存放在金融机构有特定用途的资金，包括外埠存款、银行汇票存款、银行本票存款、信用证保证金存款、信用卡存款等。

4. 现金等价物

现金等价物是指企业持有的期限短、流动性强、易于转化为已知金额的现金、价值变动风险很小的短期投资。现金等价物虽然不是现金，但其支付能力与现金的差别不大，可视为现金。实务中，现金等价物通常指期限在三个月以内的短期债券投资，不包括短期股票投资，因为股票投资的价值变动风险较大。

（二）现金流量表的作用

1. 现金流量表能够反映企业获取现金的能力

获取现金的能力是指经营现金净流入与投入资源的比值。这里的投入资源可以是销售收入、总资产、净营运资金、净资产或普通股股数等。我们都知道，企业经营中会产生大量的现金需要，如购买原材料、发放工资、偿还债务、缴纳税费、发放投资者利润等，而净利润不能用于现金支付，只有现金流量才能满足企业的现实现金需要。利用现金流量表提供的现金流量数据，通过计算销售现金比率、每股营业现金净流量、全部资产现金回收率等指标，可以分析和评价企业获取现金的能力。

2. 通过现金流量表能够分析和衡量企业现金流量的结构

现金流量包括经营活动现金流量、投资活动现金流量和筹资活动现金流量。通过现金流量表可以分析企业现金流量的结构，包括现金流入结构、现金流出结构，还可进一步分析企业经营活动、投资活动和筹资活动内部的现金流入流出结构，从而评价和衡量企业现金流量的流入来源和流出渠道。

3. 通过现金流量表可以评价企业收益的质量

"现金净流量"和"净利润"都是反映企业经营业绩的指标，前者以收付实现制为基础，反映企业创造现金的能力，后者以权责发生制为基础，反映企业的盈利能力。由于两者的确认基础不同，所以其结果是不一致，甚至相去甚远。实践中，许多企业有较高的净利润，但是却缺乏基本的支付能力。利用现金流量表提供的现金流量数据，通过计算净收益营运指数等指标可以分析评价企业收益的质量。

4. 通过现金流量表可以评估企业未来预期现金流量的金额、时间分布和不确定性

利用连续几年的现金流量表数据进行趋势分析，可以预测企业未来预期现金流量的金额、时间分布和不确定性，从而为以后年度的财务决策提供帮助。

二、现金流量的分类

编制现金流量表的目的，是为会计报表使用者提供企业一定会计期间内有关现金的流入和流出的信息。企业一定时期内现金流入和流出是由各种因素产生的。现金流量表首先需要对企业经营业务产生或运用的现金流量进行合理的分类，通常按照企业经营业务发生的性质将企业一定期间内产生的现金流量归为三类：

（一）经营活动产生的现金流量

经营活动是指企业投资活动和筹资活动以外的所有交易和事项，包括购销商品、提供或接受劳务供应、经营性租赁、发放职工工资奖金、缴纳税费等。

（二）投资活动产生的现金流量

投资活动是指企业长期资产的购建和不包括在现金等价物范围内的投资及其处置

活动，包括持有至到期投资、长期股权投资的取得与转让、分回现金股利、领取债券利息、购建或处置固定资产、无形资产等长期性资产等。

（三）筹资活动产生的现金流量

筹资活动是指导致企业资本及债务规模和构成发生变化的活动，包括发行股票、发行债券、吸收直接投资、融资租赁、发放现金股利或支付投资者利润、支付债券利息、偿还融资租赁款等。

对于企业日常活动以外不经常发生的特殊项目，如自然灾害损失、保险赔款、捐赠等，应当在现金流量表中归并到相关类别中，并单独反映。

三、现金流量表的结构

我国现行的现金流量表由主表和补充资料两个部分构成。其中主表包括六个部分：①经营活动产生的现金流量；②投资活动产生的现金流量；③筹资活动产生的现金流量；④汇率变动对现金的影响；⑤现金及现金等价物净增加额；⑥期末现金及现金等价物余额。补充资料包括三个部分：①将净利润调节为经营活动现金流量；②不涉及现金收支的重大投资和筹资活动；③现金及现金等价物净变动情况。现金流量表详见表13.6所示。

四、现金流量表的编制方法

（一）经营活动产生的现金流量的编制方法

1. 直接法和间接法

经营活动产生的现金流量通常有两种编制方法，即直接法和间接法。

直接法是通过现金收入和现金支出的主要类别反映来自企业经营活动的现金流量。采用直接法编制现金流量表时，一般以利润表中的营业收入为起点，调整与经营活动有关的项目的增减变动，然后计算出经营活动的现金流量。采用直接法提供的信息有助于评价企业未来现金流量。

间接法是以本期净利润为起点，调整不涉及现金的收入、费用、营业外收支等有关项目的增减变动，据此计算出经营活动的现金流量。

国际会计准则鼓励企业采用直接法编制现金流量表。在我国，现金流量表主表要求采用直接法编制，但现金流量表补充资料"将净利润调节为经营活动现金流量"则要求采用间接法编制。

2. 经营活动现金流量各主要项目的内容

（1）"销售商品、提供劳务收到的现金"项目，反映企业销售商品、提供劳务实际收到的现金（含销售收入和应向购买者收取的增值税额），包括本期销售商品、提供劳务收到的现金，以及前期销售商品或提供劳务木期收到的现金和本期预收的账款，扣除本期退回本期销售的商品和前期销售本期退回的商品支付的现金。企业销售材料和代购代销业务收到的现金，也在本项目反映。

（2）"收到的税费返还"项目，反映企业收到返还的各种税费，如收到的增值税、消费税、营业税、所得税、教育费附加返还等。

（3）"收到其他与经营活动有关的现金"项目，反映企业除了上述项目外，收到的其他与经营活动有关的现金收入，如罚款收入、流动资产损失中由个人赔偿的现金收入等。其他现金流入如价值较大，应单列项目反映。

（4）"购买商品、接受劳务支付的现金"项目，反映企业购买商品、接受劳务实际支付的现金，包括本期购入商品、接受劳务支付的现金（含增值税进项税额），以及本期支付前期购入商品、接受劳务的未付款项和本期预付的款项。本期发生的购货退回收到的现金应从本项目内扣除。

（5）"支付给职工以及为职工支付的现金"项目，反映企业实际支付给职工，以及为职工支付的现金，包括本期实际支付给职工的工资、奖金、各种津贴和补贴等，以及为职工支付的其他费用。不包括支付的离退休人员的各项费用和支付给在建工程人员的工资等。企业支付给离退休人员的各项费用，包括支付的统筹退休金以及未参加统筹的退休人员的费用，在"支付其他与经营活动有关的现金"项目中反映；支付给在建工程人员的工资，在"购建固定资产、无形资产和其他长期性资产所支付的现金"项目反映。

企业为职工支付的养老、失业等社会保险基金、补充养老保险、住房公积金、支付给职工的住房困难补助、企业为职工缴纳的商业保险，以及企业支付给职工或为职工支付的其他福利费用等，应按职工的工作性质和服务对象，分别在本项目和"购建固定资产、无形资产和其他长期性资产所支付的现金"项目反映。

（6）"支付的各项税费"项目，反映企业当期实际上交税务部门的各种税金，以及支付的教育费附加、矿产资源补偿费、印花税、房产税、土地增值税、车船使用税、预交的营业税等。不包括计入固定资产价值、实际支付的耕地占用税、固定资产投资方向调节税等。

（7）"支付其他与经营活动有关的现金"项目，反映企业除了上述各项目外，支付的其他与经营活动有关的现金流出，如罚款支出、支付的差旅费、业务招待费现金支出、支付的保险费等。其他现金流出如价值较大，也应单独反映。

（二）投资活动产生的现金流量的编制方法

（1）"收回投资所收到的现金"项目，反映企业出售、转让或到期收回除现金等价物以外的交易性金融资产、长期股权投资而收到的现金，以及收回持有至到期投资本金而收到的现金。不包括持有至到期投资收回的利息，以及收回的非现金资产。

（2）"取得投资收益所收到的现金"项目，反映企业因各种投资而分得的现金股利、利润和利息等。

（3）"处置固定资产、无形资产和其他长期性资产而收回的现金净额"项目，反映企业处置固定资产、无形资产和其他长期性资产所取得的现金，扣除为处置这些资产而支付的有关费用后的净额。由于自然灾害所造成的固定资产等长期资产损失而收到的保险赔偿收入，也在本项目反映。

（4）"收到其他与投资活动有关的现金"项目，反映企业除了上述各项目以外，收到的其他与投资活动有关的现金流入。其他现金流入如价值较大，应单列项目反映。

（5）"购建固定资产、无形资产和其他长期性资产所支付的现金"项目，反映企业购买、建造固定资产、无形资产和其他长期性资产所支付的现金，不包括为购建固定资产而发生的借款利息资本化部分，以及融资租入固定资产支付的租赁费。借款利息和融资租入固定资产支付的租赁费，在筹资活动产生的现金流量中单独反映。企业以分期付款方式购建的固定资产，其首次付款支付的现金作为投资活动的现金流出，以后各期支付的现金作为筹资活动的现金流出。

（6）"投资支付的现金"项目，反映企业进行各种性质的投资所支付的现金，包括企业取得的除现金等价物以外的交易性金融资产、长期股权投资、持有至到期投资支付的现金，以及支付的佣金、手续费等附加费用。

企业购买股票和债券时，实际支付的价款中包含的已宣告但尚未领取的现金股利或已到付息期但尚未领取的分期付息债券利息，应在投资活动的"支付其他与投资活动有关的现金"项目反映；收回购买股票和债券时支付的已宣告但尚未领取的现金股利或已到付息期但尚未领取的分期付息债券利息，在投资活动的"收到其他与投资活动有关的现金"项目反映。

（7）"支付其他与投资活动有关的现金"项目，反映企业除了上述各项目以外，支付的其他与投资活动有关的现金流出。其他现金流出如价值较大，应单列项目反映。

（三）筹资活动产生的现金流量的编制方法

（1）"吸收投资所收到的现金"项目，反映企业收到的投资者投入的现金，包括以发行股票方式筹集资金而实际收到的股款净额（发行收入减去支付的佣金等发行费用后的净额，下同）、发行债券实际收到的现金等。以发行股票方式筹集资金而由企业直接支付的审计、咨询等费用，以及发行债券支付的发行费用在"支付其他与筹资活动有关的现金"项目反映，不从本项目内扣除。

（2）"借款收到的现金"项目，反映企业举借各种短期、长期借款所收到的现金。

（3）"收到其他与筹资活动有关的现金"项目，反映企业除了上述项目外，收到的其他与筹资活动有关的现金流入，如接受现金捐赠等。其他现金流入如价值较大，应单列项目反映。

（4）"偿还债务支付的现金"项目，反映企业以现金偿还债务的本金，包括偿还金融机构的借款本金、偿还债券本金等。企业偿还的借款利息、债券利息，不包括在本项目内。

（5）"分配股利、利润和偿付利息支付的现金"项目，反映企业实际支付的现金股利、利润，以及偿付的借款利息和债券利息。

（6）"支付其他与筹资活动有关的现金"项目，反映企业除了上述各项目以外，支付的其他与筹资活动有关的现金流出，如捐赠现金支出等。其他现金流出如价值较大，应单列项目反映。

（四）汇率变动产生的现金流量的编制方法

"汇率变动对现金的影响额"项目，反映企业外币现金流量及境外子公司的现金流量折算为人民币时，所采用的现金流量发生日的汇率或平均汇率折算的人民币金额与

"现金及现金等价物净增加额"中外币现金净增加额按期末汇率折算的人民币金额之间的差额。

（五）补充资料项目的内容及填列方法

1. 补充资料"将净利润调节为经营活动的现金流量"各项目的填列方法

（1）"资产减值准备"项目，反映企业计提的各项资产的减值准备。本项目根据"资产减值损失"账户的记录分析填列。

（2）"固定资产折旧"项目，反映企业本期实际计提的折旧费用。本项目根据"累计折旧"账户的贷方发生额分析填列。

（3）"无形资产摊销"，分别反映企业本期实际累计摊入成本费用的无形资产的价值。这个项目根据"累计摊销"账户的贷方发生额分析填列。

（4）"长期待摊费用摊销"反映企业本期长期待摊费用的减少。本项目根据资产负债表"长期待摊费用"项目的期初、期末余额的差额填列。期末数大于期初数的差额，以"－"号填列。

（5）"处置固定资产、无形资产和其他长期性资产的损失"（收益以"－"号填列）项目，反映企业本期由于处置固定资产、无形资产和其他长期性资产而发生的净损失。本项目根据"营业外收入""营业外支出"账户所属有关明细科目的记录分析填列。若为净收益，以"－"号填列。

（6）"固定资产报废损失"（收益以"－"号填列）项目，反映企业本期固定资产盘盈盘亏的净损失。本项目根据"营业外支出""营业外收入"账户所属有关明细科目中固定资产盘亏损失减去固定资产盘盈收益后的差额填列。若为盘盈净收益，以"－"填列。

（7）"公允价值变动损益"（收益以"－"号填列）项目，反映企业本期公允价值变动净损失。本项目可根据利润表上的"公允价值变动收益"项目的数据填列，如为净收益，以"－"号列示。

（8）"财务费用"项目，反映本期发生的应属于投资活动或筹资活动的财务费用，不包括经营活动财务费用，如票据贴现等。本项目根据"财务费用"账户的本期借方发生额分析填列。若为收益，以"－"号填列。

（9）"投资损失（减：收益）"项目，反映企业本期投资所发生的损失减去收益后的净损失。本项目根据利润表"投资收益"项目的数字填列。若为投资收益，以"－"号填列。

（10）"递延税款所得税资产减少"和"递延税款所得税负债增加"项目，分别反映企业本期递延所得税资产的减少额和递延所得税负债的净增加额。本项目根据资产负债表"递延所得税资产""递延所得税负债"项目的期初、期末余额的差额填列。"递延所得税资产"的期末数小于期初数的差额，以及"递延所得税负债"的期末数大于期初数的差额，以正数填列；反之，以"－"号填列。

（11）"存货的减少（减：增加）"项目，反映企业本期存货的减少额。本项目根据资产负债表"存货"项目的期初、期末余额的差额填列。期末数大于期初数的差额，以"-"号填列。

（12）"经营性应收项目的减少（减：增加）"项目，反映企业本期经营性应收项目（包括应收账款、应收票据和其他应收款中与经营活动有关的部分及应收的增值税销项税额等）的减少。若为增加，以"-"号填列。

（13）"经营性应付项目的增加（减：减少）"项目，反映企业本期经营性应付项目（包括应付账款、应付票据、应付职工薪酬、应交税费、其他应付款中与经营活动有关的部分及应付的增值税进项税额等）的增加。若为减少，以"-"号填列。

2. 补充资料"不涉及现金收支的重大投资和筹资活动"各项目的填列方法

补充资料中的"不涉及现金收支的重大投资和筹资活动"，反映企业一定期间内影响资产或负债但不形成该期现金收支的所有投资和筹资活动的信息。这些投资和筹资活动虽然不涉及现金收支，但对以后各期的现金流量有重大影响。如融资租入固定资产，计入"长期应付款"账户，当期不支付固定资产租金，但以后各期必须为此支付现金，从而在一定期间内形成了一项固定的现金支出。不涉及现金收支的投资和筹资活动各项目的填列方法如下：

（1）"债务转为资本"项目，反映企业本期转为资本的债务金额。

（2）"一年内到期的可转换公司债券"项目，反映企业一年内到期的可转换公司债券的金额。

（3）"融资租入固定资产"项目，反映企业本期融资租入固定资产计入"长期应付款"科目的金额。

3. 补充资料"现金及现金等价物净变动情况"各项目的填列方法

该项目反映企业一定会计期间现金及现金等价物的期末余额减去期初余额后的净增加额（或净减少额），是对现金流量表主表中"现金及现金等价物"项目的补充说明。该项目的金额应与主表中第五项"现金及现金等价物净增加额"项目的金额核对相符。

（1）"现金的期末余额"和"现金的期初余额"项目，分别根据资产负债表中"货币资金"项目的期末余额和期初余额填列。

（2）"现金等价物的期末余额"和"现金等价物的期初余额"项目，分别根据资产负债表中"交易性金融资产"科目的期末余额和期初余额分析后填列。

五、现金流量表编制举例

【例13.5】根据第六章第三节华夏公司2016年12月份的经济业务，并结合第七章华夏公司的有关账簿资料，编制公司2016年12月份的现金流量表①，见表13.6所示：

---

① 实务中，现金流量表按年编制，通常应于期末根据有关账簿资料采用工作底稿法、T型账户法等方法并通过编制调整分录予以编制。

表 13.6 现 金 流 量 表

会企 03 表

编制单位：华夏公司　　　　2016 年 12 月　　　　单位：元

项　目	行次	本期金额	上期金额	备　注
一、经营活动产生的现金流量				
销售商品、提供劳务收到的现金	1	1 579 500		例6.9
收到的税费返还	3	0		
收到其他与经营活动有关的现金	8	0		
经营活动现金流入小计	9	1 579 500		
购买商品、接受劳务支付的现金	10	1 606 520		例6.2、例6.3
支付给职工以及为职工支付的现金	12	360 000		例6.6
支付的各种税费	13	600 000		例6.10
支付其他与经营活动有关的现金	18	2 400		例6.8
经营活动现金流出小计	20	2 568 920		
经营活动产生的现金流量净额	21	-989 420		
二、投资活动产生的现金流量				
收回投资收到的现金	22	0		
取得投资收益收到的现金	23	0		
处置固定资产、无形资产和其他长期资产收回的现金净额	25	0		
处置子公司及其他营业单位收到的现金净额				
收到其他与投资活动有关的现金	28	0		
投资活动现金流入小计	29	0		
购建固定资产、无形资产和其他长期资产支付的现金	30	0		
投资支付的现金	31	0		
取得子公司及其他营业单位支付的现金净额				
支付其他与投资活动有关的现金	35	0		
投资活动现金流出小计	36	0		
投资活动产生的现金流量净额	37	0		
三、筹资活动产生的现金流量				
吸收投资收到的现金	38	5 000 000		例6.1
借款收到的现金	40	0		
收到其他与筹资活动有关的现金	43	0		
筹资活动现金流入小计	44	5 000 000		
偿还债务支付的现金	45	0		
分配股利、利润或偿付利息支付的现金	46	0		
支付其他与筹资活动有关的现金	52	0		
筹资活动现金流出小计	53	0		
筹资活动产生的现金流量净额	54	5 000 000		

表 13.6（续）

项　目	行次	本期金额	上期金额	备　注
四、汇率变动对现金的影响	55	0		
五、现金及现金等价物净增加额	56	4 010 580①		
加：期初现金及现金等价物余额		3 228 000		
六、期末现金及现金等价物余额	57	7 238 580		

补充资料	行次	金　额	备　注
1. 将净利润调节为经营活动现金流量：			
净利润	57	201 600	表 13.5
加：资产减值准备	58	0	
固定资产折旧、油气资产折耗、生产性生物资产折旧	59	76 000	例 6.11
无形资产摊销	60	0	
长期待摊费用摊销	61	0	
处置固定资产、无形资产和其他长期资产的损失	62	0	
固定资产报废损失	63	0	
公允价值变动损失	64	0	
财务费用	65	0	
投资损失	66	0	
递延所得税资产减少	67		
递延所得税负债增加	68	0	
存货的减少	69	550 000	表 13.3
经营性应收项目的减少	70	0	
经营性应付项目的增加	71	-1 817 020	表 13.3
其他	72	0	
经营活动产生的现金流量净额	73	-989 420②	
2. 不涉及现金收支的重大投资和筹资活动			
债务转为资本	74		
一年内到期的可转换公司债券	75		
融资租入固定资产	76		
3. 现金及现金等价物净增加情况			
现金的期末余额	77	7 238 580	表 13.3
减：现金的期初余额	78	3 228 000	表 13.3
加：现金等价物的期末余额	79	0	
减：现金等价物的期初余额	80	0	
现金及现金等价物净增加额	81	4 010 580	

　　① 在不存在现金等价物的情况下，此项数值应等于资产负债表中"货币资金"项目"年末数"与"年初数"的差额，见表 13.3。

　　② 调节后的此项数值应等于现金流量表上第 21 行次"经营活动产生的现金流量净额"项目的数值。

第五节 财务报表分析

一、财务报表分析的意义和作用

财务报表分析是以企业财务会计报告等核算资料为基础，对企业财务状况、经营成果和现金流量进行研究和评价，为财务预测、财务决策提供依据的一种方法。财务分析既是对特定会计期间财务活动的总结，又是企业下一会计期间财务活动的开始。可见，财务分析在企业经营管理活动中具有重要的作用，具体表现在以下几个方面：

（1）通过财务分析，可以评价企业特定时点的财务状况，分析企业一定时期的经营成果和现金流量情况，揭示企业生产经营活动中存在的问题，找出差距，挖掘潜力，为企业生产经营决策和财务决策提供重要依据。

（2）通过财务分析，可以为投资者、债权人、国家宏观经济管理部门等利益相关者提供系统、完整的财务分析资料，便于他们更加深入地了解企业的财务状况、经营成果和现金流量情况，为他们做出经济决策提供依据。

（3）通过财务分析，可以检查企业内部各职能部门和单位财务计划指标的完成情况，考核各部门的工作业绩，以便奖勤罚懒，促使其改善经营管理，提高经济效益。

二、财务报表分析的内容和方法

（一）财务报表分析的内容

企业不同利益相关者与企业之间有着不同的经济联系，他们对企业关注的重点和内容也不相同。因此，他们往往从各自的目的出发进行不同的财务分析。归纳起来，财务报表分析的内容主要包括以下四个方面：

1. 企业获利能力分析

从某种程度上讲，索本逐利是企业家开办企业的出发点和归宿。以收抵支、获取利润是企业的主要经营目标之一。利润是企业生存、发展的基础和先决条件；是企业维持简单再生产和扩大再生产，实现可持续发展的不竭资金源泉；是企业偿债能力的保证；也是国家税收收入的重要来源。因此，不仅投资者，企业管理当局、债权人、国家宏观经济管理部门、企业员工等广泛的利益相关者都十分关心企业获利能力。获利能力分析，过去是、现在是、未来仍将是企业财务分析的主要内容之一，获利能力指标是企业财务分析指标体系中的核心指标。

2. 企业偿债能力分析

不论是初创的企业，还是存续的企业，往往都需要举借债务筹措资金。偿还到期债务，是企业维持生存和发展的基本条件之一；是维系整个社会基本信用制度的基础；也是社会主义市场经济体制的重要内容。企业债权人关注自身债权的安全性，需要利用财务资料，分析企业的偿债能力。其中，短期债权人更为关心的是企业可用于偿还短期债务的流动资产的数量及其与流动负债的比率，即短期偿债能力指标；长期债权人更为关心的是企业总资本中各种资产对负债的保障程度，即长期偿债能力指标。

3. 营运能力分析

企业的获利水平，不仅与预付资本总量（即总资产规模）有关，也与资产的营运能力或资产的管理水平密不可分。在预付资本总量一定的情况下，企业的获利水平与资产营运能力，即资产的周转速度成正比。通过营运能力分析，揭示企业资产周转速度的快慢，分析评价影响企业获利能力的原因，以便企业改善经营管理，提高资产营运水平，增强企业获利能力。

4. 发展能力分析

企业经营如逆水行舟，不进则退。企业经营的本质在于发展。无论投资者，还是企业管理当局、债权人、国家宏观经济管理部门、企业员工等，都十分关心企业的发展趋势，这关系到他们的切身利益。通过对企业发展能力分析，预测企业的经营前景，从而为有关利益相关者进行经济决策提供重要的依据，避免决策失误带来的经济损失。

（二）财务报表分析的方法

开展财务分析，需要利用一定的方法。财务分析的方法主要有比率分析法、比较分析法、因素分析法和综合分析法等。

1. 比率分析法

比率分析法是将会计报表中某些彼此存在关联的项目加以对比，计算出比率指标，据以确定财务状况变动程度的分析方法。比率指标是相对数，采用这种方法，能够把某些条件下的不可比指标变为可比指标，以利于分析。比率指标主要包括：

（1）结构比率。结构比率又称为构成比率，它是企业某项报表指标数值与总体指标数值的比率，反映部分与总体的关系。如资产负债率指标等。

（2）相关比率。相关比率是以某个报表指标和与其有关的其他不同项目加以对比计算出的比率，它反映有关经济活动的相互关系。如流动比率指标。

（3）效率比率。效率比率是某项经济活动中所费与所得的比率，反映投入与产出的关系。如总资产净利率等。

2. 比较分析法

比较分析法是将企业本期的财务指标同以前不同时期的财务指标进行对比，从而揭示企业财务状况变动趋势的分析方法。这是纵向对比分析法，即趋势分析法。另外，还可以进行横向对比，也就是把本企业某一时期的财务指标与同行业平均水平或其他企业同一时期的财务指标进行对比，以了解企业在同行业中所处的地位，进而找出差距，挖掘潜力。

3. 因素分析法

因素分析法，又称因素替换法，或连环替代法，它是用来确定几个相互联系的因素对分析对象——综合财务指标的影响程度的一种分析方法。采用这种方法的出发点在于：当若干因素对分析对象发生影响时，假定其他各个因素都无变化，顺序确定每一因素单独变化所产生的影响。如杜邦财务分析中，分析销售净利率、总资产周转率和平均权益乘数三个指标对综合财务指标——股东权益报酬率的影响程度。

4. 综合分析法

综合财务分析法是利用各财务指标间的内在联系，对企业综合经营理财及经济效益进行系统分析评价的方法。最典型的是杜邦财务分析体系。

以上这些方法并不是孤立的，而是相互联系的。在财务分析实践中，往往需要综合利用以上各种分析方法，才能对企业财务状况、经营成果和现金流量情况做出准确的分析评价。

三、财务比率基本指标

本节所举例子均以裕华股份有限公司 2016 年度的会计报表资料（资产负债表见表 13.2，利润表见表 13.4）为依据。该公司为上市公司，总股本为 22 500 万股。

（一）偿债能力分析指标

1. 流动比率

流动比率是企业流动资产与流动负债的比率。其计算公式为：

$$流动比率 = \frac{流动资产}{流动负债} \times 100\%$$

裕华股份有限公司 2015 年末的流动资产为 23 550 万元，流动负债为 16 110 万元。依上式计算公司年末流动比率为：

年末流动比率 = 23 550 ÷ 16 110 = 1.46

流动比率指标反映企业的短期偿债能力。通常，该指标数值越大，说明企业短期偿债能力越强；反之，则越弱。一般认为，企业流动比率指标以 2∶1 为宜。

使用该指标应注意以下问题：

（1）流动比率指标并不是越大越好。流动比率指标大，可能隐含企业持有的非营利性资产——现金过多，不利于企业提高资金使用效率；或者持有大量的应收款项，存在发生坏账的潜在风险；也可能是库存存货过多，会导致资金占用过大，影响资金周转速度等。

（2）流动比率指标还因不同行业、不同企业有所不同。有的企业，如交通、民用航空等，在经营过程中大量使用现金结算方式，现金比较充裕，短期偿债能力较强，即使流动比率低于 2∶1，仍不能得出短期偿债能力弱的结论；相反，有的企业，如工业制造企业，在经营过程中大量采用商业信用结算方式，而且往往有大量存货，即使流动比率高于 2∶1，也不能得出短期偿债能力强的结论等。因此，在财务分析中，应结合不同企业实际，具体问题具体分析。

2. 速动比率

速动比率是企业速动资产与流动负债的比率。其中，速动资产等于流动资产与存货之差。其计算公式为：

$$速动比率 = \frac{速动资产}{流动负债} \times 100\% = \frac{流动资产 - 存货}{流动负债} \times 100\%$$

之所以要把存货从流动资产中扣除，主要基于以下原因：①在流动资产中存货的变现速度最慢；②由于某些原因，部分存货可能已发生毁损变质但尚未处理；③部分存货已抵押给了债权人；④存货期末计价还存在成本与可变现净值相差悬殊的问题。综合以上原因，为了更加稳健地分析企业的短期偿债能力，应将存货从流动资产中予以扣除，计算速动比率指标加以分析。

裕华股份有限公司 2016 年末的流动资产为 23 550 万元、存货为 13 460 万元、流动负债为 16 110 万元。依上式计算公司年末速动比率为：

年末速动比率 ＝（23 550 － 13 460）÷16 110 ＝0.63

速动比率指标反映企业的短期偿债能力。通常，该指标数值越大，说明企业短期偿债能力越强；反之，则越弱。一般认为，企业速动比率指标以 1∶1 为宜。与流动比率指标类似，在使用该指标时仍应结合不同行业、不同企业的具体实际具体分析评价。

3. 资产负债率

资产负债率，简称负债比率，是企业负债总额与资产总额的比率，通常用百分数表示。其计算公式为：

$$资产负债率 = \frac{负债总额}{资产总额} \times 100\%$$

裕华股份有限公司 2016 年末的负债总额为 22 710 万元，总资产为 97 950 万元。依上式计算公司年末资产负债率为：

年末资产负债率 ＝22 710 ÷97 950 ＝23.19%

资产负债率是一个结构比率指标，它反映企业总资产中负债所占比例，表明企业长期偿债能力的强弱。通常，该指标数值越大，说明企业总资产中负债比率越高，总资产对负债的保障能力越差，企业长期偿债能力越弱；反之，企业长期偿债能力越强。一般认为，企业理想的资产负债率以 50% 为宜。

使用该指标应注意以下问题：

（1）公式中的分子应为负债总额，即流动负债和非流动负债的合计金额。这是因为，流动负债作为一个整体，总是被企业长期占用，可以视为长期性资金来源的一部分。

（2）该指标存在不同行业、不同发展周期，甚至不同国家的差异。在有稳定现金流的传统行业，如交通通信、航空、钢铁冶金、纺织造纸等企业，资产负债率往往较高；而在一些经营风险高的行业，如 IT 企业，资产负债率往往较低。处于初创期和衰退期的企业，资产负债率往往较低；而处于发展期和成熟期的企业，资产负债率往往较高；日本企业资产负债率较高；而欧美、中国企业（尤其是上市公司）资产负债率则相对较低等。

（3）负债具有财务杠杆利益。在分析利用这一指标时，还应结合企业的财务战略进行分析评价。

4. 产权比率

产权比率，又称为债务股权比率，是企业负债总额与所有者权益总额的比率，通常用百分数表示。其计算公式为：

$$产权比率 = \frac{负债总额}{股东权益总额} \times 100\%$$

产权比率也是反映企业长期偿债能力的指标，它是资产负债率指标的补充，与资产负债率指标间有着密切的联系，其数量关系为：

$$产权比率 = 1 \div \left(\frac{1}{资产负债率} - 1\right)$$

裕华股份有限公司 2016 年末的负债总额为 22 710 万元、股东权益总额为 75 240 万元。依上式计算公司年末产权比率为：

年末产权比率 = 22 710 ÷ 75 240 = 30.18%

或　年末产权比率 = 1 ÷ （1/23.19% − 1） = 30.18%

5. 权益乘数

权益乘数是企业资产总额与所有者权益总额的比率。其计算公式为：

$$权益乘数 = \frac{资产总额}{股东权益总额} \times 100\%$$

权益乘数也是反映企业长期偿债能力的指标，也是资产负债率指标的补充，与资产负债率、产权比率指标间有着密切的联系，它们的数量关系表现为：

$$权益乘数 = \frac{1}{1 - 资产负债率} \times 100\%$$

$$= 1 + 产权比率$$

裕华股份有限公司 2016 年末的权益乘数为：

年末权益乘数 = 97 950 ÷ 75 240 = 1.30

或　年末权益乘数 = 1 ÷ （1 − 23.19%） = 1.30

年末权益乘数 = 1 + 30.18% = 1.30

6. 已获利息倍数

已获利息倍数，又称为利息保障倍数，是企业经营业务收益与利息费用的比率。其中，经营业务收益常用息税前利润（EBIT）衡量，它与企业利润总额的换算关系为：息税前利润 = 利润总额 + 利息费用。已获利息倍数计算公式为：

$$已获利息倍数 = \frac{息税前利润}{利息费用} \times 100\%$$

$$= \frac{利润总额 + 利息费用}{利息费用} \times 100\%$$

式中，"利息费用"是指本期发生的全部应计利息，不仅包括予以费用化计入"财务费用"科目的利息费用，还包括资本化计入"在建工程"科目的利息费用。由于我国现行利润表中"利息费用"没有单列，实践中外部会计报表的使用者一般采用"财务费用"项目的金额予以代替。但应保持前后各期的一致性。

裕华股份有限公司 2016 年度的利润总额为 24 560 万元，利息费用（用"财务费用"项目代替）为 840 万元。依上式计算公司已获利息倍数为：

已获利息倍数 = （24 560 + 840） ÷ 840 = 30.24

已获利息倍数是反映企业长期偿债能力的指标，重点衡量企业支付利息的能力。该指标数值越大，企业偿付利息的能力越强；反之，企业偿付利息的能力越弱。

（二）营运能力分析指标

1. 应收账款周转率

应收账款周转率，又称应收账款周转次数，是指企业应收账款在一定会计期间（通常为 1 年，下同）周转的次数。其计算公式为：

$$应收账款周转率 = \frac{赊销收入净额}{平均应收账款余额} \times 100\%$$

利用该指标应注意以下问题：

（1）式中，分子应采用赊销收入净额指标。但是，外部会计报表使用者，甚至企业内部人员都无法获得这一数据。实践中，可用销售收入与估计的赊销比率进行测算；也可以直接使用"营业收入"项目数据代替，即把现销收入看作是赊销期为零的赊销收入。

（2）式中，分母的"应收账款"应采用期初期末的平均数。这是因为，分子"赊销收入"属时期指标，分母"应收账款"属时点指标，为了避免时点指标在一定时期内变动，尤其是异常变动带来的影响，当时期指标与时点指标两类性质不同的指标进行对比时，分母的时点指标应采用平均数（下同），通常用期初期末的简单算术平均数表示，即：

$$平均应收账款 = \frac{期初应收账款余额 + 期末应收账款余额}{2}$$

该指标是衡量应收账款周转速度的正指标。通常，该指标数值越大，表明企业应收账款周转速度越快；反之，应收账款周转速度越慢。

此外，还可用应收账款周转天数来衡量应收账款周转速度。应收账款周转天数是应收账款在一定会计期间每周转一次所需的时间天数。其计算公式为：

$$应收账款周转天数 = \frac{360}{应收账款周转率}$$

$$= \frac{360 \times 平均应收账款余额}{赊销收入净额}$$

应收账款周转天数是衡量应收账款周转速度的逆指标。该指标数值越大，表明企业应收账款周转速度越慢；反之，应收账款周转速度越快。

裕华股份有限公司 2016 年初应收账款余额为 1 000 万元，年末应收账款余额为 970 万元，2016 年度营业收入为 203 840 万元。依上式计算公司应收账款周转率和周转天数分别为：

$$应收账款周转率 = \frac{203\,840}{(1\,000 + 970) \div 2} = 206.94（次）$$

$$应收账款周转天数 = 360 \div 203.5 = 1.74（天）$$

2. 存货周转率

存货周转率，又称存货周转次数，是指企业存货在一定会计期间周转的次数。其计算公式为：

$$存货周转率 = \frac{营业成本}{平均存货余额} \times 100\%$$

其中，$平均存货余额 = \frac{期初存货余额 + 期末存货余额}{2}$

该指标是衡量存货周转速度的正指标。通常，该指标数值越大，表明企业存货周转速度越快；反之，存货周转速度越慢。

此外，还可用存货周转天数来衡量存货周转速度。存货周转天数是存货在一定会计期间每周转一次所需的时间天数。其计算公式为：

$$存货周转天数 = \frac{360}{存货周转率}$$

$$= \frac{360 \times 平均存货余额}{营业成本}$$

存货周转天数是衡量存货周转速度的逆指标。该指标数值越大，表明企业存货周转速度越慢；反之，存货周转速度越快。

裕华股份有限公司 2016 年初存货为 9 570 万元，年末存货为 13 460 万元，营业成本为 139 652 万元。依上式计算公司存货周转率和周转天数分别为：

$$存货周转率 = \frac{139\ 652}{(9\ 570 + 13\ 460) \div 2} = 12.13（次）$$

$$存货周转天数 = 360 \div 12.13 = 29.68（天）$$

3. 总资产周转率

总资产周转率，又称总资产周转次数，是指企业资产总额在一定会计期间周转的次数。其计算公式为：

$$总资产周转率 = \frac{营业收入}{平均总资产} \times 100\%$$

式中，$平均总资产 = \frac{期初总资产 + 期末总资产}{2}$

裕华股份有限公司 2016 年初资产总额为 95 660 万元，年末资产总额为 97 950 万元。依上式计算公司总资产周转率为：

$$总资产周转率 = \frac{203\ 840}{(95\ 660 + 97\ 950) \div 2} = 2.11（次）$$

该指标衡量企业总资产周转的速度。通常，该指标数值越大，表明企业总资产周转速度越快；反之，总资产周转速度越慢。

（三）获利能力分析指标

1. 销售净利率

销售净利率是企业实现的净利润与销售收入的比率，反映每一百元销售收入给企业带来的净利润的多少。其计算公式为：

$$销售净利率 = \frac{净利润}{销售收入} \times 100\%$$

式中，销售收入通常指营业收入，即企业在营业活动中实现的销售收入。

裕华股份有限公司 2016 年度的营业收入为 203 840 万元，净利润为 16 187.27 万元。依上式计算公司销售净利率为：

销售净利率 = 16 187.27 ÷ 203 840 = 7.94%

通常，销售净利率越大，表明企业获利能力越强；反之，企业获利能力越弱。

2. 总资产净利率

总资产净利率是企业净利润与平均总资产的比率，它反映企业利用总资产获取利润的能力。其计算公式为：

$$总资产净利率 = \frac{净利润}{平均总资产} \times 100\%$$

总资产净利率是衡量企业获利能力的指标。通常，该指标数值越大，表明企业获利能力越强；反之，企业获利能力越差。

总资产净利率指标可分解为：

$$总资产净利率 = \frac{净利润}{销售收入} \times \frac{销售收入}{平均总资产}$$

$$= 销售净利率 \times 总资产周转率$$

杜邦财务分析体系中，此式子被称为"杜邦等式"。

裕华股份有限公司 2016 年初资产总额为 95 660 万元，年末资产总额为 97 950 万元，2016 年度的净利润为 16 187.27 万元。依上式计算公司总资产净利率为：

$$总资产净利率 = \frac{16\ 187.27}{(95\ 660 + 97\ 950) \div 2} = 16.72\%$$

或　总资产净利率 = 7.94% × 2.11 = 16.72%

3. 股东权益报酬率

股东权益报酬率是企业实现的净利润与平均股东权益的比率，它反映股东投入资本的获利能力。其计算公式为：

$$股东权益报酬率 = \frac{净利润}{平均股东权益} \times 100\%$$

其中，平均股东权益 = $\dfrac{期初股东权益总额 + 期末股东权益总额}{2}$

该指标是衡量企业获利能力的核心指标。该指标数值越大，说明企业获利能力越强，股东权益资本的报酬水平越高；反之，企业获利能力越差。

该指标可分解为：

$$股东权益报酬率 = \frac{净利润}{平均总资产} \times \frac{平均总资产}{平均股东权益}$$

$$= 总资产净利率 \times 平均权益乘数$$

$$= 销售净利率 \times 总资产周转率 \times 平均权益乘数$$

可见，股东权益报酬率的高低取决于以上三个指标的大小。其中，销售净利率反映销售的获利水平，是衡量获利能力的指标；总资产周转率反映总资产的周转速度，是衡量营运能力的指标；平均权益乘数反映资本的平均构成比率，是衡量企业偿债能力的指标。这样通过指标分解，就把反映企业偿债能力、营运能力和获利能力的指标联系在了一起，并且还可分析销售净利率、总资产周转率和平均权益乘数三个指标各自的变动对股东权益报酬率指标的影响程度。这就是杜邦财务分析体系（The Du Pont System）的精髓。

裕华股份有限公司 2016 年初股东权益总额为 75 000 万元，年末股东权益总额为 75 240 万元。依上式计算公司股东权益报酬率为：

$$股东权益报酬率 = \frac{16\ 187.27}{(75\ 000 + 75\ 240)\ \div 2} = 21.55\%$$

或　$股东权益报酬率 = 16.72\% \times 1.29 = 21.55\%$

$$股东权益报酬率 = 7.94\% \times 2.11 \times 1.29 = 21.55\%$$

$$式中，平均权益乘数 = \frac{(95\ 660 + 97\ 950)\ \div 2}{(75\ 000 + 75\ 240)\ \div 2} = 1.29$$

4. 每股收益

每股收益（Earnings Per Share，简记 EPS），又称为每股利润，或每股盈余，它是企业实现的净利润与流通在外的普通股股数的比值。其计算公式为：

$$每股收益 = \frac{净利润}{流通在外的普通股股数} \times 100\%$$

裕华股份有限公司 2016 年度的每股收益为：

$$每股收益 = 16\ 187.27 \div 22\ 500 = 0.72（元）$$

该指标是分析上市公司获利能力的核心指标之一。该指标能够客观地反映上市公司普通股股本回报率的高低。通常，该指标数值越大，表明公司获利能力越强；反之，公司获利能力越弱。

练　习　题

一、名词解释

1. 财务会计报告　　2. 资产负债表　　3. 利润表　　4. 现金流量表

5. 现金等价物　　6. 流动比率　　7. 速动比率　　8. 资产负债率

9. 产权比率　　　　10. 已获利息倍数　　11. 应收账款周转率

12. 存货周转率　　13. 销售净利率　　14. 总资产净利率

15. 股东权益报酬率　　16. 每股盈余　　17. 权益乘数

二、判断题

1. 资产负债表是反映企业在某一会计期间财务状况的会计报表。　　　　（　　）

2. 我国现行资产负债表采用的是账户式对称结构，左边列示资产，右边列示负债和所有者权益。　　　　（　　）

3. 资产负债表的"期末余额"栏，应根据有关总账或明细账的本期发生额填列或分析计算填列。　　　　（　　）

4. 利润表是反映企业在某一会计期间财务成果的会计报表。　　　　　（　　　）

5. 我国现行利润表采用的是单步式结构。　　　　　　　　　　　　　（　　　）

6. 年度利润表的"本年数"栏，应根据有关总账的本期发生额填列或分析计算填列。　　　　　　　　　　　　　　　　　　　　　　　　　　　　　　（　　　）

7. 现金流量表既是动态报表，又是静态报表。　　　　　　　　　　　（　　　）

8. 应收票据贴现所取得的现金收入，属于筹资活动的现金流量。　　　（　　　）

9. 在现金流量表中，利息收入和利息支出属于投资活动的现金流量，股利收入和股利支出属于筹资活动的现金流量。　　　　　　　　　　　　　　　　（　　　）

10. 是否作为现金等价物，主要标志是从购入日算起 3 个月或更短时间内转化为已知现金的投资。　　　　　　　　　　　　　　　　　　　　　　　　（　　　）

11. 企业从银行提取现金、将现金存入银行等业务，是日常经营活动影响现金流量的因素。　　　　　　　　　　　　　　　　　　　　　　　　　　　　（　　　）

12. 产权比率是负债总额与所有者权益总额的比值。　　　　　　　　　（　　　）

13. 总资产净利率反映企业资产的利用效率，越高说明利用效率越好。（　　　）

14. 每股盈余（EPS）是公司的净利润与公司年末普通股总股数的比值，它衡量普通股持股者获得报酬的程度。　　　　　　　　　　　　　　　　　　　（　　　）

三、选择题

1. 我国现行财务会计报告由（　　　）组成。

　　A. 会计报表　　　　　　　　　　　B. 会计报表附表

　　C. 会计报表附注　　　　　　　　　D. 财务情况说明书

2. 资产负债表的理论依据是（　　　）。

　　A. 资产＝负债＋所有者权益

　　B. 复式记账法

　　C. 收入－费用＝利润（或亏损）

　　D. 资产＋费用＝负债＋所有者权益＋收入

3. 资产负债表左边的资产是按（　　　）排列的。

　　A. 资产的收益能力　　　　　　　　B. 资产的流动性

　　C. 资产的内在属性　　　　　　　　D. 无规律可循

4. 资产负债表的"货币资金"项目应根据（　　　）3 个总账账户期末余额合计填列。

　　A. 现金　　　　　　　　　　　　　B. 银行存款

　　C. 应收账款　　　　　　　　　　　D. 其他货币资金

5. 资产负债表的"存货"项目应根据（　　　）等总账账户期末余额合计（分析）填列。

　　A. 库存商品　　　　　　　　　　　B. 发出商品

　　C. 材料成本差异　　　　　　　　　D. 生产成本

6. 利润表的理论依据是（　　　）。

A. 资产＝负债＋所有者权益

B. 复式记账法

C. 收入－费用＝利润（或亏损）

D. 资产＋费用＝负债＋所有者权益＋收入

7. 我国现行多步式利润上的"利润"包括（ ）几个层次。

    A. 主营业务利润   B. 营业利润

    C. 利润总额   D. 净利润

8. 现金等价物应具备的特点是（ ）。

    A. 期限短   B. 流动性强

    C. 易于转化为已知金额的现金   D. 价值变动风险很小

9. 处置固定资产的净收入属于（ ）。

    A. 经营活动的现金流量   B. 投资活动的现金流量

    C. 筹资活动的现金流量   D. 不影响现金流量

10. 下列业务中，不影响现金流量的是（ ）。

    A. 收回以前年度核销的坏账   B. 商业汇票贴现

    C. 预提银行借款利息   D. 收到银行存款利息

11. 下列属于经营活动现金流量的是（ ）。

    A. 支付的增值税   B. 支付的所得税

    C. 支付的城市维护建设税   D. 支付转让不动产缴纳的营业税

12. 下列属于投资活动产生的现金流量的有（ ）。

    A. 固定资产的购置与处置   B. 无形资产的购入与处置

    C. 以现金形式收回债权性投资利息收入 D. 收到联营企业分回的利润

13. 下列属于筹资活动产生的现金流量的有（ ）。

    A. 融资租赁固定资产支付的租金   B. 分配股利或利润支付的现金

    C. 支付购进固定资产而发生的借款利息 D. 减少注册资本所支付的现金

14. 影响企业短期偿债能力的有利因素有（ ）。

    A. 可动用的银行贷款指标   B. 未作记录的或有负债

    C. 准备很快变现的长期资产   D. 偿债能力的声誉

15. 影响企业长期偿债能力的其他因素有（ ）。

    A. 长期租赁   B. 担保责任

    C. 或有项目   D. 偿债能力的声誉

16. 衡量企业获利能力的指标有（ ）。

    A. 资产负债率   B. 股东权益报酬率

    C. 总资产周转率   D. 已获利息倍数

17. 杜邦等式指的是（ ）。

    A. 股东权益报酬率＝权益乘数×总资产净利率

    B. 股东权益报酬率＝权益乘数×总资产周转率×销售净利率

C. 总资产净利率 = 总资产周转率 × 销售净利率

D. 权益乘数 = 1 ÷（1 - 资产负债率）

18. 杜邦财务分析体系的核心指标是（　　）。

A. 股东权益报酬率 　　　　B. 总资产周转率

C. 权益乘数 　　　　　　　D. 销售净利率

四、业务题

1. 甲公司 2016 年年末有关账户的期末余额资料如下所示：

（1）"库存现金"账户余额 30 000 元，"银行存款"账户余额 2 000 000 元，"其他货币资金"账户余额 100 000 元；

（2）"应收账款"明细分类账户：①A 公司借方余额 21 000 元；②B 公司贷方余额 43 000 元；

（3）"应付账款"明细分类账户：①C 公司借方余额 40 000 元；②D 公司贷方余额 90 000 元；

（4）"预收账款"明细分类账户：①E 公司借方余额 80 000 元；②F 公司贷方余额 60 000 元；

（5）"预付账款"明细分类账户：①G 公司借方余额 89 000 元；②H 公司贷方余额 32 000 元；

（6）"原材料"账户借方余额 700 000 元；"材料成本差异"账户贷方余额 46 000 元；"生产成本"账户借方余额 400 000 元；"库存商品"账户借方余额 150 000 元。

要求：根据上列资料计算填列公司年度资产负债表下列项目的数值：

（1）货币资金；（2）应收账款；（3）预付账款

（4）应付账款；（5）预收账款；（6）存货。

2. 乙公司 2016 年有关账户全年累计发生额如下：

主营业务收入	（贷方）	520 000
主营业务成本	（借方）	200 000
税金及附加	（借方）	50 000
其他业务收入	（贷方）	120 000
其他业务成本	（借方）	30 000
投资收益	（贷方）	20 000
销售费用	（借方）	50 000
管理费用	（借方）	120 000
财务费用	（借方）	8 000
营业外收入	（贷方）	75 000
营业外支出	（借方）	80 000
所得税费用	（借方）	55 110

要求：根据上列资料编制该企业利润表。

利润表

编制单位：_____　　　　　_____年度　　　　　单位：元

项　　　　目	上 年 数	本 年 数
一、营业收入	490 000	
减：营业成本	200 000	
税金及附加	40 000	
销售费用	40 000	
管理费用	100 000	
财务费用	6 500	
加：投资收益	15 000	
二、营业利润	118 500	
加：营业外收入	80 000	
减：营业外支出	78 000	
三、利润总额	120 500	
减：所得税费用	33 165	
四、净利润	87 335	

3. 丙公司流动资产由速动资产和存货构成，年初存货为 145 万元，年初应收账款为 125 万元，年末流动比率为 3，年末速动比率为 1.5，存货周转率为 4 次，年末流动资产余额为 270 万元。一年按 360 天计算。

要求：

（1）计算该公司流动负债年末余额；

（2）计算该公司存货年末余额和年平均余额；

（3）计算该公司本年销货成本；

（4）假定本年赊销净额为 960 万元，应收账款以外的其他速动资产忽略不计，计算该公司应收账款周转天数。

4. 已知丁公司 2016 年年度会计报表的有关资料如下表（单位：万元）：

资产负债表项目	年初数	年末数
资产	8 000	10 000
负债	4 500	6 000
所有者权益	3 500	4 000
利润表项目	上年数	本年数
营业收入	（略）	20 000
净利润	（略）	500

要求：（1）计算杜邦财务分析体系中的下列指标：

①股东权益报酬率；　　②总资产净利率；　　③销售净利率。

④总资产周转率；　　⑤平均权益乘数。

（2）写出股东权利报酬率与其他指标间的关系式，并用本题的相关数据进行验算。